U0463083

第二十三卷（2022年）第一册

哲學門

总第四十五辑 **Vol.23 No.1, 2022**
Beida Journal of Philosophy

CSSCI 来源期刊（集刊类）

北京大学出版社
PEKING UNIVERSITY PRESS

图书在版编目（CIP）数据

哲学门. 总第四十五辑 / 程乐松主编. —北京：北京大学出版社，2024.3
ISBN 978-7-301-34824-6

Ⅰ. ①哲… Ⅱ. ①程… Ⅲ. ①哲学—文集 Ⅳ. ①B-53

中国国家版本馆 CIP 数据核字（2024）第 038819 号

书　　　名	哲学门（总第四十五辑）
	ZHEXUEMEN（ZONG DI-SISHIWU JI）
著作责任者	程乐松　主编
责 任 编 辑	吴　敏
标 准 书 号	ISBN 978-7-301-34824-6
出 版 发 行	北京大学出版社
地　　　址	北京市海淀区成府路 205 号　100871
网　　　址	http://www. pup. cn　新浪微博：@ 北京大学出版社
电 子 邮 箱	编辑部 wsz@ pup.cn　总编室 zpup@ pup.cn
电　　　话	邮购部 010-62752015　发行部 010-62750672　编辑部 010-62757065
印 刷 者	天津中印联印务有限公司
经 销 者	新华书店
	787 毫米×1092 毫米　16 开本　23.5 印张　410 千字
	2024 年 3 月第 1 版　2024 年 3 月第 1 次印刷
定　　　价	89.00 元

未经许可，不得以任何方式复制或抄袭本书之部分或全部内容。

版权所有，侵权必究

举报电话: 010-62752024　电子邮箱: fd@ pup.cn

图书如有印装质量问题，请与出版部联系，电话: 010-62756370

哲学门 总第四十五辑

目 录

论坛 湛甘泉与明代儒学

论湛若水的"随处体认天理" ························· 张学智/1

"道,中而已矣":湛甘泉《洪范》学的内在义理及其

　　政治意蕴 ··························· 刘增光　刘俐琳/15

"形而上者"的双重视野:经典诠释中的理本与气本

　　——兼论湛若水的理气论 ···················· 刘　昊/30

王阳明"必有事焉"致知工夫十疑十解

　　——兼与"勿忘勿助"比较 ···················· 周丰堇/48

湛若水哲学的心学定位 ························· 李　震/74

杨简思想与阳明学 ····················· 翟奎凤　佟雨恒/88

论文

假设而非事实:《论人与人之间不平等的起因与基础》

　　第一部分的卢梭方法 ···················· 李佳欣/111

论对海德格尔存在-神-逻辑学的解释模式

　　——从存在-神-逻辑学的发展过程出发 ··········· 甘从营/126

康德论意见

　　——由李泽厚先生的一次哲学对谈说起 ············· 马　彪/140

王阳明无法撇清"近禅"批评的因果探析 ·············· 陈　焱/154

"实体"范畴与奥克肖特诗性的"社会"与"国家"观 ··· 李振东　战伟平/169

平衡与创新：北京大学哲学系的逻辑学研究与

    教学（1916—1927）·············· 扬·弗霍夫斯基　著　王洪光　译/184

德性、知识与实践智慧

    ——比较哲学视野中的儒家智德思想新诠 ·················· 李富强/205

两种理性概念和两种规范理论

    ——以帕菲特和斯特里特的争论为线索 ·················· 王东华/224

书评

孝与忠诚

    ——评估《儒道思想与现代社会》的三个观点 ·················· 黎汉基/239

帮人行孝是否可能？

    ——从方旭东教授《儒道思想与现代社会》

      说起 ································· 谢晓东　全林强/263

再论儒家动物伦理

    ——方旭东《儒道思想与现代社会》的相关论证评述········ 范瑞平/276

孝行的非回报性的根据 ·································· 陆　丁/298

南乐山：《善一分殊：儒家论形而上学、道德、礼、制度与性别》··· 杨小婷/310

杨立华：《庄子哲学研究》·························· 张云起/320

世界主义真谛之论辩与破除西方话语体系

    ——评史蒂芬·韦德纳《西方的彼岸：世界主义新思考》··· 余　荃/328

经学立场与天人之际

    ——读杨儒宾《原儒：从帝尧到孔子》·················· 庞令强/335

成中英：《中国古典政治哲学发微》·················· 李　青/347

研究型翻译的典范

    ——韩林合译康德《纯粹理性批判》·················· 南　星/356

Contents

Forum:

On Zhan Ruoshui's "Recognizing the Principles of Heaven

　Everywhere" ·· Zhang Xuezhi/1

"The Dao Means Moderation": Zhan Ganquan's Explanation

　of *Hong fan* and Its Political Meaning ············ Liu Zengguang, Liu Lilin/15

The Dual Vision of the "Metaphysical Thing": The *Li*-based Theory and

　the *Qi*-based Theory in Classical Interpretation——Extend Study On

　Zhan Ruoshui's Theory of *Li* and *Qi* ······························· Liu Hao/30

Ten Doubts and Ten Solutions on Wang Yangming's Endeavor of

　"There Must Be Something Forth"——Comparing with

　"Don't Forget and Don't Help" ······························ Zhou Fengjin/48

Zhan Ruoshui's Position in Mind-Heart School ························ Li Zhen/74

Yang Jian's Philosophy and Yangming School ······ Zhai Kuifeng, Tong Yuheng/88

Articles

Conjecture rather than Fact: Rousseau's Method in the First

　Part of *Discourse on the Origin and Foundations of Inequality*

　Among Men ··· Li Jiaxin/111

On the Interpretation Mode of Heidegger's Onto-theo-logy: Start From

　the Progress of the Development of Onto-theo-logy ········· Gan Congying/126

Kant on Opinion ··· Ma Biao/140

The Zen Accusation in Wang Yangming's Philosophy and Its

　Indefensibility ··· Chen Yan/154

The Category of "Entity" and Oakeshott's Poetic View of "Society"
and "State" ················ Li Zhendong, Zhan Weiping/169
Balance and Innovation: Approaches to Logic and the Teaching of
Logic in the Philosophy Department of Peking University,
1916-1927 ··············· Jan Vrhovski, trans. by Wang Hongguang/184
Virtue, Knowledge and Practical Wisdom: A New Interpretation
of Confucian Thought of Prudence From The Perspective of
Comparative Philosophy ················ Li Fuqiang/205
Two Conceptions of Rationality and Two Kinds of Normative Theories
——With A Debate between Derek Parfit and Sharon Street as A
Clue ················ Wang Donghua/224

Book Reviews

Filial Piety and Loyalty: Evaluation of Three Ideas in *Confucian
and Daoist Thought and Modern Society* ··········· Li Hanji/239
Helping Others in Their Filial Duties: Perspectives from Fang
Xudong's *Confucian and Daoist Thought and Modern
Society* ················ Xie Xiaodong, Quan Lining/263
Revisiting Confucian Animal Ethics: A Critical Review of
Fang Xudong's *Confucian and Daoist Thought and Modern
Society* ················ Fan Ruiping/276
Non -reactive Ground for Filial Conducts ·········· Lu Ding/298
Robert Cummings Neville, *The Good Is One, Its Manifestations
Many: Confucian Essays on Metaphysics, Morals, Rituals,
Institutions and Genders* ················ Yang Xiaoting/310
Lihua Yang, *Study on Zhuangzi's Philosophy* ········· Zhang Yunqi/320
Debating the Essence of Cosmopolitanism and Deconstructing
the Western Discourse System: A remark on Stefan Weidner,

Jenseits des Westens ⋯⋯⋯⋯⋯⋯⋯⋯⋯⋯⋯⋯⋯⋯⋯⋯⋯⋯ Yu Quan/328

Standpoint of Confucian Classics and the Relation of Heaven and

    Man: A Reflection on Rubin Yang, *Origin of Confucianism: from*

    Emperor Yao to Confucius ⋯⋯⋯⋯⋯⋯⋯⋯⋯⋯⋯⋯⋯ Pang Lingqiang/335

Zhongying Cheng, *Studies on Chinese Classical Political*

    Philosophy ⋯⋯⋯⋯⋯⋯⋯⋯⋯⋯⋯⋯⋯⋯⋯⋯⋯⋯⋯⋯⋯ Li Qing/347

Critique of Pure Reason, translated and annotated by

    Linhe Han ⋯⋯⋯⋯⋯⋯⋯⋯⋯⋯⋯⋯⋯⋯⋯⋯⋯⋯⋯⋯⋯ Nan Xing/356

哲学门（总第四十五辑）
北京大学出版社，2022 年

论湛若水的"随处体认天理"

张学智*

摘　要：湛若水的学术宗旨"随处体认天理"，体认的对象是性体，即被人心所包贯的生生本性。强调性体的普遍性、绝对性，性体即道，随处体认天理即在具体行为上实现心与道俱的目标。这与朱子获得客体之理的格物致知不同，也与王阳明推致心中本具的道德情感的致良知不同，有调和理学心学的倾向。湛若水从老师陈献章处接受了较多的自然性，主张对心中本有天理的自然顺承，故强调"勿忘勿助"。他与王阳明的辩论，代表了明中期心学思想不同形态的交锋。

关键词：湛若水　王阳明　随处体认天理　勿忘勿助

陈献章学宗自然，早年以静中养出端倪为宗旨，晚年强调理事一以贯之，以未尝致力而应用不遗为实得。其学在较为笃实的学者看来，本体论偏于玄，功夫论偏于虚。其弟子湛若水（1466—1560）性情沉潜，且长期讲学，得弟子讨论问难之益，将自己的思想宗旨概括为"随处体认天理"，而以勿忘勿助为体认要领。以下对此作一简析。

一　《心性图说》与"随处体认天理"

陈献章之学主要是一个诗人的体悟，以悟到我大而物小，物尽而我无尽为最高境界，高扬心的本体地位。此点为湛若水所接受，但给了较为详细的论证。他作《心性图》及其解说，表达他的根本思想："性者，天地万物一体者

＊　张学智，北京大学哲学系教授。

也。浑然宇宙，其气同也。心也者，体天地万物而不遗者也。性也者，心之生理也，心性非二也。譬之谷焉，具生意而未发，未发故浑然而不可见。及其发也，恻隐、羞恶、辞让、是非萌焉，仁义礼智自此焉始分矣，故谓之四端。端也者，始也，良心发见之始也。是故始之敬者，戒惧慎独以养其中也，中立而和发焉，万事万化自此焉达，而位育不外是矣。故位育非有加也，全而归之者耳。终之敬者，即始之敬而不息焉者也。曰：'何以小圈？'曰：'心无所不贯也。''何以大圈？'曰：'心无所不包也。'包与贯实非二也。故心也者，包乎天地万物之外，而贯乎天地万物之中者也。中外非二也。天地无内外，心亦无内外，极言之耳矣。故谓内为本心，而外天地万物以为心者，小之为心也甚矣。"①这里涉及心、性、情、气、天地万物、敬、内外等范畴，既讲到本体论，又讲到功夫论；在本体论中既有天地万物的物质构成基质，又有天地万物的本质，及它与人的关系。就实然存在的本体说，宇宙是气，气是构成万物的物质实体。在陈献章、湛若水及王阳明眼里，万物的实体构成是不重要的，因为心学特重心物关系；加上中国哲学发展到明代，已经具有高度的境界论、现象学的性质，这一点使它主要着眼于万物与人的关系，而不关注万物的终极基质是什么。气所表征的，最主要是万物的生生不已、流转不息的性质，而不是万物之始基。所以气在《心性图说》中只是一笔带过。湛若水重视的是心性。性代表人这一生物族类的特质，而表现人的特质的是心。表现者与被表现者是一而不二的。人的本质即其"生意"，具体内容是四端所表征的仁爱之心。生意蕴于内而发于外。蕴于内即性，发于外即情。而蕴于内者必从发于外者见出，故即四端而见仁义理智。这一点是对朱子学的继承。从境界论说，心体现于万物，无远弗届，无或遗漏。万物皆可以说即心即物。心包贯宇宙万物，包是就其范围说，贯是就其作用方式说。上下四方之宇，往古来今之宙，凡心所可思虑，所可计度，所可识认表象者，皆即心即物之物。这一点继承了陈献章。

湛若水这一思想，与王阳明强调没有离开主体参与的事，主体的意志是行为得以发生并有意义的根本要素而有的"心外无理，心外无物"不同。虽然二者"都从心上说"，但强调的重点不同。王阳明主要是道德论的，重点在道

---

① 湛若水：《心性图说》，《泉翁大全集》，钟彩钧、游腾达点校，台北："中研院"中国文哲研究所，2017年，第838页。

德行为是道德动机的贯彻,没有道德动机贯彻的行为不具有道德意义,反而会造成大量"装缀"的行为。故王阳明强调"一念发动处就是行了""念念致良知",功夫较实,峭拔而峻利,使人无有息肩之地。"南镇观花"所代表的知识论、美学路向,是在强化道德主体中带出来的,是辅从性的。湛若水的心包贯一切,是乃师陈献章心学的延伸,强调的是心作为一切自然事物、社会事物、精神事物的产生者、解释者的绝对性、先在性,其道德的直接性、功夫的切实性较弱,与王阳明相比较为舒缓、浮泛。另外王阳明晚年才讲境界性的万物一体,《大学问》中阐说最为明确,故经常批评弟子直接体认万物一体"殊不得力"。而湛若水早年即把"心包天地之外,贯天地之中"的境界体认作为自己思想的基础。王阳明终其一生绝少提及陈献章,理由即在于陈献章之学过于高妙,缺乏初学者实地下手处。

另外,湛若水从陈献章那里接受了较多的"自然"性。既然心"体天地万物而不遗",那么,心中体认到的影象和自然事物是一而二、二而一的。修养的极致就是保持对万物本身不加增减的体认,故强调于万物须"全而归之",不以人力改变。"天地位育"就是还其本来面目。而要做到这一点,必需"敬"来保证。就是说,只有敬才能不起造作,心与事物的本来状况为一。故"敬"在湛若水的修养功夫中极为重要,须持敬始终。始敬者,保持心的未发之中;终敬者,保持性发为情时不有偏离。已发未发一致,性与情一致,"位育"不是参赞的结果。即使"参赞"是人与万物一体的必然行为,也是对自然物的顺承、保持。

在《心性图说》心、性、理、气诸概念中,湛若水最重视的是心,对心的本来状态和与物为一之后的性质,都作了详细描述:"吾常观吾心于无物之先矣,洞然而虚,昭然而灵。虚者,心之所以生也;灵者,心之所以神也。吾常观吾心于有物之后矣,窒然而塞,愦然而昏。塞者,心之所以死也;昏者,心之所以物也。其虚焉灵焉,非由外来也,其本体也。其塞焉昏焉,非由内往也,欲蔽之也,其本体固在也。一朝而觉焉,蔽者彻,虚而灵者见矣。心体物而不遗,无内外,无终始,无所放处,亦无所放时,其本体也。……故欲心之勿蔽,莫若寡欲。寡欲莫若主一。"①这是从两个层面说心,前一个心是腔子里心,虚灵明觉,瞰如明镜,它是正确观照事物,心与物之原貌一致的凭依。心

① 湛若水:《求放心篇》,《泉翁大全集》,第803页。

不虚则不能达到这一点，心不灵则其神妙作用丧失。昏与塞是心为欲望所遮蔽。但被遮蔽之时，心之本体仍是虚灵明觉的。故修养功夫首在寡欲，寡欲才会复其本然之明。另一个层面是就心的功能说，心体物不遗，无内与外、始与终之区别，修养功夫在顺承、体认此一体之境。由于心的这两个方面，湛若水的为学宗旨"随处体认天理"涉及心和物两个方面，物是心所遇所感的具体事物，多为人伦日用，心对所遇所感之物发为情，并判定情是否合于中道，他说："夫至虚者，心也，非性之体也。性无虚实，说甚灵耀。心具生理，故谓之性。性触物而发，故谓之情。发而中正，故谓之真情，否则伪矣。道也者，中正之理也，其情发于人伦日用，不失其中正焉，则道矣。孟子曰勿忘勿助，其间中正处也。此正情复性之道也。"①在湛若水这里，心与性不同，心是虚廓，性是人之所以为人的性质，即人的"生理"，情是性之发，心是性之地。道即理，此理非朱子那样的实存之理、"一草一木亦皆有理"之理，乃如后来戴震所说"情之不爽失即理"那样的理。只有勿忘勿助，保持心的虚灵，情之发才能中节。故勿忘勿助是正情复性的关键，也是随处体认天理的工夫要领，在湛若水思想体系中占有重要地位。

二　"随处体认天理"中的知行合一与敬

"随处体认天理"作为学术宗旨，湛若水确立甚早，且终其一生未尝有变。但如何理解此宗旨，当时和后来学者见解并不一致，如湛若水和王阳明就曾对此问题移书往复争论。王湛门人对究竟如何解释"随处体认天理"，着眼角度也不同。湛若水此宗旨，对乃师"自然"之旨，及胸次悠然之境界，不着一处之高妙功夫，皆有改变使之趋于实地之意图。故既强调所体认者为天理，非空无之境和功利之物，又强调随时随处，时时处处皆用功之地，非离开当下事物另有体认之所。湛若水对此宗旨甚为自得，视为包治百病的法宝，他尝对弟子说："随处体认天理，此吾之中和汤也，服得时，即百病之邪自然立地退听。常常服之，则百病不生，而满身气体中和矣。何待手劳脚攘，铢较寸量乎？……此剂中和汤，自尧舜以来，治病皆同。"②

---

① 湛若水：《复郑启范进士》，《泉翁大全集》，第 246 页。
② 湛若水：《新泉问辨录》，《泉翁大全集》，第 1675 页。

关于随处体认天理的真切意旨,湛若水解释得很详尽,如:"鄙见以为格者,至也,即'格于文祖''有苗格'之格。物者,天理也,即'言有物''舜明于庶物'之物,即道也。格即造诣之义,格物者即造道也。知行并进,博学、审问、慎思、明辨、笃行,皆所以造道也。读书、亲师友、酬应,随时随处皆求体认天理而涵养之,无非造道之功。意、身、心一起俱造,皆一段工夫,更无二事。下文诚、正、修功夫,皆于格物上用了。其家、国、天下皆即此扩充,不是二段。此即所谓'止至善'。故愚尝谓止至善则明德、亲民皆了者,此也。"①此处格字取程子义,意为至、到;物字之义不取一般所谓"事物",也不取阳明所谓"事",而是专指物上之理、之道。格物即达于道,获得理。而达于道、获得理的功夫,在《中庸》所谓学、问、思、辨、行。具体说来,日常行为,皆造道之途径。且时时处处,非有简择。《大学》之三纲八目,"随处体认天理"即可括尽无余。此外,对所得之理,须加以涵养,非得到即止。而涵养功夫,要复杂得多。包括想象、思绎、类比、引申、推证,及对之敬畏、存留等心理功夫,和实行、实行中的再体认等实践功夫,此所谓"知行并进"。可以看出,湛若水与朱子、阳明都不同,他的格物,强调的不是行为本身,而是行为的伦理结果。朱子的格物是"即物而穷其理,欲其极处无不到",强调行为和结果两个方面,但主要是科学性的"物理",故不为湛若水所取。而王阳明的格物是"正念头",即去除对良知的遮蔽,使行为在本正的良知的规范、导正之下,强调的是伦理行为本身。但作为正面价值的良知的伦理规范性很明确,而湛若水的"心之中正"的明确性、规范性要弱得多,所以被王阳明批评为浮泛。

湛若水对"随处体认天理"反复加以解说,他的论学书信、讲学语录,都是对此宗旨的注脚。其中对知行并进义加以特别强调,意在破除王阳明"偏于内"之弊,他说:"格物者,至其理也。至其理者,学、问、思、辨、笃行,所以至之也,是谓以身至之也。古人所谓穷理者,如是也。近而身心,远而天下,暂而一日,久而一世,只是格物一事而已。格物云者,体认天理而存之也。"②又说:"原来'明德''新民',全在止至善上用功。'知止''能得',即是知行合一,乃止至善之功。其'古之欲明明德'二节,反复推到格物上。意、心、身,都

---

① 湛若水:《答阳明》,《泉翁大全集》,第243页。
② 湛若水:《湛子约言》,《甘泉先生续编大全》,钟彩钧、游腾达点校,台北:"中研院"中国文哲研究所,2017年,第829页。

来在格物上用功,上文'知止''安''定'即其功也。家国天下皆在内,元是一段功夫,合内外之道,更无七段八段。格物者,即至其理也。意、心、身与家、国、天下,随处体认天理也。"①这都是说,《大学》全部功夫,都可归到格物上。格物,即随处体认天理。而随时体认,须身、心、意实至之。所体认之理,也是道德性的理,非知识性的理,所以他认为无与于身心性命的纯知识,非格物也。

湛若水为了强调随处体认天理的知行并进义、先体认后涵养义,特拈出古来之道德训诫语,涵养心性语,认为皆可为随处体认天理的注脚,如《尚书》的"知之非艰,行之惟艰",《中庸》的先学、问、思、辨,然后笃行,《论语》的先博文,后约礼,《孟子》的知性而后养性("始条理者知之事也,终条理者圣之事也"),程颢的先识仁而后以诚敬存之等。他的结论是,随处体认天理而涵养之,则知行并进。

湛若水由此反对静坐,并以此纠正陈献章早年"静中养出端倪"之说偏于静的弊端。因此特别强调知行并进,提倡实事上见理。他说:"静坐,程门有此传授。伊川见人静坐,便叹其善学。然此不是常理。日往月来,一寒一暑,都是自然常理流行,岂分动静难易? 若不察见天理,随他入关入定,三年九年,与天理何干? 若见得天理,则耕田凿井,百官万物,金革百万之众,也只是自然天理流行。孔门之教,居处恭,执事敬,与人忠。黄门毛式之云:'此是随时体认天理。'甚看得好。"②当弟子问及随处体认天理与静中养出端倪在功夫上孰为先时,湛若水回答:"虚见与实见不同。静坐久,隐然见吾心之体者,盖先生为初学言之,其实何有动静之间! 心熟后,虽终日酬酢万变,而吾心之本体澄然无一物,何往而不呈露耶? 盖不待静坐而后见也。……随处体认天理,自初学以上皆然,不分先后。居处恭,执事敬,与人忠,即随处体认之功,连静坐亦在内矣。"③湛若水实际上反对静坐,因"随处"即包含动静,随机宜而体认。孔门之"居处恭,执事敬,与人忠"乃修养功夫之切实行动,除此别无功夫。这一点也与王阳明早年因龙场悟道得力于静坐,故叫弟子静坐,后发现静坐者养成喜静厌动的毛病,故叫弟子实事上磨练,以实现"动也定,静

---

① 湛若水:《湛子约言》,《甘泉先生续编大全》,第 925 页。
② 湛若水:《新泉问辨录》,《泉翁大全集》,第 1660 页。
③ 湛若水:《新泉问辨录》,《泉翁大全集》,第 1696 页。

也定"根本目标一致。

湛若水的随处体认天理,特别强调内心的诚敬,这一点也是对其师自然之旨的纠正。陈献章初主静中养出端倪,久之悟无动静、无内外,小大精粗一以贯之之道,强调义理融液,操存洒落,走入广大高明一路。其弟子中诗人不少,多有以境界体悟代替践履实功者,湛若水欲纠正这一点,使江门之学折归实地,故十分重视敬字,以敬为体认天理的心理准备,亦以敬为体认天理之后的涵养功夫。所以谨守程朱"涵养须用敬,进学在致知"的法式,以"敬"为一切修养方法的归结。这表明他的学术思想有调和程朱陆王两派为一的倾向。他对陆九渊之学,斥为过高;对陆九渊弟子杨慈湖,更视为儒学中的异端;对王阳明推许陆、杨师徒,甚不满意,而主张濂溪、二程之学,尤对敬字推诚服膺。他尝说:"涵养须用敬,进学在致知,如车两轮。……鄙见以为,如人行路,足目一时俱到。涵养进学,岂容有二?自一念之微,以至于事为讲习之际,涵养致知一时并在,乃为善学也。"①这里强调涵养致知一时俱到,是对朱熹将此两者分而为二,其中又特别重视格物这一功夫特点的纠正,但亦与王阳明以格心、正念头为格物大不一样。他的随处体认天理将致知、涵养收摄为一,故他反复强调"随处体认天理而涵养之"。

湛若水因重视在具体事务上体认天理,而敬字是此中应有之义,故对"执事敬"一语反复强调。在湛若水这里,敬既是一种心理状态,又是一种精神境界,两者是统一的。他认为学者学而无成,最根本的原因是此敬字尚未修得,他说:"学者之病,全在三截两截,不成片段。如人身血气不通,安得长进?原来只是敬上理会未透,故未有得力处。吾人切要,只于'执事敬'用功。自独处以至读书酬应,无非此意。一以贯之,内外上下,莫非此理,更有何事?吾儒开物成务之学异于佛老者,此也。"②这里,以"敬"为儒释之判准,不同于程颢。程颢认为儒佛之根本区别在"吾儒本天,释氏本心",以心中是否有理为标准。故说佛教"敬以直内则有之,义以方外则无之"。湛若水则以为佛教无敬字,并斥佛教以静代敬,说:"古之论学,未有以静为言者。以静为言者,皆禅也。故孔门之教,皆欲事上求仁,动时着力。《论语》曰:'执事敬。'《易》曰:'敬以直内,义以方外。'《中庸》'戒慎恐惧''慎独',皆动以致其力

---

① 湛若水:《答太常博士陈惟浚》,《泉翁大全集》,第230页。
② 湛若水:《答徐曰仁工曹》,《泉翁大全集》,第218页。

之方也。……故善学者，必令动静一于敬。敬立而动静浑矣。此合内外之道也。"①以敬为修养之圭臬，成学之南针。这是湛若水吸收朱子之处。

三　与王阳明的辩论

湛若水主"随处体认天理"，但因"体认天理"为宋明儒学之普遍功夫，"随处"又时、地广泛，所以此为学宗旨所包至广，从用功之目的，用功之场所、方法，用功之心理状态无所不有，故实际上较为浮泛，在理论内容上亦易起争端。如随处体认之天理究是在外之理还是心中之理，湛若水似有不同的说法，亦有两可调停使之归于即内即外之意。

王阳明与湛若水定交甚早。王阳明三十四岁任兵部主事时，湛若水为翰林院庶吉士，两人相与讲学，"共以倡明圣学为事"。《阳明年谱》记此事："职事之暇，始遂讲聚。方期各相砥切，饮食启处必共之。"②王阳明也说："晚得友于甘泉湛子，而后吾之志益坚，毅然若不可遏。则予之资于甘泉多矣。"③后六年，湛若水奉使安南，阳明为文以赠，其中说："吾与甘泉友，意之所在，不言而会；论之所及，不约而同。期于斯道，毙而后已者。"④阳明征宸濠，又致书湛若水，以戎马倥偬未能论学为歉。而在阳明晚年，两人关于随处体认天理之旨往来致书，辩论甚为详悉。

辩论的第一个问题是，随处体认究属心内还是心外。王阳明认为，湛若水的随处体认天理，所体认者为事物上表现的理，体认对象是外在的事物，故湛若水"尚为旧学所拘"。所谓旧学，指朱子学。随处体认天理与朱子的向外格物穷理无大差别，所以指责随处体认天理是求之于外。湛若水致书答辩，认为阳明并未明了自己的意思，他说："面喻《大学》格物之义，以物为心意之所着，荷教多矣。兄意只恐人舍心求之于外，故有是说。不肖则以为人心与天地万物为体，心体物而不遗。认得心体广大，则物不能外矣。故格物非在外矣，格之致之之心又非在外也。于物若以为心意之着见，恐不免有外

---

① 湛若水：《答余督学》，《泉翁大全集》，第225页。

② 见《王阳明年谱》正德六年条，《王阳明全集》，上海：上海古籍出版社，1992年，第1234页。

③ 《别湛甘泉序》，《王阳明全集》，第231页。

④ 《别湛甘泉序》，《王阳明全集》，第231页。

物之病。幸更思之。"①这里争论的焦点在对《大学》"格物"之义的解释。王阳明认为,所谓格物,格即正,正其不正以归于正之谓;物即事,主体作用于客体的事为。王阳明曾说,身之主宰便是心,心之所发便是意,意之本体便是知,意之所在便是物。在王阳明的义理系统中,物是意向中之"事"。故此处说王阳明所理解的物是"心意之所着"。王阳明自龙场后即强调以上心、意、知、物的解释,目的确如湛若水所言,是恐学者舍心求之于外,以格物为"即物而穷其理",与自己的德行修养不直接发生关涉。湛若水认同阳明此一精神方向,故力辩自己的学术也是求之于内。他的证据是自己的《心性图说》之"心体物而不遗",心体广大,包贯万物,物是心陶铸规范过的物,是心物合一之物、即物即心之物。故格物并非完全外在的行为,心也非完全攀援外物而摹画之、盛贮之。而阳明以物为"心意之所着",则是以心为内,以物为外。

湛若水随处体认天理究竟属外还是属内,如就字面看,确有外在之嫌,因为随时、随处是客体物的时空属性,体认的也是事物上的理;"天理"之"天",也增加了理的绝对性、客观性。故阳明以上对他的质疑不为无因。但在与王阳明的辩论中,湛若水认为理是理一分殊的,"理一"之理即心中之理;在体认时具体化为事物上的理,理是即内即外的,体认事物之理就是体认自己心中本来中正之理。他说:"天理二字,人人固有,非由外铄。不为尧存,不为桀亡。故'人皆可以为尧舜''途之人可以为禹'者,同有此耳。故途之人之心即是禹之心,禹之心即尧舜之心。总是一心,更无二心。初学之于圣人,同此心,同此一个天理,虽欲强无之又不得。有时见孺子入井,见饿莩,过宗庙,到墟墓,见君子,与夫夜气之息,平旦之气,不知不觉萌动出来。遏他又遏不得。……心若存时,自尔现前。"②这是以孟子的路数证"心即理"。而随处体认天理,即见此天理。所以当学生说"随处体认吾心身天理,真知觉得无往而非吾心身生生之理气,根本于中而发见于外,名虽有异,而只是一个生生埋气,随感随应,散殊见分焉耳,而实非有二也",并以此来解释随处体认天理时,湛若水对此见解大加赞扬:"如此推得好,自'随处体认'以下至'实非有二也'皆是。可见未应事时只一理,及应事时才万殊。《中庸》所谓'溥博渊

---

① 湛若水:《先次与阳明鸿胪》,《泉翁大全集》,第216页。
② 湛若水:《新泉问辨录》,《泉翁大全集》,第1640页。

泉而时出之'，正为此。"①既然天理在内，为理一，应事时体现为多，则随处体认的是自己本有之理在事物上的表现。这一意思湛若水有明白的解说："或疑随处体认恐求之于外者，殊未见此意。盖心与事应，然后天理见焉。天理非在外也，特因事之来，随感而应耳。故事物之来，体之者心也。心得中正，则天理矣。人与天地万物一体，宇宙内即与人不是二物，宇宙内无一事一物合是人少得底。"②在解释何为慎独时，湛若水也表达了同样的意思："体认天理与慎独，其功夫俱同。独者，独知之理。若以为独知之地，则或有时而非中正也。故独者，天理也。此理唯己自知之，不但暗室屋漏，日用酬应皆然。慎者，所以体认乎此而已。若如是有得，便是天德，便即王道，体用一原也。"③"独"者，己独知之天理，非在外也；"慎"者，体认此天理，非取于外也。故当学生将天理解释为与心中本有之理为一时，湛若水认为此解得自己本意："问：'体认天理最难。天理只是吾心中正之体，不属有无，不落方体。才欠一毫，已便不是；才添一毫，亦便不是。须是义精仁熟，此心洞然与之为体，方是随处体认天理也。'先生曰：'观此可见吾契曾实心寻求来，所以发此语。天理在心，求则得之。'"④在与王阳明的辩论中，湛若水更是将格物解释成"至其理"，至其理即体认天理，致知即知此天理。体认者，己心；体认到的，是己心中正之理。所以从任何角度说，都非求之于外，而是将心中之理，落实在具体事物上，所以他说："吾之所谓'随处'云者，随心、随意、随身、随家、随国、随天下，盖随其所寂所感时耳，一耳。寂则廓然大公，感则物来顺应。所寂所感不同，而皆不离于吾心中正之本体。本体即实体也、天理也、至善也、物也。而谓求之于外，可乎？致知云者，盖知此实体也、天理也、至善也、物也，乃吾之良知良能也，不假外求也。"⑤此皆可见湛若水的"随处体认天理"是体认自己本具之天理，此理是"中正之本体"，即天德，即王道。体认天理非求之于外，己学也非旧学。并认为阳明之所以与自己有此分歧，在于王阳明所说的心，是身之主宰，己所说之心，是体万物而不遗者，故无内外。

需要指出的是，王阳明不同意朱子之处，在以朱子的心为知觉灵明，即纯

---

① 湛甘泉：《新泉问辨录》，《泉翁大全集》，第 1638 页。
② 湛甘泉：《答聂文蔚侍御》，《泉翁大全集》，第 260 页。
③ 湛甘泉：《新泉问辨录》，《泉翁大全集》，第 1636 页。
④ 湛甘泉：《新泉问辨录》，《泉翁大全集》，第 1728 页。
⑤ 湛甘泉：《答阳明王都宪论格物》，《泉翁大全集》，第 259 页。

认知的心,所以重点提揭良知,要把心首先解释成天赋道德意识。致良知即把良知代表的正确价值方向推致于事为,使事为在良知的范导、规正之下,强调的是道德。此点湛若水与王阳明相同,不过用词不同,王阳明是良知,湛若水是"吾心中正之理";王阳明是随事致良知,湛若水是随处体认天理。两人都是在明代心学语境中展开各自思想的,都与朱子的"一草一木亦皆有理,须是穷格"的知识路向不同。但湛若水要体现的是"天理",语词的用法上较王阳明的良知之内向性有更多的客观意味,"吾心中正之体"也欲表达出更多的主客合一意味。湛若水比王阳明更接近朱子学中体现的客观性。

湛若水与王阳明辩论的第二个问题是所谓"勿忘勿助"。勿忘勿助原出《孟子》,意谓养浩然之气须在优悠厌饫的心境中进行,集义所生,不能间断,也不能欲速求效。间断即忘,欲速求效即助。后来宋明理学家多讲身心修养不能忘助,如程明道之"必有事焉而勿正,心勿忘,勿助长,未尝致纤毫之力"即此意。陈献章学宗自然,向往曾点之识趣,特别提倡勿忘勿助,所谓"色色信他本来,何用尔脚劳手攘?舞雩三三两两,正在勿忘勿助之间。曾点些儿活计,被孟子一口打并出来,便都是鸢飞鱼跃。"①湛若水欲将乃师之学折归实地,但勿忘勿助却被他继承下来作为认识天理的必要条件。湛若水的勿忘勿助与陈献章的勿忘勿助有所不同。陈献章的勿忘勿助是他诗人的体悟所悟得的广大高明境界之表现形态,湛若水的勿忘勿助既是体认天理的心理准备,也是体认到的天理——中正之体本身。湛若水首出的范畴是天理,勿忘勿助主要是功夫语,是服从于天理的;陈献章的勿忘勿助是境界本身的形态。而湛若水的勿忘勿助与王阳明的勿忘勿助的区别是,湛若水的勿忘勿助是体认天理之功夫所要求的,而王阳明的勿忘勿助是良知本体的内在属性,只要去除私欲对良知的遮蔽,良知本体呈现,则它自然勿忘勿助,无须另强调勿忘勿助。湛若水笃实,故强调勿忘勿助须功夫着到,义精仁熟才能达致。而王阳明将功夫内蕴于本体中,认为良知自然包含勿忘勿助,故另立一勿忘勿助是将它孤悬起来。另,王阳明晚年将心的诸多功能融入良知中,良知是精神活动的代名词,心的诸功能具有自我调节、自我修补、自我融洽的能力,功夫即在本体中,所谓"以良知致良知",故不强调勿忘勿助的作用。

---

① 《与林郡博》六,《陈献章全集》,上海:上海古籍出版社,2019年,第282页。

　　勿忘勿助在湛若水的系统中甚为重要，故在论学中屡屡提起，如："天理在心，求则得之。但求之自有方，勿忘勿助是也。千古唯有孟子发挥出来。须不费丝毫人力。欠一毫已便不是，才添一毫亦不是。此语最是。只不忘助时，便添减不得，天理自见，非有难易也，何用硬格尺量耶？"①天理本身中正无偏，求天理须勿忘勿助，才能与之为一。此是体认天理之微妙法门，故说："勿忘勿助之间，便是中门也。得此中门，不患不见宗庙之美，百官之富。责志去习心是矣，先须要求此中门。"②湛若水所谓天理，虽反复强调是心中之理，但仍有添减不得的客观性。而王阳明的天理虽是中道，但更重视的是对此中道的灵活运用。湛若水是随事、随时体认此中道而存留、涵养，王阳明是心中所聚的多种精神因素自融为良知，对中道加以符合具体情境的活用。湛若水接过朱子学而有改变，王阳明是对朱子学的全然颠覆。在对心的含蕴的挖掘与运用上，湛若水不如王阳明广大深刻。湛若水更多的是理论上的推述，王阳明是由"百死千难"得来的实践中的活用心得。

　　王阳明以致良知为根本宗旨，本体功夫皆然。致良知真切，即"必有事焉"，不必另提勿忘勿助，故勿忘勿助是良知诚致的自然表现。致良知功夫有间断，有欲速求效之弊，再提勿忘勿助加以矫正。他有《答聂文蔚》一信，专讨论勿忘勿助，其中说："我此间讲学，却只说个'必有事焉'，不说勿忘勿助。'必有事焉'者，只是时时去集义。若时时去用必有事的功夫。而或有时间断，此便是忘了，即须勿忘；时时去用必有事的功夫，而或有时欲速求效，此便是助了，即须勿助。其功夫全在'必有事上用'，勿忘勿助只就其间提撕警觉而已。若是功夫原不间断，即不须更说勿忘；原不欲速求效，即不须更说勿助。此其功夫何等明白简易，何等洒脱自在！"③王阳明功夫浑融，不喜分析，故专提致良知三字。其余说话，都是对致良知的分疏、注脚，此三字已足，不必另有补充。而湛若水则认为勿忘勿助才能做到心之中正，故是随处体认天理的前提，也是心中天理的性质。他恐怕学者误认此旨为求理于外，故专门强调。他对王阳明的批评甚不以为然，屡屡加以反驳："勿忘勿助，心之中正处，这时节天理自见，天地万物一体之意自见。若先要见，是想

---

① 湛甘泉：《新泉问辨录》，《泉翁大全集》，第 1729 页。
② 湛甘泉：《新泉问辨录》，《泉翁大全集》，第 1640 页。
③ 《传习录》中，《王阳明全集》，第 83 页。

象也。王阳明近每每欲矫勿忘勿助之说,惑甚矣。"①"王阳明近谓:'勿忘勿助,终不成事。'夫动静皆定,忘助皆无,则本体自然合道成圣,而天德王道备矣。孔孟之后,自明道之外,谁能到此?"②"惟求'必有事焉',而以勿助勿忘为虚,阳明近有此说,见于《与聂文蔚侍御》之书。而不知勿正、勿忘、勿助乃所有事之功夫也。求方圆者必于规矩,舍规矩则无方圆。舍勿忘勿助,则无所有事,而天理灭矣。不意此公聪明,未知此要妙,未见此光景,不能无遗憾,可惜可惜! 勿忘、勿助之间,与物同体之理见矣。"③

湛若水要调和朱子与陆象山,"随处体认"中理的客观、绝对似朱子,而体认之理又是吾心中正之体,此似象山,但又不欲过于高妙,故又批评象山,尤攻击象山弟子杨慈湖;对其师陈献章的学说亦欲矫之使归实地,故勿忘勿助作为用功之地和功夫是否精熟的标准似不能少。王阳明以勿忘勿助为"必有事焉"的补充,强调必有事焉;"念念致良知"即必有事焉。而良知是一个自动调节的系统,它包括简易自然的功夫状态在自身中。以此简易自然反观湛若水的勿忘勿助,自然支离蛇足。湛若水则以为仅说"必有事焉"太过笼统,不足以说明具体功夫和境界状态,须勿忘勿助才能与自然律则为一。王湛两家各立宗旨,各有义理系统,勿忘勿助在各自系统中作用不同。故两人虽致书辩论,其不能折服对方是显然的。但此辩论将二人理论上的分歧逼出,且各自作了深入说明,这对两人及两家弟子学说的发展,是有意义的。

On Zhan Ruoshui's "Recognizing the Principles of Heaven Everywhere"

Zhang Xuezhi

Abstract: The academic tenet of Zhan Ruoshui is "recognizing the principles of heaven everywhere", and the object of recognition is the principles of

---

① 湛甘泉:《新泉问辨录》,《泉翁大全集》,第 1723 页。
② 湛甘泉:《新泉问辨录》,《泉翁大全集》,第 1725 页。
③ 湛甘泉:《新泉问辨录》,《泉翁大全集》,第 1692 页。

heaven, that is, the nature of life wrapped by the mind. His emphasizing the universality and absoluteness of nature, nature is Tao, recognizing the principles of heaven everywhere is to realize the goal of unification in mind and Tao at specific behavior. This is different from Zhu Xi's theory of investigating object, with Wang Yangming's extention of innate knowledge. He has the tendency of harmonizing the theory of the principle and mind. Zhan Ruoshui accepted more naturalness from his master Chen Xianzhang and advocated obedience to nature, so he emphasized "don't forget and don't help". The debate between him and Wang Yangming represented the confrontation of different forms of mind theory in the middle period of Ming Dynasty.

Key words: Zhan Ruoshui, Wang Yangming, Recognizing the principles of heaven everywhere, Don't forget and don't help

哲学门（总第四十五辑）

北京大学出版社,2022 年

"道,中而已矣":湛甘泉《洪范》学的
内在义理及其政治意蕴*

刘增光　　刘俐琳**

摘　要:"中"是理学史上的重要范畴或观念,道学宗主周敦颐《通书》中与"中"相关的论述对后世影响深远。湛甘泉的中论及其对《洪范》的理解深受周敦颐影响,他在继承前代理学家讨论的基础上,从多个角度展开了对"中"论的构建。他以道为"阴阳之中",提出本体论上的"中气"说,以《洪范》的五行畴而非《周易》之太极来建构生成论;以《论语》"思无邪"、曾子"思不出其位"、《孟子》"勿忘勿助"等为基础提出"中心""中思"的修心之工夫论,以《洪范》五事的"思曰睿"为"中心"说的核心命题。在此基础上,他确立了对孔门一贯之传的理解,即内外合一,心事一本,并由此评骘前儒,确立自身学问的道统地位。其本人心事一本之学在政治实践上的展现,便是德业举业合一说,以及希冀上以劝君、下以教民的"皇极之训"。以《洪范》皇极畴之大中理念作为教化的经典根基,尤其凸显出了《洪范》一篇于其思想构造和政治实践的重要性。

关键词:洪范　中气　中思　皇极　道统　政治

在理学史上,讨论"中"的问题,最主要是与《中庸》有关,这自然与二程对《中庸》"喜怒哀乐之未发谓之中,发而皆中节谓之和"的重视有关。其后

---

* 中国人民大学面上项目"宋明理学道统论的演变与衰落"(21XNA039);2023 年度中央高校建设世界一流大学(学科)和特色发展引导专项资金支持。

** 刘增光,中国人民大学哲学院副教授、博士生导师。刘俐琳,中国人民大学哲学院博士研究生。

学杨时、吕大临都极为重视与"中"相关的心性论、功夫论问题。① 朱熹的老师李延平即非常强调于静中体验喜怒哀乐未发之中的为学工夫。湛甘泉的论学好友王阳明亦曾与弟子专门讨论未发之中与中和的问题。但是，"中"在理学中变得至关重要，还有另外一条经典线索，此即在孔门《中庸》出现之前的五经系统，尤其是《尚书·洪范》一篇的"皇极大中"观念，这一点在宋初三先生以及佛门契嵩禅师思想中均有丰富的体现，契嵩的讨论对理学的无形影响不可小觑；时至南宋，陆象山讨论"中"的问题，汇通《洪范》与《周易》的河图洛书系统，以《周易》太极为《洪范》之皇极，这一方面意味着《周易》被充分地纳入了理学中论的话语体系，另一方面也意味着"大中"具有了更为鲜明的本体论色彩。② 而《周易》本即重视时中、中正，如乾卦《文言传》言："大哉乾乎，刚健中正纯粹精也。"若追溯理学将《周易》中论与《中庸》结合的源头，就不能绕开道学宗主周敦颐。周敦颐《通书》对乾卦"中正纯粹精"、对《洪范》五事"思曰睿"等的阐发，成为日后理学家中论的典范和重要源头。

湛甘泉的中论及其对《洪范》的理解深受周敦颐影响，他在继承前代理学家讨论的基础上，几乎将"中"论的构建贯彻于其理论的始终，不论是以道为"阴阳之中"，提出本体论上"中气"说；还是以《论语》"思无邪"、《孟子》"勿忘勿助"为基础提出"中心""中思"的修心之功夫论；抑或是其希冀上以劝君、下以教民的"皇极之训"，都是以"中"论为根基。他以《洪范》的五行说而非《周易》之太极来建构生成论，以《洪范》五事的"思曰睿"为"中心"说的核心理念来梳理道统源流，以《洪范》皇极畴之大中理念作为教化的经典根基，都凸显出了《洪范》一篇于其思想构造和政治实践的重要性。

一 "中气"与五行

《易传》是理学建构形而上学的根本经典，周敦颐《通书》第一章便是解释"一阴一阳之谓道"这段被理学家特别关注的文字，因为其中兼涉天道、人性二端，恰构成了上下一贯的天人一体视域。湛甘泉对此亦极为重视，然而

---

① 参看陈来：《朱子哲学研究》，上海：华东师范大学出版社，2000 年，第 48 页。
② 关于此，可参刘增光《真心与皇极——北宋契嵩禅师三教论视域中的〈洪范〉学及其意义》，《中国哲学史》2018 年第 3 期。以及刘增光《"皇极根乎人心"——陆象山的〈洪范〉学》，《中国经学》2020 年第 1 期。

他的解释却与程朱、象山有很大差异,提出了"道,中而已矣""道也者,阴阳之中也"的命题:

> 士德仕鸣问易。甘泉子曰:"一阴一阳之谓道。"曰:"为之说者,陆也混,朱也离,有诸?"曰:"一阴一阳,阴阳合德,其天地之中乎! 夫道,中而已矣。喜怒哀乐之气也,得其中焉,和也,天下之达道也。故耳目之圣明,道气之同形,孰或混诸? 孰或离诸?"①

> 《易》曰:"一阴一阳之谓道。"道也者,阴阳之中也。"形而上者谓之道,形而下者谓之器。"器即气也,气有形②,故曰形而下。及其适中焉即道也,夫中何形矣? 故曰"形而上"。上下一体也,以气、理相对而言之,是二体也。③

根据这两段话可知:第一,在湛甘泉看来,《系辞传》的"一阴一阳"即是同篇中的"阴阳合德",阴阳合德就是阴阳之中,这样一来,"一阴一阳之谓道"的意涵便可以化约为"道,中而已"或"道也者,阴阳之中"。与此同义,他也说:"中即是天理。"④甘泉此说当与其师陈白沙有关,后者即云:"天下之理,至于中而止矣。"⑤第二,根据《系辞传》形而上下之说,他仍然认同以道或中为形而上,而未采取以阴阳之气为形而上的说法。陆象山在批评朱熹时指出:"《易》之《大传》曰'形而上者谓之道',又曰'一阴一阳之谓道',一阴一阳已是形而上者,况太极乎?"⑥如此看来,象山确有"混"的嫌疑。但对象山的批评并不意味着他就赞同程朱一系,后者强调理气二分、道器二分,形而上与形而下的"界止分明"⑦,此即甘泉所指"二体"之说。而且湛甘泉也从根本上反对理先气后或理在物先的体用先后说,而认为本末体用一原者,若"先本而后理末,先体而后事用,是二本二原也"⑧。他还以"即气即道"、孟子的

---

① 湛若水:《泉翁大全集》,钟彩钧、游腾达点校,台北:"中研院"中国文哲研究所,2017年,第17页。
② "气有形"不意味着气仅仅局限于有形,湛甘泉明确说:"天地间凡有形者气,无形者亦气,而性行乎其间矣。"湛若水:《泉翁大全集》,第33页。
③ 湛若水:《泉翁大全集》,第48页。
④ 湛若水:《泉翁大全集》,第1664页。
⑤ 陈献章:《陈献章全集》,黎业明编校,上海:上海古籍出版社,2019年,第171页。
⑥ 陆九渊:《陆九渊集》,钟哲点校,北京:中华书局,1980年,第22页。
⑦ 黎靖德主编:《朱子语类》,杨绳其等点校,长沙:岳麓书社,1997年,第1737页。
⑧ 湛若水:《甘泉先生续编大全》,钟彩钧、游腾达点校,台北:"中研院"中国文哲研究所,2017年,第761页。

"形色天性"为根据，对程朱"一阴一阳气也，所以一阴一阳者道也"的说法做了批评，谓"《易》曰：'形而上者谓之道，形而下者谓之器。'同一形字，与道为体者也，更不须说所以然处，令人无处寻讨也。"①"形而上下者，其形一也。……《诗》曰：'有物必有则。'夫然后知理气之合一也。"②同一形字、其形一也，正是所谓的"道气之同形""上下一体"。总而言之，对于"一阴一阳之谓道"的理解，他认为朱熹有支离之病，而陆象山则有混同之嫌。第三，湛甘泉认为道无形或中无形，这一说法本为程朱理学旧说。程颐认为"中无形体"，中仅仅是"状性之体段"③，自然不可说有形象，后来朱熹则直言"中无定体，随时而在"④。陈白沙继承了这一观点，谓"中无定体，虽时处宜，极吾心之安焉耳"⑤。其特点是将"中"与心之安否联系起来考虑，已显示出了心学的色彩。然在甘泉看来，"中"就在耳闻目见中，也即道气同形，而绝不能将"中"和耳闻目见分开。

可以看到，湛甘泉所言"中"并不是产生万物的"实体"，与此相应，他所说的"理""性""道"也并不是产生万物的"实体"，在他这里，产生万物的"实体"是"气"。理是气之理，性是气之性，道是气之道。因此，即使湛甘泉以中言性，以中言道，归结言之，也是在以中言气，故其言："气质之中正，即性而已矣。""偏刚偏柔，非天地生物之中气也，是以君子不谓之性。"⑥直接提出了独特的"中气"说。当然，我们不能认为湛甘泉将"中气"等同于"气"，因为气有偏倚刚柔之不同，故而"中气"是特指其中正的气，此气也即理气一体之气或道气一体之气。这一点与朱熹思想中实体化色彩浓厚的天理观念是不一样的，程朱基于形上形下、未发已发的区分不可能安立"中气"这样的概念，王阳明也仅仅是说"中只是天理"，以"无所偏倚"为中⑦，延续了程颐的理解，亦无中气之说。这一差异非常明显地体现出，湛甘泉思想中并不在阴与阳之上另立一更高的、更为本源的太极或天理，因为理和气是一体的，绝不能在气之外再立一个理或太极作为根源或本体，否则就是理气二元的支离之学，就此而

---

① 湛若水：《甘泉先生续编大全》，第 854 页。
② 湛若水：《甘泉先生续编大全》，第 846 页。
③ 程颢、程颐：《二程集》，王孝鱼点校，北京：中华书局，1981 年，第 201 页。
④ 朱熹：《四书章句集注》，北京：中华书局，1983 年，第 19 页。
⑤ 陈献章：《陈献章全集》，第 171 页。
⑥ 湛若水：《泉翁大全集》，第 49 页。
⑦ 王守仁：《王阳明全集》，吴光、钱明等编校，上海：上海古籍出版社，1992 年，第 23 页。

言,湛甘泉在有意地克服程朱理学的二元论。

我们知道宋儒对于周敦颐《太极图说》"无极而太极"一语颇有争议,陆象山兄弟便以"无极"为道家语,不认同朱熹的解释。值得注意的是,湛甘泉对于这句话几乎不置一词。不仅如此,他在讲学中对于"太极"一词也是持"罕言"的态度,这在整个宋明理学中都堪称少见。这正是因为他对北宋理学的理气论不满。甘泉在一封书信中言及对《易传》"易有太极,是生两仪,两仪生四象,四象生八卦"一段话的理解,强调这段话只是在描述"卦画之生",而不可理解为宇宙生成论或解释为以太极为万物之本体,因为"道一而已矣,天地、阴阳、道,一物也,岂有如是相生之理?"①周敦颐《太极图说》言:"无极而太极。太极动而生阳,动极而静,静而生阴,静极复动。一动一静,互为其根。"对此,湛甘泉明确批评太极生阴阳的说法②,又谓:"只可言动而为阳,未可言动而生阳……只可言静而为阴,未可言静而生阴……盖阳与动、阴与静本是一物,不可言生。"并总结说:"于此见濂溪未如孔子《易传》。"③这一批评也同样适用于朱熹。"天地、阴阳、道,一物也"的说法,也表明他对宋儒区分动静和阴阳的做法均不能认同,故其言"盖阴阳无截然之理,故冬也,阳生其中矣;夏也,阴生其中矣。故曰'动静无端,阴阳无始',妙之至也。"④湛若水强调"阴阳合德"也正是出于这一"无截然之理"的判断。"道一阴阳也,阴阳一气也"⑤,而不能说道在气之外,或者阴阳二气。

既然不言"太极"生化万物,那么如何探讨天地万物的生成呢?甘泉转而求诸《洪范》的五行说,他说:

> 天地之初也至虚,虚者,无也,无则微,微化则著,著化则形,形化则实,实化则大。故水为先,火次之,木次之,金次之,土次之。天地之终也至塞,塞者有也。有则大,大变而实,实变而形,形变而著,著变而微。故土为先,金次之,木次之,火次之,水次之。微则无矣,而有生焉。有无相生,其天地之终始乎!⑥

① 湛若水:《泉翁大全集》,第 327 页。
② 湛若水:《甘泉先生续编大全》,第 727 页。
③ 湛若水:《泉翁大全集》,第 328 页。
④ 湛若水:《泉翁大全集》,第 69 页。
⑤ 湛若水:《泉翁大全集》,第 43 页。
⑥ 湛若水:《泉翁大全集》,第 42 页。

分析这段话可知：首先，"虚"就是气，他屡屡说虚无即气，"虚无即气也，如人之嘘气也，乃见实有，故知气即虚也。其在天地万物之生也，人身骨肉毛面之形也，皆气之质，而其气即虚无也。是故知气之虚实有无之体，则于道也思过半矣。""空室空木之中，有物生焉。虚则气聚，气聚则物生。……故虚者生之本。"①据此，则"虚者，无也"的"无"并非完全的不存在，而是说无形无象，是"微"，正如"中"无形体一样。可见，此说仍不离其"中气"论。其次，甘泉借用老子的"有无相生"而做出了新的解释，赋予了"虚无即气"的意涵，在这一点上他是根据《洪范》的五行说，有无相生，微著相即，这与其对"动静无端，阴阳无始"的强调相应。再次，甘泉明确主张只有儒家才能做到"至虚"，并非言虚就是佛老之学，他高度评价张载"虚者仁之原"一语，"夫天地至虚而已，虚则动静皆虚，故能合一，恐未可以至静言也。……虚实同体也，佛氏歧而二之，已不识性，且求自根尘，非得真虚也。世儒以佛氏为虚无，佛氏乌足以及此？"②至虚是超越动静二端，恰恰是动静之合一。五行的次序是一个循环往复（"复"）的过程，无法对此过程做一有始有终之斩截，若有斩截，便不是天地生生之意，复也即是生生，《周易》之终于"未济"也正蕴含此意。"有无相生"，也即"虚实同体"，也即其"虚无即气"的含义。此亦可见，甘泉受张载气学之影响非浅。另外，其对"虚"的强调当亦受其师陈白沙"夫动，已形者也，形斯实矣；其未形者，虚而已。虚，其本也，致虚之所以立本也"③思想的影响。

二 "中心"与孔门道统

中气是就天地万物之生成而言，具体就人而言，则是落实于"中心"说，以中正为心之本体。就天地万物的生成发育而言，是"虚实同体"，而就人之心性而言亦是如此，张载"虚者仁之原"一语便涉及此问题，甘泉言："人心之虚也，生意存焉。生，仁也。生生，天地之仁也，塞则死矣。圣人之心，太虚乎！故能生万化，位天地，育万物，中和之极也。"④"人心贵虚，虚则生生之意蔼然

---

① 湛若水：《泉翁大全集》，第44页。
② 湛若水：《泉翁大全集》，第255页。
③ 陈献章：《陈献章全集》，第179页。
④ 湛若水：《泉翁大全集》，第45页。

于中，可默识之矣。"①可谓善继横渠之学者。② 虚而能生，也正是虚实同体，但唯有圣人才能达致真正的虚实同体。在甘泉看来，"虚灵知觉者谓之心"，而心之虚灵实则即是气之虚灵，"心也者，就形气而为言者也"③。"气之精而灵应者即心"④以气一元论为基础，理是气之理，性是气之性，那么，就人之身心性情而言亦必然以心为基础⑤。心得其中正便是道心，若失其中正，便是人心：

> 《记》曰："中心安仁。"其知道乎！故心中即得其正矣，不中则不得其正矣。中则全其本体矣，道心之谓也；不中则非本体矣，人心之谓也。中者理也，不中者欲也。心无二也，毫发之间耳。人受天地之中，故君子贵不失其本。⑥

"中心安仁"源出《礼记·表记》，甘泉独具慧眼，将其与人心道心说相联系。以中正为心之本体，此得气之中正的心便是道心、中心，否则便是人欲、人心，或曰偏邪之心、作好作恶之心。正因为理欲之分在毫发之间，故而"中心"的功夫便极为重要，在他看来，颜子之克己、曾子的"思不出其位"、孟子之勿忘勿助，便是孔门功夫之正脉。而颜子、孟子之功法便是源于孔子"思无邪"的修养心法，无邪之心即是无偏之心、中正之心，"欲求入道者，必求中心"⑦。在他看来，孔子的这一思想亦前有所承，此即《尚书·洪范》所说"思曰睿"，以"无有作好，无有作恶"而求大中之道。故甘泉谓："'无有作好，无有作恶。''斯民也，三代之所以直道而行。'皆是言本体，本体原不着些意思在。"⑧"思曰睿，睿作圣"便是"中思"。"中思故不出其位，不出其位故思无邪，非位而思，邪，邪也；正，亦邪也。其惟中思乎。"对于何为"中思"，他说：

---

① 湛若水：《泉翁大全集》，第 141 页。
② 甘泉之师陈白沙当亦受张载影响较深，白沙自谓："窃附孟子、横渠之后。"载陈献章：《陈献章全集》，第 252 页。此外不容忽视的是，白沙对"致虚"的强调也与张载有关。
③ 湛若水：《泉翁大全集》，第 52 页。
④ 湛若水：《泉翁大全集》，第 65 页。
⑤ 王文娟称之为心气一元论。当然，归结言之，即是气一元论。参王文娟：《湛甘泉哲学思想研究》，成都：巴蜀书社，2012 年，第 101 页。
⑥ 湛若水：《泉翁大全集》，第 51 页。
⑦ 湛若水：《泉翁大全集》，第 567 页。
⑧ 湛若水：《泉翁大全集》，第 411 页。

"毋前尔思，毋后尔思，毋左尔思，毋右尔思，故曰中思。中思也者，中心也。"①相应地，孔子言"君子有九思"，湛若水认为"事九而思一"，所谓"思一"，是指"思曰睿，睿者通，通于万事，事变乎前而思一也。是故知一贯之教矣，圣学之功，一而已矣。"②思一而通事变，一贯之教寓于九事，以《洪范》五事中的"思曰睿"为孔门一贯之教张本，正可见出《洪范》作为道统文本的重要价值。

湛甘泉对《洪范》五事畴"思曰睿"的重视，也是直接承自周敦颐，《通书·思第九》："《洪范》曰：'思曰睿，睿作圣。'无思，本也；思通，用也。几动于彼，诚动于此。无思而无不通为圣人，不思则不能通微……通微生于思。故思者，圣功之本。……知几，其神乎。"甘泉由"中心"以入道至圣的观念源于此。而周敦颐的"无思""无欲"也就是甘泉所强调的"虚"与"无物""不着些意思"。"虚灵知觉，心也。本体全则虚而明，有以照物……是谓'思则得之'，无思无不通也，'思无邪'。臆度之私，可以为思也乎？"③不过，甘泉对心、事一贯的理解仍是建立在《洪范》五行畴理解的基础上，他借鉴汉儒的土旺四季说，认为五行中的土不可与其他四行并列，因为其他四行皆生于土。④ 五行与五事相应，则五事中的"思曰睿"便具有首出庶物的位置。"思之义大矣，其兼乎言貌视听，犹土之兼四行也。故曰：思曰睿，睿作圣。是故思诚之功广矣大矣。"⑤"貌言视听，天之性也，非思则不能通，不能通则不能神。"⑥动植物禀气偏而不中，唯有人能够"思曰睿""通于理"⑦，动植物均不能，这也正是"人受天地之中以生"的意涵所在。

《洪范》是周代文、武之道的体现，若再往前追溯，孔门之"思无邪"心法也正是对尧舜之道的传承，如《尧典》"钦明文思安安"，湛甘泉解释说："钦明文思，心性之本体；安安，本体之自然。"⑧甘泉的这一道统论建构正是以"中心"为核心，他说：

---

① 湛若水：《甘泉先生续编大全》，第805页。
② 湛若水：《泉翁大全集》，第10页。
③ 湛若水：《甘泉先生续编大全》，第884页。
④ 湛若水：《泉翁大全集》，第57页。
⑤ 湛若水：《泉翁大全集》，第134页。
⑥ 湛若水：《泉翁大全集》，第41页。
⑦ 湛若水：《泉翁大全集》，第59页。
⑧ 湛若水：《甘泉先生续编大全》，第799页。

斯理也,子思得诸孔子,孔子得诸文、武、周公,文、武、周公得诸成汤,成汤得诸禹,禹受诸舜,舜受诸尧,曰"允执厥中",舜亦曰"允执厥中",中,其心之法也。其授禹曰"惟精惟一",精,其无过不及也;一,其至也。无过不及,所以归于一至也。是又执中之法也。其在成汤,亦曰"执中",文、武、周公亦曰"建极",极亦中也。子思传之孟轲,轲亦曰:"杨子取为我,墨子取兼爱,子莫执中。执中无权,犹执一也。"……夫八圣二贤,相授一法,其在兹乎! 其在兹乎! ……此合内外之道也,大哉中庸,斯其至矣。①

简言之,这一历圣先贤相传的中道之学之主要内容便是"内外合一,动静合几,体用合原,物我合体。内外合一者德,动静合几者神,体用合原者道,物我合体者性"②。若偏于内则是遗物、离物、恶物,流于虚寂,如佛老之学,而非孔门开物成务之学;若偏于外则是放心、忘心,流于逐物,如是而为俗学;不论偏内还是偏外,均不合中道,为支离之学,非一本之学,学之日趋支离自孟子而后已然③。

甘泉的这一内外一贯、心事一贯之学仍然是以其宇宙间一气而已的气一元论为基础,气贯通人我与万物,故宇宙万物本无内外之分,他说:"一呼一吸,生生之理。生理根于中,呼吸感应乎内外。皆天之气,下根乎上,上根乎下,下根上根,万物一体。"④生生之理无内外之分,"道无内无外,内外一道"⑤,因此,就人而言,"中心"必然是"体物不遗""无远近,无内外",如尧之"光被四表"便是如此⑥。在他看来,"千百年来,道学不明",正是缘于"歧内外本末心事而二之"的支离之弊,"学者必内外、本末、心事之合一,乃为孔孟之正脉"⑦。

追溯而上,孔孟之道也即尧舜之道。尧舜之"允执厥中",也并非"独以事言,乃心事合一。允执曰吻合于心,与心为一,非执之于外也。若能于事物

---

① 湛若水:《泉翁大全集》,第827页。其弟子亦有言:"唐虞之惟精惟一,所以执中也。孔门之博文约礼,所以立中也。孟氏之勿忘勿助,所以养中也。"载湛若水:《甘泉先生续编大全》,第719页。
② 湛若水:《泉翁大全集》,第92页。
③ 湛若水:《泉翁大全集》,第92页。
④ 湛若水:《泉翁大全集》,第12页。
⑤ 湛若水:《泉翁大全集》,第81页。
⑥ 湛若水:《泉翁大全集》,第12页。
⑦ 湛若水:《泉翁大全集》,第79页。

上察见自然天理,平时涵养,由中而出,即由仁义行之学"①。湛氏对"允执厥中"的解释实有针对朱子而发的意图。弟子询问"允执厥中"之义,朱熹回答说:"书传所载多是说无过不及之中。只如《中庸》之'中',亦只说无过、不及。但'喜怒哀乐之未发谓之中'一处,却说得重也。"②也即是说,"未发之中"与其他典籍中所说的中不是一个层次上的,有着非常大的差异。这种差异就在于:"未发之中"是在体的层面,而时中之中、无过不及之中,都是在用的层面。这就对《中庸》之"中"做了两层含义的分疏。在朱子那里,"执中"仅仅是在事为的层面上说,而甘泉并未这样区分,而是强调中为心事合一。他对《中庸》的理解也不例外,程子以《中庸》为孔门心法,甘泉本此谓:"无过不及,其中庸之心法乎!心包乎事物之外,事物行乎心之中,内外合矣。此其法也。故无内无外,无过无不及,无助无忘,则一矣。"③仍然是以心事合一为主旨。"夫中庸者,自天而推之人者也,自人而复乎天者也。斯理也,其执中建中之传、博约之教、一贯之旨也。"④这就明确将《中庸》与尧舜执中、《洪范》建用皇极、颜子博约之教、孔子一贯之旨前后贯通了起来。而甘泉本师说所提出的"随处体认天理","是圣学大头脑,千圣千贤同此一个头脑"⑤,"与博约一贯同,皆本于精一执中之传"⑥。据此可见,甘泉提倡内外一贯之学,自承道统之意甚明。

三 "同归皇极之化"的政治意蕴

湛甘泉对教化的理解,也受启于周敦颐不浅。师任教化之责,宋学之兴起本即是缘于唐末以降的师道复兴运动。湛甘泉推崇周敦颐"道义由师友有之"的师道观念,或问:"如何斯可为人师矣?"湛若水回答:"得中而立焉,斯可矣。刚不刚,柔不柔,而刚柔者法焉,以去其不中而已矣。师也者,犹诸医也,学者其犹诸病也。医以就诸中和而已。医而偏焉,杀人之术也;师而辟

---

① 湛若水:《甘泉先生续编大全》,第 832 页。
② 黎靖德编:《朱子语类》,1812 页。
③ 湛若水:《泉翁大全集》,第 825 页。
④ 湛若水:《甘泉先生续编大全》,第 802 页。
⑤ 湛若水:《泉翁大全集》,第 1670 页。
⑥ 湛若水:《泉翁大全集》,第 1675 页。

焉,陷人之道也。可不谨乎?"①以医喻师,盖因人之身心皆以中和为至,故其曾自谓"随处体认天理"为"吾之中和汤也,服得时,即百病之邪自然立地退听。常常服之,则百病不生,而满身气体中和矣"。② 在周敦颐关于师道的论述中,"师"其实即是儒家的圣人,《通书·道第六》谓:"圣人之道,仁义中正而已矣。"只有圣人才是"至善",也即"天下善"。而阐发中正之义的则是更重要的《师第七》,其中提出了师为"天下善""性者,刚柔善恶,中而已矣""师道立,则善人多。善人多,则朝廷正,而天下治矣"等诸多影响深远的命题。

周敦颐明确提出"性者中而已矣"的观念,这也正是湛甘泉以中言性、言道思想的宋学来源。但甘泉之说亦有其近源,此即陈白沙的"大中"思想,白沙言:常人"随其气质,刚者偏于刚,柔者偏于柔,每事要高人一着,做来毕竟未是",而"圣贤处事,无所偏主,惟视义何如,随而应之,无往不中",与常人不同③。圣人体道,事与道合一,"道无往而不在,仁无时而或息……圣人立大中以教万世。"故而他劝勉弟子"主张世道不可偏高,坏了人也"。④周敦颐"仁义中正"之说亦为其所赞同⑤。对于周敦颐《通书》所言圣人可学的问题,湛甘泉也有自己的一段拟仿式回答:

> 门人有问:"圣可学欤?"曰:"可。"曰:"如之何?"曰:"在变化。士而贤,贤而圣,圣而天,变化也。……"曰:"孰变化之?"曰:"沉潜刚克,高明柔克,克之者其心乎! 心之中正,其变化之矩也。"⑥

这段文字在化用周敦颐、陈白沙话语的基础上,进一步结合了《洪范》第六畴"三德":"一曰正直,二曰刚克,三曰柔克。平康,正直;强弗友,刚克;燮友,柔克。沈潜刚克;高明柔克。"当然,周敦颐"刚柔善恶,中而已矣"也正是脱胎于此。基于对人性的这一认识,他说:"圣贤之设教也,为刚柔善恶之异其禀也。教也者,所以约其中、化其偏者也。"⑦这与周敦颐所论并无实质上

---

① 湛若水:《泉翁大全集》,第9页。
② 湛若水:《泉翁大全集》,第1675页。
③ 湛若水:《陈献章全集》,第210页。
④ 湛若水:《陈献章全集》,第219页。
⑤ 湛若水:《陈献章全集》,第89页。
⑥ 湛若水:《泉翁大全集》,第23页。
⑦ 湛若水:《泉翁大全集》,第124页。

的区别。若说其差别，也就在于周敦颐所言主要是针对士人的教化，而甘泉所说则是针对整个社会大众。而甘泉在嘉靖一朝身居高位，确实有机会行使为人君宣教化之务。

既然强调心、事合一，那么甘泉以其本人之学为孔孟正脉之传，就不仅仅在于其以中言心、言性、言道、言理，因为这毕竟是在理论层面上的话语，而更在于体现了其经世之志的"二业合一"论。二业是指德业和举业，一般来说，德业在内，而举业在外，前者指向德性修养，后者指向功名利禄。而湛甘泉则认为，不能将德性和举业视为"内外之事"，这是"支离"的观念，而应以"体用一原，显微无间，一以贯之"的态度来看。① 否则，会导致内外、己物二本的弊病，与此相反，"己物两得，内外一致，夫然后德业合"方为"合内外之道"的"一本"之学。② 要言之，湛甘泉仍然遵循了《中庸》"尊德性而道问学"的思路，但此一贯是以德性贯于问学，正如颜子之博约是以我博之、以我约之，故不论是静坐、读书，抑或应酬、举业，"无非此心一以贯之"③。心是本，举业是末，以本心为主宰，而非以举业等累心。在此意义上，心之"思"的功夫便显得极为重要，"思也者，本末之贯也"④。故而他极为重视《论语》"执事敬"，《孟子》"集义"，《左传》"敬，德之聚"，认为集义即是敬以聚德，因为在他看来，"敬"是"思之规矩"⑤。"孔门之学惟有执事敬最为切要，彻上彻下，一了百了，致知涵养，此其地也。"⑥这些都构成了湛若水思考孔孟正脉的话语体系。

湛氏弟子黄纶为其《二业合一论》作序，言"二业合一训"是其师"救世第一义也，实拯溺济时之言也。"并比之于孟子距杨墨而明仁义、程子排佛老而尊儒道。且由于杨墨之偏、佛老之害显著可见，"至于举业，所读者圣人之书，所为者圣人之言，而志则功利焉是溺，人皆化之，莫得易而知也。故其溺人也深，欲拯而济之，其为化也难"⑦。也就是说，湛甘泉所面临的任务更艰

---

① 湛若水：《泉翁大全集》，第 81 页。
② 湛若水：《泉翁大全集》，第 82 页。
③ 湛若水：《泉翁大全集》，第 84 页。
④ 湛若水：《泉翁大全集》，第 85 页。
⑤ 湛若水：《泉翁大全集》，第 16 页。关于甘泉对"执事敬"的具体论述，可参游腾达：《湛甘泉哲学思想的发展与完成》，台湾师范大学博士学位论文，2012 年，第 76—79 页。
⑥ 湛若水：《甘泉先生续编大全》，第 827 页。
⑦ 湛若水：《泉翁大全集》，第 72 页。

巨,其二业合一之训拯济之功更大,言语之中透露出尊其师高于孟子、程子的强烈意味。二业合一,也正是甘泉以师者的身份提出的教民济世之策。

故甘泉之二业合一,决非单纯的理论问题,而是蕴含了"今古之辨"的意涵,今古之辨在理学中主要指向道统与治统之辨,易言之,甘泉要为科举制的合理性做一辩护,而非刻意将举业之学和圣人之学截然分割。而以往的理学家,以及同时代的王阳明都对举业之学持批判态度,有着"厌科举"①的经历。程朱基本否定了通过举业可以致道的观念,举业之学和圣人之学完全是殊途不同归。故甘泉对举业与道业合一的强调确实是非常少见的做法。

要理解他的这一思想,我们也不能忽视湛甘泉思想与当时政治的切实关联。其弟子周道通推行"会极约"②,甘泉为其作《会极约序》言:"昔后皇命冢宰降德于众兆民,乡大夫属民燕射,传教于乡,然后法令播,三物行,而百姓化淳。夫上有后皇降之于上,下有乡大夫致之于下,是故天下无不教之乡,乡无不学之人,故先王之世比屋可封,而民之于变归极,用此道也。"在他看来,明世宗"御制《敬一》之箴,恭下谕民之诏,播示天下,其即古昔后皇降德之盛心",响应明世宗的降德之诏,则在下者即当施行燕礼,以传教于乡。湛甘泉认为《洪范》皇极畴最为适合,"夫洪范皇极敷言之训,盖欲使臣民歌咏以得于心,约其偏以归于中正之极也,岂直为观听之美也哉?从予游者唐府纪膳周君冲,外病人听,内蕴天聪,志圣贤之学有年矣。一旦闻《敬一》之训,乃作而言曰:生幸遇尧舜之君,病无致泽之任,而又不能为唐虞之民,以鼓舞于化育之下者,是弃物也。乃与其乡之大夫士庶为会极之约,设宾主执事之位,揖让献燕之仪,举壶射之礼,动钟鼓诗歌之音,宣箴训之意,所以感人心而振其德,以入于敬一之教,成一乡太平之风焉。"最终则是希冀达致"合内外上下、咸同于皇极敬一之归"的太平之世。③ 显然,周道通推行会极约,正是受启于甘泉对《洪范》之重视。

湛甘泉自己推行乡约,首先讲明太祖《圣谕六言》,这蕴含了以祖宗成宪

---

① 程颢、程颐:《二程集》,第 1241 页。

② 据《增修宜兴县旧志》卷八"理学"所载,周冲(即周道通)著有《会极约》《希颜日钞》,以及与蒋信共同撰集师说所成之《新泉问辨录》等。见《(嘉庆)增修宜兴县旧志》卷八,清光绪八年刻本,中国方志数据库收录,第 57 页。

③ 湛若水:《泉翁大全集》,第 592 页。

为法之意；其次是明世宗的"宣谕承天府讲章"，紧接着便是《皇极敷言讲章》。① "皇极敷言"是指《洪范》第五畴皇极畴中的一段话："无偏无陂，遵王之义；无有作好，遵王之道；无有作恶，遵王之路。无偏无党，王道荡荡；无党无偏，王道平平；无反无侧，王道正直。会其有极，归其有极。"《洪范》本文在此之后还有一段文字是："曰：皇极之敷言，是彝是训，于帝其训，凡厥庶民，极之敷言，是训是行，以近天子之光。曰：天子作民父母，以为天下王。"显然，在甘泉的乡约中，既然已经有了太祖圣谕，那么"于帝其训""作民父母"这样的文字被他去除掉也是理所当然的，因为从文字上看其义理是一致的，都是在教化民众要遵从帝训，也即是圣谕。《洪范》成了圣谕的脚注，今典与古经汇归于一。

《洪范》的"无偏无陂""无有作好""无有作恶"就主要是针对民众而言，而非针对君主。但这并不代表他就忽视了对君主的要求，从湛甘泉的献纳文字亦可看出，其对于政治的理解正是与其道学思想具有一贯性。其劝谏明世宗慎喜怒之性情，亦举《洪范》"无有作好作恶"为说②，可见，同样的《洪范》文本，既可劝民，亦可教君。举君民上下一体，共遵《洪范》皇极中正之教，这是湛甘泉理论的现实指向。通过这一点，我们也能更清楚地看到《洪范》一篇在湛甘泉思想建构和政治实践中的重要位置，诚可谓心事一贯的典范文本。

"The Dao Means Moderation": Zhan Ganquan's Explanation of *Hong fan* and Its Political Meaning

Liu Zengguang, Liu Lilin

Abstract: "Moderation" is an important idea in Neo-Confucianism, the founder of Neo-Confucianism Zhou Dunyi proposed several viewpoints around

---

① 湛若水：《甘泉先生序续编大全·补编》，游腾达、王文娟点校，台北："中研院"中国文哲研究所，2018 年，第 400 页。
② 湛若水：《甘泉先生续编大全》，第 776 页。

"moderation" which had great influence over the scholars afterwards, for example, Zhan Ganquan's discussion about "moderation" and the *Hong fan* in Book of History. Zhan Ganquan established a theory of "moderation" from different perspectives. Firstly, he said that the Dao is the moderation and balance between Yin and Yang, thus the ontological *Qi* is moderate *Qi*, and he preferred the five elements theory in the *Hong fan* to the great ultimate theory in the *Book of Change* so as to explain generation of myriad things in the world. Secondly, he proposed a kind of self-cultivation theory around "moderate heart" and "moderate thinking" based on the *Analects*, *Mencius*, the central conception of this theory is "thinking means sagacious thinking" excerpted from the *Hong fan*. By doing so, Zhan concluded the spirit of Confucianism with syncretism of inner and outer or syncretism of heart and matter. Thirdly, Zhan extended his moderation theory to social and political life, he claimed that becoming a virtuous man is not in conflict with imperial examination system. And in his view, emperor ultimate as the middle category, i. e. , the fifth category in the *Hong fan*, should be honored as the supreme idea for educating everyone from emperor down to common people. All of the three perspectives above reflects the *Hong fan* played an important role in Zhan Ganquan's thought.

Key words: *Hong fan*, Moderate *Qi*, Moderate thinking, Emperor ultimate, Confucian orthodoxy, Politics

哲学门（总第四十五辑）

北京大学出版社，2022 年

"形而上者"的双重视野：
经典诠释中的理本与气本
——兼论湛若水的理气论*

刘　昊**

摘　要：宋明理学的气学或气论如何成立一直众说不断，经典诠释可以为此提供新的认识路径。理气论述皆围绕《系辞》"一阴一阳之谓道"和"形而上者谓之道"展开，从中可见理本和气本两种清晰的宇宙观念。张载认为"形而上者"是一阴一阳，即无形的阴阳之气，此说成为明清气学的根源。程颐、朱子认为"阴阳之气"是"形而下之器"，"理"是"形而上之道"，并采用添字诠释法将"所以阴阳者"即阴阳的根源解释为"道"，试图化解"形而上之道"与"一阴一阳之谓道"的潜在冲突。明中期的王廷相、吴廷翰以及清代的戴震反对朱子，明确提出道气（器）问题要取证经典而非添字，他们以"一阴一阳"或"气"为"形而上者"，天道即气化流行，气是万物之本。从上述角度看，湛若水理气论总体上仍根植朱子的解释，而不是气学。主张"形而上者"的双重视野不是划分宋明理学的派别，也非强调某一派思想的内部一致性，而是旨在提出理气论演变始终与经典诠释的不同视角及其导致的宇宙生成观念差异交织在一起。

关键词：一阴一阳之谓道　形而上者谓之道　理　气　经典诠释

---

* 本文为国家社科基金重大项目"中国经典诠释学基本文献整理与基本问题研究"（21&ZD055）阶段成果，并受到上海市浦江人才计划的资助（22PJC112）。

** 刘昊，同济大学哲学系助理教授。

一 引言

宋明理学中的气论或气学如何成立,气能否或如何具有形而上的属性一直是难点问题,因为近代以来的中国哲学研究常援引西方哲学的形而上学(metaphysics)作为参照,试图探寻中国思想的形上特性。以此为准,朱子学是其中的代表之一,理(道)是形而上者,是净洁、空阔的形上世界。"气"是形而下者而非形而上者。然而"形而上者"在宋明理学的含义是丰富的,不能将"形而上"的含义仅等同于超越的。独立于时空之外的本原这一内涵,"气"的形上内涵在语境脉络中的多重含义同样应得到重视。

学界一直对气可能具有的形上特性提出不同的解释,唐君毅早在其张载研究中已指出气是流行的存在或存在的流行,① 应高看张载的"气",并将其视为"形上之真实存在"。② 杨儒宾提出"先天之气"以及刘又铭提出"神圣气本论"也旨在为气的形上、超越性提供证明。③ 杨儒宾将气学分为"先天型气学"和"后天型气学",前者主张"气"是一种超越的"形上之气",这种"气"须建立在理气一物、理气同一的基础上,因此人性仍然具有超越的性善根据。④ 后者主张气是自然之气,人性不具有先天圆满的善,因此功夫论是"反复性说"。林月惠对杨儒宾提出质疑,认为"先天型气学"是否能够独立,它究竟是"理学"还是"气学"值得再思。⑤ 在林看来,"先天型气学"只具有描述意义,不具备独立意义。⑥ 气的先天性问题,实际上就是气能否具有超越的形而上属性,但是这里的参照标准是受到西方哲学形上观念影响的"理"的形而上特性。气的形而上属性与其能否作为成德的根源是两个问题,不能因为气

---

① 唐君毅:《中国哲学原论·原教篇》,北京:中国社会科学出版社,2006 年,第 59 页。

② 唐君毅:《中国哲学原论·原教篇》,第 63 页。

③ 杨儒宾:《两种儒学,两种气学》,《台湾东亚文明研究学刊》2006 年第 3 卷第 2 期,第 8 页;刘又铭:《宋明清气本论研究的若干问题》,载杨儒宾、祝平次主编《儒学的气论与工夫论》,台北:台大出版中心,2005 年,第 203—246 页。

④ 杨儒宾:《两种儒学,两种气学》,第 8—9 页。

⑤ 林月惠:《"异议"的再议——近世东亚的"理学"与"气学"》,《东吴哲学学报》2016 年第 34 期,第 97—144 页。

⑥ 林月惠与杨儒宾的分歧之一在于罗钦顺的思想定位,林认为罗本质上是朱子学,而杨认为罗属于"先天型气学"。参见林月惠:《"异议"的再议——近世东亚的"理学"与"气学"》,第 119 页。

可能无法作为成德的根源，而忽视了气的"形而上"内涵本身。

理气论述往往离不开经典诠释的背景和渊源，经典一方面构成文本的限制，同时也蕴含了丰富的开放性。此前已有学者从经典诠释的角度出发探讨宋明时期理气论的变化，注意到"形而上""形而下"观念的变化，以及朱子与后来学者对"一阴一阳之谓道"这一命题的解释差异，但是未充分将两个命题结合起来考虑。① 我在《哲学研究》上发表的一篇文章中已经指出，宋代以降的理气论主要围绕《易传》"一阴一阳之谓道"和"形而上者谓之道"展开，以程朱为代表的一方以理为道，以气为器，认为理是形而上者，而以张载、陆九渊、吴廷翰、戴震等为代表的学者认为两者合看便可得出"一阴一阳"即是"形而上者"的观念，道即气化流行，是"形而上者"。② 两者都是尊重经典作出的解释，一直存在于宋代以来的思想发展和演变之中，构成了"形而上者"的双重视野。该文主要立足于宋代的理气论，对由此产生的影响虽有论及，但尚未扩展。

本文将继续基于经典诠释，侧重分析明清时期的理气论建构，附带论述湛若水的理气论定位。基于这一视角，宋明理学中的气学一派究竟如何成立及其相关问题，或许可由此获得更为清晰的认识。

二　理本在明代朱子学的坚守

宋代以降的道学理气论以《易传》的"一阴一阳之谓道"和"形而上者谓之道"作为主要经典依据。以"无形"和"不形者"为"形而上"一直是"形而上"的主流解释，韩康伯《周易注》以及孔颖达的《周易正义》已是如此。但是在宋代的解释中，"无形"有两种解释，一是朱子学的无形而有理，此"无形"指真实无妄而无形无象，与阴阳之气相区别。二是张载气论的"太虚无形"，指气的无形状态，此"无形"则是指没有具体形质，不拘泥于器物，由阴阳构成的气。这一差异构成了宋代以后理气论分化的根源。

---

① 傅玲玲：《朱熹与王船山"理气观"之比较——从二者对"一阴一阳之谓道"的诠解而论》，《哲学与文化》2017 年第 7 期，第 89—106 页；何佑森：《论"形而上"与"形而下"——兼论朱子与戴东原》，《清代学术思潮——何佑森先生学术论文集》，台北：台大出版中心，2009 年，第 11—24 页。

② 刘昊：《道兼理气：朱子学理气论的经典诠释背景及其影响》，《哲学研究》2023 年第 7 期，第 67—76 页。

我在那篇文章中,还指出朱子之后的理气论和天道论,仍然以"形而上者谓之道"与"一阴一阳之谓道"为经典依据,但或多或少均未严格遵守朱子学的"理在气先"与"理气不离不杂"并举的立场,而是认为"理在气先""道(太极)在阴阳先"不能成立,因为"在先"的说法有可能与道家的宇宙生成论混为一谈。两种路径皆主张理必须在气中,不离于气,但是这两种路径是否解构了朱子学的理论体系,是否滑向了气在理先,形成气本论或气学,还需仔细分析。①

明代以后的程朱学者普遍反对朱子学的"理在气先",理在气中、理气不离的观点被置于更为重要的位置。明初朱子学者薛瑄根据"一阴一阳之谓道"和"形而上者谓之道",主张"道兼理气"的观点,他说:"圣人论道,多兼理气而言。如所谓'一阴一阳之谓道''形而上下'之语,皆兼理气而言也。"②这一观点来自朱子,所谓的"兼理气"不是指道由理气合而为一,而是指道的存在内在于一阴一阳的流行运动,而且形而上下一句也是兼理气而言,不是分裂理气。同时,薛瑄由此表明在天地间,理在气中(道、太极在阴阳中)不离于气又不杂于气,这与朱子也保持一致。

不过薛瑄没有到此为止,他的代表性观点是"理气决不可分先后",在其语录中出现数十次,这显然不同于朱子的"理在气先"说。但是他也偶有"理在气先"的说法,他说:"理气本不可分先后,但语其微、显,则若理在气先,其实有则俱有,不可以先后论也。"③虽然薛瑄承认"理在气先",但是他主张的"理气不分先后"的观点显然更为强势。而"理气不分先后"是否消解了朱子学理气论中本原和构成的差别,气成为万物生成的最终根源,需要进一步考察。

既然理气不分先后,那么由气构成的天地之先是什么?薛瑄给出了如下回应:

> 窃谓理气不可分先后。盖未有天地之先,天地之形虽未成,而所以为天地之气,则浑浑乎未尝间断止息,而理涵乎气之中也。及动而生阳,而天始分,则理乘是气之动而具于天之中;静而生阴,而地始分,则理乘是气之静而具于地之中。分天分地,而理无不在;一动一静,而理无不

---

① 刘昊:《道兼理气:朱子学理气论的经典诠释背景及其影响》,第67—76页。
② 薛瑄:《薛文清公读书录》卷一,《薛瑄全集》,太原:三晋出版社,2015年,第706页。
③ 薛瑄:《薛文清公读书录》卷二,《薛瑄全集》,第725页。

存。以至"化生万物,万物生生而变化无穷"。理、气二者,盖无须臾之相离也,又安可分孰先孰后哉?①

在薛瑄看来,在天地未有之先和之后,理气皆具于其中。理气没有先后,但是万物的生成有先后,在天地之形体未形成的时候,天地之气生生不息,没有间断,理存在于气之中。因此在万物生生变化之中,理气二者未尝相离,所以不可分先后。薛瑄在此提出的宇宙观和天道观并不强调理论次序上的理气先后,而是揭示宇宙生成过程中的天地未有和天地生成之后是两个阶段,天地及万物的存在根源于天地未有之时的理气整体,这种根源不仅是以理气整体为万物的根源,同时也强调万物的生成由生成之前的气化而来。而在理气整体之中又有形而下和形而上之分。换言之,天地的"未生"与"已生"并不对应"形而上"和"形而下",在万物生成的生生流行过程中,理或道作为其根源时时存在。因此在宇宙生成过程中区分天地未生和已生,并不排斥"形而上"与"形而下"的区分。万物的生成根源或本根是理气,不只是理。在理气整体之中,更为根本的则是理或道,这仍然是"生物之本",只不过薛瑄很少承认理论次序上的"理在气先"。

总之,薛瑄所谓的"理"和"气"不对应未有天地和天地已生,也就是朱子学理气论的"从理上看"(本原)和"从物上看"(构成)两个层面。天地生成之前与之后是理气整体的生生连续过程,理始终作为形而上者存在于天地生成之前和之后的状态中。在宇宙生成的结构中,天地未生时的理气是宇宙在时间上的生成起点和源头,而在这个源头之中,"理"或太极作为生物之本始终存在。由此而言,薛瑄的理气论仍然深受朱子的影响,其中的重要区别在于两者对"未有天地之先"的定义并不相同,朱子所说的"未有天地之先"的"理"不存在气的因素,理的存在与否并不需要依赖气的因素,这种存在不是构成万物的具体存在,而是一种本原性的存在,而薛瑄认为天地未有之先是理气的整体,理在气中作为生物之本而存在。薛瑄强调"理气不可分先后"没有完全脱离朱子学理气论的架构,理仍然是形而上者,气仍然是形而下者,理气关系是不离而不杂,只是薛瑄将"未有天地之先"的"理"转化成为"理气"的整体。

---

① 薛瑄:《薛文清公读书录》卷三,《薛瑄全集》,第730页。

自薛瑄以后,明代学者往往将"一阴一阳之谓道"作为理气不离,理气不可分的佐证,试图修正朱子学理气论强调"理气二物"或"理在气先"的倾向。但是这不一定意味着他们将"理在气先"颠倒为"气在理先",完全溢出了朱子学的框架。宇宙生成过程中的造化之本或生物之本是理还是气,决定了两种不同的理气论走向。如果顺着薛瑄的观点再往前一步,就有可能出现天地本于一气,理是气的运行的条理和变化的观点。在理论次序上,理成为附属于气的理,而不是作为气之本的理,由此便产生了以气为本,理由气生的"气本论"立场。在造化之本或生物之本是理的问题上有所动摇,也就意味着动摇了朱子学理气论的基础。

考察明代中期理气论与朱子学的区别,也不能仅考虑理气论的异同,而是需要将理气论置于天道论和宇宙观中作整体考察,除此以外,还须结合其思想的自我定位。自明代以后,严格意义上坚守程朱理学的道统和师统意识逐渐衰落,修正程朱理学的现象非常普遍,但是这并不意味着这些修正是反朱子学,程朱学者的自我定位仍然是程朱的继承者,而非颠覆者。尤其是阳明学崛起以后,程朱理学受到巨大挑战,部分朱子学者更加坚定维护朱子学理论的思想定位。但是阳明学者以及对朱子学和阳明学皆不满的学者,未必是在程朱理学的认同基础上思考理气问题,尤其是后者的自我定位和立论依据往往强调回到经典本身,而非对经典作出类似朱子的添字解释。由此出发,朱子通过"所以"解释"一阴一阳之谓道",以"气"和"理"解释"形而下者"与"形而上者"的作法就遭到了反对,朱子学理气论的架构便有瓦解的风险。当然,学者的自我定位和其理论可能产生的理论效果应区别对待,自我定位只是参考,最终还要看其理论的建构和效果。

以程朱理学继承者为定位的学者虽然否认"理在气先",并通过"一阴一阳之谓道"而强调理不离气,但是并不意味着他们承认"气在理先"。这些学者也承认天地之初为一气,不过这个作为生成根源的气是内在具理的,理气一物的。主张"天地一气"不等于承认天地皆是气而没有理或者"气是理之本","理"仍然是气之本。例如朱子学者胡居仁提出:"一阴一阳之谓道,形而上者谓之道,是指此理行于形气之中也。道为太极,为天地之本,是指此理为造化之主也。"①根据"一阴一阳"和"形而上者",理行于形气之中。

---

① 胡居仁:《居业录》卷第八,《胡居仁文集》,南昌:江西人民出版社,2013年,第95页。

但是道是太极,是天地的本原,作为道的理是造化的主宰。而且胡居仁也承认"有理而后有气",①这一点同于朱子。再如魏校说:"夫子曰'一阴一阳之谓道',又曰'易有太极',皆在气上直指此理而言,正以理气虽不相离,然亦不曾相杂,故又曰'形而上者谓之道,形而下者谓之器。'若性合理气而成,则是形而上、下者可以相杂。理在天地间,元不曾与气杂,何独在人上便与气相杂?"②魏校显然统合了"一阴一阳"与"形而上者"两句命题,坚持了朱子对这两者的协调性解释。③

罗钦顺的"理气一物"说历来讨论和争议较多,罗一方面主张通天地,亘古今皆为一气,另一方面仍然有"理须就气上认取,然认气为理便不是"的观点,④并未消解"理"在"气"中的存在。其次,他还强调:"言阴阳则太极在其中矣,言太极则阴阳在其中矣。一而二,二而一者也。"⑤罗钦顺没有将理气关系颠倒为气在理先,其观点在于强调理和气的统一性问题,⑥理在气中仍然与气有所分别,并未动摇朱子学理气论的根基。不过罗钦顺显然偏离朱子学有点远,他也注意到了朱子在解释"一阴一阳之谓道"时添加了"所以"二字,不符合经典。明末清初之际,在"由王返朱"思潮中的朱子学者深刻反省罗钦顺的理气一物说,又回到了朱子学的理在气先和理气不离不杂之说。⑦

三　气本的经典依据

真正动摇朱子学理气论根基的观点也出现在明代中期,是与湛若水、罗钦顺同时代的王廷相。表面上看,他对宇宙生成的描述与前面所述的薛瑄很接近,共同反对朱子学的理在气先以及理气为二的论断,例如王廷相说:

---

① 胡居仁:《居业录》卷第八,《胡居仁文集》,第103页。

② 魏校:《复余子积论性书》,《庄渠先生遗书》卷十三,中国国家图书馆藏嘉靖四十年(1561)王道行校刊本,第15页。

③ 刘昊:《理气虽不相离,亦不曾相杂——明代中期朱子学理气论的一项新了解》,《中国哲学史》2020年第5期,第96—102页。

④ 罗钦顺:《困知记》卷下,北京:中华书局,2013年,第42页。

⑤ 罗钦顺:《困知记》卷上,第17页。

⑥ 秦晋楠:《重思罗钦顺的"理只是气之理"——学术史与哲学史交织下的新理解》,《哲学动态》2019年第1期,第74页。

⑦ 申祖胜:《清初理学对气学的回应——陆世仪的"即气是理"说及其对罗钦顺"理气为一物"论的评价》,《哲学与文化》2019年第8期,第127—140页。

推极造化之源,不可名言。故曰太极。求其实,即天地未判之前,大始浑沌清虚之气是也。虚不离气,气不离虚,气载乎理,理出于气。①

造化自有入无,自无为有,此气常在,未常澌灭。所谓太极,不于天地未判之气主之而谁主之耶? 故未判,则理存于太虚;即判,则理载于天地。②

宇宙生成造化的根源不可名状,因此命名为"太极"。其实,太极即天地未产生之前的浑合清虚之气,"判"指分离,即天地从清虚之气分化产生,"清虚"指的是气无形无象,普遍弥漫的状态。在这一阶段,虚中有气,气存在于虚无的状态中。同时,气的运行中有理,理产生于气。在第二条材料中,王廷相将宇宙生成的过程描述得更为清楚,在宇宙的生成造化从有到无,从无到有的过程中,即天地万物的生存与消亡中,气是常在的,不存在消灭,因此这里的无与有指的是气的无形和有形状态,这一说法与朱子的"理"常在的说法截然相反,与张载的气论强调太虚与气的聚散转化接近。王廷相继续指出,太极应指天地未生之时的气,天地未生时,理存在于太虚之气之中,天地产生后,理则存在于天地之中。从这里对宇宙生成的描述来看,王廷相与前面所引薛瑄的判断基本一致,但是其中存在本质差异。根据前述,薛瑄等学者仍然以朱子学为底色,并未否认理为气之本,太极为天地之本。然而在王廷相的思想中,天地之本或生物之本是气而不是理,他说:

夫万物之生,气乃理之本,理乃气之载。③

气者造化之本,有浑浑者,有生生者,皆道之体也。生则有灭,故有始有终。浑然者充塞宇宙,无迹无执。不见其始,安知其终? 世儒止知气化而不知气本,皆于道远。④

王廷相指出在万物的生化过程中,气是理的本原,理是气的运行所承载的。这一说法颠倒了"理为气之本"或"太极(理)为生物之本"的观念,也就彻底动摇了朱子学理气论的根基。在所引第二条材料中,王廷相明确指出气是宇宙造化的本原,气的浑沦状态和气的生生不息,皆为道的载体。一般而

① 王廷相:《太极辩》,《王廷相集》第二册,北京:中华书局,1989 年,第 596 页。
② 王廷相:《太极辩》,《王廷相集》第二册,第 596 页。
③ 王廷相:《太极辩》,《王廷相集》第二册,第 597 页。
④ 王廷相:《道体篇》,《慎言》卷之一,《王廷相集》第三册,第 755 页。

言,事物的创生意味着有始有终,而气则弥漫于宇宙之中,浑沦一体,没有形迹也无法把捉,因此没有始终。最后,王廷相点明世儒只知宇宙造化过程中的气化,而不知造化的本原是气,因此与道越来越远。虽然在宇宙生成的过程包括起点的构成上,王廷相所谓的元气也是具有理的,元气即道体,只是从逻辑上或推究其本时,元气之上无理,气乃理之本。由此来看,王廷相的宇宙观相对朱子发生了颠倒,因为在本原的问题上,气本代替了理本。

王廷相的理气论不是在程朱理学的范围之内修正朱子学理气论,而是溢出了这一范围,但他面对的对象无疑仍然是朱子学。他的思想深受张载气论的影响,不过有学者已经指出其人性论主张与张载有重要差异,①而这种差异也是与程朱之学的本质差异之一。而且王廷相的自我定位也不是接着宋儒讲,他并不认可宋儒建构的理论体系,也不满濂洛道统,而是希望回到孔子之学,②批评孔子以后的诸儒皆毁坏了孔子之道。

他的思想在当时并未引起多大反响,不过仍然启发了一些学者。吴廷翰曾阅读过王廷相的著作并受其影响,因此学界历来将二人作为气的哲学或气本论的代表,也有学者将其理气论概括为理气一元论。③ 以往研究已指出,吴廷翰的宇宙生成观受王廷相的影响十分明显,④以气为天地之初,同时以气之浑沦为太极,并将其作为"天地万物之祖"。吴廷翰质疑朱子学理气论的立论之基仍然是《系辞》的"一阴一阳之谓道"。他指出:"先儒以阴阳为气,以道为理,是去'一阴一阳之谓道'之义而他求之过也。"⑤以阴阳为气,以道为理是典型的朱子学理气论,吴廷翰认为这一观点彻底离开了"一阴一阳之谓道"的含义,由此可见吴廷翰的理解离开了朱子学理气论,他认为朱子的诠释是出于自我的理解,而非以经典为宗,因此他说:"夫论道之书,以《易》为宗,而言以孔子为准,反而求之以吾心自信者为实。"⑥

---

① 胡栋材:《"横渠之论,与愚见同否"——张载与王廷相气论思想关系辨正》,《哲学门（总第三十八辑）》,北京:北京大学出版社,2019 年,第 141—157 页。
② "道学虽明于宋儒,而孔子高明广大之度,反以之晦,过化存神之妙,无由而传,乃世道幸中之不幸也。"王廷相:《雅述》上篇,《王廷相集》第三册,第 857 页。
③ 荒木见悟:《吴苏原の思想——容肇祖の批判によせて》,《九州中國學會報》1973 年第 19 卷,第 10—19 页。
④ 容肇祖:《吴廷翰的哲学思想概述》,见吴廷翰:《吴廷翰集》,北京:中华书局,1984 年,第 2 页。
⑤ 吴廷翰:《吉斋漫录》卷上,《吴廷翰集》,第 6 页。
⑥ 吴廷翰:《吉斋漫录》卷上,《吴廷翰集》,第 6 页。

　　吴廷翰彻底颠覆了以阴阳为气，以理为道的朱子学观念，他说："只是理气未能释然，所以不敢以阴阳为道。而愚敢断然以气为理，岂有别说，亦只据'一阴一阳谓道'之言思而得之也。"①吴廷翰批评朱子之所以不敢以阴阳为道，是对理气关系理解不到位，而他断言的"以阴阳为道"和"以气为理"则是出自经典中的"一阴一阳之谓道"。依此，吴廷翰将"以阴阳为道"这一观念贯彻到对"形而上者谓之道，形而下者谓之器"的解释，由此更能看出其说法与朱子学的差异。"形"是阴阳之成形者，更确切的是指"形而下"，②上和下是指"形"之内的上半截和下半截，并非指无形和有形。"形而上之道"便是指天地氤氲，"形而下之器"指万物化醇。③ 在朱子学中，天地和万物的化生皆是一阴一阳的流行，这是道的全体。但是道并非阴阳流行，而是生生流行的根据。而在吴廷翰看来，道即是天地氤氲，是能够运行发育的活动者。

　　吴廷翰解构了朱子学的理气论体系，反而与张载、陆九渊对"一阴一阳之谓道"的解释存在异曲同工之处。吴廷翰也将"一阴一阳"这一句作为理解"形而上者谓之道"的前设，他明确说："天道，即元亨利贞。元亨利贞，即阴阳。阴阳，即一气。"④将天道落实在阴阳之气，因而与朱子学以道为形而上者，器或气为形而下者的立场有本质差异。

　　基于这一视角，清代以戴震、胡煦为代表的气论也可以得到更为合理的解释。戴震的宇宙论恪守的也是"一阴一阳之谓道"，他说："道，犹行也；气化流行，生生不息，是故谓之道。《易》曰：'一阴一阳之谓道。'"⑤以及"一阴一阳，流行不已，夫是之谓道而已"⑥。道，训为行，因此道是生生不息的气化流行，其根据是"一阴一阳之谓道"。在他看来，程颐和朱子以"所以阴阳"为道误解了"一阴一阳之谓道"。所以他通过区分"谓之"和"之谓"重新解释这两句话。简而言之，"一阴一阳"一句是对"道"进行定义，道即一阴一阳，而"形而上者谓之道"不是对"道"的定义，而是以道器区分形而上与形而下。这一解释旨在为道即一阴一阳而辩护，在此基础上才能对"形而上"和"形而

① 吴廷翰：《吉斋漫录》卷上，《吴廷翰集》，第8页。
② 吴廷翰：《吉斋漫录》卷上，《吴廷翰集》，第18页。
③ 吴廷翰：《吉斋漫录》卷上，《吴廷翰集》，第18页。
④ 吴廷翰：《吉斋漫录》卷上，《吴廷翰集》，第17页。
⑤ 戴震：《孟子字义疏证》，北京：中华书局，1982年，第21页。
⑥ 戴震：《孟子字义疏证》，第22页。

下"作出合理解释。戴震基于生成论的先后次序解释"形而上"与"形而下"，他说："形谓已成形质，形而上犹曰形以前，形而下犹曰形以后。"①"形而上"是有形事物形成以前的阴阳，而"形而下"是有形事物形成以后的形器。在事物形成的过程和形成后，"形而上者"也不离于"形而下"。戴震的解释在宋明两代皆有其根源，他的理论根据也与吴廷翰一致，他说："六经、孔、孟之书不闻理气之辨，而后儒创言之，遂以阴阳属形而下，实失道之名义也。"②戴震的言辞颇为激烈，"不闻理气之辨"表明戴震不认同宋儒的理气之辨，认为他们以阴阳为形而下，所以离开了经典中的"道"的本义。

清代另一位易学家胡煦的解释与戴震基本相同，他说："孔子曰一阴一阳之谓道，又曰形而上者谓之道，便是以阴阳为形上之事。缘此阴阳方由太极初亨而出，尚未到化生人物之时，安得有形器之可言?"③胡煦认为《易传》是孔子所作，因此孔子两言"道"，可以得出阴阳是形而上者的结构，那么在宇宙生成的过程中，阴阳由太极化生，人物未产生时，形器尚不存在，形而上和形而下是生成过程和构成中的先后阶段和构成结构。胡煦的重要性不在于其理论，而在于他为朱陆无极太极之辩中的陆九渊一方辩护，陆九渊以"一阴一阳"为"形而上者"的说法虽然招致朱熹的强烈反驳，但是得到了胡煦的肯定，他说："陆子引天道二语最确。盖天道但有阴阳可言，非有形器者也。"④

胡煦对陆九渊的肯定充分印证了以"一阴一阳"为"形而上者"在宋代道学以来形成了另一种解释路径，这种解释在宋代最早可上溯至张载。虽然这一流派内部并不存在严格的自我认同和师统，但是他们建构宇宙论观念的解释方法和观点大体一致，即以"一阴一阳之谓道"为依据，进而解释"形而上者谓之道"。以往我们多从程颐和朱子的理气论视角来理解宋明理学的理气论演变，但是从张载到陆九渊，进而到明代中期开始出现反思和质疑朱子学理气论的现象，再到明清之际的考据学兴起，也可以构成一条思想线索。

---

① 戴震:《孟子字义疏证》，第 22 页。
② 戴震:《孟子字义疏证》，第 22 页。
③ 胡煦:《易解辨异三·下经》，《周易函书》，北京:中华书局，2008 年，第 951 页。
④ 胡煦:《朱陆阴阳形器之辨》，《周易函书》，第 1085 页。

四　附论:湛若水的理气论

在宋明时代的理学大家中,湛若水的理气论较为复杂。学界历来有主张湛若水的思想为气论或气学的说法,[①]游腾达在其博士学位论文中进一步质疑了这一判断,并将"理气一体无二"作为湛若水的理气论立场。他还指出"他(湛若水)的理气论观点其实应该放在承继朱子理气不离不杂的理学发展脉络中来进行思考"[②],这一说法似认定湛若水的理气论接近于朱子学传统,但是究竟是否如此有必要进一步讨论。

事实上,湛若水的理气论主张也由"一阴一阳"和"形而上者"两句命题的相关解释而来。他反复强调"一体"或"合一"之学,他之所以如此重视"一",旨在化解经典文本中"形而上"与"形而下"、"道"与"器"的分立。他说:

> 吾观于大易,而知道器之不可以二二也。爻之阴阳刚柔,器也;得其中焉,道也。器譬则气也,道譬则性也。气得其中正焉,理也,性也。是故性气一体。或者以互言之,二之也夫。[③]

湛若水承认道器不可以为二,阴阳及其刚柔变化即器,阴阳的中正和谐状态即道。同理,器即气,道即性,气获得了中正状态即获得理或性,所以性和气是一体的关系,如果以性气互相为体,则以是性气为二,不是性气为一。这种一体关系,是指性的存在或实现无法脱离于气的存在本身,所谓的中正、中和以及理、性的存在,本质上是气的一种完善状态。

不仅"性"和"气"为一体,"形而上"与"形而下"也是一体关系。湛若水又说:

> 古之言性者,未有以理气对言之也。以理气对言之也者,自宋儒始也,是犹二端也。……"形而上者谓之道,形而下者谓之器",器即气

---

① 游腾达在其博士学位论文中专门有一节《附论》讨论湛若水的理气论,他例举了山井涌、马渊昌也、乔清举等学者将湛若水归为气论或气学的立场。参见游腾达:《湛甘泉哲学思想的发展与完成》,台湾师范大学博士学位论文,2012 年,第 139 页。

② 游腾达:《湛甘泉哲学思想的发展与完成》,第 147 页。

③ 湛若水:《樵语·一本第一》,《泉翁大全集》第一册,台北:"中研院"中国文哲研究所,2017 年,第 3 页。

也,气有形,故曰"形而下"。及其适中焉即道也,夫中何形矣? 故曰"形而上"。上下一体也,以气理相对而言之,是二体也。①

古人没有使用理气范畴说性,从理气的角度谈性始于宋儒,这一做法似乎将理气视为两端,割裂了理气。湛若水反对割裂道器、理气,他说器即气,气是有形的,所以是"形而下"。气的中正状态即道,但是"中"是一种状态,它无形无象,所以是"形而上"。湛若水的上述解释并无多大新意,但是他话锋一转,提出上和下是一体关系,无形的"形而上"不在有形的"形而下"之外,而是在形而下之中。以理和气诠释道器关系,便将道器割裂了。

"一体"提示的是 A 和 B 两个事物的结构关系,这一结构关系本质上来源于"一阴一阳之谓道"这一命题,阴阳之气的运动形成的中和之状即道。由此而言,湛若水的理气论及天道论的立论前提即"一阴一阳之谓道",基于这一命题,湛若水揭示的道器(气)一体关系需要解决的问题即如何理解甚至是调解"形而上"和"形而下"的分立,所以他才通过"上下一体"或"上下同形"等说法努力弥合这种分立。湛若水在评价薛瑄的"理气不可分先后"的观点时说:

> 理、气亦是合一,故《易》曰:"形而上者谓之道,形而下者谓之器。"同一个形字,便可见其合一。孟子曰:"形色,天性也。"甚为直截,后儒说得太分别了,所以愈流于支离。②

理气亦是合一的关系,所以"形而上者谓之道,形而下者谓之器"的"形"是同一个形,因此道与器、理与气是合一的。孟子的"形色,天性也"直截了当地揭示了性气合一,后来的儒者(指宋儒)将这些关系都说得太分别,因而流于支离。湛若水在这一条的说法实际上为"上下一体"提供了一个进一步的注脚,一体的根据在于道器皆享有一个"形"字,"同形"意味着道器是一体的关系。

但是"一体"无法揭示两个事物孰为本,而如何论述"本原"是揭示一个理学家的理气论、天道论底色的关键所在。湛若水在这个问题上的立场较难分辨,虽然湛若水认为万物的生成与造化本于气,但是气即道,道即气,气中

---

① 湛若水:《新论·性情章第十一》,《泉翁大全集》第一册,第48—49页。
② 湛若水:《问疑录》,《泉翁大全集》第四册,第1876页。

内在具理。但是他也说"宇宙间其一气乎！气一则理一矣"①。宇宙间皆为一气流通的存在，气是一个浑沦整体，因此理也只是一个整体。这个说法看似有气的多少决定理的多少的倾向，但是其意应指理的存在离不开气，理与气一体，而非气是理的根源。另一方面，湛若水提出"《易》'一阴一阳'之训，即气即道也。气其器也，道其理也，天地之原也"②。"一阴一阳之谓道，道一阴阳也，阴阳一气也，气一宇宙也，一而已矣。"③一阴一阳的运动构成宇宙的整体，道的整体存在于气中，不离于气，气是形而下之器，道是形而上之理，是天地的本原。一阴一阳之谓道揭示的是道与阴阳一体的整体状态，而阴阳即气，气是宇宙整体，所以道即存在于宇宙整体之中，宇宙整体的造化生生即呈现了道。"道其理也，天地之原"的说法证明湛若水仍然坚持"理"是天地之本原，未尝以气为本。这一观点也可由以下记录得到佐证：

> 甘泉子爱其似夫合一之旨，乐与之游而尤好与之辩。或曰："辩何辩矣？"曰："合一有三要，混合有三要。曰'心'、曰'事'、曰'理'，所谓合一也。曰'精'、曰'气'、曰'神'，所谓混合也。合一之道主乎理，混合之说主乎气，知混一之说而不失其中正者，其惟圣人乎！"④

湛若水和友人、弟子辩论"合一"与"混合"，"合一"指儒家的合一之学，如心、事、理的合一，而黄老之学的混合指是精、气、神的混合。最重要的是后面一句，"合一之道主乎理，混合之说主乎气"，湛若水崇尚的合一之学，在根本上仍然以理为本，而黄老的混合之说以气为核心。如果能够了解合一和混合，并且不丢失中正之道的，恐怕只有圣人了。

由此可见湛若水强调的"合一"之道仍然是以理为本，理贯穿于气，与气一体。这一立场继承了朱子学的解释背景，但是没有使用朱子学话语所用的"理气不离不杂"说，湛若水认为朱子学的理气论有支离的弊病，所以没有用朱子学的话语。尽管湛若水的理气论的立论之基在"一阴一阳之谓道"，由此得出宇宙一气、即气即道的类似气学的观点，但是其根本立场在于强调理是万物之本，是天地的本原，这一说法证明湛若水试图表明的理气合一论仍然

---

① 湛若水：《新论·体认章第十》，《泉翁大全集》第一册，第47页。
② 湛若水：《新论·一致章第十二》，《泉翁大全集》第一册，第52页。
③ 湛若水：《新论·阴阳章第八》，《泉翁大全集》第一册，第42页。
④ 湛若水：《二业合一训·辨惑》，《泉翁大全集》第一册，第92—93页。

有朱子学的基因，从而不同于气学以气为本的根本立场。

结　语

气学研究中的各种分类及其相关讨论一直是宋明理学的研究热点，但是这些叙述在探讨分类和气学成立与否时，需考虑宋明理学宇宙观形成和发展过程中的丰富性和复杂性。如果脱离了内在于理气论建构中的经典诠释问题，这种丰富而多面的内容无疑就被遮蔽了。本文的讨论旨在为进一步推进这一问题的解释提供有益的线索。

杨儒宾提出的"先天型气学"在明代其实大多数仍表现为朱子学形态，朱子学之后，明代学者修正和质疑朱子者大多反对理在气先和理气二物，偏向于理气一物，但是这种修正和反思本身是否离开了朱子学的理气论框架，形成气论或气学则并不一定。判断是否形成异于朱子学理气论的关键在于识别有关"一阴一阳之谓道"和"形而上者谓之道"的经典诠释的两种路径，尽管部分学者的理气论述表现为理气不离，理气一物，但是在理气究竟何为本的问题上，仍然继承程颐、朱子的解释，认为形而上者为理（道），形而下者为气（器），理（道）是天地万物之本，理和道存在于天地万物的流行，即一阴一阳的流行之中。这样的解释基本站在朱子学的立场上，以"形而上者"这一句为前提，进而调解"一阴一阳"与"形而上者"的潜在冲突。

另一种解释表面上也反对朱子学的理气二物、理在气先，但是在宋明理学中早有渊源，构成了一种与朱子学完全不同的思想立场，其价值也应予以重视。这一路径形成的宇宙观表现为"形上之气"是宇宙的本源，不过"形上"并非"先天"或"超越"，而是有其独特的理论内涵。持此论的学者的理论根据或前提是"一阴一阳之谓道"，"之谓"表明道即一阴一阳的气化流行，理气和道气（器）皆是不可分为二物，他们批评朱子以"所以阴阳者为道"的立场违背了经典本身。在宇宙观上，他们主张形而上者是有形器物生成以前的天道层面的一阴一阳的流行，阴阳的流行聚散生成了天地间的万物，即形而下之器。据此而建构的宇宙观显然异于朱子，宇宙生成的根源不再是理而是气，气为理之本，理只是气中的条理，形而上者为阴阳，而非理。

以"一阴一阳"为"形而上者"的解释脉络，真正构成了"气本论"或"气学"的宇宙观。这一脉络通常被归为"后天型气学",其依据是气本论无法保证人性的本善。不过气本论既强调天地未生意义上的"先天",又强调天地已生意义上的"后天"。如果从人性论是否具有先天的超越根据这一角度对气本论进行分类,未免忽视了气本论的宇宙观和天道观的丰富面向。从生成论上看,宇宙生成的根源或本根即一阴一阳之气,即天道流行,它没有具体的形质,因此也是形而上者。天地间的有形万物皆由天道流行而生成,构成了形而下者。"形而上"与"形而下"虽然构成宇宙生成的两个阶段,但并不是解构了形上世界,只有宇宙生成论意义上的一气流行。在这样的诠释脉络中,"形而上"的天道层面的一阴一阳的流行始终存在,并不是在宇宙的时空存在之内的某个暂时性存在,它无时无刻弥漫于宇宙间,万物的有形存在的生成皆根源于此。尽管从生成次序上看,"形而上者"仍然需在时间上先于"形而下者",但这不是将宇宙割裂成不同的阶段和空间,"形而上者"与"形而下者"同处于宇宙的时空范围内。从存在结构上看,两者又是共时的,在存在次序上看,形而上者亦先于形而下者。

至于这种天道论是否在人性论和功夫论上表现为后天型则不能一概而论。明代一些学者主张"形而上"的天道内在具理,理在气中,这个整体是形而上者,并非只有理是"形而上者"。这一主张吸收了宋代理学以来形成的理气论述,为气本论如何承担价值根源提供了合理的出路,形而上的天道不只是气,而是内在具理的气。这一脉络的气学自朱子以后与继承和修正朱子学的思潮交织在一起,在宋明理学发展中自成一种解释脉络,基于"一阴一阳"和"形而上者"两句命题,将"一阴一阳"解释为"形而上者"的做法,它先于朱子学而存在,在朱子学以后更加成为修正和反对朱子学的重要手段,贯穿于明代中期以降的气学思潮中,成为异于朱子学的"形而上"的宇宙观和天道论。

The Dual Vision of the "Metaphysical Thing": The *Li*-based Theory and the *Qi*-based Theory in Classical Interpretation
——Extend Study On Zhan Ruoshui's Theory of *Li* and *Qi*

Liu Hao

Abstract: There have been several debates on how to establish the *Qi* school in Song and Ming Neo-Confucianism, and classical interpretation can provide a new path to understand this issue. The theory of *Li* and *Qi* since Song and Ming has been centered on the "one *yin* and one *yang* is called the Way" and "the metaphysical thing is called the Way", from which we can see two clear concepts of the universe: *Li*-based and *Qi*-based. According to Zhang Zai, "the metaphysical thing" is one *Yin* and one *Yang*, that is, the invisible *Qi*, which became the root of qi theory. Chen Yi, Chen Hao and Zhu Zi believed that *Qi* was "physical" and *Li* was "metaphysical", and they used the interpretation method of adding words to explain the root of "*Yin* and *Yang*" (*Qi*) as "the Way". Wang Tingxiang and Wu Tinghan in the mid-Ming period and Dai Zhen in the Qing period opposed Zhu Zi, and clearly proposed that the question of the Way should be taken from the classics instead of adding words. They claimed that the Way of Heaven is *Qi*, *Qi* is the essence of all things and is the metaphysical thing. From the above perspective, the more complex Zhan Ruoshui theory of *Li* and *Qi* is still generally rooted in Zhu Zi's interpretation. The dual vision of the "metaphysical thing" is neither to divide the Song and Ming Neo-Confucian schools into two schools, nor to emphasize the internal consistency of one school of thought, but to suggest that the evolution of the *Qi* theory has always been intertwined with the different perspectives of classical interpretation. Moreover, cosmology is the only one aspect of a particular school of thought and cannot be used to summarize all dimensions of a particular school or thinker.

Key words: One *yin* and one *yang* is called the Way, The metaphysical thing is called the Way, *Li*, *Qi*, Classical interpretation

哲学门（总第四十五辑）
北京大学出版社，2022 年

王阳明"必有事焉"致知工夫十疑十解

——兼与"勿忘勿助"比较*

周丰堇**

提　要："必有事焉"是王阳明致良知的无间工夫，也是阳明与甘泉为学工夫差异之处。阳明在论学过程中，从十个角度解释了"必有事焉"而致知的无间工夫，包括：如何解决日常工夫间断，如何看待"何思何虑"，如何在各种应事困境中致知，如何看待本体和工夫之动静，如何常存清净本心，如何看待"戒惧克治"之念及"常提一念良知"和"戒惧克治"的关系，如何看待"无情而顺物""未感物而私欲未发"的问题，如何看待"勿忘无助"，如何融摄格物、诚意、正心、正念，如何面对昼夜之道和死生等十大问题。这些问题涉及"必有事焉"而致知的过程中，立志和工夫的统一，致知的形式和实质的统一，本体与工夫的统一，"能为"与"当为"的统一，"性善"与"性净"的统一，"常提一念良知"与常存清净本体的统一，动与静的统一，"戒惧克治"与"常提一念良知"的统一，"至诚无息"和"情顺万物而无情"的统一，致知与去私欲的统一，致知与格物、诚意、正心、正念的统一，顺生与收敛的统一，"必有事焉"与"勿忘无助"的统一等圆融工夫论。阳明"必有事焉"而致知是"本体工夫"。"必有事焉"而致知即工夫即本体，其语言形式是直言命题或全言命题。

关键词：王阳明　致知　必有事焉　勿忘勿助

---

* 本文系国家社科基金一般项目"儒学公德与私德互摄理论及现代意义研究"（批准号20BZX075）阶段性成果，贵州省 2019 年度哲学社会科学规划国学单列课题"良知学的工夫历程与工夫谱系研究"（批准号 19GZGX19）阶段性成果。
** 周丰堇，湘潭大学哲学与历史文化学院副教授。

"必有事焉"和"勿忘勿助"本于孟子"集义"工夫:"必有事焉而勿正,心勿忘,勿助长也。"①王阳明将"必有事焉"视为格物致知的无间工夫。从本心出发,自然会"必有事焉"地致知。若工夫有间断,便是夹杂私欲,未能从本心出发。"必有事焉"和"勿忘勿助"是阳明与甘泉的思想差异之一。甘泉《奠阳明先生文》自述他与阳明思想差异有三:一是三教异同,从湛王开始交往起,阳明主张"儒为根本,释道为枝",甘泉认为三家同体异根;二是为学主旨,阳明主致良知,甘泉主体认天理;三为工夫论,阳明主"必有事焉",甘泉主"勿忘无助"。②甘泉《阳明先生墓志铭》又评述了二家思想异同:湛王同宗程氏"仁者浑然与天地万物一体"之说,但阳明初主"格物",后主"良知",而甘泉一直主张"随处体认天理"之说,二家思想有同有异,但皆"圣贤宗指"。③学界对于湛王二家的格物论、心论、工夫论的比较已有不少研究,关于阳明"必有事焉"和甘泉"勿忘勿助"工夫论的比较研究,可见马寄之文④。但"必有事焉"和"勿忘勿助"的意涵还有深入探讨的空间,本文从十个角度阐述"必有事焉"的工夫意涵,兼论阳明学视域下"必有事焉"和"勿忘勿助"的不同,以期进一步推进湛王工夫论的比较研究。

一 "必有事焉"如何解决日常工夫间断

若能体悟本心,必会时时以本心为归依,而无暇他顾。对于未体悟本心者,若真切立志,亦会无暇他顾。学者日常循理致知,常有困顿放逸之病,以至工夫有间断,原因在于立志不真切。《启问道通书》载:

> 来书云:"日用工夫只是立志。近来以先生诲言时时体验,愈益明白。然于朋友不能一时相离。若得朋友讲习,则此志才精健阔大,才有生意。若三五日不得朋友相讲,便觉微弱,遇事便会困,亦时会忘。乃今无朋友相讲之日,还只静坐,或看书,或游衍经行,凡寓目措身,悉取以培养此志,颇觉意思和适。然终不如朋友讲聚,精神流动,生意更多也。离

---

① 朱熹:《四书章句集注》,北京:中华书局,1983 年,第 232 页。
② 湛若水:《湛甘泉先生文集》卷三十,明万历七年(1579)刻本,第 8 页。
③ 湛若水:《阳明先生墓志铭》,载《王文成公全书》第四册,北京:中华书局,2015 年,第 1605 页。
④ 马寄:《勿忘勿助》与"必有事焉"——湛甘泉与王阳明晚年工夫论之争,载《哲学门(总第三十六辑)》,北京:北京大学出版社,2018 年,第 113 页。

群索居之人，当更有何法以处之？"

此段足验道通日用工夫所得，工夫大略亦只是如此用，只要无间断到得纯熟后，意思又自不同矣。大抵吾人为学紧要大头脑，只是立志，所谓困忘之病，亦只是志欠真切。今好色之人未尝病于困忘，只是一真切耳。[1]

周道通固然知道"日用工夫只是立志"，然而仍有困顿放逸之病。他觉得需要"朋友讲习"以充阔志向，若数日不得朋友相互切磋，只是独身静坐、观书，则精神便消弱，遇事会困顿，有时会忘记工夫。

阳明认为，之所以为学有困忘之病，工夫有间断，在于立志不真切。立志分为两种：一种是"义外"的立志，去追求一个外在对象，工夫有时会松懈；一种是"义内"的立志，所立对象与自身切己相关，便是真切立志。正如好好、恶恶之人能不分昼夜地好好色、恶恶臭，未尝困忘于此。为学若像体知好恶一样体知自心，便是真切立志，自能时时集义而无困忘之病。阳明将真切立志比作"持志如心痛"，贵在切己相关。然而他对薛侃说，"持志如心痛"只适合初学者，若持志死守，不能体认本心"何思何虑"和出入无时的特征，则去了"忘"的病，又会增添"助"的病。[2] 因此根本方法还是要体认本心。

二 "必有事焉"如何面对有思与无思

解决立志太过的办法，便是体认本心"何思何虑"的气象。虽然心学家认可本心之气象即《系辞》的"何思何虑"，但也认同"心之官则思"。那么致知是有思还是无思？这个问题涉及致知的形式和实质，致知形式上是无思无虑的，实质上是所思惟天理的，是必思本体与无闲思杂虑的统一。如果无思虑，会堕为空无，则工夫间断而有"忘"的病；如果千思万虑，则滞于生灭之相，不仅工夫断续，而且用力矫正会有"助"的病。《启问道通书》载：

来书云："上蔡尝问：'天下何思何虑？'伊川云：'有此理，只是发得太早。'在学者工夫，固是'必有事焉而勿忘'，然亦须识得何思何虑底气

---

[1] 王守仁：《王文成公全书》第一册，第71页。
[2] 王守仁：《王文成公全书》第一册，第33页。

象,一并看为是。若不识得这气象,便有'正'与'助长'之病。若认得何思何虑而忘'必有事焉'工夫,恐又堕于无也。须是不滞于有,不堕于无。然乎否也?"

  ……《系》言"何思何虑",是言所思所虑只是一个天理,更无别思别虑耳,非谓无思无虑也,故曰"同归而殊途,一致而百虑,天下何思何虑"。云"殊途",云"百虑",则岂谓无思无虑岂邪?心之本体即是天理,天理只是一个,更有何可思虑得?天理原自寂然不动,原自感而遂通,学者用功虽千思万虑,只是要复他本来体用而已,不是以私意去安排思索出来;故明道云:"君子之学莫若廓然而大公,物来而顺应。"若以私意去安排思索,便是用智自私矣。何思何虑正是工夫,在圣人分上便是自然的,在学者分上便是勉然的。①

周道通困惑于"必有事焉"和"何思何虑"的关系。他认为,学者固然要做"必有事焉而勿忘"的工夫,然而初学者容易犯工夫和本体分裂的弊病:若不识本体"何思何虑"气象而用力做工夫,便有"正"与"助长"之病;若识"何思何虑"却忘了"必有事焉",则可能堕为虚无,便有"忘"的病。为了避免二者之偏弊,是不是需要"不滞有、不堕无"的工夫(如"勿忘勿助")?

阳明认为,周道通之见虽然"相去不远",但未能完全契悟本体与工夫。本体是"何思何虑"的,本体之工夫也是"何思何虑"的。在体知本体的人,"何思何虑"并非"忘"或无所思虑,而是念念思本体而无别的闲思杂虑,即便千思万虑也只是复本然体用。致知的形式是"何思何虑",实质是"念念思天理"或"念念致良知",这便是"必有事焉"。从本体出发做工夫,则本体与工夫统一,念念思天理而不曾忘本体,则不须"勿忘";念念思天理而不离本体,则不须"勿正";念念思天理而无闲思杂虑,不曾助长思索,则不须"勿助"。之所以初学者有"正""忘"和"助"的偏弊,是因为不从本心而从私心用智去安排思索或沉空守寂。

《答欧阳崇一》继续讨论了"必有事焉"与"勿忘勿助"工夫的形式和实质。

  来书云:"师云:'《系》言何思何虑,是言所思所虑只是天理,更无别

---

① 王守仁:《王文成公全书》第一册,第72页。

思别虑耳，非谓无思无虑也。心之本体即是天理，有何可思虑得？学者用功，虽千思万虑，只是要复他本体，不是以私意去安排思索出来。若安排思索，便是自私用智矣。学者之蔽，大率非沉空守寂，则安排思索。'德辛壬之岁着前一病，近又着后一病。但思索亦是良知发用，其与私意安排者何所取别？恐认贼作子，惑而不知也。"

"思，曰睿，睿作圣。""心之官则思"，思则得之。思其可少乎？沉空守寂与安排思索，正是自私用智。其为丧失良知，一也。良知是天理之昭明灵觉处，故良知即是天理。思是良知之发用。若是良知发用之思，则所思莫非天理矣。良知发用之思自然明白简易，良知亦自能知得。若是私意安排之思，自是纷纭劳扰，良知亦自会分别得。盖思之是非邪正，良知无有不自知者。所以认贼作子，正为致知之学不明，不知在良知上体认之耳。①

欧阳德赞同阳明《启问道通书》之论"何思何虑"即"思天理"，但是他困惑：既然思索也是良知之发用，那么作为良知之发用的"思"和作为私意安排的"思"有什么区别？这个问题不清楚，会导致"认贼作子"。

阳明认为，思是心之官能，不可或缺。区分私意之思和良知之思的标准，就看是否"自然明白简易"，是否所思唯天理。良知是天理之昭明灵觉，则良知之思就是天理之思，自然明白简易而无一丝人为造作。而私意之思出于私利之心，纷纭复杂而不自然明白简易，若其中有自然明白简易之处，必出于天理而非私欲。良知自然自知，对于良知之思和私意之思皆能觉知、分别。之所以难以区分，归根结底是从私意出发，未从良知体认。之所以有"认贼作子"的担忧，也是未能自信良知、未从良知出发之故。总之，本体是工夫的出发点。

三 "必有事焉"如何在各种应事困境中无间断致知

致良知不可能总是处于顺境中，会遭遇各种应事困境。尤其是当人无能力做好某事时，会产生"有心无力"、气馁、"不慊于心"的缺憾。这些困境会

---

① 王守仁：《王文成公全书》第一册，第89页。

不会中断致良知？如何在各种困境中依然能无间断地致知？《启问道通书》载：

> 来书云："事上磨炼，一日之内不管有事无事，只一意培养本原。若遇事来感，或自己有感，心上既有觉，安可谓无事。但因事凝心一会，大段觉得事理当如此，只如无事处之，尽吾心而已。然乃有处得善与未善，何也？又或事来得多，须要次第与处，每因才力不足，辄为所困，虽极力扶起，而精神已觉衰弱。遇此未免要十分退省，宁不了事，不可不加培养。如何？"
>
> 所说工夫，就道通分上也只是如此用，然未免有出入。在凡人为学，终身只为这一事，自少至老，自朝至暮，不论有事无事，只是做得这一件，所谓"必有事焉"者也。若说宁不了事，不可不加培养，却是尚为两事也。必有事焉而勿忘勿助，事物之来，但尽吾心之良知以应之，所谓"忠恕违道不远"矣。凡处得有善有未善，及有困顿失次之患者，皆是牵于毁誉得丧，不能实致其良知耳。若能实致其良知，然后见得平日所谓善者未必是善，所谓未善者却恐正是牵于毁誉得丧，自贼其良知者也。①

周道通认为"事上磨炼"的工夫就是"不管有事无事，只一意培养本原"，但他有三惑：其一，如何处事？如果说心有觉知即"事"，那么无论是应对事物还是自我内省时，只要心有觉知，都属于"有事"的范畴，实无"无事"时。既然如此，那么致知其实都是在应对"有事"，不存在应对"无事"的情况，这可能就是"必有事焉"。那么所谓"无事"是不是只是一种态度？也就是当事物来感时，大体上付之以"理当如此"的态度，不起枝节，像"无事"一样处"有事"，如此是否可以做到"尽吾心之良知"？其二，若按照"以无事处有事"的方法，为何却有处理得善与不善的问题？其三，当出现事多失次、力衰困顿时，则"宁不了事"也要退省以培养本心，这种方式是否得当？

阳明指出周道通的误解，其一是将有事和无事、心与事分开。周道通认为"不管有事无事，只一意培养本原"固然不错，但将"无事"视为培养本心的得力处，将"有事"视为培养本心的困顿处，所以有"宁不了事"也要退省静养本心的意思。这其实是将心与事分开而对事物有所逃避。据阳明"心外无

---

① 王守仁：《王文成公全书》第一册，第73—74页。

物"说，尽吾心之良知不离事物，动亦事物，静亦事物，但于所遇而实致良知。

其二是错认工夫头脑之"事"。周道通认为只要心有觉知，日常的"有事无事"其实都是"有事"，这是将日常的"必有事"误作"必有事焉"。"必有事焉"的"事"是致知或集义，是本体之工夫，而"有事无事"的"事"是感应酬酢，是一般经验。工夫头脑不是如何应对感应之"事"，而是在任何感应事迹中都只有"培养本原"或"致良知"一事。

其三误在尽心方式上。周道通认为以"理当如此""以无事处有事"的态度庶几可以"尽吾心"。阳明认为，对待事物应该是"必有事焉而勿忘勿助"，也就是"事物之来，但尽吾心之良知以应之"，而不是以"或当如此""尽心而已""以无事处之"的颠顿和回避方式去应事，那样也不能尽吾心之良知。

其四误在应事结果上，周道通有善不善、力衰失次之患，这是因为存有毁誉得失之私心，而不能实致良知。若以公心实致良知，则无善不善的计较，也能知晓曾经以为的善或不善可能是自己私心所致。据上述，工夫头脑在以大公之心致知上，而周道通将焦点放在以何种心态、何种方式应事上，既分别对待有事无事，又夹杂私心，故有应事之困惑。

欧阳德认为，周道通所说的应事困境并非假问题，而是致知不可忽视的情况。他在周道通"精力不足"的困境上，又加了"势所不许"的困境，演绎成"持志"和"暴气"的二难问题，继续讨论致知的困境。《答欧阳崇一》载：

> 来书又云："师云：'为学终身只是一事，不论有事无事，只是这一件。若说宁不了事，不可不加培养，却是分为两事也。'窃意觉精力衰弱，不足以终事者，良知也。宁不了事，且加休养，致知也。如何却为两事？若事变之来，有事势不容不了，而精力虽衰，稍鼓无亦能支持，则持志以帅气可矣。然言动终无气力，毕事则困惫已甚，不几于暴其气已乎？此其轻重缓急，良知固未尝不知，然或迫于事势，安能顾精力？或困于精力，安能顾事势？如之何则可？"

> "宁不了事，不可不加培养"之意，且与初学如此说，亦不为无益。但作两事看了，便有病痛。在孟子言必有事焉，则君子之学终身只是集义一事。义者宜也。心得其宜之谓义。能致良知，则心得其宜矣，故集义亦只是致良知。君子之酬酢万变，当行则行，当止则止，当生则生，当死

则死,斟酌谓停,无非是致其良知,以求自慊而已。故君子素其位而行,思不出其位,凡谋其力之所不及而强其知之所不能者,皆不得为致良知;而凡劳其筋骨,饿其体肤,空乏其身,行拂乱其所为,动心忍性以增益其所不能者,皆所以致其良知也。若云"宁不了事,不可不加培养"者,亦是先有功利之心,较计成败利钝而爱憎取舍于其间,是以将了事自作一事,而培养又别作一事,此便有是内非外之意,便是自私用智,便是义外,便有不得于心勿求于气之病,便不是致良知以求自慊之功矣。所云"鼓舞支持,毕事困惫已甚",又云"迫于事势,困于精力",皆是把作两事做了,所以有此。凡学问之功,一则诚,二则伪,凡此皆是致良知之意欠诚一真切之故。《大学》言诚其意者,如恶恶臭,如好好色,此之谓自慊。曾见有恶恶臭,好好色,而须鼓舞支持者乎?曾见毕事则困惫已甚者乎?曾有迫于事势,困于精力者乎?①

欧阳德继续追问周道通的处事问题。其一,欧阳德不清楚为何"宁不了事,不可不加培养"是在区分二事。他认为,自感精力衰弱而无法完成事情,这就是良知在觉知;而"宁不了事,且加修养",也就是在觉知之际去致良知。这二者本是一事。

其二,欧阳德困惑在致知中存在"持志"和"暴气"的矛盾。如果说有的事情不容不完成,虽然精力不足也要鼓舞志气完成,那么这种"持志以帅气"的方式固然可谓"必有事焉",但是人毕竟做完事情就困惫不堪、精力衰竭,这和"暴其气"有什么区别呢?岂不是为致知而伤身?

其三,欧阳德困惑如何在事势和精力不对称时致知,并推衍成一个二难困境:有时迫于事势,而不能顾及精力,如此能"持志"却"暴其气";有时困于精力,而无法顾及事势,如此便有"宁不了事,且加修养"的无奈选择。(欧阳德第一问隐含对后一选择的辩护)良知对这些事情的轻重缓急未尝不知,该如何处事呢?这些困境处理不好,也关系到是否能无间地致知。

阳明解释了"必有事焉"的核心含义,以此回答欧阳德的三惑。他说,应该关注"必有事焉"的道德内涵,而不要过多纠结应事技巧。孟子的"必有事焉"就是"集义",也就是通过"致良知"使心自慊,让心得其适宜之义。从这

---

① 王守仁:《王文成公全书》第一册,第90—91页。

一点来看，"必有事焉"的工夫要领不是以哪种方式处事能更好地致知，而是从本心出发来应事，能致知就做，不能致知就止。从本心出发而致知的语言形式是："能致知，当……则……"，是不考虑应事形式和条件而致知的直言命题。反之，以一定应事的方式来致知的语言形式是："宁不……也要……"的单一选择命题，以及"或……，或……"的二难选择命题。有选择，便意味着工夫和本体是二事。以此而论：

其一，阳明将"宁不了事，且加修养"判为"能为"与"当为"的分裂。正如学者常将知识与德性分开一样，所谓"宁不了事，不可不加培养"，是将"了事"视为能为，将"培养德行"视为当为，表面上是放弃事功而选择德性，其实是将"能为"与"当为"视为二事，先有功利计较而在二者之间作出选择，便属于自私用智而不是致良知。其实正如欧阳德所认为的，自感精力衰弱而无法完成事情，这就是良知之知，而致良知却不是"宁不了事"也要如何，反而是使"能为"与"当为"合一，感觉力所不能及时，当止则止，这才是致知。

其二，检验思想与行为是否"集义"的标准是看是否"义内"，是否心得其适宜而自慊。若"义内"，则"能为"与"当为"统一，心得其宜而自慊。"必有事焉"以致知不是率意气蛮干，而是"素其位而行，思不出其位"，"素其位而行"则"能为"与"当为"一致，"思不出其位"则知与致知一致。"凡谋其力之所不及而强其知之所不能者"，便是"能为"与"当为"不一致，不能使心得其宜而自慊，则不为致良知；凡"动心忍性以增益其所不能者"，则"能为"与"当为"相互促进，使心得其适宜而自慊，则皆为致良知。能致知而自慊，当行则行，当止则止，不考虑私利与成败。以此而论，欧阳德困惑因致知而伤身的问题，或者说"持志"和"暴气"的矛盾，皆因为不能领会致知的真意是心得其宜而自慊，是能力与道德的统一，而将精力困顿当作致知的对立面。

阳明总结道，以上应事困惑皆由于致知欠缺"诚一真切"。诚意是致知之功，如果像《大学》言诚意那样，以"恶恶臭、好好色"的真切之意而致知，必能时时集义，哪里还需要鼓舞意气才去致知，哪里还会有持志与暴气的冲突问题？

四 "必有事焉"而致知如何看待动静

心是动还是静？若本体和工夫有静而不动之时，则非至诚无息，则有间断；若妄动不已，则存在无时宁静之患，非自然无间的工夫。动静观关系到本体和工夫是否至诚无息和自然无间。

（一）"必有事焉"是照心之恒动恒静、"勿忘勿助"是妄心之有动有静

陆元静从入静着手用功，但感觉心无片刻宁静。阳明告诉他，要认识照心恒照与妄心恒动的不同。《答陆元静书》载：

> 来书云："下手工夫，觉此心无时宁静。妄心固动也，照心亦动也；心既恒动，则无刻暂停也。"
>
> 是有意于求宁静，是以愈不宁静耳。夫妄心则动也，照心非动也；恒照则恒动恒静，天地之所以恒久而不已也。照心固照也，妄心亦照也；其为物不贰，则其生物不息，有刻暂停则息矣，非至诚无息之学矣。①

陆元静困惑，为何本欲求静，而此心无宁静之时？他据此认为，妄心固然是动的，而本心之照察也随之而动，所以心是恒动的，无法求心之定静。

阳明认为，其一，陆元静的"入手求静"是"有意求静"或"助长求静"的妄心，反而增长妄心，"是以愈不宁静"。其二，陆元静认为心"无刻暂停"固然不错，但没有区分照心与妄心。二者皆是"无刻暂停"的，但"妄心则动也，照心非动也"，妄心是离本心而妄动的，而照心不可定性为动，照心是恒照的。照心可以涵摄动静，"恒照则恒动恒静"，恒照万物是"恒动"，照万物而不变是"恒静"，恒动为照用，恒静为照性，这是本心能恒久展现天地万物的原因。照心恒照就是"必有事焉"，即便在妄心之动中，照心亦未尝不在，所以"妄心亦照"。于照心和妄心中皆能以本体之明觉而起照，这就是"动亦定，静亦定"。其三，工夫头脑在照心而不在妄心上。从照心出发则工夫无间断，照心常照而无所谓忘，常照而恒动恒静，则无所谓助。从妄心出发而"有意求静"，含有勿助妄动和助长求静的双重妄心，反而愈不宁静。阳明此论在于指出，不要过分用意于求静或求动，求静不等于致知，求动也不等于"必有事焉"。致知不

---

① 王守仁：《王文成公全书》第一册，第76页。

是在心之动或静上用功，或纠正心之"忘助"，而是从良知出发恒照万物。

陆元静接着对"妄心亦照"存疑，不明白为何妄心中存在照心，就能说明良知是至诚无息的。《答陆元静书》载：

> 来书云："先生又曰'照心非动也'，岂以其循理而谓之静欤？'妄心亦照也'，岂以其良知未尝不在于其中，未尝不明于其中，而视听言动之不过则者皆天理欤？且既曰妄心，则在妄心可谓之照，而在照心则谓之妄矣。妄与息何异？今假妄之照以续至诚之无息，窃所未明，幸再启蒙。"
>
> 照心非动者，以其发于本体明觉之自然，而未尝有所动也。有所动即妄矣。妄心亦照者，以其本体明觉之自然者，未尝不在于其中，但有所动耳。无所动即照矣。无妄无照，非以妄为照，以照为妄也。照心为照，妄心为妄，是犹有妄有照也。有妄有照则犹贰也，贰则息矣。无妄无照则不贰，不贰则不息矣。①

陆元静辩论，既然"妄心亦照"，那就说明妄心包含妄和照两方面。从妄的一面看，在妄心中存在照，而在照的一面看来，又可以说照心中存在妄，有妄就相当于有息，非至诚无息之学，那么就说明照心不是无间的。现在依阳明之论，只从妄中有照的角度来说明照心至诚无息，却没有从照中有妄的角度来说明照心有间断。这是陆元静不明白的地方。

阳明认为，看待照心和妄心的关系，应立足于本原，而非立足于流衍。照心发于"本体明觉之自然"，妄心亦发于"本体明觉"，只是有所偏动而非自然，如果发动不偏即是照。以其同发于本体之明觉而言，照与妄是不离不混的关系，既不可析照妄为二，也不可将照妄混同。从流衍看，是有妄有照，但如此便有贰，贰则息。从本原看，是本无妄照，惟顺本体之明觉即可，如此则为物不贰而生物不息，则工夫无间而"必有事焉"。

（二）"必有事焉"循理而不分动静，"勿忘勿助"制气而调停动静

阳明虽然解释了照心是至诚无息的，但陆元静仍然疑惑：如果说心可以区分为未发和已发、寂然和感通、有事和无事、循理和从欲，那么就说明心有动静。如此则心因有动静而非至诚无息，且与阳明所谓的"动中有静，静中有

---

① 王守仁：《王文成公全书》第一册，第81页。

动""动而无动,静而无静"等观点相左。尤其是此心"未发之体"是动、是静,还是俱无动静?阳明解释了这些问题,据此可推论,"必有事焉"是循理而不分动静,"勿忘勿助"是制气而调停动静。《答陆元静书》载:

> 来书云:"此心未发之体,其在已发之前乎?其在已发之中而为之主乎?其无前后内外而浑然之体者乎?今谓心之动静者,其主有事无事而言乎?其主寂然感通而言乎?其主循理从欲而言乎?若以循理为静,从欲为动,则于所谓动中有静,静中有动,动极而静,静极而动者,不可通矣。若以有事而感通为动,无事而寂然为静,则于所谓动而无静,静而无静者,不可通矣。若谓未发在已发之先,静而生动,是至诚有息也,圣人有复也,又不可矣。若谓未发在已发之中,则不知未发已发俱当主静乎?抑未发为静,而已发为动乎?抑未发已发俱无动无静乎?俱有动有静乎?幸教。"

> "未发之中"即良知也,无前后内外而浑然一体者也。有事无事,可以言动静,而良知无分于有事无事也。寂然感通,可以言动静,而良知无分于寂然感通也。动静者所遇之时,心之本体固无分于动静也。理无动者也,动即为欲,循理则虽酬酢万变而未尝动也;从欲则虽槁心一念而未尝静也。动中有静,静中有动,又何疑乎?有事而感通,固可以言动,然而寂然者未尝有增也。无事而寂然,固可以言静,然而感通者未尝有减也。动而无动,静而无静,又何疑乎?无前后内外而浑然一体,则至诚有息之疑,不待解矣。未发在已发之中,而已发之中未尝别有未发者在;已发在未发之中,而未发之中未尝别有已发者存;是未尝无动静,而不可以动静分者也。①

在此答问之前,先交代王阳明关于本体与工夫的动静观。陆元静质疑"常知常存常主于理"就是动,就是已发,为何谓之静定?阳明认为理是无所谓动的,"常知常存常主于理"未尝离开本体而别有思为,是"动而未尝动"的。② 于是在上文中陆元静问此心未发之体的动静观,他提出未发和已发的三种关系:

---

① 王守仁:《王文成公全书》第一册,第78—79页。
② 王守仁:《王文成公全书》第一册,第78页。

其一，"未发之中"是在"已发"之前而为本原吗？如此，则二者分别指静动、有事无事、寂然感通、循理和从欲吗？陆元静分析：(1)如果静动分别指无事而寂然和有事而感通，则会与阳明所论本体"动而无动，静而无静"不合。(2)如果静动分别指循理和从欲，则会与阳明所谓本体之工夫"动中有静，静中有动"不合。不管哪种情况，都会导致体用有间断，非至诚无息之本体。其二，"未发"是在"已发"之中而为主宰吗？如此，则不知未发已发俱当主静，还是未发为静、已发为动？其三，是不分已发未发、前后内外而浑然一体吗？如此，不知二者是俱无动无静、俱有动有静？这几个问题皆和"必有事焉"相关，关系到本体和工夫是否体用无间和工夫无间。

其一，关于"未发"和"已发"的关系。阳明首先肯定"未发之中"就是心之本体(良知、天理)，"未发之中"和"已发"不是朱子"中和新说"中有时间先后的两个阶段，而是指本体和发用；而可用动静形容的"已发"和"未发"，其实属于本体之发用的两个阶段，等同于日常经验中的有事无事、寂然感通这两种经验。然后，阳明否定了"未发"在"已发"之前，认同"未发"在"已发"之中，但认为"未发"不是"已发"中的一物，而是"未发在已发之中""已发在未发之中"。因为，如果将"未发"视为"已发"的前面或外面，便有前后内外而非至诚无息的本体；如果将"未发"视为"已发"中的一物，则当"已发"未曾发时，"未发"之体便会不存在而有间断；如果将"未发"视为理，"已发"视为感应活动，则可以说二者相互涵摄而体用无间，"未发"本体才是无前后内外而浑然一体的。

其二，关于心之动静的问题。作为心之作用的"已发"，可以区分为时间先后的未发已发、寂然感通、有事无事、动静等经验。作为心之本体的"未发"，不分有事无事、动静、寂然感通而皆恒常自在，是"动而无动，静而无静"的。

其三，关于工夫与动静的关系。心之本体是体用无间的，则本体之工夫也是无间断的。循理即本体之工夫，只是集义，虽然面对千变万化之事而"集义"不变，也就是"循理则虽酬酢万变而未尝动"。从欲而动，即使一心一意也不会宁静，也就是"从欲则虽槁心一念而未尝静"。本体之工夫虽然是"必有事焉"，但不等于"必有所动"，而是"动中有静，静中有动"，也就是"就其生生之中，指其妙用无息者而谓之动……指其常体不易者而谓之静"[①]。循理

[①] 王守仁：《王文成公全书》第一册，第79—80页。

而动,则有事而感通固然可以言动,"然而寂然者未尝有增",在感应活动中并未增加心之本体,可谓"事动而理未尝动",学者循理而动即可;无事而寂然固然可以言静,"然而感通者未尝有减",在无事时并未减损心之作用,可谓"理静而事未尝静",学者存理以待物即可。循理而动,不曾忘本体和增损本体,便不须"勿忘无助",只是"必有事焉"地"集义"。

五 "必有事焉"如何常存清净本心

"必有事焉"以致知,会不会因为刻意追求道德本体,而妨碍本体的自然清净? 追求无间断的工夫,是否怀有一种自私自利的欲念,非虚明本心? 其实,"必有事焉"就是以大公之心常存清净本体,而"勿忘勿助"则怀有私利之心。《答陆元静书》载:

> 来书云:"佛氏'于不思善不思恶时认本来面目',与吾儒'随物而格'之功不同。吾若于不思善不思恶时用致知之功,则已涉于思善矣。欲善恶不思,而心之良知清静自在,惟有寐而方醒之时耳。斯正孟子'夜气'之说。但于斯光景不能久,倏忽之际,思虑已生。不知用功久者,其常寐初醒而思未起之时否乎? 今澄欲求宁静,愈不宁静,欲念无生,则念愈生,如之何而能使此心前念易灭,后念不生,良知独显,而与造物者游乎?"

> "不思善不思恶时认本来面目",此佛氏为未识本来面目者设此方便。"本来面目"即吾圣门所谓"良知"。今既认得良知明白,即已不消如此说矣。"随物而格",是"致知"之功,即佛氏之"常惺惺"亦是常存他本来面目耳。体段工夫,大略相似。但佛氏有个自私自利之心,所以便有不同耳。今欲善恶不思,而心之良知清静自在,此便有自私自利,将迎意必之心,所以有"不思善、不思恶时用致知之功,则已涉于思善"之患。孟子说"夜气",亦只是为失其良心之人指出个良心萌动处,使他从此培养将去。今已知得良知明白,常用致知之功,即已不消说夜气;却是得兔后不知守兔,而仍去守株,兔将复失之矣。欲求宁静欲念无生,此正是自私自利,将迎意必之病,是以念愈生而愈不宁静。良知只是一个良知,而善恶自辨,更有何善何恶可思? 良知之体本自宁静,今却又添一个求宁

静;本自生生,今却又添一个欲无生;非独圣门致知之功不如此,虽佛氏之学亦未如此将迎意必也。只是一念良知,彻头彻尾,无始无终,即是前念不灭,后念不生。今却欲前念易灭,而后念不生,是佛氏所谓断灭种性,入于槁木死灰之谓矣。①

陆元静有三个困惑。其一,儒佛工夫孰更清净。佛家(惠能)主张于"不思善不思恶"时认本来面目②,但儒家于不思善不思恶时用致知格物之功,已涉于思善。在陆元静看来,佛家的清净心高于儒家的道德心,儒家致知格物的工夫带有道德倾向,在清净性上不如佛家认本来面目的工夫,既难以致得清净本体,也因为夹杂思善之私心而难以工夫无间。

其二,清净本心的持续性。儒家也讲求清净心,如孟子的"养夜气"工夫。但陆元静认为,良知清净自在、善恶不思的境界只在初醒而思虑未起时才有,此清净心不能持久,思虑一生则会干扰本心的清净自在。那么用功日久的人是不是能持续具有清净心?

其三,如果说清净心大多存在于初醒之际,那么在日常经验中持续拥有清净心的工夫是什么?陆元静认为持续拥有清净心的方式就是无念,但是他认为欲使念不生而念愈生,如何才能让前念灭、后念不起而使良知独显?

阳明认为,其一,不是说佛家的清净本体和工夫就比儒家的道德本体和工夫更为高妙,二者大略相似,佛家的"本来面目"就是儒家的"良知",而儒家的"随物而格"和"致知"即佛家的"常惺惺",皆是常存本体的无间工夫。佛家的"不思善不思恶时认本来面目",是为未识本心者的方便说法,并非蕴含着多么高深的境界,如果识得本体则不须如此说。似佛家那样说"不要……不要……以求……"的假言命题,便含有"将迎意必"的私心。陆元静所谓"欲善恶不思,而心之良知清净自在"的说法,同样含有私利之心。

这一问题涉及到佛家"性净"和儒家"性善"的比较(或"清净心"与"至善心"的比较)。在阳明看来,儒家的道德心本自清净而不离人事,"性善"本来就是"性净",欲离人事而求清净本体便含有私心。儒家的"性善"或"道德本心",不是先预设一个善的内涵便去择善固执之。不解"性善"的人,容易将"性善"理解为先验本体(如比拟康德的先验理论)。真解"性善"的人,必

---

① 王守仁:《王文成公全书》第一册,第82—83页。
② 郭朋:《〈坛经〉对勘》,济南:齐鲁书社,1981年,第25—26页。

体知"万物一体",顺此"万物一体"便是仁民爱物的廓然大公的道德本心,因此心无一毫私欲,故是无善无恶的清净本心,阳明"四句教"称之为"无善无恶心之体"。若有一毫私意萌动,便是"有善有恶意之动"。所以儒家"性善"便是"性净",是无分于先验与经验的。所谓"清净心",陆元静本来也知道,即他所说的"清心非舍弃人事而独居求静之谓也,盖欲使此心纯乎天理,而无一毫人欲之私"①,但问题的关键不是先假设心的清净性高于道德性,便去追求清净本体(如此便有私心),而是识得道德本体本自清净,以大公无私之心常存本体。

其二,清净心常在,并非只存在于初醒之际。孟子"养夜气"之说是为放逸本心者指出良心萌动处,并非指清净心只存在于此时。清净心常在,"虽妄念之发,而良知未尝不在","虽昏塞之极,而良知未尝不明"②,如不明此,便是"得兔不知守兔"。同样,孟子"勿忘勿助"之说,也是对放逸本心者指出良心中节处以培养,若已体悟良知恒常清净自在,则不须说"勿忘勿助",只"必有事焉"地存养本心即可。

其三,常存清净心的工夫,不在于使"前念灭而后念不起",而在于顺一念良知而"必有事焉"。所谓"使此心前念易灭,后念不起",一误是"欲求宁静、欲念不生",这欲念反而会妨碍本心清净;二误是"前念灭而后念不起",则心有间断,陷入断灭种性。事实上,顺一念良知而念念致知,则自然妄念不起,如此"必有事焉"不是劳神费力助长之谓,而是此心自然生生、至诚无息之功,心之本体恒在而无需勿忘,自然寂感而无需勿助。比较而言,"勿忘勿助"就是"勿忘前念勿助后念",形式上是常存此念,但在前念后念上皆夹杂私心,"勿忘"涉于牵挂,"勿助"涉于克制,反而妨碍此心清净。

六 "必有事焉"如何看待"常提一念良知"和"戒惧克治"

如果说常存清净本心不在于在念起念灭之间用功,而在于顺一念良知而"必有事焉",需要"常提一念良知"。那么如何"常提一念良知"?"常提一念良知"需要加以"戒惧克治"吗?如果需要"戒慎克治",是不是因夹杂思善之

① 王守仁:《王文成公全书》第一册,第81页。
② 王守仁:《王文成公全书》第一册,第76页。

欲而妨害此心清净，从而与心之本体有间隔？《答陆元静书》载：

> 来书云："佛氏又有'常提念头'之说，其犹孟子所谓'必有事'，夫子所谓'致良知'之说乎？其即常惺惺，常记得，常知得，常存得者乎？于此念头提在之时，而事至物来，应之必有其道。但恐此念头提起时少，放下时多，则工夫间断耳。且念头放失，多因私欲客气之动而始，忽然惊醒而后提。其放而未提之间，心之昏杂多不自觉。今欲日精日明，常提不放，以何道乎？只此常提不放，即全功乎？抑于常提不放之中，更宜加省克之功乎？虽曰常提不放，而不加戒惧克治之功，恐私欲不去，若加戒惧克治之功焉，又为思善之事，而于本来面目又未达一间也。如之何则可？"
>
> "戒惧克治"，即是"常提不放"之功，即是"必有事焉"，岂有两事邪？①

陆元静已经认识到，常存清净本心的工夫不在于"前念灭而后念不起"，而在于"常提一念良知"。他向阳明确认，佛家"常提念头"是不是如孟子的"必有事焉"和阳明的"致良知"？如果是，那么关键在于使此心常惺惺或常知常存。陆元静就此提出三个问题：

其一，念头放下时多，提起时少，在放而未提之间心多昏杂不能自觉。如何能常提念头，使此心日精日明而不间断？其二，常提念头而不放逸，是致知的全部工夫，还是需要加以省察克治之功？其三，施加戒惧克治之功固然能拔除私欲，但戒惧克治又夹杂"欲为思善"的私心，是否会妨碍本心之清净？

阳明从第三问回答全部问题。他认为，"戒惧克治"就是"常提不放"的方法，即是"必有事焉"地致知，不能视为两事。良知本自醒觉故"常提念头"，本自清净故"自然戒惧克治"，"常提念头"和"戒惧克治"皆是本心分内之事，从本心入手则二者就是一事，从私欲出发二者就是二事。陆元静的问题源自对"戒惧克治"理解不足，将其视为刻意的行为或恐惧、压制某对象，这种戒惧其实属于"将迎意必"的私心，非良知之自然戒惧。《答陆元静书》又载"能戒慎恐惧者，是良知也"②。这也指出，良知是"戒慎恐惧"之体，致良知

---

① 王守仁：《王文成公全书》第一册，第83—84页。
② 王守仁：《王文成公全书》第一册，第80—81页。

必然包含"戒慎恐惧",也就是良知自然知非而不为非的作用。

阳明答陈九川,进一步解释了"常提一念良知"的方法就是"戒惧"。《传习录》载:"戒惧之念是活泼泼地。此是天机不息处,所谓'维天之命,于穆不已',一息便是死。非本体之念,即是私念。"①良知自然知是非,"知是"即有生机不息之念,而体现本体之生发,"知非"即有戒惧克治之念,而体现本体之定静。工夫主良知本体,则戒惧非起心动念去提防、惧怕什么对象,而是邹守益所谓的"本体之戒惧"②,即本心对欲望事物的自然不动心,等同于"无欲故静"的"静"和"动亦定,静亦定"的"定",亦是本体之自然收敛的性质,敛而后能生,则戒惧之念也是活泼泼的。如此,戒惧并非使致知工夫间断,反而是良知天机不息、常提不放的基础。

七 "必有事焉"如何看待"无情而顺物" "未感物而私欲未发"

陆元静此前的问题主要针对感物时如何致知,接下来他又提出感而无情和未感物时的情况:"无情而顺物"是否属于致知,如何在未感物且病根潜伏时致知。《答陆元静书》载:

> 来书云:"《大学》以心有好乐忿懥忧患恐惧为不得其正,而程子亦谓圣人情顺万事而无情。所谓'有'者,《传习录》中以病疟譬之,极精切矣。若程子之言,则是圣人之情不生于心而生于物也,何谓耶?且事感而情应,则是是非非可以就格。事或未感时谓之有,则未形也;谓之无,则病根在有无之间,何以致吾知乎?学务无情,累虽轻而出儒入佛矣,可乎?"
>
> 圣人致知之功至诚无息,其良知之体皎如明镜,略无纤翳。妍媸之来,随物见形,而明镜曾无留染。所谓情顺万事而无情也。无所住而生其心,佛氏曾有是言,未为非也。明镜之应物,妍者妍,媸者媸,一照而皆真,即是生其心处。妍者妍,媸者媸,一过而不留,即是无所住处。病疟之喻,既已见其精切,则此节所问可以释然。病疟之人,疟虽未发,而病

---

① 王守仁:《王文成公全书》第一册,第114页。
② 张卫红:《邹守益戒惧以致良知的工夫实践历程》,《中国哲学史》2017年第4期。

根自在,则亦安可以其疟之未发而遂忘其服药调理之功乎? 若必待疟发而后服药调理,则既晚矣。致知之功无间于有事无事,而岂论于病之已发未发邪?①

陆元静提出两个问题。其一,如何看待"无情而顺物"。陆元静认为程子的"无情而顺物"不是儒家的格物致知。人在感应事物时会激发内在私欲,从而发出不正的情感。《大学》以心有愤懥忧患恐惧为"不得其正",阳明主张将不正情感的病根,在感应事物中尽皆扫除,使此心全体廓然、纯是天理,才是真正的未发之中。② 陆元静赞同这一点。他怀疑,程子的"情顺万物而无情"③似乎不用通过格不正的情感就能形成圣人之情,如此,圣人之情在于是否顺应外物,而不在于是否要涤除心中病根。这种方式发现不了内心私欲病根,与佛家"心无宗"之"无心于万物,万物未尝无"相似④,非儒家格物致知的工夫。

其二是未感物而私欲未发时如何致知。陆元静不太相信程子的"无情顺物",因为无情不等于内心没有潜藏私欲。在感应事物时可以按良知之是非而格物,但在未感物而病根尚存时,该如何致知? 一方面,病根潜而未形,很难发现而被革除;另一方面,又没有形成可为格物对象的应物之情。如此则致知工夫有间断。

阳明从本体境界解释道:其一,程子的"情顺万物而无情"即是致良知之功。如果从本心出发,则"情顺万物"的"情"是照心,"顺物"是照心随物鉴形,"无情"不是无感应之情,而是指心对事物不生曲解、将迎、留染之情。如果从私心出发,则会认为"情"就是感应之私情,"顺物"只是消极顺应外物,"无情"是没有产生可供格物的"不正之情",从而会有无从革除私心欲根的困惑。陆元静之困惑还是源于从私心而不是从本心出发。阳明认为,如果说"情顺万物而无情"近似佛家工夫,那么佛家工夫也不可尽非,《金刚经》的"无所住而生其心"就近似致知。"无所住"即良知自在清明而不生曲解、将迎、留染之情,"生其心"即生起随物鉴形的照心。阳明认为,致知就是"至诚

---

① 王守仁:《王文成公全书》第一册,第86—87 页。
② 王守仁:《王文成公全书》第一册,第30 页。
③ 程颢、程颐:《二程集》,北京:中华书局,2004 年,第460 页。
④ 僧肇著,张春波校释:《肇论校释》,北京:中华书局,2010 年,第39 页。

无息"和"无所住而生其心"（或"情顺万物而无情"）的结合。"至诚无息"即致知无间断，则无须"勿忘"；"无所住而生其心"即良知有照心而无染情，则无须"勿助"。

其二，对于病根未除之人，不可因其潜伏未发而忽略去私欲之功。陆元静问未感物时如何去致知，这是将"致知"狭隘地理解为格有形之物，而与格无形之病根分开。其实致知的同时就是在去私欲，二者是一致的。致知之功无间于有事无事，祛病之功也无分于已发未发。

八 "必有事焉"如何看待"勿忘勿助"

阳明形容工夫偏差时，较少说"忘助"，而常说"过与不及"，因为"忘助"之对象难以统一，而"过与不及"能自知分限。对治工夫偏差，也较少说"勿忘勿助"，而常说"中和"与"至公之心"，因为"忘助"虽然和"过与不及"一样皆夹杂私意，但"勿忘勿助"的调停适中标准难以确立①，而"过与不及"则不然，从公心出发则自然无私意，倘有"过与不及"，便以"天理自有分限"调停。在王阳明给聂文蔚的信中，集中阐述了他对"勿忘勿助"的看法，并从主体和客体的角度比较了"必有事焉"和"勿忘勿助"。

> 近岁来山中讲学者往往多说"勿忘勿助"工夫甚难，问之则云："才着意便是助，才不着意便是忘，所以甚难。"区区因问之云："忘是忘个甚么？助是助个甚么？"其人默然无对。始请问。区区因与说我此间讲学，却只说个"必有事焉"，不说"勿忘勿助"。必有事焉者，只是时时去集义。若时时去用必有事的工夫，而或有时间断，此便是忘了，即须勿忘。时时去用必有事的工夫，而或有时欲速求效，此便是助了，即须勿助。其工夫全在必有事焉上用，勿忘勿助只就其间提撕警觉而已。若是工夫原不间断，即不须更说勿忘；原不欲速求效，即不须更说勿助。此其工夫何等明白简易，何等洒脱自在！今却不去必有事上用工，而乃悬空守着一个勿忘勿助，此正如烧锅煮饭，锅内不曾渍水下米，而乃专去添柴放火，不知毕竟煮出个甚么物来。吾恐火候未及调停，而锅已先破裂矣。

---

① 王守仁:《王文成公全书》第一册，第22页。

近日一种专在勿忘勿助上用工者，其病正是如此。①

学者认为"勿忘勿助"工夫甚难，因为在忘助之间有一个张力，稍微一用意念便偏向助，稍微一去意念便偏向忘，很难把握忘助之间的中点。阳明直接指出"勿忘勿助"的困境："忘是忘个什么？助是助个什么？"如果要确定忘助之间的中点，首先得确定忘助的对象，否则如何能把握忘助的中点而不至于有所偏向？学者对于这个问题"默然无对"。容易确定的是"勿忘勿助"的主体：做工夫（体认天理）的人，难以确定的是"忘助"的对象。如果在"勿忘勿助"时没有认真审视忘助的对象，只是悬空去"勿忘勿助"，则工夫无着落。若试图明确忘助的对象，则会陷入困境。如果说忘是忘妄心，则忘之即可，何必说"勿忘"？如果说忘是忘本心，则在悟者看来本心清净自在而不曾忘，但在初学之人有时或放其本心，可以说"勿忘"。如果说助是助本心，则在悟者看来本心清净自在而不须助，才助便不清净。如果说助是助妄心，在初学者妄念屡发时，则可以说"勿助"。总之，对于初学者，本心有时而忘，妄心有时而助，才可以说勿忘本心、勿助妄心。如此在致知或体认天理时，便要将此心区分为本心和妄心，并在本妄二心之间调停，以守一个无着落的"中"，便是二心做二事而增添工夫难处，使工夫有间断。而且，若是忘本心，才用意于"勿"便是"妄心"，如此便与"勿助妄心"自相矛盾。可见，"勿忘勿助"的弊病，一是意念在忘与助、本与妄之间相互牵引，二是工夫悬空无着落，这其实体现了"勿忘勿助"无头脑。

阳明认为，"必有事焉"的工夫主体是"集义"的人，对象是"集义"或"致知"，目的亦复如是。"必有事焉"的工夫主体、对象和目的是一致的，是一心做一事。而且"必有事焉"可以涵摄"勿忘勿助"，对于初学者，如果工夫有时间断，便辅之"勿忘"，如果有时欲求速效，便辅之"勿助"。以"必有事焉"为头脑，则"勿忘勿助"只是就其中"提撕醒觉"，工夫便有着落。对于工夫不间断的人，本体与工夫一致，原不曾忘本心，则不须"勿忘"，原不曾欲求速效，则不须"勿助"，这便是"必有事焉"的简易明白、洒落自然之处。

---

① 王守仁：《王文成公全书》第一册，第102—103页。

九 "必有事焉"而致知如何融摄格物、诚意、正心、正念

以致知为头脑,将孟子"必有事焉"工夫和《大学》工夫结合,可以融贯格物、诚意、正心,包括正念。"必有事焉"是一体工夫的无间状态,"格致诚正"是一体功夫的不同面向。《传习录》载:

> 夫必有事焉,只是集义。集义只是致良知。说集义则一时未见头脑,说致良知即当下便有实地步可用工。故区区专说致良知,随时就事上致其良知,便是格物;著实去致良知,便是诚意;著实致其良知而无一毫意必固我,便是正心;著实致良知则自无忘之病;无一毫意必固我则自无助之病;故说格致诚正则不必更说个忘助。孟子说忘助,亦就告子得病处立方。告子强制其心,是助的病痛,故孟子专说助长之害。告子助长,亦是他以义为外,不知就自心上集义,在必有事焉上用功,是以如此。若时时刻刻就自心上集义,则良知之体洞然明白,自然是是非非纤毫莫遁,又焉有不得于言,勿求于心,不得于心,勿求于气之弊乎?孟子集义养气之说,固大有功于后学。然亦是因病立方,说得大段;不若《大学》格致诚正之功,尤极精一简易,为彻上彻下,万世无弊者也。①

"必有事焉"是本体之工夫,其实质是"集义"或"致良知"。自意观之,"必有事焉"并非不用意,只是不像"勿忘勿助"那样悬空去用意,而是著实去致良知,这便是"诚意"。自物观之,"必有事焉"并非不应物,只是不像周道通那样以"无事"的态度处"有事",而是随事而实致其良知,这便是"格物"。自心观之,"必有事焉"常存大公之心,著实致知而无"意必固我"之私心,这便是"正心"。此外,如阳明答陈九川所说的"念如何可息?只是要正"②,则自念观之,"必有事焉"是念念致知而无间断,这便是"正念"③。因此,"必有事焉"以致知可以涵摄格物、诚意、正心、正念。

以《大学》工夫来理解孟子"必有事焉",则不必说"勿忘无助"。"诚意"

---

① 王守仁:《王文成公全书》第一册,第103—104页。
② 王守仁:《王文成公全书》第一册,第113—114页。
③ 按:阳明早期认为"正心"是未发工夫,"正念"是已发工夫,"修身是已发边,正心是未发边。"参见《王文成公全书》第一册,第31页。阳明晚期认为格物、致知、诚意、正心,乃至正念,皆是一体。

是著实致知，则无忘；"正心"是无"意必固我"，则无助；"格物"是随事物而致知，则无悬空之病。可见，《大学》"格致诚正"工夫比孟子的"集义养气"工夫更为简明、一贯、圆融。但是孟子的"集义养气"说也不可全非，是针对告子的"义外"说及未识得本体者而言。若识得本体我固有之，则自然时时就自心上集义，时时从本体出发用功，则能时时能复归本体，则本体与工夫一体。本体是工夫头脑，工夫是本体作用，而无"义外"及"忘助"之病。时时事事莫不是集义、致知、复性、循理，只是"必有事焉"一事，而不必掺和兼搭各种工夫。概言之，工夫宗旨在于从本体做工夫，而不在于从发用做工夫。

十 "必有事焉"而致知如何看待昼夜之道和死生问题

尽管致知是无间工夫，但多发生在日间或有生命时，那么向晚宴息或生命不在时，能否致知？能否通乎昼夜之道和死生之道，关系着致知是否真的无间。

（一）通乎昼夜而不朽

> 萧惠问死生之道。先生曰："知昼夜即知死生。"问昼夜之道。曰："知昼则知夜。"曰："昼亦有所不知乎？"先生曰："汝能知昼！懵懵而兴，蠢蠢而食，行不著，习不察，终日昏昏，只是梦昼。惟息有养，瞬有存，此心惺惺明明，天理无一息间断，才是能知昼。这便是天德，便是通乎昼夜之道，而知更有甚么死生？"①

萧惠问如何能超越死生问题而获得不朽？阳明并未回答肉体之死生的问题，而是转入良知之不朽的问题。在阳明看来，唯有良知是无生死的（"必有事焉"）。如何理解这一点？阳明以知昼夜之道来说明知死生之道，又以知昼来说明知夜。在昼夜中无间断地起作用的就是良知之明觉，不识良知，则昼夜皆昏昧，识得良知，则此心惺明无间断。如何实现这一点？在昼时养得此心常清明、常存天理，则能以此涵养而在夜时也保持此心清明，于是良知不分昼夜皆能主宰和判断醒时的意识活动和梦时的潜意识活动，可谓"通乎昼夜之道而知"。能明良知无分昼夜的道理，则能明良知无分生死的道理。唯

---

① 王守仁：《王文成公全书》第一册，第46页。

一念良知常存于天地间,知此便知不朽。

(二)"必有事焉"兼"顺生"与"收敛"

虽然阳明说良知通乎昼夜之道,但仍然有人怀疑良知在入夜或肉体衰朽时的作用与醒觉和健壮时不一样。这个问题近似陆元静困惑未感物时如何致知的问题,皆是将致知片面地理解为动(有感),其实致知通乎动静、昼夜、死生之道,形式上有"顺生"与"收敛"两方面。

> 问"通乎昼夜之道而知"。先生曰:"良知原是知昼知夜的。"又问人睡熟时良知亦不知了。曰:"不知何以一叫便应?"曰:'良知常知,如何有睡熟时?"曰:"向晦宴息,此亦造化常理。夜来天地混沌,形色俱泯,人亦耳目无所睹闻,众窍俱翕,此即良知收敛凝一时。天地既开,庶物露生,人亦耳目有所睹闻,众窍俱辟,此即良知妙用发生时。可见人心与天地一体,故上下与天地同流。今人不会宴息,夜来不是昏睡,即是忘思魇寐。"曰:"睡时功夫如何用?"先生曰:"知昼即知夜矣。日间良知是顺应无滞的,夜间良知即是收敛凝一的,有梦即先兆。"①

其一,"通乎昼夜之道"的实质和形式。"通乎昼夜之道而知"的实质是"良知常知"和"必有事焉",但是知昼和知夜的作用形式不同。知昼时良知妙用发生,顺应无滞;知夜时良知收敛凝一。学者一般会困惑"向晦宴息""众窍俱翕"时良知如何做工夫。阳明认为,人在宴息时,良知也是常知常明的,不然何以一叫便醒?与天地造化一样,良知也有宴息收敛凝聚时,即便于收敛凝聚中良知仍然常知,比如梦中人仍然是知是知非的。也就是说,在日间良知是通过显意识起作用,在夜间良知是通过潜意识起作用,始终是"必有事焉"。其二,对治梦昼和梦夜的工夫。人若不致其本心之良知,则昼时心思扰扰,夜来不是昏睡就是妄想魇寐,工夫便有间断,便是微细死生。解决梦昼、梦夜的办法,或者说于梦中用功的办法,便是"知昼",于醒觉时"常提一念良知"而扩充致极,则此心自然渐能常惺明而通乎昼夜。

结语 "必有事焉"而致知的实质、特征及命题形式

阳明"必有事焉"以致知是从本体出发做功夫,实质是"本体工夫",与

---

① 王守仁:《王文成公全书》第一册,第 131 页。

"勿忘勿助"的"从工夫至本体"方式不同。但"必有事焉"以致知，未尝废"勿忘勿助"，若真切体知本体，则"何思何虑"而本忘，"必有事焉"而本助，此为自然的不忘不助。

"必有事焉"以致知即工夫即本体，其语言形式是直言命题或全言命题。虽然"言不尽意"，然而在本体隐而不显时，语言起着指示"存在家园"的作用。以动静为例，"必有事焉"以致知具有如下特征："静未尝不动，动未尝不静"，"动而无动，静而无静"，"恒动恒静"，"无分于动静"等。据此可提炼出本体之工夫的语言形式是"恒某恒某""无分于某某""某而未尝某""某而无某""当某则某"等全言命题和直言命题，是至公之心和至诚无息的体现。而发用之工夫常常表现为"不要某，不要某，以求某""勿某、勿某"等假言命题和选言命题，便是有私心和有间断的体现。

Ten Doubts and Ten Solutions on Wang Yangming's Endeavor of "There Must Be Something Forth"

——Comparing with "Don't Forget and Don't Help"

Zhou Fengjin

Abstract："There must be something forth" is Wang Yangming's endeavor to convey his conscience, and it is also the difference between Yangming and Gan Quan's cultivation. Wang Yangming explained from ten perspectives of conveying his conscience, including how to solve daily work interruptions, how to view "without thought", how to convey conscience in various situations, how to view the movement and stillness of noumenon, how to maintain a pure original mind, how to view the idea of fear and the relationship between constantly reminding conscience and fear, how to view "following things without thinking", how to view "not forgetting and helplessness", how to integrate his cultivation, and how to face the problems of death and life. These issues involve the unity of determination and cultivation, the unity of the form and substance of cultivation, the unity of noumenon and effort, the unity of "can do" and "should do", the unity of goodness in nature and purity in nature, the unity of bringing up conscience and preservation of purity in nature, the unity of movement and stillness, the unity of fear and "improvement of conscience", the unity of "utmost sincerity without rest" and "emotions that follow things without thinking", the unity of conscience and disinterest, the unity of all cultivation, the unity of conveying and convergence, the unity of "there must be something forth" and "not forget and helplessness". Wang Yangming's "there must be something forth" to convey his conscience is the ontological cultivation. The language form of "there must be something to do" is either a straightforward proposition or a complete proposition.

Keywords：Wang Yangming, Convey the conscience, There must be something forth, Don't forget and don't help

哲学门(总第四十五辑)
北京大学出版社,2022 年

湛若水哲学的心学定位*

李　震**

摘　要:明代中期湛若水的哲学,因其合一的思想宗旨和周到的表述风格,在学派归属上引发了不同的意见,有学者将其归入理学、气学或者调和论的行列。然而,对核心概念的辨析显示出,湛若水虽然使用了理学的天理概念,其"随处体认天理"的宗旨却并不是重申理本论的主张,而是对天理概念作了心学化的解释;虽然重视气的地位,却主要是借气本以破除理本,气的作用仍被认为受到心灵的制约。整体来看,湛若水的哲学是典型的心学。在心学内,湛若水代表了一种与阳明学不同的、更重视性理的规范性作用的路向。这种路向的形成,既有与阳明学长期论辩的现实影响,也有承袭自宋代理学核心架构的内在根由。

关键词:湛若水　随处体认天理　心学　理学　气学

明代正德、嘉靖年间,湛若水(1466—1560,号甘泉)与王阳明一时并起,讲学兴教,"从游者殆遍天下",故黄宗羲有王、湛"分主教事"①之评,全祖望亦称天下学者"不走姚江,即向增城"②。明初朱学一统的格局由此丕变。

湛甘泉之学,较少阳明学搅动天下的气魄,而是力求合一自然,中正不偏;相应地,在概念话语上也表现出容蓄兼综的倾向,于理、气、心皆备言之。

＊　本文是北京市社会科学基金青年项目(项目号 22ZXC011)的阶段性成果。
＊＊　李震,清华大学新雅书院助理教授。

① 黄宗羲:《明儒学案》卷三十七,北京:中华书局,2008 年,第 875—876 页。
② 全祖望:《槎湖书院记》,《鲒埼亭集外编》卷十六,《全祖望集汇校集注》,上海:上海古籍出版社,2021 年,第 1060 页。

这种"中立"的表述常给人以模糊的观感,难辨其学的确切宗旨,故而现代研究者中,认为甘泉属理学、气学、心学或调和论者皆有之;①而在一学派内部,如何进一步界定甘泉之学在思想光谱中的具体位置及其与阳明学、朱子学的关系,也仍有不同的意见。就此而言,上述甘泉哲学研究中前提性的问题,今日仍有重加讨论、证成共识的必要。本文聚焦甘泉哲学的核心概念,以其一生自早年至晚岁的论述演变为线索,对其思想定位加以辨析,说明甘泉所以属于心学而非其他学派的理由,并在比较中对其理论特色予以阐释。

一　论理

甘泉一生得享高寿,思想学术随年岁亦有变化,学者将之或分为两期,②或分为三期。③ 考察作为甘泉思想起点的丁巳之悟,对了解其哲学立场有特别的意义。④

弘治十年丁巳(1497),湛甘泉致信其师陈白沙,谈及近日的思想进境:

> 自初拜门下,亲领尊训,至言勿忘勿助之旨,而发之以无在无不在之要,归而求之,以是持循,久未有落着处。一旦忽然若有闻悟,感程子之言"吾学虽有所受,天理二字却是自家体认出来",李延平云"默坐澄心,体认天理"。愚谓"天理"二字,千圣千贤大头脑处,尧舜以来至于孔孟,说中、说极、说仁义礼智,千言万语都已该括在内。若能随处体认,真

①　大多数学者主张湛甘泉之学应属心学,但也有不同的意见。如古清美认为明代心学主要是陈白沙、王阳明倡立,至于甘泉,则"于融摄而呈露的本心,并无其师的亲切体验,故于阳明言心体与良知处不能了解""且论格物兼知行、涵养进学并重,警切之处不若阳明,而理论分解之详备反似朱学"(《明代前半期理学的变化与发展》,《明代理学论文集》,台北:大安出版社,1990 年,第 40—41 页),这是认为甘泉虽然调和理学、心学,但大体仍属朱子式的理学传统。此外,日本学者山井涌则着眼于湛甘泉反对理气二分、主张理气合一的论述,认为甘泉之学应属气学。(《明清思想史研究》,陈威瑨译,济南:山东人民出版社,2019 年,第 101—117 页)对于这些意见,少见学者从心学立场给出系统回应。
②　如钟彩钧以五十二岁入西樵山为界,将甘泉一生思想分为前后两期。(《湛甘泉哲学思想研究》,《中国文哲研究集刊》2001 年总第 19 期)
③　如王文娟将甘泉一生思想分为前期(五十二岁以前)、后期(五十二岁入西樵山,至七十五岁致仕)与晚年(致仕以后)三期。(《湛甘泉哲学思想研究》,成都:巴蜀书社,2012 年,第 9—52 页)
④　关于丁巳之悟的始末,参见王文娟的论述。(《湛甘泉哲学思想研究》,第 10—23 页)

见得，则日用间参前倚衡无非此体，在人涵养以有之于己耳。云云。①

陈白沙对此说颇为肯定，回信称：

> 日用间随处体认天理，着此一鞭，何患不到古人佳处也。②

丁巳之悟首次提出的"体认天理"，成为甘泉此后毕生持之不移的宗旨。从字面上看，"体认天理"颇有理学崇尚天理的意味；从形式上讲，天理所具有的确定性、实在性，也确实是甘泉之学的自觉追求：甘泉正是在得悟天理之后，才终于改变了在陈白沙诗人般的玄虚教法下"久未有落着处"的苦恼，找到契合自身心性的为学进路。③ 但就实质内涵而言，甘泉所谓天理实有其根本不同于朱子理学的含义。这一点在丁巳之悟中表达得尚不甚清晰，但陈白沙的态度已经给出了暗示：作为白沙本人认可的为学之方，"随处体认天理"应当有契于白沙之学，而不能是对理学旧说的简单重提。换句话说，湛甘泉的所谓"天理"，虽然在字面上取用了理学的表达形式，但实质的内涵似乎与白沙代表的心学立场更为接近。这种意味，在甘泉此后的论述中得到了越发明确的展开。

正德六年(1511)，甘泉作《朱氏增修文公事迹叙》，文中明言：

> 予观周、孔而降，未有文公先生精神之大者也，而用之过于周、孔。虽其体认天理、师傅宗指反若未遑；而六籍百家，外道小说，以至道德性命，莫不详说备载，略无遗力。学者穷年莫能殚其绪，忽若亡羊于多歧，涉汗漫而无津。④

甘泉批评，朱子一生虽在经籍注述与知识积累上成就非凡，但在"体认天理"的宗旨头脑上实未有所得。这就鲜明见出甘泉所谓天理绝非朱子理学意义上表现为外在法则与客观知识的道理，甘泉本人也绝不是朱子学的同道。

正德十二年至十五年，甘泉入西樵山读书。这是甘泉一生学力、著述增进的关键时期。从这时起，甘泉开始系统阐述其"随处体认天理"的宗旨。作

---

① 湛若水：《上白沙先生启略》，《湛若水全集》第 21 册，上海：上海古籍出版社，2020 年，第 213 页。对丁巳之悟及陈白沙的认可，湛甘泉后来时有追述，可参《新泉问辨录》的记载。(《湛若水全集》第 13 册，第 69 页)
② 陈献章：《与湛民泽》十一，《陈献章集》，北京：中华书局，1987 年，第 193 页。
③ 参见张学智：《明代哲学史》，北京：北京大学出版社，2000 年，第 58 页。
④ 湛若水：《朱氏增修文公事迹叙》，《湛若水全集》第 16 册，第 73 页。

于正德十五年的《古大学测序》提出:

> 天理者,非他也,吾心中正之本体也。①

大略同时的《答阳明王都宪论格物》亦云:

> 寂则廓然大公,感则物来顺应,所寂所感不同,而皆不离于吾心中正之本体。本体即实体也、天理也、至善也、物也,而谓求之外,可乎?②

此后,记录嘉靖三年至七年(1524—1528)甘泉语录的《雍语》中也谈及:

> 问道,曰:"道,天理也,心之本体也。"
>
> 天理者,吾心本体之中正也。③

更晚,在七十五岁之后的文字中,甘泉仍写道:

> 所谓根本者,天理是也。所谓血脉骨髓者,亦天理是也。天理之外,无余蕴矣。天理者,吾心中正之体而贯万事者也。此外何有血脉?此外何有骨髓?④
>
> 心之中正之本体也,即所谓天理也。昔先生曾决我随处体认天理之说矣,尽之矣。⑤

可见,天理即"吾心中正之本体"的表述,乃是甘泉毕生一贯的定说。正是在这一根本处,甘泉表现出与理学传统的异见:天理不是客观独立的最高存在或原则,而是心的"本体",是心本然性的恰当状态。这意味着,在甘泉哲学中,天理不仅"**在心**"⑥,而且"**属心**",天理是对于心的描述,离开心,天理并

---

① 湛若水:《朱氏增修文公事迹叙》,《湛若水全集》第16册,第118页。
② 湛若水:《答阳明王都宪论格物》,《湛若水全集》第21册,第254页。以上两篇文字的系年,参照黎业明与陈来先生的研究。(黎业明:《湛若水年谱》,上海:上海古籍出版社,2016年,第71—72页;陈来:《善本〈甘泉先生文集〉及其史料价值》,《中国近世思想史研究》,北京:生活·读书·新知三联书店,2010年,第665页)
③ 湛若水:《雍语》,《湛若水全集》第16册,第61页。
④ 湛若水:《复洪觉山侍御》,《湛若水全集》第21册,第333页。
⑤ 湛若水:《岳游纪行录》,《湛若水全集》第22册,第275页。
⑥ 程颐主张"在物为理",湛甘泉认为当言"在心为理"。这是拒绝程朱理学理在于物的观念,而将理看作只存于心的状态和性质。《雍语》记载:"葛涧问物各有理。甘泉子曰:'物理何存?存诸心耳。'问在物为理。曰:'曷不曰在心为理?故在心为理,处物为义,其感通之体乎!'"(《湛若水全集》第12册,第65页)《新泉问辨录》记载:"然谓之'在物为理'则不可,此理毕竟在心,贯通乎万物万事。"(《湛若水全集》第13册,第78页)

无其独立的存在与意义。① 甘泉甚至直接宣称"天即理也，理即心也"②，"只是一个心，心得其中正便是理，中正之理亦只是心"③，"吾所谓天理者，体认于心，即心学也"④，这样的天理定义和工夫取向明显已逸出了程朱理学的理论边界，只能归入心学的行列。⑤ 盖理学虽然也可以强调心的作用，但在标宗立极处必然认取理而非心作为最根本、最核心的存在，心的概念只能在理的基础上得到解释，而不可能相反。甘泉的态度，恰恰是站在了理学的对立面。陈白沙所以对甘泉"体认天理"之说褒奖有加，根本原因正在于看到了这一学说的心学精神。

在心理关系外，甘泉的论述中也时时可见对于"心"的强调和归本"心学"的自我定位。西樵山时期已提出"夫学，心而已焉者也，何莫非心也"⑥，"本心宇宙一也"⑦；此后，诸如"夫圣人之学，心学也。如何谓心学？万事万物莫非心也"⑧的说法屡见不鲜。甘泉的心学立场还有一些典型的表现。在经典的问题上，甘泉主张"六经皆注我心者也，故能以觉吾心"，"非六经能外益之聪明良知也，我自有之，彼但能开之扩之而已"⑨，这与王阳明"六经者非他，吾心之常道也"⑩的心学论调相当接近；在道统的问题上，甘泉开列的谱系就是一份传心的名单，禹汤文武周公"皆心学也"⑪。至于《心性图说》认为心"体天地万物而不遗""无所不包""无所不贯"⑫，更是心学态度

---

① 天理自然也不是物理。如张学智先生所指出的，在甘泉哲学中，"所谓天理，不是物的理则，而是人对事物进行反应时心得中正的状态。故天理不离心而有"（《明代哲学史》，第 63 页）。

② 湛若水：《雍语》，《湛若水全集》第 12 册，第 78 页。

③ 湛若水：《答问》，《甘泉先生续编大全》下，台北："中研院"中国文哲研究所，2017 年，第 672 页。此条未见于《湛若水全集》。

④ 湛若水：《新泉问辨录》，《湛若水全集》第 13 册，第 53 页。

⑤ 甘泉所谓"体认"工夫，更多是德性上的把握，而非知识上的认取。这一点，研究者已经指出来了。（黎业明：《湛若水与王阳明关于格物致知问题的论辩》，《学术研究》2020 年第 11 期）

⑥ 湛若水：《叙规》，《湛若水全集》第 12 册，第 167 页。

⑦ 湛若水：《叙规》，《湛若水全集》第 12 册，第 24 页。

⑧ 湛若水：《叙规》，《湛若水全集》第 12 册，第 256 页。

⑨ 湛若水：《广德州儒学新建尊经阁记》，《湛若水全集》第 17 册，第 496 页。

⑩ 王阳明：《稽山书院尊经阁记》，《王阳明全集》卷七，上海：上海古籍出版社，2011 年，第 283 页。甘泉在《广德州儒学新建尊经阁记》中对阳明学说有所批评，阳明颇有不满；但对甘泉文中表达的有强烈心学色彩的经典观，阳明仍予认同，故在与邹守益的通信中认为"其间大意，亦与区区《稽山书院》之作相同"（《寄邹谦之》五，《王阳明全集》卷六，第 230 页）。

⑪ 湛若水：《雍语》，《湛若水全集》第 12 册，第 90 页。

⑫ 湛若水：《心性图说》，《湛若水全集》第 21 册，第 13—14 页。

的明显揭示。

从另一方面看，甘泉对朱子的批判也在宣告着自身非理学的身份。中岁前后的语录中，甘泉颇多论及朱子，批评朱子博学外求的方法劳而无功；朱子对经典的解释过于条分缕析，碎裂大义；甚至赞同学生的判断，认为泥于文献的朱子在孔门只配与文学科的子游、子夏并提，从而将朱子逐出了道统的行列。① 这些批评，在谨守规矩的朱子后学处是不可想象的。

如上所见，因天理概念而带有了一些理学意味的甘泉之学，并不能遮掩其根柢处的心学性质。同时代的朱子学者罗钦顺对此就洞若观火，评论道：

> 《明论》《新论》《樵语》《雍语》，吾闲中皆尝披览再三。中间以知觉为心之本体凡数处，又以天理为心之本体亦数处。不知所谓本体者，一耶？二耶？谓心体有二，断无此理。体既不容有二，则其所认以为天理者，非知觉而何？其教学者每以"随处体认天理"为言，此言如何破得？但以知觉为天理，则凡体认工夫，只是要悟此知觉而已。分明借天理二字，引入知觉上去。信乎教之多术也！②

罗整庵认为甘泉"以知觉为天理"、体认天理就是"悟此知觉"，这是甘泉在致整庵信中以及后来与阳明学派的论争中着意辨清的内容，并非甘泉的真实用意；但整庵得出"分明借天理二字，引入知觉上去"的结论，确实可谓洞见：天理既然是心的状态与性质，体认天理自然也就只能是体认此心，而不是对客观独立的理体的把握。甘泉哲学的基调毕竟是主体性的，这是其与朱子学的根本不同之处。那种因为看到甘泉常言天理，就认为其不是心学而是理学的看法，无疑并不能成立。③

---

① 参见《樵语》《新论》《知新后语》中的相关论述。（《湛若水全集》第 12 册）

② 罗钦顺：《困知记》三续，北京：中华书局，2013 年，第 127 页。罗整庵认为甘泉主张天理、知觉即人心之本体，并非误解：甘泉通常是以天理为吾心中正之本体，但也不无省略"中正"的表达；而其中岁论述中也确实多有对知觉的强调。《樵语》云："知觉者，心之体也；思虑者，心之用也。"《赠石龙黄宗贤赴南台序》云："知觉也者，心之本体也。"（《湛若水全集》第 12 册，第 15 页；第 16 册，第 137 页）

③ 心学并不讳言理或天理，王阳明的论述中也有大量有关天理的表达。简单依据天理二字判定甘泉学说的性质，如同因为同样理由将王阳明划入理学阵营一样，是缺乏根据的。

二　言气

除对天理概念作心学化的改造外，甘泉哲学不同于朱子理学的另一点表现，是对于气的地位的突出强调。这在理气（性气、道器）关系之上体现得最为明显。《樵语》载：

> 甘泉子曰："吾观于大《易》，而知道器之不可以二。二也，爻之阴阳、刚柔，器也；得其中正焉，道也。器譬则气也，道譬则性也。气得其中正焉，理也。是故性器一体。或者以互言之，二之也夫。"①

类似的批评在西樵山时期相当常见，《新论》尤其集中：

> 古之言性者，未有以理气对言之也。以理气对言之也者，自宋儒始也，是犹二端也。夫天地之生物也，犹父母之生子也，一气而已也，何别理附之有？
>
> 天地之性也，非在气质之外也，其中正焉者，即天地之中赋于人者也，故曰天地之性。是故天下之言性也，皆即气质言之者也，无气质则性不可得而见矣。故生而后有性之名。
>
> 宇宙间一气而已。自其一阴一阳之中者谓之道，自其成形之大者谓之天地，自其主宰者谓之帝，自其功用者谓之鬼神，自其妙用者谓之神，自其性之动应者谓之情，自其至公至正者谓之理，自其理出于天之本然者谓之天理，其实一也。②

这里所谓的宋儒，主要就是指朱熹。湛甘泉的基本态度是反对朱子式的理气二分，主张气是天地间唯一的实体，理只是气之中正；相应地，性也只能在"生而后有"的气质之中的意义上得到理解。甘泉对于理气地位的这种衡定，与前论对理与心关系的处理类似，两说提出也大体同时，其思路都是要将理从客观独存的绝对位置上还原为他者（心或气）的属性或状态。联系来看，可以认为，从心与气两方面重新界定理的内涵及位置，是甘泉中岁破朱子理本论的两条并行且自觉的思路。

---

① 湛若水：《新论》，《湛若水全集》第 12 册，第 8—9 页。
② 湛若水：《新论》，《湛若水全集》第 12 册，第 48—49 页。

甘泉对于气的重视,20世纪后半叶逐渐引起研究者的关注,学者或视为"气化心学",或认作"心气重合",或直接将甘泉学术归入明代气学的阵营。① 然而,气在甘泉哲学中是否真具有这样决定性的位置? 气与心二者中,到底哪一方才是甘泉认可的最高概念? 甘泉之学的自我定位又在何处?

从甘泉哲学的内部来看,气虽然基础,却并不是最高存在,也不具有决定性的力量。在上述理气关系中,气固然被赋予了实体的地位,理则被化约为气之"至公至正",由此建立的确实不仅是"一气论",而且可以说是"气本论"。但在心气关系中,气构成意义上的基础地位虽仍得承认,"人物浑然同天地之气,气之精灵者即心"②,但气本作用的发挥却被认为有赖于心的主持:"气之中正,以心生也,心之生生,由得中正也,若心不中正,则生理息矣。"③这就是说,心才是决定气能否运行以及运行是否得当的关键力量。心气之间的这种关系,在作为甘泉学术宗旨的《心性图说》中有更到位的表达。《心性图说》开篇就对理气性心四者作了界定,其中气被认为是保证"天地万物一体"的物质基础。但在甘泉看来,此种一体性并不能离开精神而独立实现,必须有一"体天地万物而不遗"的主动性力量,凭借其"无所不包""无所不贯"的功能,才能将天地万物真正整合为一体。这种力量也就是心。④ 在这个意义上,气在甘泉哲学中发挥的主要不是活动性的作用,而只是一构成性的基础,心而非气的"包""贯"的主动性才是"一体""合一"的根本保证。《心性图说》虽由气开端,通篇却围绕心性展开,且以心性为名,原因正在于此。⑤ 甘泉之学所以虽有气论,主旨却仍归于心学,根源也要从这里认取。⑥

① "气化心学"如马寄《湛甘泉思想研究:以"生"为中心》(北京:社会科学文献出版社,2020年),"心气重合"如马渊昌也《明代后期"气的哲学"之三种类型与陈确的新思想》(《儒学的气论与工夫论》,杨儒宾、祝平次编,上海:华东师范大学出版社,2008年),气说论则以山井涌为代表。
② 湛若水:《抚州府新创三贤祠记》,《湛若水全集》第17册,第578页。
③ 湛若水:《新泉问辨续录》,《湛若水全集》第13册,第181页。此句为弟子语,甘泉表示认同。
④ 湛若水:《心性图说》,《湛若水全集》第21册,第13—14页。
⑤ 关于《心性图说》的相关问题,参见学者的研究。(乔清举:《湛若水哲学思想研究》,台北:文津出版社,1993年,第45—46、68—69页;王文娟:《湛甘泉哲学思想研究》,第101—110页;魏鹤立:《明中期气论思想研究》,清华大学博士学位论文,2023年,第111—115页)
⑥ 整体来看,甘泉对于气的论述是相对单薄的,主要涉及的只是气本,对于气的条理、运动与功能都较少讨论。与真正的气学学者对比,其间"差距"较为明显。而且,即使是理气意义上的气本论,在甘泉后来的论述中,也逐渐发展为"理气合一"之论。后者虽仍有批判理本论的态度,但理气合的说法不免弱化了气本的面向,而归于"一体""合一"的宗旨。

从宏观的时代思潮来看，甘泉对于气的重视也并不是在特意标举气学的宗旨，而更多是受到当时普遍观念影响的结果。陈来先生指出，导源自朱子哲学中理气同异问题的内在矛盾，元明两代的理学儒者普遍拒斥理先气后的观念，转而主张理气一物，强调气质之性，表现出一"去实体化的转向"①。冈田武彦先生也谈到，对于气的重视在明代中期以后的朱子学者中是常见的态度。② 甘泉关于"一气而已"的论述，正是此种重气的主张超越理学、气学的边界，波及心学阵营的表现。换言之，气的地位的提升是明代气学、理学、心学的思想共识，并不独立构成区分思想派别的排他性标准。而且，从理论结构看，明代心学、理学对于气的肯定也是有限度的：心学虽然主张气论，甚至可以在构成的意义上承认气本论，但其哲学的最高范畴与动能仍然属心；正如理学虽然主张理气一物，终究还是认定理为根本一样。甘泉一面以气本化约理本，一面又以心统气，正是此种态度的体现。整体来说，甘泉有关气的论述仍宜界定为心学气论，而不应简单视同气学或者心气合一论。③

三　明心

对于理学、气学标签的审查廓清了学派性质的误解，由此出发，将甘泉思想放在心学的谱系下加以考察就有了足够的合法性基础。既有研究对甘泉心学与阳明心学的异同已经作了整体的比较。④ 本节则致力于从动态的视角切入，说明甘泉的心学建构是如何在阳明"影响的焦虑"下逐步展开的；在此基础上，再对甘泉心学的理论特质及在心学思想光谱中的位置作内在的把握。

---

① 陈来：《元明理学的"去实体化"转向及其理论后果》，《中国文化研究》2003年夏之卷。

② 冈田武彦说："在理气、性气论中重视气这一点在明代的朱子学者中亦是普遍的倾向。尤其是在王湛二家出现的明朝中叶以后，这一倾向更为显著。最令人感兴趣的是，罗整庵、吴廷翰、汪石潭、崔后渠、王浚川、黄泰泉、张甫川、张净峰等站在反王学或反湛学立场上的学者亦具有这一倾向。虽然他们体得程朱之学的精神而排斥王湛，但却并不遵从朱子的理强气弱、理先气后之说。"（《明代哲学的本质》，焦堃译，济南：山东人民出版社，2019年，第212页）

③ 马渊昌也将甘泉气论定位为"心学系的气之哲学"，是准确的；但认为在甘泉哲学中"借由心与气的重合，气被视为保证以心为中枢的天地万物一体性及其流通和感应之物"，则不免有误解。由上可见，甘泉哲学中心与气的涵义与功能并不相同，气也不是万物一体的根本保证。（《明代后期"气的哲学"之三种类型与陈确的新思想》，《儒学的气论与工夫论》，第124页）

④ 除前引文献外，参见郭晓东：《致良知与随处体认天理——王阳明与湛若水哲学之比较》，《中国哲学史》1998年第4期；钱明《王阳明湛甘泉合论》，《浙江学刊》1992年第1期。

　　一个值得玩味的事实是,甘泉年辈早于阳明,思想宗旨的提出也早于阳明,但其学说的展开主要却是在正德末年阳明学说产生影响后才开始的;而且,这种展开一开始就与两人的争论有关。学者多指出西樵山时期在甘泉思想发展中的枢纽性位置,这固然是事实;但如果不是从时段而是从事件着眼,则甘泉悟道以后至中岁以前,真正具有关键意义的思想事件,其实是入山前已经开启的与阳明论学的不合。这使得甘泉的立场重点从早年的攻驳朱子逐渐转向防范阳明,其心学路向也因此受到深刻影响。

　　甘泉与阳明的论交经历了一个变化的过程。正德元年(1506),两人在京师一见订交。此后阳明贬谪龙场,甘泉出使安南,双方互有酬唱。正德六年至七年,甘泉、阳明、黄绾在北京,更订下了终身共学之盟。然而到了正德后期,两人在思想上的分歧逐渐凸显。正德九年滁阳论儒释异同,正德十年南京辩格物之义,两次论说不合之后,甘泉从正德十年至十六年,先后有十三封书信寄与阳明,信中多追究双方观点异同,言辞逐渐激烈,至有"兄之格物之说有不敢信者四……若仆之鄙说似有可采者五""兄其无嫌于小不齐之间,不直以教我,而或论说于人,无益也,惟兄其择焉"之语。①

　　嘉靖开始,甘泉在思想上已经将阳明当作主要的对手。在记录正德末年语录的《樵语》《新论》中,甘泉的多数批判仍指向朱学,罕有的对阳明的批评也并不直接;到了嘉靖初年,《雍语》中已不时可见对于阳明学术的商榷,《二业合一训》更是特为辟阳明"是内非外"的"支离"之病而作。甘泉批判阳明的真正高峰出现在嘉靖七年(1528)阳明过世之后。记录这一时期言论的《金台问答》等篇,批驳阳明几乎成为甘泉教育、应答学生的最大主题,《新泉问辨录》甚至将阳明学暗指为老庄佛氏、仪秦管商,詈骂从事其学者是"被邪魔所迷惑",乃"溷厕中鬼"②。嘉靖十六年以后,因阳明后学劝谏,甘泉的批判有所收敛,但两家同异之辨仍不时见诸言谈笔端。③ 甘泉晚年对杨慈湖的

① 湛若水:《答阳明王都宪论格物》《寄阳明》,《湛若水全集》第 21 册,第 253—254、277 页。关于甘泉与阳明的交往、通信始末,参见黎业明与陈来先生的研究。(黎业明:《湛若水年谱》,第 32—81 页;陈来:《有无之境:王阳明哲学的精神》,北京:生活・读书・新知三联书店,2009 年,第 152—160 页)
② 湛若水:《新泉问辨录》,《湛若水全集》第 13 册,第 73、91 页。
③ 关于甘泉在"后阳明时代"的作为与处境,参见方旭东:《从同化到自闭——论湛若水对阳明后学的因应》,《复旦学报》2022 年第 1 期。

批判,明显也有借批评"心之精灵之谓圣"针对阳明学的用意。① 与阳明的一时瑜亮,似乎成了甘泉的一生心结。

面对阳明及其学派的上述态度,不能不体现在甘泉自身的理论建构之中。原本,甘泉师承白沙,提出"随处体认天理"的宗旨,又主张理气一物,是以朱学反对者的姿态出现的,其思想较合乎逻辑的发展,是继续张扬心与气的功能,将对于理本论的批判进行到底。然而这种路向并未能完全"自在"地开展下去,而是因为与阳明的思想纠葛,在主动或被动中逐渐发生了偏离。在甘泉的心性学说中,有两个话头是直接作为对阳明的回应而提出的:其一是正德后期提出的心体内外大小之辨,即所谓"盖阳明与吾看心不同:吾之所谓心者,体万物而不遗者也,故无内外;阳明之所谓心者,指腔子里而为言者也,故以吾之说为外"②;其二是发源于正德末年、盛行于嘉靖七年以后的天理良知之辨,即所谓"良知必用天理,天理莫非良知,不相用不足以为知天。良知必用天理,则无空知;天理莫非良知,则无外求"③。两说都是对于阳明学说的回应,都构成了此后甘泉心学的重要主题,也都同样影响到了甘泉心学自身的结构。如果说前一说的重点在于申明大心一体,对于心体的态度尚较正面;那么,后一说强调知觉必须接受天理的指导,就不能不是对于心体活动的制约。在前一说中,面对阳明"是内非外"、喜静厌动的"支离"之病,甘泉主张以"合一"之学救治,其心学基调尚未因此有大的调整;但在后一说中,甘泉越发重视良知的现成性以及致良知的随意性带来的危害,提出"良知必用天理",时时处处强调天理作为道德之确定性对于心体的纠正作用,其态度已经趋向保守。甘泉心学的性格至此一变。中岁以前的甘泉,通过把天理解释为吾心中正之本体,强调心灵的觉知作用,在突破朱子理学方面颇有成绩;后期的甘泉,对于朱子学的商榷

---

① 关于慈湖其人其书在嘉靖时代思想世界中的位置与作用,参见吴震:《杨慈湖在阳明学时代的重新出场》,吴震、吾妻重二主编《思想与文献:日本学者宋明儒学研究》,上海:华东师范大学出版社,2010 年,第 343—355 页。

② 湛若水:《答杨少默》,《湛若水全集》第 21 册,第 252 页。此书作于正德十六年。更早,在正德十年的《与阳明鸿胪》中,甘泉已经提出了类似的说法。(同上书,第 213—214 页)

③ 湛若水:《赠掌教钱君之姑苏序》,《湛若水全集》第 16 册,第 247 页。此序作于嘉靖十一年。阳明的良知学说成形于正德末年,在西樵山时期的《樵语》中,甘泉已论及良知问题,似乎对于此说已有知闻。此后,《雍语》也有明确论述。但系统而频繁的对于良知学说的批判,则要迟至嘉靖七年以后的《新泉问辨录》等文献中才出现。

减少,针对阳明学的批判剧增,一面凸显天理的"定理"意涵,①一面又否定心灵具有不劳扩充、当下即是的完满性与行动权能,较之更"革命化"的阳明心学,明显表现出守旧的色彩。在一定意义上,可以认为,以对于阳明哲学特别是致良知学说的回应为思想节点,甘泉的心学建构呈现为前期进取、后期回潮的两个阶段。两阶段之间并非断裂或矛盾的关系,甘泉思想始终是在"随处体认天理"的宗旨上展开;但在对待心灵的态度和论说的重点上,前后两期毕竟有显著的区别。在晚年给弟子的书信中,甘泉解嘲地谈到自己在当时思想界的处境与立场:"近来阳明之徒又以为行格式,整庵之说又以为禅,真我只在中间也。"②"中间"二字既概括了甘泉思想的相对坐标,也点出了其历史变化。甘泉早年原本可能展开的更加"彻底"的心学路向,最后发展成为此种对心灵既推崇又限制、对旧学既突破又流连的"中间"形态,究其所以然,与甘泉半生念兹在兹的同阳明学派的论争这一极为现实的因素是分不开的。

最后,不妨追问的是:造成甘泉这种"中间"形态心学的,有没有更内在的因素?假如不曾发生与阳明学派的论争,单从自身的思想品质出发,甘泉哲学可能发展为怎样的形态?是否可以摆脱此种"中间"的处境,成为像阳明学一样"典型""彻底"的心学?对于这些问题,或许可以有不同的设想,也可作更细节化的考察,但质而论之,在本文看来,甘泉学内在的要素已经决定了其终究不可能走向阳明心学那样"极端"的立场。这里的关键其实还不在甘泉自述的"盖阳明与吾看心不同"的心体内外小大之辩,也不在前人多已指出的甘泉在理一分殊等概念名义上残留的理学气息,而在更为根本的心性模式之上。甘泉心学从一开始就是以作为"吾心中正之本体"的天理概念为基础而建立的,心体的正当性必须以中正的理体(实为性体)为保证、为前提,③除去此层中介,甘泉就没有充足理由将心体置于最高的位置。这实际上就是只承

---

① 荒木见悟:《明代思想研究——明代的儒佛交流》,陈晓杰译,山东人民出版社,2019年,第58页。
② 湛若水:《复洪觉山侍御》,《湛若水全集》第21册,第333页。这里的"中间"不能在字面上理解为无差别、等距离地中和阳明学与朱子学,或认为是超越了心、理二端的一种独立形态。面对阳明学派革新性的良知学说,甘泉的回应虽有回潮的意味,却既不曾走回理本论的立场,也不曾别立新说,而是仍然坚持主心之论,其学毕竟还是心学。
③ 在试图消解形上理体的甘泉心学中,天理真正指向的是性体。性体虽不被理解为"如有一物"的存在,但仍然是心性结构中最真实的东西。

认性即理,不承认心即理;①虽然是心学,却只能成为一种有限的心学。这导致了两方面的后果。其一,心的有限性决定了在甘泉哲学中,心虽然地位尊崇,却缺乏权能;虽然"无所不包""无所不贯",但除了抽象的"包""贯"之外,少有实际的"主宰""审判"的作用。由于心不具有完全的动能,于是甘泉所追求的"合一"只能凭借万物一体的预设(这正是甘泉对性的定义)实现,将万事万物在理论上设定为必然和谐、不会反叛的关系,由此形成了甘泉学"单一"而非"浑一"、静态而非动态的理论性格。② 其二,性为根本的态度决定了甘泉在工夫上必然采取两层的思路,即首先体认天理,由心见性;然后保任天理,由性达心。这是宋学典型的"见体""反本"模式。此种模式将心性区分为二,在凸显性体的地位的同时,实际上宣告了甘泉在理气论中努力取消的理体的实在性在心性论中以性体的面貌再度出现,同时也意味着甘泉的心学仍是宋学基底上的心学,并未对宋学的基本模式作完全的突破。在以上两个方面上,甘泉心学都显示出自身的有限性或"中间"态。这与同他者的论争无关,完全是由自身的理论结构决定的。与此相对,阳明学则通过将良知呈现为"时时知是知非"、可以完全"信得及"的最高心体,为其赋予了最大的权能。良知心体不仅在对于外物的主宰与裁断中实现着一体性,而且仅仅诉诸当下一念,不必假借自身之外的性体作为道德法则的来源。良知观念的出现使得心学不必再仰仗性体的保护,而可以完全凭借心体成就绝对的完满性。③ 这是包括甘泉在内的此前的心学传统所不曾真正实现的。

从心与气两方面突破了理本论的甘泉哲学,在性本论方面却仍然沿用了宋代理学的基本架构,无论这种态度是主动选择还是因袭旧说,都提示出一个事实,即在宋明理学中,心性结构是比理气结构更为根本、更难改造的范畴关系。前人曾认为阳明心学与甘泉心学是主观唯心论与客观唯心论的不同;④若从上文的考察来看,则两者亦不妨说是心学内部心即理与性即理两派

---

① 甘泉赞同阳明"心外无理"说,却反对"心即理"说,正是由此种模式决定的。(《新泉问辨录》,《湛若水全集》第13册,第45页)

② 荒木见悟:《明代思想研究——明代的儒佛交流》,第62、72页。

③ 阳明对致良知与体认天理两说有著名的评价:"譬之种植,致良知者,是培其根本之生意而达之枝叶者也;体认天理者,是茂其枝叶之生意而求以复之根本者也。"(《与毛古庵宪副》,《王阳明全集》卷六,第184页)此语不当作泛泛的褒贬之辞理解,实际上,这恰恰点出了两种心学间当下即是与反本见体的进路差别。

④ 荒木见悟:《明代思想研究——明代的儒佛交流》,第74页。

之别。在这个意义上,阳明与甘泉的两种心学模式,虽未必有优劣之别,但确实有新旧之异。

Zhan Ruoshui's Position in Mind-Heart School
Li Zhen

Abstract: Due to its pursuit of unity and ambiguous writing style, Zhan Ruoshui's philosophy received different opinions towards its main themes and attribute. While some scholars argue that Zhan belongs to the School of Principle(理学)or Matter(气学), or, instead, his philosophy should be regarded as a form of combination; the analysis of key concepts shows that Zhan undoubtedly considered himself to be a Mind-Heart School(心学)philosopher. In Zhan's philosophy, the concept of principle is usually interpreted as the quality or status of mind, and matter is also believed to be under mind's control. Zhan's philosophy is typically Mind-Heart style. In the School of Mind-Heart, Zhan stands for the branch that considered the normative function of nature(性) to be more important, which is different from Wang Yangming and his disciples' emphasis on mind. Not only Zhan's long-term debate with Wang Yangming's school, but also his inheritance of Neo-Confucianism in Song Dynasty, contribute to the formation of Zhan's philosophy.

Key words: Zhan Ruoshui, To realize the principle of Heaven Everywhere, School of mind, School of principle, School of matter

哲学门（总第四十五辑）
北京大学出版社，2022 年

杨简思想与阳明学

翟奎凤　　佟雨恒[*]

摘　要：南宋之后，杨简思想一度沉寂。然而在明代中期，随着阳明学的兴起，杨简的不少观点成为儒学界议论的重要话题。阳明晚年对杨简思想颇为赞赏，一些提法也受到了杨简的影响；同时阳明也较为委婉地批评了杨简思想著于"无"，过于高明。受阳明影响，其不少亲传弟子乃至再传、三传弟子对杨简思想也表示赞赏肯定，当然，与阳明一样，他们也指出杨简不够务实、过于虚玄的一面；也有一些阳明弟子及后学对杨简思想持总体批判态度。大体上来看，以阳明学为代表的心学一系的儒者对杨简多持肯定态度，而以罗钦顺为代表的理学家对杨简持根本否定态度。

关键词：杨简　阳明学　不起意　心之精神是谓圣

宋明儒学中所谓的心学一系实际上相当复杂，湛甘泉与王阳明同为心学，但后来两人观点颇多分歧。阳明对杨简评价颇高，但甘泉对杨简有激烈批评。甘泉肯定陆九渊，但否定杨简。[①] 在对杨简的批判上，甘泉与同时代的朱子学者罗钦顺、崔铣等可谓是在一条"统一战线"上。罗钦顺、崔铣对阳明良知学也非常不满，而阳明门人王畿等亲传弟子对杨简的评价非常高。就思

---

[*]　翟奎凤，山东大学易学与中国古代哲学研究中心、哲学与社会发展学院教授；佟雨恒，山东大学儒学高等研究院博士研究生。

①　甘泉肯定陆九渊，否定杨简，实际上这也表明，杨简心学与陆九渊有着很大不同。对于两人学术之不同，孙齐鲁指出"慈湖与象山，固有师生之谊。然慈湖之学，并非主要得力于象山，而是在其父亲的教诲下研《易》，并深造自得的结果。慈湖对象山学之贡献，更多体现为对陆门声势的壮大。考察慈湖，象山师弟之授受关系，可知后世以慈湖最得象山之真传，不啻为儒家心学史一大误会。"（见孙齐鲁：《陆象山与杨慈湖师弟关系辨证》，《现代哲学》2010 年第 2 期）

想的历史与逻辑发展来看,杨简与阳明心学有颇多共鸣之处。湛甘泉、罗钦顺等人对杨简的批判,"显然也是为了批判阳明心学特别是阳明后学"①。

杨简思想在当时颇有影响,后一度沉寂。明代中后期随着阳明学兴盛,杨简也突然"热"了起来②,其代表作《慈湖遗书》在嘉靖年间广为刊刻。嘉靖四年(1525),浙江慈溪人秦钺上任江西巡按侍御史时,带上了乡贤杨慈湖的遗著。经过信州时,委托江西提学周广负责编校出版了《慈湖遗书》十八卷。嘉靖十二年时,又出了增订本《慈湖遗书》二十卷。③ 罗钦顺于当年感慨说"今其书忽传于世"④。1534 年,阳明弟子季本称"是时方兴慈湖杨氏之书"⑤。湛甘泉在约于嘉靖十八年成书的《杨子折中》的序言中也感叹说"数年之间,其说盛行如炽"⑥。崔铣在为湛甘泉《杨子折中》作的序中说:"杨简者,子静之徒也。衍说诐章,益无忌惮,苟不当意,虽圣亦斥,未久皆绝,不传。近年忽梓其书,士尊尚之者,反陋程朱。已朽之物,重为道蠹。"⑦崔铣在与罗钦顺的信中还叹息说:"今之论学者行其书矣,右象山,表慈湖,小程氏,斥文公。叹颜子之后无传。"⑧罗钦顺、湛甘泉、崔铣批判杨简不遗余力,在他们看来,杨简学说盛行不啻为思想界的洪水猛兽。我们知道,王阳明于 1529 年去世,可见杨简思想流行是在阳明晚年,特别是其去世后一段时间,这里面有阳明弟子的推波助澜,吴震认为"正是由于阳明心学的产生和影响,使得以往被朱子学者认定为异端人物的思想也有了重新评估的机会"⑨。当然,吴震也指出,"具有讽刺意味的"是,罗钦顺等人的批判"却有可能导致另一种相反

---

① 吴震:《阳明学时代何以"异端"纷呈? ——以杨慈湖在明代的重新出场为例》,《浙江社会科学》2020 年第 1 期,第 111 页。

② 游腾达说:"嘉靖年间,十六世纪三零年代前后,慈湖学说的'盛行如炽'、'大行于南北'与阳明学的兴起、盛行脱不了干系。一如魏校(字子才,号庄渠,1483—1543)所说:'自阳明之说行,而慈湖之书复出。'"(游腾达:《慈湖学说在明代中叶的回响:以阳明后学评骘"不起意"说为焦点》,《国文学报》第四十三期,2008 年 6 月,台北:台湾师范大学国文学系)

③ 参钱茂伟:《论湛若水〈杨子折衷〉的学术价值》,《宁波大学学报》2002 年第 2 期,第 63—67 页。

④ 罗钦顺:《困知记》续卷下,阎韬点校,中华书局,1990 年,第 85 页。

⑤ 季本:《季彭山先生文集》卷一,清初抄本。

⑥ 黄明同主编:《湛若水全集》第十五册,上海:上海古籍出版社,2020 年,第 128 页。

⑦ 崔铣:《洹词》卷十二,清文渊阁《四库全书》本。

⑧ 崔铣:《洹词》卷十,清文渊阁《四库全书》本。

⑨ 吴震:《阳明学时代何以"异端"纷呈? ——以杨慈湖在明代的重新出场为例》,《浙江社会科学》2020 年第 1 期,第 115 页。

的效应:使得慈湖思想在社会上不胫而走"①。阳明学者对杨简思想多有肯定赞赏之语,但也有些阳明弟子后学对杨简持总体否定态度。如何评价杨简,也是阳明后学不同派别划分的一个重要标识。

一 晚年阳明对杨简思想的赞赏与吸收

阳明本人及其很多重要弟子对杨简给予很高评价。当然,在肯定的同时,也有些阳明学者批评其思想过于"凌空"。据湛若水记载,他曾听说"王阳明谓慈湖远过于象山"②。这可能是王阳明私下的谈话,他认为慈湖思想比象山更为高明,阳明这个"私下"看法可能引起了众弟子对杨简的极大好奇,直接催生了杨简的"热"。阳明关于慈湖的公开评论,现在可见的大概有如下两条:一是"杨慈湖不为无见,又著在无声无臭上见了"③,二是"慈湖不免著在无意上"④。当然,这两条所指是一致的,"著在无声无臭上"与"著在无意上"实际上是一个意思,都是批评杨简"极高明"而未能"道中庸"。

1518 年,47 岁的阳明在与顾应祥的信中说:"北行不及一面,甚阙久别之怀。承寄《慈湖文集》,客冗未能遍观。来喻欲摘其尤粹者再图翻刻,甚喜。但古人言论,自各有见,语脉牵连,互有发越。今欲就其中以己意删节之,似亦甚有不易。莫若尽存,以俟具眼者自加分别。所云超捷,良如高见。今亦但当论其言之是与不是,不当逆观者之致疑,反使吾心昭明洞达之见,有所掩

---

① 吴震:《阳明学时代何以"异端"纷呈?——以杨慈湖在明代的重新出场为例》,《浙江社会科学》2020 年第 1 期,第 117 页。

② 《明儒学案》卷三十七《甘泉学案一》载甘泉语录曰"杨慈湖岂是圣贤之学?乃真禅也,盖学陆象山而又失之者也。闻王阳明谓慈湖远过于象山。象山过高矣,又安可更过?观慈湖言'人心精神是谓之圣',是以知觉为道矣。如佛家以运水搬柴无非佛性,又蠢动含虚无非佛性,然则以佛为圣,可乎?"(第 909 页)甘泉在与崔铣的信中也说:"以象山为禅则吾不敢,以学象山而不至于禅,则吾亦不敢。盖象山之学虽非禅,而独立高处,大违中正而已矣,高则其流之弊不得不至于禅,故一传而有慈湖,慈湖真禅者也。后人乃以为远过于象山,仆以为象山过高矣,慈湖又远过之,是何学也。"(黄明同主编:《湛若水全集》第二十一册,上海:上海古籍出版社,2020 年,第 305 页)

③ 吴光等编校:《王阳明全集(新编本)》第二册卷三《语录三》,杭州:浙江古籍出版社,2010 年,第 127 页。

④ 吴光等编校:《王阳明全集(新编本)》第五册卷四十一《补录三》,杭州:浙江古籍出版社,2010 年,第 1693 页。标点略作完善。"诚正格物"到"致知之外又欲格物哉"实际上都是杨简的话,见《慈湖遗书》卷十三。

覆而不尽也。尊意以为何如?"①顾应祥应该是听取了阳明的建议,原本翻刻了《慈湖文集》,后来还寄给了湛若水一套。阳明此时戎马倥偬,对《慈湖文集》有所翻阅,似尚无特别深刻印象,因而也没有对慈湖思想作特别评论。慈湖引起其思想共鸣,当在阳明 51 岁闲居绍兴后,他对慈湖的具体评论之语也当在 51 岁后。

阳明后学李腾芳(1565—1631)在《阳明先生集抄序》中对阳明所说"杨慈湖不为无见,又著在无声无臭上见了"这句话的背景似乎作了交代,他说:

> 以今观先生与人讲格物一条,其说甚详,抑亦多就中下人说,盖恐人锢于旧见,说愈高则愈不解。故王汝中云:"心无善无恶,意亦无善无恶,知亦无善无恶,物亦无善无恶。"先生以为此但可接上根人,我之宗旨,毕竟是:无善无恶心之体,有善有恶意之用,知善知恶是良知,为善去恶是格物。杨慈湖曰:"诚正格物,孔子无此语,颜、曾、孟子亦无此语。孟子曰:'仁,人心也',未尝于心之外起故作意也。孟子曰:'而勿正心',岂于心之外又欲诚意,诚意之外又欲致知,致知之外又欲格物哉?"先生曰:"慈湖不为无见,但只在无声无臭上见也。"先生之意盖如此,所以只言心外无理,将物理归到心上。②

这里所引杨简这段话大体上见于《慈湖遗书》卷十三《论大学》,杨简对《大学》颇有意见,对八条目修身工夫不以为然,阳明实际上也不喜欢把"格物、致知、诚意、正心"分得太开,认为这四者根本上是一回事③,无疑这与杨简的看法有接近处。杨简经常称述孟子所说"仁,人心也"(《孟子·告子上》),他由此认为人心本善,不需要去"正"。"而勿正心"见于《孟子·公孙丑上》"必有事焉而勿正心,勿忘勿助长也",其实关于这句话的句读古来争

① 吴光等编校:《王阳明全集(新编本)》第三册卷二十七《续编二》,杭州:浙江古籍出版社,2010年,第1048页。

② 吴光等编校:《王阳明全集(新编本)》卷五十三《附录三》,杭州:浙江古籍出版社,2010年,第2165页。个别标点略作调整。

③ 如阳明说"盖其功夫条理虽有先后次序之可言,而其体之惟一,实无先后次序之可分"(吴光等编校:《王阳明全集(新编本)》第三册卷二十六《续编一·大学问》,第1020页),又说"盖身、心、意、知、物者,是其工夫所用之条理,虽亦各有其所,而其实只是一物。格、致、诚、正、修者,是其条理所用之工夫,虽亦皆有其名,而其实只是一事"(同上书,第1018页)。

议颇大，有的学者把"心"与"勿忘勿助"连读。

更值得关注的一点是，阳明晚年多次说"心之良知是谓圣"。1524 年，53 岁的阳明在与薛子修的信中说："心之良知是谓圣，圣人之学致此良知而已矣。谓良知之外尚有可致之知者，侮圣言者也。"①1525 年，54 岁的阳明应弟子魏良辅的弟弟魏良贵之请，写了一段抒发其思想要义的短文，开篇即说："心之良知是谓圣。圣人之学，惟是致此良知而已。"②1526 年，阳明 55 岁时，在与弟子季本的信中有"区区近有'心之良知是谓圣'之说"③一句。阳明后学宋仪望《河东重刻阳明先生文集序》载"先生尝曰：'心之良知是谓圣。人之不能致其良知者，以其无必为圣人之志也，是故舍致知则无学矣，舍圣人则无志矣。'"④我们知道，杨简思想体系中最醒目的一句话就是"心之精神是谓圣"一语。显然，"心之良知是谓圣"，只不过是用"良知"取代了"精神"，就这句话而言，阳明思想受杨简的影响是很明显的，他直接套用了杨简的话语表述。陈立胜也指出"'精神'与'良知'在心学一系大致属于同一范畴"⑤。同时，杨简多以"虚明""虚灵""昭明""发育万物"来形容"心之精神"，阳明也多以"灵明""明觉""昭明"来形容良知。《传习录》卷下也载晚年阳明说："我的灵明便是天地鬼神的主宰。天没有我的灵明，谁去仰他高？地没有我的灵明，谁去俯他深？鬼神没有我的灵明谁去辩他吉凶灾祥？天地鬼神万物离却我的灵明便没有天地鬼神万物了。我的灵明离却天地鬼神万物，亦没有我的灵明。如此，便是一气流通的，如何与他间隔得？"⑥杨简也曾说："天，吾

---

① 吴光等编校：《王阳明全集（新编本）》第五册卷四十四《补录六》，第 1816 页。系年据钱明《〈王阳明全集〉未刊佚文汇编考释》，载钱明主编《阳明学新探》，杭州：中国美术学院出版社，2002 年，第 311 页。薛子修（？—1535）名宗铠，号东泓，广东揭阳人，薛俊之子。阳明弟子薛侃从子。

② 吴光等编校：《王阳明全集（新编本）》卷八《书魏师孟卷（乙酉）》，第 297 页。

③ 吴光等编校：《王阳明全集（新编本）》第二册卷六《答季明德》，第 228 页。吴震认为王阳明晚年提出这句话"非泛泛之谈，而是阳明晚年苦心拈出的一句思想命题，值得重视"。吴震：《阳明学时代何以"异端"纷呈？——以杨慈湖在明代的重新出场为例》，《浙江社会科学》2020 年第 1 期，第 118 页，注 55。

④ 吴光等编校：《王阳明全集（新编本）》第六册卷五十三，第 2158 页。宋仪望师从阳明弟子聂豹，故其学以王守仁为宗，又跟随邹守益、欧阳德、罗洪先交游。王守仁能被从祀于孔庙，宋仪望功不可没。

⑤ 陈立胜：《"独知"如何成为一个修身学范畴》，载景海峰、黎业明编《岭南思想与明清学术》，上海：上海古籍出版社，2017 年，第 421 页。

⑥ 吴光等编校：《王阳明全集（新编本）》卷三《语录三》，第 136 页。

之高;地,吾之厚;日月,吾之明;四时,吾之序;鬼神,吾之吉凶。"①"天者吾之
高明,地者吾之博厚,日月四时吾之变化,万物吾之散殊。"②显然,阳明的表
述与杨简思想有着很高契合性。当然,进一步分析来看,阳明所说天地鬼神
与"我的灵明"虽然"一气流通",但相对"我的灵明"来说,"天地鬼神"还是
对象性的;而杨简直接把天地鬼神纳入主体之中,消解了对象性。

明代阳明学者沈懋孝(1537—1612)曾谓阳明之学"盖渊源于象山、慈
湖,证发于白沙、甘泉,不谓无所本"③,杨守勤(1559—1620)也认为"致良知
之旨与慈湖不起意寔相发"④。那么,综上所述,阳明特别是在其晚年对杨简
思想颇为重视,这应当是可以肯定的。⑤ 但是鉴于慈湖比象山更容易让人有
禅的联想,阳明采取了非常谨慎的态度,较少公开谈论称道杨简,但是对其思
想作了部分化用。一定意义上,正是阳明对杨简的这种"暧昧"态度,引起了
其弟子和后学对杨简的重视,同时也引发一起争论。

二 季本、王畿评杨简

在对待杨简思想的态度上,同为阳明弟子的季本与王畿有很大不同。
1534 年季本在湖南辰州做官时与朋友杨月山交流,就曾感叹:"方兴慈湖杨
氏之书,同门诸友多以自然为宗,至有以生言性,流于欲而不知者矣。"⑥1536
年,季本任吉安同知时作《龙惕书》与杨月山;1539 年,季本任长沙知府时与
杨月山再次论道,月山对其龙惕说始深信不疑。所谓"同门诸友"大概是指王

---

① 董平校点:《杨简全集》第 1 册《杨氏易传》卷一,杭州:浙江大学出版社,2016 年,第 33 页。"天地、四时、日月、鬼神"并提,是化用《易传·文言传》所说"夫大人者,与天地合其德,与日月合其明,与四时合其序,与鬼神合其吉凶,先天而天弗违,后天而奉天时。天且弗违,而况于人乎?况于鬼神乎?"

② 董平校点:《杨简全集》第 7 册《慈湖遗书》卷三,杭州:浙江大学出版社,2016 年,第 1887 页。

③ 沈懋孝:《长水先生文钞·刻蔡氏蒙引补正序》,见《四库禁毁书丛刊》第 282 册集部第 159 册,北京:北京出版社,1997 年,第 174 页。

④ 杨守勤:《宁澹斋全集》卷七《邑侯策斋刘公名宦传》,见《四库禁毁书丛刊》第 188 册集部第 65 册,北京:北京出版社,1997 年,第 385 页。

⑤ 何静在《杨简心学新论》(载《社会科学研究》2013 年第 5 期)一文认为阳明晚年心本论、四句教、《大学问》等思想受到杨简的启发或影响。

⑥ 季本:《季彭山先生文集》卷一,清初抄本。

畿、王艮、黄弘纲等人。季本又谓"近世因慈湖言学主于自然"①，他把王畿等人重自然的思想归因于慈湖，又说"大抵慈湖之说本宗自然，学者喜于易简，勇受乐从而不知工夫不实，其不流于空寂者几希矣"②。其实，这是不够准确的，杨简虽然也讲"自然"，但这在其思想体系中并不突出。季本对杨简"不起意"之说也有批评，他说"今人习于慈湖不起念之学，反疑吃紧工夫近于执着，是欲澄然无事也。夫圣人无意必固我者，谓无私心耳，岂真无一事哉？而况初学，安可遽与语此？"③这里所谓"慈湖不起念之学"其实也不够准确，慈湖常说"不起意"，并没有说过"不起念"，"意"是不自然、离于本心的意念活动，也不是什么事都不做的"澄然无事"。季本也注意到杨简常说的"心之精神是谓圣"，他也批评说："慈湖以精神思虑言心，而谓百姓日用而不知者为道，并以子思率性之率为不必言，则是主乎气也。就使虚明无体，精神四达，亦不过气之妙用耳。盖禅家之见如此，老氏之学亦主于精气神，而曰'玄之又玄，众妙之门'，虽甚玄妙，然岂圣人之所谓诚哉？"④这里认为杨简所称道的"心之精神是谓圣"是"以精神思虑言心""主乎气"，这也不大符合杨简思想的本义。在总体评判上，与很多人一样，季本也认为杨简是禅，在《说理会编》卷十四《异端》篇中，他把"杨慈湖之学"专列一节，批评说：

> 杨慈湖之学，谓心本无意必固我，着不得一毫气力。故凡圣经贤传有及于工夫者，如《大易》"洗心"、《大学》"正心"之类皆以为非孔子之言。所见甚超脱，然此乃即心见性之宗也，与《坛经》何异？盖曹溪以佛氏之言言圣，慈湖以圣人之言言佛，同归于自然而已，非精一执中之宗旨也，将使人妄意高远而忽于下学，其害教也大矣。夫人性本善，心果无蔽，顺其自然，何待修为，但气质不齐，不能皆无不善，己私牵扰，不免有意必固我之累，必须用力克治，乃能去之，故孔子谓行为力行，是以工夫言也。但工夫只自仁体扩充，使其势不可遏耳，非工夫恶能拔去病根邪？⑤

---

① 《说理会编》卷二性理二，黄琳点校、严寿澂审定，天津：天津古籍出版社，2017 年，第 31 页。
② 《说理会编》卷五实践一《修业》，第 94 页。
③ 《说理会编》卷五实践一《修业》，第 93—94 页。
④ 《说理会编》卷三圣功一《诚神几》，第 54 页。
⑤ 《说理会编》卷十四异端，第 251 页。

季本重视后天工夫,杨简重视先天本体的自足性、完备性和能动性。就此而言,杨简思想确实有与禅的精神有接近的一面。杨简否定《易传》"洗心"、《大学》"正心"之说,这是季本及很多儒者所无法接受的。季本对杨简思想总体否定,但偶尔也有所肯定,如其《易学四同》一书在讨论大有卦六五爻辞"厥孚交如,威如吉"时说:"慈湖杨氏谓六五大中之道,其心平易,初无戒备之意,而自有道德之威,得之矣。"①

1536 年,季本把《与杨月山龙惕书》寄给同门诸友商讨,王畿收到后不久也复信季本,认为季本"深惩近时学者过用慈湖之弊",故有此龙惕说,但对季本的一些看法也作了反驳,王畿说:

> 杨慈湖"不起意"之说,善用之未为不是。盖人心惟有一意,始能起经纶、成德业。意根于心,心不离念,心无欲则念自一,一念万年,主宰明定,无起作、无迁改,正是本心自然之用,艮背行庭之旨。终日变化酬酢而未尝动也,才有起作,便涉二意,便是有欲而罔动,便为离根,便非经纶裁制之道。慈湖之言,诚有过处,无意无必乃是圣人教人榜样,非慈湖所能独倡也。惟其不知一念用力,脱却主脑,莽荡无据,自以为无意无必,而不足以经纶裁制。如今时之弊,则诚有所不可耳。②

王畿认为,杨简的"不起意"之说出自《论语》孔子所说"毋意,毋必,毋固,毋我"(《子罕》),在他看来"毋意"就是"不起意"的意思,如果善于领会与运用的话,杨简这个提法本身并没有问题。同时,在王畿的理解中,实际上有两种"意",一是根于心的自然之意,二是离于本心的妄意,杨简"不起意"实际上是不起妄意。王畿也指出,杨简的说法也有过高、不切实用之处,不足以经纶裁制。

1548 年,慈溪乡贤冯成能呈请当道恢复慈湖书院③。慈湖书院复建后,冯成能在此经常开展集会讲学活动,阳明大弟子王畿(字汝中,号龙溪)热衷讲学,时来与会。《王畿集》卷五《慈湖精舍会语》记载了冯成能与龙溪围

---

① 季本:《易学四同》卷三,见《续修四库全书》第 6 册,上海:上海古籍出版社,2002 年,第 266 页。

② 吴震编校整理:《王畿集》卷九《答季彭山龙镜书》,南京:凤凰出版社,2007 年,第 213 页。这段话后来在《王畿集》卷五《与阳和张子问答》中也有类似出现,"阳和张子"即张元汴,为王畿弟子,但他对季本龙惕说颇为认可。

③ 王静:《千年望族慈城冯家:一个宁波氏族的田野调查》,宁波:宁波出版社,2015 年,第 82 页。

绕杨简的问答对话。

冯成能问阳明学说宗旨，龙溪说"知慈湖'不起意'之意则知良知矣"①，认为杨简"不起意"与阳明"良知"说是贯通的，理解了"不起意"，自然就明白阳明思想宗旨即良知说。龙溪接着发挥说：

> 意者本心自然之用，如水鉴之应物，变化云为，万物毕照，未尝有所动也。惟离心而起意则为妄，千过万恶，皆从意生。"不起意"是塞其过恶之原，所谓防未萌之欲也。"不起意"则本心自清自明，不假思为，虚灵变化之妙用，固自若也。空洞无体，广大无际，天地万物有像有形皆在吾无体无际之中，范围发育之妙用，固自若也。其觉为仁，其裁制为义，其节文为礼，其是非为知，即视听言动，即事亲从兄，即喜怒哀乐之未发，随感而应，未始不妙，固自若也。而实不离于本心自然之用，未尝有所起也。②

就"意者本心自然之用"一句而言，此"意"是说"真意"或本心自然妙用之意。而后面他发挥杨简"不起意"之意实际上说的是妄念妄想、虚妄不真之意。论"不起意"一段文字连着三个"妙"和"固自若也"，实际上也是套杨简的话，这一点很多学者没注意到。《慈湖遗书》卷三《学者请书》载"人心至灵至神，虚明无体，如日如鉴，万物毕照。故日用平常，不假思为，靡不中节，是谓大道。微动意焉，为悲为僻，始失其性。意消则本清本明，神用变化之妙，固自若也；无体无际，范围天地，发育万物之妙，固自若也；即视听言动，即事亲事君，兄弟夫妇朋友，慈爱恭敬，喜怒哀惧爱恶欲，未始不妙，固自若也，而实不离庸常"③。对比来看，王畿基本上是套了杨简的原话，语气、句式、句意上高度一致，只不过一些词句作了改动。

在王畿看来，慈湖的"不起意"是不起离开本心自然的妄意，并非灭意、没有意识活动，善意如果不本于自然也是妄。"不起意"是"入圣之微机也"，初学也可以做到，因为它是本心自然妙用，是自在自然而然的意识活动，这种意

---

① 《王畿集》卷五《慈湖精舍会语》，第 113 页。这篇文献中的不少语句与《王畿集》附录二所载《龙溪会语》中的内容颇为接近。不过，在《龙溪会语》中，发起提问的是"傅少岩"，他"举后渠序《杨子折衷》，以慈湖为灭意，与不起意本旨同否"发起提问。

② 《王畿集》卷五《慈湖精舍会语》，第 113 页。

③ 《杨简全集》第 7 册《慈湖遗书》卷三，董平校点，杭州：浙江大学出版社，2016 年，第 1883 页。这段话在《慈湖遗书》卷九也有出现，基本一致。

识活动伴随着内心的清明虚灵。针对以慈湖为禅的说法,王畿说"慈湖之学得于象山""知象山则知慈湖矣"①,他认为慈湖与象山思想一致,皆非禅学。杨简以本心虚明至善,本自中正,故对《易传》所说"洗心"、《大学》所说"正心"皆予以驳斥。当有人问"慈湖疑正心、清心、洗心皆非圣人之言,何也"时,王畿也认为这是"慈湖执见未化"②,他认为"古人垂训,皆因病立方,世人之心,溺于旧习,不能无邪无浊无垢,故示以正心、清心、洗心之方,使之服食以去其病,病去则药除矣,所谓权法也。先师谓:'慈湖已悟无声无臭之旨,未能忘见'。象山谓:'予不说一,敬仲常说一。'此便是一障。苟不原古人垂训之意,一概欲与破调,则'不起意'三字亦为剩语矣。"③与阳明的论调一致,王畿也认为杨简还是过于执着在"无"上,没有内在理解古圣先贤立言宗旨;如果太较真的话,王畿认为杨简所说"不起意"也没必要强调了。这里王畿视"正心""清心""洗心"为"因病立方"的"权法",实际上这与杨简的看法还是接近的。王畿还曾说"先天是心,后天是意。至善是心之本体,心体本正,才正心便有正心之病,才要正心,便已属于意。"④聂豹就认为此论正是"慈湖之言""慈湖之学"⑤。

如果"不起意",那《大学》"诚意"又从何谈起呢?王畿说:"《虞书》'道心惟微',明心即道。微者心之本体,即所谓无声无息,圣人、天地不能使之著。才动于意,即为人心而危,伪之端也。文王不识不知,故能顺帝之则,才有知识,即涉于意,即非於穆之体矣。孔子曰'吾有知乎哉?无知也',言良知无知而无不知也。"⑥这段话所引《尚书》《诗经》《论语》中的语句"道心惟微""不识不知,顺帝之则""唯天之命,於穆不已"、"吾有知乎哉"也是杨简经常引称的。杨简也反复说"舜曰'道心',明心即道,动乎意则为人心"⑦,道心乃本心,人心才是意。王畿以心为先天、意为后天,又说"正心,先天之学也;诚意,后天之学也"⑧,这里可以看出王畿一方面想维护杨简思想,另一方面又

---

① 《王畿集》卷五《慈湖精舍会语》,第113页。
② 《王畿集》附录二《龙溪会语》,第766页。
③ 《王畿集》卷五《慈湖精舍会语》,第114页。
④ 《王畿集》卷六《致知议辩》,第133页。
⑤ 吴可为整理:《聂豹集》卷十一《答王龙溪》,南京:凤凰出版社,2007年,第386页。
⑥ 《王畿集》卷五《慈湖精舍会语》,第114页。
⑦ 《杨简全集》第7册《慈湖遗书》卷五《蒋秉信墓铭》,董平校点,第1915页。
⑧ 《王畿集》卷十六《陆五台赠言》,第445页。

试图缓和其与经典权威的紧张。

王畿又说："才起于意，始昏始塞，始滑其良，此千圣学脉也。慈湖于双明阁下举本心为问，象山以扇讼是非答之，慈湖恍然自悟，澄然莹然，易简和平，匪思匪为，可言而不可议，可省而不可度。"①可见，王畿对杨简"不起意"之说总体上颇为肯定，"不起意"的心理状态可以说是"澄然莹然，易简和平"。冯纬川在与王畿的信中说："不起意者，正以致其不学不虑之良知，不起非灭也。千思万虑，莫非天则之流行，动以天也。此正是变化云为，生生化化之机。而谓之寂灭死硬物也，岂足以知杨子乎？"王畿称赞说"此千古入圣之秘藏，兄可谓得其髓矣"②。无怪乎当王畿在《天泉证道记》中说"盖无心之心则藏密，无意之意则应圆，无知之知则体寂，无物之物则用神"，明末刘宗周就认为王畿此四无之说"的传慈湖宗旨也"。③

在阳明弟子中，王畿对杨简思想领悟最深，受其影响也是最大的。总体上看，王畿特别关注杨简"不起意"之说，对"心之精神是谓圣"关注较少，而且理解上也与杨简原意也有一定偏差。王畿在发挥陆九渊"古人精神不闲用，不做则已，一做便不徒然，所以做得事成。须要一切荡涤，莫留一些方得"时说："精神不凝聚则不能成事。今欲凝聚精神，更无巧法，只是将一切闲浪费精神，彻底勿留些子，尽与荡涤，全体完复在此，触机而应，事无不成。是谓'溥博渊泉，而时出之'。故曰：'心之精神谓之圣'。"④王畿没有注意到其实陆九渊与杨简所说"精神"有很大不同，王畿顺着陆九渊的思路对"精神"作了发挥，其所说"心之精神"并非杨简之意。

三 黄绾、黄弘纲、钱德洪等评杨简

黄绾（1480—1554）是阳明好友、弟子，阳明去世后，鉴于门人渐有空疏之弊，晚年黄绾提出艮止之学，对阳明的一些弟子特别是王畿有较为激烈的批判，认为其有流入禅学之虞。1542 年秋，王龙溪和黄绾在石龙书院"与论绝

---

① 《王畿集》卷五《慈湖精舍会语》，第 114 页。
② 《王畿集》卷十《答冯纬川》，第 243 页。
③ 吴光主编、吴光、钟彩钧审校：《刘宗周全集》第 3 册《语类（十二）》，何俊点校，杭州：浙江古籍出版社，2012 年，第 381 页。
④ 《王畿集》卷一，第 24 页。

学未明之旨,数晨夕"①。在黄绾看来,阳明的一些弟子滑入禅学,很大程度是由于受到了杨简思想的误导,因此,他对杨简思想也有集中批判。黄绾指出"今因良知之说而欲废学与思,以合释氏'不思善、不思恶'、杨慈湖'不起意'之旨,几何不以任情为良能,私智为良知也哉?"在他看来,"学与思"是孔门儒学的根本特征,而"慈湖以'不起意'为宗,以《易传》议拟成变化,为非圣人之言,则必欲废思与学,及志道、据德、依仁、游艺之事,乌得而非禅哉?吾非独不从之,正谓'道不同,不相为谋'故也。慈湖之学,出于象山,象山则不纯禅,至慈湖则纯禅矣。"②《易传·系辞上》说"拟之而后言,议之而后动,拟议以成其变化",杨简认为"此非圣人之言也,学者之臆说也"(《己易》)③。对于孔子的"志于道,据于德,依于仁,游于艺",杨简也有所非议,认为"孔子当日启诲门弟子之时,其详必不如此,记录者欲严其辞,而浸失圣人之旨也"④。杨简的理由是良知良能自然成其变化,心即道,道德仁艺皆不离本心。在黄绾看来,杨简此论已离经叛道,如果说陆九渊还不纯是禅的话,那么,杨简是纯禅无疑。黄绾还从其艮止之学的角度,列举了杨简之学是纯禅的一些证据:"我之学与慈湖之学初无异。慈湖曰:'人心自善,人心自灵,人心自明,人心即道,人心即神。人皆有恻隐之心,恻隐即仁;皆有羞恶之心,羞恶即义;皆有恭敬之心,恭敬即礼;皆有是非之心,是非即知;愚夫愚妇,与圣人皆同。圣人非有余,愚夫愚妇非不足。'我亦云然。我之所异者,我有典要,慈湖无典要;我有工夫功效,慈湖无工夫功效;我有日新次第,慈湖无日新次第。"⑤这样来看,黄绾与杨简之学有同有异,但"异"是关键,言下之意,黄绾自认为其学是儒学,而杨简已是禅学。

黄弘纲(1492—1561)也是阳明的重要弟子,嘉靖二十三年(1544)任汀州府推官,不久迁刑部主事,因刚直得罪权要,愤而辞官归里,与聂豹、邹守益、罗洪先等往来讲学甚密。面对时人对慈湖思想的一些非议,黄弘纲为慈湖作了辩护:

---

① 张宏敏编校:《黄绾集》卷十五《游雁山记》,上海:上海古籍出版社,2014 年,第 291 页。
② 黄绾:《明道编》,北京:中华书局,1959 年,第 15 页。
③ 《杨简全集》第 7 册《慈湖遗书》卷七,董平校点,第 1980 页。
④ 《杨简全集》第 8 册《慈湖遗书》卷十一,第 2118 页。
⑤ 《黄绾集》卷三十四,第 661—662 页。

或疑慈湖之学，只道一光明境界而已，稍涉用力，则为著意。恐未尽慈湖。精于用力者，莫慈湖若也，所谓"不起意"者，其用力处也。《绝四记》中云云，慈湖之用力精且密矣。明道云："必有事焉，而勿正，勿忘，勿助长，未尝致纤毫之力。"此其存之之道，善用其力者，固若是。慈湖千言万语，只从至灵、至明、广大、圣知之性，不假外求，不由外得，自本自根、自神自明中提掇出来，使人于此有省，不患其无用力处，不患不能善用其力矣。徒见其喋喋于此也，遂谓其未尝用力焉，恐未尽慈湖意也。①

这与时人多认为杨简"不起意"为不用力、过于虚玄的看法相反，也与王畿批评杨简"不足以经纶裁制"的指摘不同，黄弘纲认为慈湖实践践履的工夫非常细密。邹元标在《黄洛村先生集序》中对黄弘纲的识见颇为佩服，"当时以学为赤帜者，视慈湖如淫声美色然，著书辟之。先生见何卓也！曰：'良知一而已，晰之离，合之赘，浑然天成，灿然条理，使拟议依违其间，非毫厘千里乎？'夫当时谈良知者而晰之而合之而拟议之者众，未有亲切著明如先生者。"②结合邹元标的评述来看，黄弘纲为杨简之学的辩护似乎多是针对黄绾对杨简的批评而言。黄绾、黄弘纲与阳明的感情甚笃，两人也非常熟悉，但在对杨简之学的评论上两人的观点差别甚大。

阳明高足、浙中王门钱德洪（1496—1574）对杨简思想表示同情理解，1545 年他在《修复慈湖书院记》中说："德洪尝伏读先生遗书，乃窃叹先生之学直超上悟者乎"，"先生教人尝曰'不起意'，又曰'心之精神是谓圣'，谓心之精神凝聚则明，而分散则昏病起意也。先生赋质英粹，其平生不濡世纷，不染习陋，故一触其机，能洞彻心源如此。但其教人，已如此入，亦即如此示人。盖直指本心而欲超顿以入。根性利者则能观体承接，若江河之沛泱；其次资悟不齐，则阶级悬隔矣，闻其说而不入，往往疑其或近于禅。夫禅之说与先生之书具在，其私己同物之心，区然辨也。乃惟圣门详于下学而不竟其说，就人所至以俟其自化，故人人乐得所趋。而先生爱人过切，立言过尽，容或有之；然谓其学非性情而疑訾之，则吾性昭然，断断乎不可诬也"。③ 杨简之学"直

---

① 黄宗羲：《明儒学案》上册卷十九，沈芝盈点校，北京：中华书局，1985 年，第 450 页。
② 邹元标：《愿学集》卷四《黄洛村先生集序》，明万历四十七年刻本。
③ 钱明编校整理：《钱德洪集·钱德洪语录诗文辑佚》，南京：凤凰出版社，2007 年，第 172 页。

超上悟",可以说其立言太高,适合素养悟性高的学者,但以之为禅学而予以攻击,钱德洪认为这是不可接受的。钱德洪这里以"心之精神凝聚则明"来解说杨简"心之精神是谓圣"的思想其实不够准确。钱德洪似认为杨简与禅的区别在于,禅为"私己"之心,而杨简为"同物"之心。黄绾曾说"朋友有辩杨慈湖之学为非禅者,云:'禅之与儒,其本实同,但有私己、同物之不同耳。禅则专事私己,慈湖则事同物。'殊不知禅虽曰私己,其意未尝不欲传于其徒、行于天下,此亦可以为同物,但其所同者皆禅也,焉可以此为断? 但其言其道,自是禅耳"①。黄绾这里所说"朋友"大概就是指钱德洪,是针对钱德洪上面这段话来说的。钱德洪认为杨简非禅,而黄绾认为杨简为纯禅,两人观点亦可谓截然对立。

钱德洪又说:"真性流形,莫非自然,稍一起意,即如太虚中忽作云翳。此不起意之教,不为不尽。但质美者,习累未深,一与指示,全体廓然;习累既深之人,不指诚意实功,而一切禁其起意,是又使人以意见承也。久假不归,即认意见作本体,欲根窃发,复以意见盖之,终日兀兀,守此虚见,而于人情物理,常若有二,将流行活泼之真机,反养成一种不伶不俐之心也。慈湖欲人领悟太速,遂将洗心、正心、惩忿、窒欲等语,俱谓非圣人之言,是特以宗庙百官为到家之人指说,而不知在道之人尚涉程途也。"②这也是认为杨简"不起意"有其高明处,这适合对天赋气禀悟性很高的人来说,对普通大众("在道之人")而言,"洗心""正心""惩忿窒欲"等渐修的工夫还是需要的。

阳明高足、江右王门邹守益(1491—1562)也对杨简"不起意"之说作积极阐发,他说:

> 慈湖所谓"不起意"者,不起私意也,故其《纪先训》曰:"人关防人心,贤者关防自心。天下之心一也,戒谨则善,放则恶。"其送子之官,曰"兢业不兢业,即祸福荣辱之枢机"。今厌末学之玄妙而并罪慈湖,慈湖有所不受矣。③

这实际上也是强调杨简在践履工夫上非常笃实、谨慎,并非空疏、高蹈、玄虚。邹守益认为当时学界的玄虚之弊,不能归罪于杨简。

---

① 张宏敏编校:《黄绾集》卷三十四,上海:上海古籍出版社,2014 年,第 661 页。
② 钱明编校整理:《钱德洪集·钱德洪语录诗文辑佚》,第 121 页。
③ 董平编校整理:《邹守益集》卷十《答曾弘之》,南京:凤凰出版社,2007 年,第 522 页。

董沄(1457—1533)是阳明门下最年长的弟子,他对杨简颇为认可,认为"宋儒周、程之外,龟山、象山、慈湖、王信伯、谢上蔡、温公、元城、赵清献、陈了翁、李乐庵、张子韶、林希逸诸公,皆深于斯道者也。晦翁晚年见亦高矣。"①他列举的这些人物多是心学一系或有心学倾向的儒者。杨简不赞成程子以穷理来解释格物,董沄曾转述杨简论格物曰:"格物不可以穷理言。盖其文曰'格'耳,虽有'至'字义,何为乎转而为'穷'?其文曰'物'耳,初无'理'字义,何为乎转而为'理'?程子之意,盖为物不必尽去,故迁就而为穷理之说。殊不知古人深病学者溺于物,故不得已而为说,是岂曰尽取事物而屏之邪?岂曰去物而就无物邪?有去有就,实未离乎物也。盖吾心本无物,忽有物焉,格去之可也。物格则吾心自莹。天高地下,万物散殊,十百千万,皆吾心耳,本无物也。若曰今日格一物,明日格一物,穷尽万理,乃能知至,吾知其不可也。"②董沄认为"慈湖此说与先师之说,虽异而实同,不相约而相符。盖阳明云'格'者'正'也,正其事物也。欲事物之正,必从理违欲而后可。慈湖云'格'者'去'也,格去其物也,不见有物,则纯乎理而已矣。讲解虽不同,俱在心体上用功。若曰'穷理',则理不在物,必欲周知,徒增知识,何与圣功哉?"③在董沄看来,杨简与阳明的格物说皆为格去物欲蒙蔽之义,有别于程朱的即物穷理之说。

阳明弟子、江右王门聂豹(1487—1563)对杨简"不起意"之说有所批评,他认为:"盖意者心之发,亦心之障也。慈湖深病诚意二字,谓非孔门传授本旨,而以不起意为宗,是但知意为心之障雾,而不知诚为意之丹头也。点铁成金,来无所起,过而不留,惟诚者能之。盖意者随感出见,因应变迁,万起万灭,其端无穷,乃欲一一制之,以人力去其欺而反乎慊,是使初学之士终身不复见定静安虑景界,劳而无功,只自疲以速化耳。"④聂豹也反对杨简对《大学》诚意说的否定,他还说:"慈湖、象山不喜《大学》诚意二字,而佛学亦以起心为大邪魔,俱以意字为障,而不知诚字是自然发动的,意而无意,犹禅家之念而无念也。但看诚字分晓,则意之流转变化,皆所应之妙用也。"⑤聂豹认

---

① 钱明编校整理:《董沄集·从吾道人语录》,南京:凤凰出版社,2007年,第267页。
② 这段话见《慈湖遗书》卷十一,董沄这里是转述,对原文有所节略。
③ 钱明编校整理:《董沄集·从吾道人语录》,第253页。
④ 吴可为整理:《聂豹集》卷九《答钱绪山》,第302页。
⑤ 《聂豹集》卷十《答戴伯常》,第330页。

为"诚"是让意念自然发动,如果做到"意而无意",这与禅家"念而无念"也没有区别,因此,《大学》诚意自有其殊胜处,没必要予以否定。但与季本、黄绾激烈批判态度不同,聂豹对杨简的批评是比较柔和的,他对杨简的一些思想也时有赞赏,谓慈湖"心之精神是谓圣"为"有见于《中庸》修道之教"①。戴伯常在与聂豹的信中称赞杨简说:"事先有意,则已入于逆亿意必之归,慈湖'勿令起意'之一言,得尧舜孟氏之家法。"②聂豹在回信中对此并未予以驳斥。

阳明弟子、江右王门欧阳德(1496—1554)对杨简之学也表示理解与肯定,他说"慈湖论学,往往指出本体,使人于此实落用功,积累深厚,乃能有得"③,在与唐顺之的信中,欧阳德又说:"忆南都领教,尝谈及慈湖先生之学,兄直谓晓解不得。某尝闻诸师友,慈湖有受病处,亦有得力处。想近来精思妙诣,必得其所谓受病者何如与得力者何如?"④这个口吻显然也是诱导唐顺之多了解杨简思想,然唐顺之偏于"实学",对杨简之学兴趣不大。

从以上论述来看,以王畿、黄弘纲、钱德洪、邹守益、董沄、欧阳德等为代表的阳明弟子对杨简之学总体上还是较为肯定和赞赏的,季本、黄绾、聂豹等阳明弟子对杨简之学总体上持批评否定态度。综合来看,阳明亲传弟子多半还是肯定杨简之学。

四 杨简思想对阳明再传、三传弟子的影响

罗洪先(1504—1564)、王时槐(1522—1605)在思想成长的道路上都受过杨简的影响,当然后来他们对杨简之学也都有所反思。如聂豹在给王畿的信中就曾议论起罗洪先(字达夫):"达夫早年之学,病在于求脱化融释之太速也。夫脱化融释,原非工夫字眼,乃工夫熟后景界也。而速于求之,故遂为慈湖之说所入,以见在为具足,以知觉为良知,以不起意为工夫,乐超顿而鄙坚苦,崇虚见而略实功,自谓撒手悬崖,遍地黄金,而于六经四书未尝有一字当意。玩弄精魄,谓为自得,如是者十年矣。"⑤当然,依聂豹的叙述逻辑,罗洪

---

① 《聂豹集》卷九《答董兆时》,第315页。
② 《聂豹集》卷十《答戴伯常》,第344页。
③ 陈永革编校整理:《欧阳德集》卷二《答马问庵》,南京:凤凰出版社,2007年,第43页。
④ 《欧阳德集》卷三《答唐荆川》,第111页。
⑤ 吴可为整理:《聂豹集》卷八《寄王龙溪二首》,第268页。

先后来的转变是倾向于其归寂说。罗洪先曾从学于李中（1478—1542），1530年青年罗洪先对李中批评杨简有些疑问，李中说"愚之议慈湖者，非是之谓也，为道也"①，这表明此时的罗洪先生还在杨简思想的笼罩之下。

罗洪先对杨简学术相当熟悉，1551年他在与金存庵的信中说："慈湖解'四十不惑'处，以为学术凡似是而非者，夫子能辨别之，不为摇夺。慈湖学虽有病，此言却甚入细，到实下手处，方知种种门户得失。"②杨简曾说："可强可弱者，血气也，无强无弱者，心也；有断有续者，思虑也；无断无续者，心也。能明此心，则思虑有断续而吾心无断续，血气有强弱而吾心无强弱。有思无思，而吾心无二。"③罗洪先曾以此为问，曾如忱、周文规、梁伯纲、王畿对杨简此心体无强弱断续问题作了评论。④ 王畿认为："天下何思何虑？阳明先生谓所思所虑只是个天理，更无别思别虑耳。非谓无思无虑也。盖人心良知出于自然，天理只是一个，更有何可思虑得，故殊途同归，一致百虑，无非此个，更无安排，更无勉强，何待自私用智，正如日往月来，寒往暑来，亦是自然往来，不容思虑，所谓心之官则思，亦只是要复他本来自然之体用而已。不是以私意去安排思索出来。若有私意安排，思虑即憧憧矣。有憧憧则有起灭、有断续，殊不知人心元来却不如此。"⑤王畿此说可谓是从阳明学的角度对杨简思想的一个论证和申说。

王时槐曾从学于阳明弟子刘文敏，1541年他在答王宗沐的信中说："心有体有用，虞廷所谓道心者，以体言也；所谓人心者，以用言也。以体言，则慈湖所谓心体本正，文成公所谓属未发边者是也。此处诚无可著力，惟在默悟而已。若心之用，则有可致力，孔子所谓操则存者是也。操存则属修矣，于用处操存，乃所以完其无可致力之体也。《大学》言正心，只有心不在焉一句，其忿懥好乐之类，则云身有所云云，盖身即心之用也。"⑥王时槐分道心、人心为体用，认为杨简所说"心体本正"是从体上来说；而《大学》所说"正心"所正之

---

① 《谷平先生文集》卷二《答罗达夫》（庚寅），清光绪十三年吉水葆元堂刻本。李中集中批判了杨简对《大学》的非议，但对杨简不起念之说仍持肯定态度，李中说"慈湖看得无意句有味，故极得力，无意便是克己工夫"（《谷平先生文集》卷二）。
② 徐儒宗整理：《罗洪先集》上册卷九《答金存庵》，南京：凤凰出版社，2007年，第411页。
③ 《杨简全集》第7册《慈湖遗书》卷七，第1979页。
④ 《湛甘泉先生文集》卷十三《金台问答》，清康熙二十年黄楷刻本。
⑤ 《湛甘泉先生文集》卷十三《金台问答》。
⑥ 钱明、程海霞编校：《王时槐集》，上海：上海古籍出版社，2015年，第415—416页。

心是用之心,即人心。有人问他对杨简"不起意"之说的看法,他说此"是慈湖悟后语也。但凡人习气障重,何由遽能不起意? 譬如人已溺水,曾无救援方便之术,而在岸者,极谈岸上之乐,虽其言皆是,而于曲成之方未善矣。乃知周子主静、程子主敬、阳明先生致知之说,皆未谈岸上之乐,而急施手援之力,真善诱人者也。"①这里认为杨简"不起意"之说"于曲成之方未善",不适合普通大众,只是杨简自己的"悟后语"。在王时槐自己编订的年谱中,他回忆了在其思想成长历程中,杨简对他的重要影响。1547 年王时槐中进士后,"一日偶过道士房,见架上群书,信手探之,得《慈湖遗书》一部,览之,觉洒然有省,默体诸心,见之日用动静之间,但不起意而天机自畅,遂遵信不疑"②;同年十月,王时槐"抵南京任。时南昌裘鲁江、泰和刘两江、安福欧三溪诸公,皆于公暇相聚讲学。某曰:'吾近得《慈湖遗书》,体而行之,殊觉简易融畅。'鲁江大称赏,曰:'此至道也,幸勿再疑。'某乃益遵信。"③裘鲁江即裘衍,为阳明弟子,于此可见裘衍对杨简非常推崇。也是这一年王时槐得知父亲病重,"亟请假归。某从陆归,途次起居酬应,一以慈湖'不起意'之学行之。因见舆夫遇路之高下险夷,前者呼,后者诺,恍若有悟。曰:'此即不起意之学也。彼呼者不以自矜,诺者不以为耻,两无心焉。总之,欲此舆之安而已。故不起意之学,愚夫愚妇可与能,而圣人之道不越乎此也。'"可见,此年26 岁的王时槐对杨简思想特别是其"不起意"之学有特别深刻的感悟与体会。然而,第二年即1548 年,在阳明弟子刘邦采的点拨下,王时槐"尽舍往日不起意之见,悉心以听先生之教"④。

与王畿相比,王艮似很少谈论杨简。但后来泰州学派的学者对杨简多有维护之言,如王艮族弟王栋(1509—1581)说:"杨慈湖云:'不起意。'非之者曰:'谓之不起私意则可。'此恐未服慈湖之心。盖意才有起便即是私。《大学》'诚意',岂待意起而后诚乎? 慈湖之言多过高可病者,此一语却不可尽以为非。先师尝言:'只心有所向便是欲,有所见便是妄。'又曰:'良知一点,分分明明,亭亭当当,不须安排,不须计较。'默识此语,慈湖所谓'起意'

① 《王时槐集》,第509 页。
② 《王时槐集》,第644 页。
③ 《王时槐集》,第644 页。
④ 《王时槐集》,第645 页。

非即有见有妄而安排计较者耶。"①王栋认为杨简"不起意"自有其高明处，与
阳明的一些说法实际上也是一致的。王栋也谈及"心之精神是谓圣"是不是
果为孔子语的问题，他认为"是否不必深究，但人良知不昧时，心之精神亦自
不懈，心苟不懈，则良知亦自精明"②。这实际上也是以"良知"来解释
"精神"。

杨简对《大学》八条目修身工夫持否定态度，认为其工夫支离，非圣人之
书③，这一点引起不少儒者的抨击，泰州学派罗汝芳（1515—1588）为杨简辩
护说："心、意、知、物等字，原非始于《大学》，六经中亦往往言之。亦非止
六经言之，反之胸中，实是有个虚涵之体，而虚涵应感，自意思有个拟议之
端，而其虚涵感应，又莫非知体灵明贯彻也。此虽一切世人皆然，况圣人
乎？"④这段话意思是，心、意、知、物等条目就在心体灵明之中，随感随应。罗
汝芳又说："知、意与心，原与天同体，人累于物，不免私小。今教之以《大
学》，正是欲其学乎大也。学大则必加意天下国家，方为诚切，心统乎天下国
家，方为中正。如此方是能知天下之大本，而为物格，乃是能立天下之大本而
为身修。慈湖是欲人一处用功，故约而言之，非便谓等节可废也。"⑤罗汝芳
这里为杨简所作辩护似较为牵强，也未必符合杨简原意。杨简曾别出心裁解
释《论语》"克己复礼"，说"克能也，能以己复我本有之礼。礼非私意，皆道心
之变化"⑥，这种解释跟主流的解释很不一样，也遭到后人的批判。罗汝芳也
力主"克"作"能"，他说"象山解'克己复礼'作能以身复乎礼，似得孔子当时
口气"⑦。实际上，象山并未解"克"为"能"，而是与传统儒者一样解为"克去
己私"："己私安有不可克者？顾不能自知其非，则不知自克耳。"⑧这样来
看，罗汝芳解"克"为"能"实际上是受杨简的影响，而不是陆九渊。

泰州学派耿定向（1524—1596）对杨简多有赞赏之语，对其"不起意"之
说颇为肯定，他曾说："杨敬仲之学以无意为宗，渊乎旨哉！夫意缘情识而生

---

① 陈祝生主编：《王心斋全集》附《明儒王一庵先生遗集》，南京：江苏教育出版社，2001年，第192页。
② 《王心斋全集》附《明儒王一庵先生遗集》，第151页。
③ 《杨简全集》第8册《慈湖遗书》卷十三《论大学》，第2153页。
④ 方祖猷、梁一群、李庆龙等编校整理：《罗汝芳集》上，南京：凤凰出版社，2007年，第188页。
⑤ 方祖猷、梁一群、李庆龙等编校整理：《罗汝芳集》上，第188页。
⑥ 《杨简全集》第7册《慈湖遗书》卷三《赠钱诚甫》，第1892页。
⑦ 方祖猷、梁一群、李庆龙等编校整理：《罗汝芳集》上，第26页。
⑧ 《陆九渊集》卷一《与邵叔谊》，钟哲点校，北京：中华书局，1980年，第2页。

者也,意至违拂,不能不伤神而漓性矣。夫人各以识起意,一家之内,人各异意,安能齐一而无违拂耶?无论一家,即人每先横一意,其违拂而不遂者十常八九,能不重伤而戾?兹维真哉!余尝谓敬仲之学见大以此。"①耿天台甚至认为诚意即是"无意":"诚,无思也,无为也;诚意乃无意也。"②耿定向还曾作《跋〈己易〉》,他说:"兹读慈湖《己易》,虽与孔易尚隔。顾其见已贴身,不似世儒虚浮,且极直截,不似世儒缠扰。孟子后眇。臻斯理者,参会得此,即庸劣瓦夫,立地可以作圣;参信不及,即许大高明才俊,极深入微者,不免当下错过,其于孔孟的脉,终身难与语矣。"③耿天台甚至在《读李卓吾与王僧若无书》中说:"嘻,本心之悟难言矣!《金刚》一经,众生持诵者夥矣,惟惠能一聆人诵而悟无住本心。孟子四端之说,学者或诵习之矣,惟慈湖一聆象山指而悟是非本心。盖惠能、慈湖当一聆间便显微本末内外精粗一齐洞然了彻矣。今人言本心本心实是了彻如惠能、慈湖者谁哉?"④这里耿定向毫不避讳"禅"的指责,把杨简与惠能相提并论,认为两人都能于言下了悟本心。耿定向还说"象山教人谆谆以切己自反改过迁善为入路,而慈湖晚年更以稽众舍己从人为深省,世侈妙悟玄解而劣实修,然乎?"⑤大舜曾对大禹说:"稽于众,舍己从人,不虐无告,不废困穷,惟帝时克。"(《尚书·大禹谟》)杨简对这句话深有感触,他66岁时曾感叹说:"简自以为能稽众、舍己从人矣,每见他人多自用,某不敢自用,亦某自谓能舍己从人,意谓如此言亦可矣。一日偶观《大禹谟》,知舜以'克艰,稽众,舍己从人,不虐无告,不废困穷,惟帝尧能是',是谓己不能也。三复斯言,不胜叹息!舜心冲虚,不有己善,虽稽众、舍己从人,亦自谓不能。呜呼!圣矣。"⑥耿定向这里论及此,是想表明杨简并非有些人所说的那么虚悬,而是有非常高的心地实修工夫。

耿定向好友、泰州学派李贽(1527—1602)认为"杨慈湖先生谓大悟一十八遍,小悟不记其数,故慈湖于宋儒中独为第一了手好汉,以屡疑而屡悟

---

① 引自刘元卿撰、钱明主编:《刘元卿集》(上)卷三《大学新编》,彭树欣编校,上海:上海古籍出版社,2014年,第606页。
② 引自《刘元卿集》(上)卷三《大学新编》,第606页。
③ 《耿天台先生文集》卷十九《杂著》,明万历二十六年刘元卿刻本。
④ 《耿天台先生文集》卷十九《杂著》,明万历二十六年刘元卿刻本。
⑤ 《耿天台先生文集》卷十三《陆杨二先生传》,明万历二十六年刘元卿刻本。
⑥ 《杨简全集》第8册《慈湖遗书》卷八,董平校点,杭州:浙江大学出版社,2016年10月,第2008页。

也"①，这也是对杨简的高度推崇。耿定向弟子焦竑（1540—1620）对杨简也颇为肯定，焦竑在与老师的信中说："某旧所服膺者，慈湖先生《己易》耳。读老师书，反求诸心，不以卦爻求《易》。甚矣，吾师之类于慈湖先生也。"②焦竑在其《易筌》解释无妄卦九五爻辞"无妄之疾，勿药有喜"时说"慈湖先生不起意之说绝与此卦大旨相合"③。

曾从学于王畿、钱德洪的查铎（1516—1589）对杨简思想特别是其"不起意"之学作评述说："杨慈湖不起意之说，亦是悟后语。但以之立教，欲人人皆从此入，则未可。意者心之动也。吾人真性，神触神应，莫非自然，才一起意，即如太虚忽作云翳，真体受蔽，过与不及，皆从此生。故'不起意'之说见慈湖之独得也。但吾人习染既深，当令其诚意切实功夫从人情事变上讨求研磨，有善即为，有过即反，欲不留情，忿不灭性。久之渐见其体，若徒令其不起意，未免以虚见承接。久之，遂以意见为本体，及欲根窍发，以意见参之，自谓已得了手，终身守此虚见，于人情事变上不能合一，此其为害不小。"④查铎的看法与钱德洪、王时槐的看法有些类似，大体上都认为杨简之学有其独到之高明，但对普通人的修身来说则不适合。

曾从学于王畿的张元忭（1538—1588）在《寄冯纬川》的信中说"慈湖所谓'不起意'，毕竟是禅家语，要其微旨虽同归于'诚意'，然此三字终非所以为训也"⑤，与乃师王畿不同，张元忭以杨简"不起意"为禅，对其基本持否定态度。但是对杨简常说的"心之精神是谓圣"一语，张元忭则持肯定态度，他在《再寄徐鲁源》信中说："夫天下无心外之道，无心外之学。慈湖先生云'心之精神是为圣'，阳明先生又云'心之良知是为圣'，夫心之良知即心之精神也，万事万物皆起于此，无圣凡，无古今，无内外，无动静，一也。"⑥胡直（1517—1585）曾从学于阳明弟子欧阳德，胡直曾"谓杨慈湖《己易》之不可废也"⑦，并说"孔子则明指曰'心之精神是谓圣'"⑧，相信此为圣人之言。明儒

---

①　李贽：《焚书》卷四，陈仁仁校释，长沙：岳麓书社，2011 年，第 277 页。
②　焦竑：《澹园集》卷十二书《答耿师》，李剑雄点校，北京：中华书局，1999 年，第 85 页。
③　焦竑：《易筌》卷二，明万历刻本。
④　查铎：《查先生阐道集》卷四语录，清光绪十六年泾川查氏济阳家塾刻本。
⑤　钱明编校：《张元忭集》卷四，上海：上海古籍出版社，2015 年，第 92 页。
⑥　《张元忭集》卷四，第 112 页。
⑦　张昭炜编校：《胡直集》附录姜宝《宪使庐山胡公传》，上海：上海古籍出版社，2015 年，第 1006 页。
⑧　张昭炜编校：《胡直集》下册《太虚轩稿·与唐仁卿书》，第 874 页。

王文禄(1532—1605)与杨简是同乡,他说"无垢与四明杨慈湖皆明性学,不可贬禅"①,"无垢"指张九成,传统上不少儒者把张九成与杨简都视为禅学,予以排斥,王文禄对此表示不认同。王文禄、罗汝芳、焦竑、刘元卿等在其著述中多次论及"心之精神是谓圣",显然这也都是受到杨简思想的影响。这样来看,阳明后学对杨简思想多半也是肯定的。

结 语

总体来看,杨简思想是中晚明儒学讨论的重要话题,阳明学者对杨简多持肯定态度,多半认为杨简非禅;但是罗钦顺、湛若水等儒者认为杨简是彻头彻尾的禅学。阳明学者多肯定杨简"不起意"之说,对"心之精神是谓圣"没有展开过多具体讨论。而罗钦顺、湛若水等对"不起意"特别是"心之精神是谓圣"均有集中关注和批判。特别是湛若水《杨子折中》一书对杨简的批判最为深入具体,其批判杨简潜在地也是针对阳明及其后学。湛若水的批判具体到杨简的经典诠释,指出其荒谬,归结到一点还是认为其学乃禅学。杨简思想确实有禅的因素,但认为其学就是禅学,也失之简单,客观地说,杨简之学是融合了禅学精神的儒学,或者说是儒与禅的会通。这种会通之学往往遭到程朱理学乃至一些心学家的严厉批判,而从佛家的角度来看,一些禅师对杨简的这种会通之学也不认可。

Yang Jian's Philosophy and Yangming School

Zhai Kuifeng   Tong Yuheng

Abstract:After the Southern Song Dynasty, Yang Jian's philosophy was silent for a time. However, in the middle of the Ming Dynasty, with the rise of Yangming School, many views of Yang Jian's philosophy became important topics in the Confucianism. In his later years, Wang Yangming praised Yang Jian's phi-

---

① 《海沂子》卷一,见《续修四库全书》第1125册,上海:上海古籍出版社,2002年,第304—305页。

losophy, and some thoughts of him were also influenced by Yang Jian. At the same time, Wang Yangming euphemistically criticized that Yang Jian's philosophy is grounded on Wu (无, Nothingness). This was a profound insight of Wang Yangming on that. Under the influence of Wang Yangming, many of his disciples and even some second-generation and third-generation disciples also praised and affirmed Yang Jian's philosophy. As same as what Wang Yangming had done, they also pointed out that Yang Jian was not pragmatic and too mysterious. In addition, there are also some Yangming's disciples and later scholars who have a generally critical attitude towards Yang Jian's philosophy. Overall, Confucianists, represented by the Yangming School of Mind, mostly held a positive attitude towards Yang Jian, while Neo-Confucianists, represented by Luo Qinshun, held a absolutely negative attitude towards Yang Jian.

Keywords: Yang Jian, Yangming School, Don't raise a thought, The spirit of the heart is the holy

哲学门(总第四十五辑)
北京大学出版社,2022 年

假设而非事实:《论人与人之间不平等的
起因与基础》第一部分的卢梭方法

李佳欣[*]

提　要:卢梭在《论人与人之间不平等的起因与基础》第一部分描述的人类源初自然状态,不是由各种人类学材料作为证据所推导的历史事实,也不是基于现代自然科学的中立精神得出的人性事实,而是关于人性自然状态的假设或猜想,是卢梭通过一种消极建构的方式找到在人类社会中始终起作用的自然人性。本文通过对卢梭该著第一部分文本的深入分析,试图回应以往卢梭解释中可能存在的偏颇,从而把握卢梭方法的思想性质,并进一步展现卢梭的自然人性图景与理论意义。

关键词:假设　《论人与人之间不平等的起因与基础》　方法　人性

一　研究背景

卢梭的《论科学与文艺》与《论人与人之间不平等的起因与基础》(下文皆简称《论不平等》)虽然都是应征第戎科学院的即题之作,但却激发了卢梭对人性、道德与文明之间关系终其一生的思想热情。在《论科学与文艺》中,卢梭以刚勇质朴的古罗马式美德和热爱法律与祖国的孟德斯鸠式

---

[*] 李佳欣,北京大学哲学系博士研究生。本篇论文的构思和写作受益于李猛老师在北京大学2020 年秋季开设的卢梭研究课程,谨致谢忱。

德性为武器①,揭示并批判现代文明中艺术与科学的社会性取悦机制对人性的奴役和对道德的败坏。而在《论不平等》的第一部分中,卢梭展现了处于源初自然状态中的人性状态,其中包括身体、性情、语言等诸要素;并在第二部分中,卢梭勾勒出一幅人类社会从开始圈地的原始社会过渡到苦难与幸福共存的文明时代的自然演进史图景。横向对比来看,《论科学与文艺》和《论不平等》的第二部分似乎比较接近,两者都涉及对人类文明社会中滋生的腐败与恶的批判,而《论不平等》的第一部分中刻画的人类自然状态的图景则似乎略显突兀,对这一部分的性质与意义的解释也众说纷纭。

相较于传统解释将卢梭视作现代个人主义(individualist)②、集体主义(collectivist)③、极权主义者(totalitarian)④等现代社会制度倾向的始作俑者,施特劳斯则将卢梭置于从古典自然正当学说走向更加历史主义、实证主义与虚无主义的现代自然权利理论的演变脉络中。⑤ 施特劳斯认为,卢梭在《论不平等》的第一部分中(1)充分展现其以现代自然科学为基础的哲学原则⑥,从而具有中立性的特点;(2)卢梭笔下的自然人乃是具有无穷可塑性(infinitely malleable)的次人(subhuman),一方面,这种完全自由的人性进而

---

① 施特劳斯认为,虽然卢梭在《论科学与文艺》中得出的极端结论同样可以从孟德斯鸠对共和政体的分析中得出,但是因为孟德斯鸠不愿完全放弃人类放任自流的种种任性与弱点,所以摇摆于古典共和政体与现代君主政体(受限制的)之间,最终返回到商业精神或封建荣誉观下的现代德性立场。而卢梭在这一点上完全拒绝追随孟德斯鸠,而是重申古典政治哲学的基本论题(参 Leo Strauss, "On the Intention of Rousseau", *Social Research*, vol. 14, No. 4, 1947, pp. 455-487)。关于这一点,本文认为卢梭最终的意图并非回归古典政治哲学,并在后文有相应讨论。

② 如 Faguet 认为,激发卢梭写作《论不平等》的是一种个人主义,甚至是一种无政府主义的观念(参 Émile Faguet, *Dix-huitième siècle*, 43d ed., Paris: Société française d'imprimerie et de librairie, n. d., p. 345)。

③ 如 Taine 认为,卢梭按照斯巴达和罗马的样式建造起的民主修道院(指国家),在其中个人微不足道,而国家就是一切(参 Hippolyte Taine, *Les Origines de la France contemporaine*, vol. I: *L'Ancien Régime*, Paris: Hachette, 1896, p. 521)。

④ 如 Barker 认为,卢梭事实上是一个极权主义者(参 *Social Contract: Essays by Locke*, Hume and Rousseau, intro. Ernest Barker, New York: Oxford University Press, 1962, p. xxxviii)。

⑤ Leo Strauss, "The Three Waves of Modernity", *An Introduction to Political Philosophy: Ten Essays by Leo Strauss*, ed. Hilai Gildin, 1975, pp. 81-98.

⑥ "卢梭想将自己的学说立于不败之地,他不想让它依赖于二元论的形而上学,那是要遇到'无法化解的反对意见''强有力的反对意见'或者'无法克服的困难'的。《论不平等》的论点既要能让唯物主义者接受,又要能让别的人接受。它要在唯物主义与反唯物主义之间的冲突中保持中立或'科学'——今天意义上的科学。"(参 Leo Strauss, *Natural Right and History*, The University of Chicago Press, 1965, pp. 265-266)

导致人没有本性这一结果,这开启了德国哲学对于自由的理解,另一方面,人性沦为纯粹历史过程的产物①,因此也具有历史主义的特征;(3)卢梭所描述的自然状态是作为事实的存在而非假说②。Meier 继承了施特劳斯的第(3)个观点,认为卢梭在《论不平等》第一部分结尾段所讲的两个事实,是分别为作为事实阶段的纯粹自然状态的"起点"和作为现代专制统治中的人性状态的"终点"③。

Gourevitch 则反对施特劳斯的这三个观点。对于第(2)个观点,Gourevitch 认为卢梭从来没有使用过可塑性的概念,施特劳斯在这里是用孔多塞的看法代替了卢梭的观点,因为卢梭说的可完善性(perfectibility)有其内在的标准与尺度,并非是无限④,从而反对第(1)个观点;对于第(3)个观点,他认为卢梭对事实和假设的界限非常敏感,虽然卢梭利用了复杂的人类学材料来支持自己的论证,但是从未将关于野蛮人的事实材料和纯粹自然状态混淆,因为,野蛮民族残忍嗜血的性情是人类物质和道德生活错综复杂发展的附带结果,并非"最初的自然状态"。因此,这里所讲的两个事实分别是政治社会中部分处于极端专制的统治下,已经在形式意义上返回到自然状态,以及当时人类学材料中刻画的野蛮人的前政治状态,而并非一般意义上的事实。⑤

---

① Leo Strauss, *Natural Right and History*, pp. 271–272, 274.

② "既定的事实就是自然状态和当前的专制统治……倘若卢梭对于自然状态的描述是假说性质,那么它的全部政治学说就都是假说性质的了;实际产生的后果就会是祈祷和忍耐,而不是不满和随处可能发生的变革。"(Leo Strauss, *Natural Right and History*, p. 267 注释 32),Meier 继承了施特劳斯的这一观点。以及"……对生活于卢梭的自然状态之下的愚蠢动物而言这个事实……"(Leo Strauss, *Natural Right and History*, p. 282)

③ Jean-Jacques Rousseau: *Discours sur l'origine et les fondements de l'inégalité parmi les hommes / Diskurs über den Ursprung und die Grundlagen der Ungleichheit unter den Menschen. Kritische Ausgabe des integralen Textes mit sämtlichen Fragmenten und ergänzenden Materialien nach den Originalausgaben und den Handschriften neu ediert*, übersetzt und kommentiert von Heinrich Meier. Paderborn, Schöningh, Verlag, UTB für Wissenshaftö Unißtaschenbücher Bd. 725, 1984. p. 168, 注释 212。

④ Gourevitch 认为施特劳斯的解释更关注卢梭的思想是怎样阐明和发展现代性的基本前提,所以并没有充分同情卢梭的文本,卢梭的人性与自然要比施特劳斯所解释的更加坚实,是有其自然的标准与限度,并非无限的(参 Victor Gourevitch, "On Strauss on Rousseau", ed. Grace, Kelly. *The Challenge of Rousseau*, Cambridge University of Press, 2013, pp. 147–167)。但这一点仍然需要得到检验,本文将会在后面有相应讨论。

⑤ Victor Gourevitch, "Rousseau's Pure State of Nature", *Interpretation*, Vol. 16 (1988), pp. 23–59.

  Velkley 也认为《论不平等》第一部分中描述的自然状态是假设而非事实[①]，同时也反对施特劳斯将处于自然状态中的人解释为次人，因为在卢梭那里的早期人类已经是处于"直立状态、使用双手，能够将目光投向整个自然，扫视广阔的天空"（*DI. I. 1*）[②]，注释 10 中的 Pongos 已经具有使用普遍观念的能力以及时间意识，拥有对可能未来的想象，所以不可能是一个次人的形象。同时，Velkley 还进一步认为人性的格劳克斯（Glaucus）雕像本身也是一个人工制品（artifact），是我们将自己偏好的人性的自然的形象投射于其上，而事实上我们根本不能看到它。在这一点上，Velkley 的结论与施特劳斯对卢梭的无限可塑性的历史主义解释后果殊途同归，他们都不承认卢梭在《论不平等》第一部分所讲的人性的"自然善"（natural goodness）原理。[③]

  从上述解释纷争中我们可以看到，主要的分歧在于：卢梭在《论不平等》第一部分中思考自然人性时采用的方法究竟是什么性质，其所刻画的人类自然状态究竟是假设还是猜想？有鉴于此，本文旨在通过结合《论不平等》的具体文本，一方面尝试把握卢梭方法的论证与建立方式，另一方面

---

① Velkley 指出，卢梭先给我们灌输的是我们希望看到的那种关于人的形象：完全就是（equal to）其本身，不会被任何不必要的欲望所搅扰，作为一种不可分的（undivided）整全的存在。但卢梭又在暗中巧妙地颠覆了这一形象，而把他描述为一种无法维持的（unsustainable）存在，他在一开始就被分隔（divided），也并不完全就等于其本身的潜能，所以必然就不同于那些不可能不完全就是自身的生物（beings）。卢梭利用原始人自成一体（self-unity）的形象向我们揭示出我们渴望所是的样子，也表明其论证的不可能性（impossibilty），参 Richard Velkley, "The Measure of the Possible: Imagination in Rousseau's Philosophical Pedagogy", *The Challenge of Rousseau*, pp. 217–229。

② 本文所引卢梭《论不平等》皆来自 *Œuvres completes III: Du Contrat Social Ècrits Politiques*, ed. Gagnebin, M. Raymond. Gallimard, 1964），其中 DSA = *Discours sur les sciences et les arts*, DI = *Discours sur l'origine et les fondemens de l'inégqlité parmi les hommes*，其后所引皆如此，后文不再赘述。并参考英译本 Rousseau, *The Discourses and other early political writings*, trans. Gourevitch, Cambridge University Press, 1997，以及中译本《论人与人之间不平等的起因和基础》，李平沤译，北京：商务印书馆，2017 年。

③ 这一原理的内容可以表述为：人的自然本性是好的，社会等外在因素造成了人性的败坏（参 *DI. I. 1*, *DI. I. 34*, *DI. I. 51*）。该原理的变形出现在卢梭的诸多重要著作之中，如《爱弥儿》："出自造物主之手的东西，都是好的，而一到了人的手里，就全变坏了"（*Œuvres completes IV*, ed. Gagnebin, M. Raymond. Gallimard, 1969)，其后引此皆缩写为 EM，并参考英译本 *Emile or on Education.* ed. Kelly, Bloom. University Press of New England. 2010，以及中译本《爱弥儿》，北京：商务印书馆，2016 年；如《社会契约论》："人生而自由，但却无往不在枷锁之中"（*Œuvres completes III: Du Contrat Social Ècrits Politiques*, ed. Gagnebin, M. Raymond. Gallimard, 1964，其后引此皆缩写为 SC，并参考英译本 *The Social Contract and Other Later Poltical Writings*, ed. by Victor Gourevitch, Cambridge, 1997，以及中译本《社会契约论》，李平沤译，北京：商务印书馆，2014 年。

尝试从人类实践经验的层面上来理解其性质,进而澄清卢梭的自然人性论的思想内涵。

二　卢梭方法的思想位置

1.纵向的思想位置:与《论科学与文艺》的关系

如前所言,卢梭的《论不平等》与《论科学与文艺》这两篇应征之作都是围绕人性、道德与文明之间的关系展开的思考,但是两者在立论深度、论证方式上又有显著的区别,这一区别对于我们把握卢梭《论不平等》的第一部分具有重要的提点作用。在《论科学与文艺》中,卢梭虽然毫不留情地批判了艺术的社会性机制,它通过相互取悦的技艺,在塑造"邪恶而虚伪的一致性"的同时,使得人的内在心灵与外在表象拉开巨大距离①,"谁也不敢表现真实的自己"(DSA. I.7),从而造成对于道德与社会的败坏,但是对于这一败坏机制的原因似乎只是停留在人性的恶上,而且卢梭在第二部分中对于科学在社会范围内激发强烈的虚荣心这一原因的分析似乎也是如此(DSA. II. 22&24)。那么到底是人性的恶导致社会的败坏,还是社会的恶败坏了人性②,孰因孰果卢梭似乎在《论科学与文艺》中未能清楚阐明。但是在第二部分中,卢梭在分析各门具体科学的起源与人性情中的恶的关系时讲道:

> 的确,无论是查遍世界的编年史,还是通过哲学的理论研究来推论难以确定的史事(des chroniques),都找不到人类的知识(connoissances humaines)有一个表明人类喜欢研究科学的起因(origine)。天文学诞生于人的迷信,雄辩术是由于人们的野心、仇恨、谄媚和谎言产生的,数学产生于人们的贪心,物理学是由于某种好奇心引发的。所有这一切,甚至连道德(Morale)本身,都是由人的骄傲心产生的。(DSA. II. 1)

---

① 斯塔罗宾斯基:《透明与障碍》,汪炜译,上海:华东师范大学出版社,2019 年,第 1—9 页。

② Gourevitch 在分析《论科学与文艺》时用文化(culture)的概念替代了艺术的概念,强调科学和艺术作为一种文化本身并不坏,而是它们在公共生活中起的作用可能为好,也可能为坏,所以,艺术对道德良好的社会和道德不良的社会都有可能有利也有可能不利,因此文化和统治自由并没有内在关系,他甚至认为卢梭是希望寻求一种途径来保留艺术的好处而避免其弊端(参 Victor Gourevitch, "Rousseau on the Arts and Sciences", Journal of Philosophy, Vol. 69. 1972. pp. 737-754)。但是,Gourevitch 的这种偏社会学解释的分析并没有给出艺术败坏道德的动力机制。

虽然卢梭在最后总结说科学和艺术都是由我们的恶（vices）产生的，但是他在前面又说无法在人类的知识中找到"人类有喜欢研究科学的起因"，换言之，人性的恶似乎并不属于人类的知识。那么，这似乎模糊地表明人性本身与产生科学和艺术的人类的恶之间并不完全等同，因此，只是批判人性的恶导致科学与艺术对社会的败坏并不充分，还需要解释这里的恶是从哪里产生的。不过，在《论科学与文艺》中卢梭尚未清楚地提出这一点，正是在《论不平等》中，卢梭延续了对这一问题的思考，从人性的自然状态来理解恶的起源问题①。

2.横向的思想位置：对观霍布斯的"分析-综合"法

自然状态学说是现代自然法理论与政治哲学的核心概念，它不仅仅是一种理性的虚构或逻辑的想象，其背后还有更为实质的人性论意涵。现代自然法学派的典型代表霍布斯在建构自然状态时采用"分析-综合"方法，他批评格劳秀斯，认为不能从历史性的后果来论述自然法的性质，所以采取了先天的论证方式。他以钟表为类比，把国家像钟表那样拆散成各个部件，然后分散地考察其成分，并找到这些成分构建成国家的结合方式。② 可以说，霍布斯论证自然状态的旨要正是为了建立政治国家，之所以"拆解"也只是为了解构成国家的质料的基本方式，因此，"拆解"前后的人的激情状态并无变化，否则就无法理解建立政治社会的机制。③

而这一点正是卢梭对霍布斯的诟病之所在，他批评霍布斯把自然人和他们眼前看到的人混淆④。但与其说霍布斯是混淆了现实生活中的人性与自然人性，毋宁说这正是霍布斯的理论建构所需要的人性条件，因为他建立自然

---

① Sklar 认为卢梭作为乌托邦理论的社会批判家所提出的"黄金时代"和斯巴达城邦这两种模式，并非是要勾画一幅社会改革的蓝图，而是为人们理解政治行动的限度和可能性提供一个社会批判的基础，这也是卢梭和古典乌托邦思想家最大的差别（参 Judith Shklar, *Men and Citizens: A Study of Rousseau's Social Theory*, Cambridge, 1969, ch. 1. pp1-31），这一观点富有洞见。但是认为斯巴达与黄金时代两个模式为并行关系则存在问题，因为，如果结合卢梭在《爱弥儿》中的观点，"由于不得不同自然或社会制度进行斗争，所以必须在教育成一个人还是教育成一个公民之间加以选择，因为我们不能同时教育成这两种人"（*EM*. I. 163），而因为爱弥儿所待的社会已经是腐败的，所以就不可能进行公共教育，不是培养公民道德，也就是说斯巴达模式已经被卢梭排除。

② Hobbes, *On the Citizen*, ed. Tuck, Silverthorne, Cambridge University Press, 1988, pp. 1-15.

③ 参李猛：《自然社会：自然法与现代世界的形成》，北京：生活·读书·新知三联书店，2015 年，第 144 页。

④ 参 Rousseau, "The State of War", *The Social Contract and Other Later Writings*, ed. Victor Gourevitch, Cambridge, 1997, pp. 162-176。

状态正是为了找到普遍人性的最根本要素,通过这些要素来推出建立政治国家这一必然结果,所以对霍布斯来说,回到自然状态只需要去掉共同权力即可实现。而卢梭的意图并非在于建立政治国家,而是要探究人性的本来状态,因此,源初人性究竟如何对卢梭而言非常重要。从而,卢梭建立自然状态的方法①也不同于霍布斯的"分析-综合"法,他改造了霍布斯的自然状态,将所有涉及人类之间支配或服从的权威关系的可能因素全部去掉②,从而获得源初自然人性的状态。可以说,这一"人性的减法"所包含的对人性的全新理解无疑也是其作为现代自然法脉络发展的重要体现。不过,究竟应该如何具体理解卢梭所建构的这种"人性的减法"的性质?

三 作为猜测的卢梭方法:一个初步的回答

1. 原文的直接回应

关于 Gourevitch 与 Meier 关于事实问题的解释分歧,其实卢梭已经在原文中有明确的回答:

> 各位读者,请不要以为我在夸口我已经发现了我觉得难以发现的东西,我只是在某些方面进行了推论(raisonnemens)。我大胆地提出了一些推测(conjectures),其目的不在于想解答这个问题,而是想使这个问题易于为人了解,并揭示它真正的内容。③(DI. Préface. 4)

> 因此,首先让我们撇开事实(faits)不谈,因为它们与我们探讨的问

① Gourevitch 将卢梭的这种方法称之为"逆向分析"(regressive analysis):"逆向分析得出的结论,尽可能地为事实所证实。不过,分析一旦超出我们所知道的野蛮人,事实领域便渐行渐远,开始进入猜测(conjecture)。无论如何,分析的目标不是建立事实,而是推断人性的界限或条件。这些界限或条件并非任何意义上的'事实',更不用说'给定的真实事实'了。"参 Victor Gourevitch, "Rousseau's Pure State of Nature", *Interpretation*, Vol. 16 (1988), pp. 23–59。
② Meier 的概括更为形象:"系统地将一切人为物、一切道德需要和关系的必要条件,统统放进括号,借以分解如此构造的存在",参 Rousseau, *Diskurs über die Ungleichheit / Discours sur l' inégalité: Kritische Ausgabe des integralen Textes. Mit sämtlichen Fragmenten und ergänzenden Materialien nach den Originalausgaben und den Handschrifien neu ediert*, *iibersctzi und kommentiert*. ed. Heinrich Meier. Paderbom: Ferdinand Schoningh, 1984, p. 141。
③ 卢梭在这一段中将自己的工作看作一项实验(expériences),这可以从侧面印证卢梭方法的假设性质。"谁想确切地说明必要注意哪些事项,才能在这个问题上做出立论严谨的阐述,谁就需要有一套更好的哲学方法……需要采用哪些方法,才能做这种实验(expériences)。"(DI. Préface. 4)

题毫无关系。切莫把我们在这个问题上阐述的论点看作历史的真实（verités historiques），而只能把它们看作假设的和有条件的推论，是用来阐明事物的性质，而不是用来陈述它们真实的来源。（DI. 6）

卢梭在这里明确提到自己的实验方法是一种假设①，而且，结合卢梭的自然善原理，我们还可以再给出一个消极解释：如果《论不平等》的第一部分乃是作为事实，那么就意味着在《论科学与文艺》中人所产生的恶的激情是源于人性本身，这也就意味着人性本身是败坏社会与道德的原因，这一结论不仅与卢梭在《论不平等》前言和第一部分中反复提及的自然善原理直接相悖，而且还存在着更大的困难，因为这也同时意味着社会性的语言也直接源于人性——这显然与卢梭在第一部分中对语言的描述不相符合（DI. I. 32）。因此，卢梭所刻画的人性的自然状态乃是作为一种假设而非事实。

但是，我们不能忽略 Gourevitch 的解释所面临的困难，因为卢梭在 1.20 明确说自己是用了事实（faits）："我可以容易地列举事实（faits）来证明这个观点"（DI. I. 20），那么，这里引用事实作为论证的卢梭方法究竟是什么性质？我们究竟应该如何理解卢梭所引用的这些人类学材料？

2. 霍布斯的类比解释

霍布斯在论证自然状态时所举的例子为我们来类比理解卢梭所举的例子提供了一个理想参照。如前所述，霍布斯的自然状态之所以是作为战争状态，源于有限的自我保存的目的和无限的自我保存的手段通过私人判断权相结合，将人们在自然状态中的自然权利无限放大，使得所有人拥有对一切人和物的权利。不过这种私人判断往往是基于对一方能够超出另一方的"力

---

① 这一点也见之于第一部分开篇（DI. 1），在那里，卢梭眼中亚里士多德的动物观似乎是博物学家式的，比如关心人的指甲和毛发的形状和源初样态。对于卢梭而言，由于他所在的时代解剖学和博物学的观测水平有限，所以他自己关于人的源初状态的推理（conjectures）就是一种假定——认为脱离自然之手的自然人的构造和今天一样：双脚行走，使用双手，眼观自然。读到这里人们难免会认为：如果卢梭有丰富的材料，说不定就不会认为是假设。比如 Masters 和 Kelly 在注解这一段时就认为：亚里士多德与卢梭看待人类初长相的观点之所以不同，是因为在亚里士多德那里，自然根据每一种类的目的或完善来为之赋形，而卢梭认为人之所以曾经是一个四足动物，是因为这个假说还没有被生理学和生物学的分析所推翻（Discourse on the Origin of Inequality, The Collected Writings of Rousseau, ed. by Roger Masters and C. Kelly, vol. 3, 1992, Dartmouth College, p. 180），可以说，Masters 和 Kelly 误解了卢梭这一假设的性质。因为这涉及卢梭如何理解人性，笔者将在后文论证这一点。

量"的估价,"在根本上是一种预见(the foresight of their own preservation),更多强调其心智构建的一面,而非自然必然性的一面"①,因此本身就是一种理性的建构与逻辑的想象。但是霍布斯在论证这种自然状态的合理性时也举了现实中社会生活的例子:

> 他也学不会相信根据激情做出的这种推论,而希望用经验(experience)加以证实,那么我们不妨让这种人考虑一下自己的情形。当他外出旅行时,他会带上武器并设法结伴而行;就寝时,他会要把门闩上;甚至就在屋子里面,也要把箱子锁上。他做这一切时,自己分明知道有法律和武装的官员来惩办使他遭受伤害的一切行为。试问他带上武器骑行时对自己的国人是什么看法? 把门闩起来的时候对同胞们是什么看法? 把箱子锁起来时对自己的子女仆人是什么看法?②

这一段中的例子都是现实生活中人性的社会经验,虽然它们并非是真实的自然状态,因为一切人拥有对所有东西的权利是一个自相矛盾的状态,这种自相矛盾的状态意味着没有人能真正在里面生活。但是无论是闩门锁箱还是外出带武器,这些情形都表明在人们心中始终存在着一种即便有法律他人也会侵犯自己的可能性,这恰恰表明了自然状态的推理是合理的,虽然并不真实存在。

四 卢梭方法的性质:正面解释的构建

1. 人类学材料的复杂运用

卢梭在《论不平等》第一部分使用了当时颇有影响力的大量人类学与动物学的事例,那么我们究竟应该如何理解这些例子呢? 在此,让我们以第十个注释为例进行分析。首先,这个注释添加在这一段话后面:

> 野蛮人在大自然的安排下,最初的能力只有他的本能(instinct),或者说得更确切一点,大自然为了弥补他的本能的缺陷,才赋予他开始代

---

① "借助死亡取消人的整个世界的威胁而构建的'空间',一个只在指向未来的想象中才存在的'空间'。"参李猛:《自然社会:自然与法与现代世界的形成》,第119页。

② Hobbes, *Leviathan*, ed. Edwin Curley, Hackett Publishing Company, Inc., 1994, pp.76-77.

替本能随后又把他提高到超过他的本能的能力（facultés）：由此可见，野蛮人当初具有的能力（fonctions）纯粹是动物性的。（*DI.* I. 18）

从这一段话的行文结构来看，虽然卢梭似乎得出野蛮人的能力（fonctions）和动物相等同的结论，但是又强调了野蛮人超出本能（instinct）的可能：因为当初的野蛮人生活孤单懒散，时刻都有可能遇到危险（*DI.* I. 13），自然为了弥补当初野蛮人的这一本能的缺陷，所以赋予他们超出本能的能力（facultés），这一能力正是自然人区别于动物的自我完善的能力（la faculté de se perfectionner,*DI.* I. 17）。那么按照这一逻辑，紧接着添加的注释应该佐证野蛮人所具有的超出本能的能力，但是否真的如此呢？让我们具体来看第十个注释：

> 今天，通商贸易、旅游和军事占领已经使不同的民族日益混合；由于不断的相互交往，他们的生活方式也彼此更加接近。人们发现，民族之间的差别已经一天比一天减少了……所有这些关于因千百种原因可能使或者已经使人类产生的差异的论述，一再使我怀疑被旅行家们看作野兽的那些不同的动物说不定就是真正的野蛮人——旅行家们不仔细观察，或者因为看见这些动物外形上的某些区别，或者只是因为它们不会说话，便把它们看作兽类了。（*DI.* I. X.1）

我们可以看到，卢梭并没有直接肯定那些旅行家们的见闻，反而是对其可靠性产生怀疑。① 他认为远古时代人们生活方式的差异要远远大于今天的我们，仔细分析这一点后，卢梭说的似乎不无道理。初代民族的形成本身就受制于悬殊的地理因素影响，其生产生活方式带有强烈的地缘特色②，而现代社会则在商业模式的运作下渐渐消除差异整合趋同。在这种情况下，细微的差别就需要非常仔细地对待。而这些旅行家们则往往忽视这些细微的差别，从而误把类人的动物当作野蛮人。卢梭紧接着举了这些旅行家们对 Pongos 和 Enjokos 例子的解释：

> 它们长着一副和人相似的面孔……它们与人唯一不同的地方是：它

---

① 参 Victor Gourevitch, "Rousseau's Pure State of Nature", *Interpretation*, Vol. 16 (1988), pp. 23-59。
② 比如苏秉琦提出著名的"考古学文化区系类型理论"、严文明的"重瓣花朵文明格局"。参甘阳、侯旭东主编：《新雅中国史八讲》，北京：生活·读书·新知三联书店，2020 年，第 3—10 页。

们的腿没有腿肚子。它们直立行走……在树上做一个屋顶似的东西来避雨……穿过森林的黑人在夜里总要生一团火;他们发现:在他们早晨离开之后,Pongos 就去围坐在他们所生的火的周围,直到火熄灭以后才走开,因为,尽管它们很灵巧(d'adresse),但智力还没有发达到知道给火添加柴薪,使它继续燃烧。(*DI. I. X.2*)

从这段话中我们可以发现,这些旅行家们倾向于将 Pongos 和 Enjokos 看作类人动物,因为它们除了与人具有极其相似的生理特征,更重要的是它们似乎也具有某种"人性":等人离去后才围坐在火周围正是它们灵巧的体现,但同时这种"人性"的因素又是微弱的,因为还没有发达到可以添柴续火的程度。针对这一解释,卢梭提出反对意见,这一段值得我们全部引用:

我不明白的是,巴特尔或他的著作的编纂者布尔沙斯何以知道 Pongos 之离开那堆熄灭了的火是由于它们的头脑愚蠢,而不是出于它们的自愿。在洛安哥那么酷热的地方,火对于动物来说,并不是十分需要的;而黑人之所以生火,不是为了御寒,而是为了吓唬猛兽,因此,问题很简单,烤一阵火以后或者在身子十分暖和以后,Pongos 就不愿待在那里,而要到草地去觅食,因为吃草花的时间比吃肉花的时间多。此外,人们都知道,大多数动物(连人也不例外)天生就是很懒惰的,除了绝对的需要以外,它们是什么事也不干的。的确,似乎非常奇怪的是:被人们夸赞为很灵巧和很有力气的 Pongos,尽管知道掩埋死去的同伴并能用树枝搭建顶棚,却不知道给火添加柴薪,我记得曾经看见过一只猴子做过人们认为 Pongos 不能做的给火添柴的事情。不过,那时候我没有怎么思考这件事,因此,我也犯了我责备旅行家们所犯的错误,我没有研究那只猴子给火添柴是因为它想使火继续燃烧,还是像我认为的是简单地模仿人的动作。(*DI. I. X.5*)

从这一段我们可以看到,卢梭批评旅行家们的关键正是在于后者解读 Pongos 的"智性"视角,对于这一视角,他从两个方面展开论述:第一,就 Pongos 的例子来说,烤一阵子火然后离开只是单纯因为觅食的绝对生理需要,这并不能上升到"灵巧"的层面;第二,他举了一个印象中的猴子能做到添柴续火的例子,这个例子初看上去似乎是在弥补旅行家们所举的 Pongos 例子的不足,不过紧接着卢梭对这个自己举的升级版的例子提出质疑,这和他对旅行家的批评一样:我们无法知晓猴子这样做的意图或者原因。但是与Pongos例子不同的是,我们至少可以确定猴子不是人类的变种,所以即便是能够做到添柴续火的猴子并不具有人类的自我完善的能力,更何况无法做到这一点的Pongos。不过卢梭也提到,如果要证明Pongos或猩猩是属于人这一类的动物,那么需要做更多的实验。但这一实验所要求的复杂程度却让其成功实现难上加难。如果说第一方面是对旅行家们的解释的直接反驳,那么第二方面则将整个结论带入一个更为模糊的境地——这些类人动物的"人性"因素是存疑的。卢梭让我们看到,虽然关于这些类人动物与人之间在形体行为特征上的相似性事实的确存在,但是对于这些人类学事实的解释却并不是唯一的。所以,卢梭虽然在这里引用了支持类人动物属于人的丰富的人类学材料,但是最终将由这些材料所得出结论置于一种存疑的位置①,换言之,这些类人动物所具有的人性因素并非绝对确定。而这正好符合这条注释所在的语境,卢梭在这一段所要强调的是野蛮人超出本能的能力,也就是野蛮人与动物的不同。从这里我们可以看到,卢梭虽然引用了这些人类学材料事实,但是最终对于这些事实的利用却是消极性的,事实的确定性并不意味着论证的确定性。更为重要的是,从卢梭对这些人类学材料的分析中我们也可以看到,这些旅行家们想要证明的是类人动物与自然人之间的相似性,而卢梭在这里想要说明的是这两者之间的差异,是野蛮人超出本能的能力,但是这种差异本身却源于在处理这些人类学材料时的一种合理的推测:类人动物的人性因素是存疑的,这意味着,对于自然人与类人动物之间的区别只能存在于一种猜测或想象之中,而这也体现了卢梭在《论不平等》第一部分所构建的自然状态的假设性质。

2. 自我完善的能力的理解

如前所述,自然人和动物最大的区别在于自我完善的能力(la faculté de se perfectionner,*DI*. I. 17),但是,仔细考察卢梭对这一能力的论述:

分散在森林中和各种动物杂处的人类,能取得什么进步呢? 既没有

---

① Nancy, "Natural Man as Imaginary Animal: The Challenge of Facts and the Place of Animal Life in Rousseau's *Discourse on the Origins of Inequality*", *Interpretation: A Journal of Political Philosophy*, 2000, pp. 205-229.

固定的住所,彼此又互相不需要,而且在一生之中也许只能相遇一两次的人,既不彼此认识,又不互相交谈,能自我完善(se perfectionner)和相互启发到什么程度呢?(*DI. I*. 23)

在自然状态中,既没有教育,也没有进步;子孙一代一代地繁衍,但没有什么进步的业绩可陈,每一代人都照例从原先那个起点从头开始,千百个世纪都像原始时代那样浑浑噩噩地过去;人类已经老了,但人依然还是个孩子。(*DI. I*. 46)

我们可以看到,自然人的自我完善的能力在自然状态中并未发挥出来,而是处于存而未用的状态,这使得自然人与动物并不能实际区分出来,它们在自然状态中同样处于一种浑浑噩噩的自然循环之中。也就是说,自然人的自我完善的能力在这里并非通向具有更高智性的文明人的积极建构,反而是一种无法走出单纯愚蠢的消极缺陷。这一点也体现在自然人的语言、性、母子关系上:

(1)有言无语①

由于自然人之间几乎没有什么来往的必要,所以语言的发明几乎很难想象。卢梭批判那些认为语言是从家庭生活中产生的人,因为这是将社会性的亲密关系带入自然状态之中。在卢梭看来,纯粹的自然状态对语言的需要来自孩子,因为孩子需要向母亲表达自己的各种需要,但是,由于他们使用的语言大部分都是他们自己发明的,再加上居无定所、行踪不定,所以任何一个词语都无法固定下来,所以更无法说明语言是怎样形成的(*DI. I*. 25)。但至少可以在此基础上来考察语言的形成,卢梭主要阐述了这几个阶段:天性的哭声、手势音调的辅助、专有名词、类的共同名词、句子及更为复杂的语法(*DI. I*. 27-31)。对于身处自然状态中的人来说,由于几乎不存在社会性的相互需要,所以自然人所能形成的概念仅限于达到一些专用名词,其后的类的共同名词本身就已经预设了非常复杂的抽象观念的理智能力,这显然是自然人所不可能具有的,遑论更需理解力的句子和复杂的语法。因此,卢梭说:"我深信,用纯粹人类的办法,几乎是不可能使语言得以诞生和定型的"(*DI. I*. 32)。也就是说,自然人处于一种有言而无语的沟通状态。

---

① "直言曰言,论难曰语"(《说文解字》),自然人虽然可以讲话/有言,但是却很难形成一种稳定普遍的语言沟通系统/无语。

（2）有性无爱

自然状态中的人居无定所、行踪不定，而且又是分散疏离的状态，所以男女之间的性行为是极其偶然的（*DI.* I. 25），也就不存在长期稳定的性交合对象，也不存在对于性交对象的拣选，而是产生性冲动后立刻与所能遇到的异性交合，得到满足后就离开继续回到以前的生活状态。卢梭在这一段中的注释中特别批评了洛克的观点，后者认为两性的结合不是为了简单生育，而是为了延续种类。① 卢梭从四个方面进行反驳，其核心在于认为洛克犯了和霍布斯一样的错误，将社会中的人性状况加诸自然人。因为延续种类本身就暗含了已经形成了两性之间的亲密关系，而在孤立分散的自然人那里，并不存在这种亲密的性爱关系，只有满足当下欲望的单一性性行为。

（3）有子无家

与语言、性一样，自然人虽然也有哺育行为，但是母亲与孩子之间并没有形成依赖关系：一方面，母亲喂养孩子完全是出于生理需要，而后来喂养则是觉得孩子可爱；另一方面，孩子在母亲这里一旦有了可以养活自己的能力，就立刻离开母亲（*DI.* I. 25）。可以说，虽然存在母亲与孩子之间的喂养关系，但因为缺乏相互的需要而最终回归到没有家的居无定所的生活中。

通过上述分析我们可以看到，即便有零散的语言、偶然的性爱和短暂的哺育关系，但因为缺乏相互依赖的需要，所以无法构成第二部分现代社会中的社会性语言、亲密关系以及家庭关系的起源和基础，这一点也正是卢梭在第二部分再次阐述这三者形成的一个重要原因。也就是说，从自然状态无法直接推出现代社会的伦理关系与生活状态，这之间存在着一个无法直接跨越的鸿沟，那么这也就意味着卢梭在第一部分的自然状态与第二部分的人类社会演进状态之间并非历史继承的时间关系。与其说自然状态是前社会状态，毋宁说是一个非社会状态，也就是一个作为假设而存在的理论建构。

3. 假设而非事实的哲学意义

结合《论不平等》第二部分中同样描述的语言、亲密关系、家庭关系的形成，我们可以看到，这两个部分之间的巨大鸿沟乃是由纯粹偶然的外在因素所造成的。正是这些外在因素的影响，产生了人们之间相互依赖的需要，从

---

① John Locke, *Second Treatise of Government*, ed. Macpherson, Hackett Publishing Company, Inc. 1980, pp. 42−43.

而使得自我完善性这一能力真正从潜在状态实现出来,虽然最终走向的是一个不断败坏的消极状态。但这也提示我们,卢梭所关心的并非是人类何以要共同生活①,而是要构建一个非社会性的自然人性空间,尽管这种构建本身具有一种消极性,但这一空间为我们理解之后人类社会的每一步演变提供了理论上的可能②。

Conjecture rather than Fact: Rousseau's Method in the First Part of *Discourse on the Origin and Foundations of Inequality Among Men*

Li Jiaxin

Abstract: The natural state of human origin described by Rousseau in the first part of *Discourse on the Origin and Foundations of Inequality Among Men* is not a historical fact derived from various anthropological materials as evidence, nor is it a fact of human nature based on the neutral spirit of modern natural science, but a hypothesis or conjecture about the natural state of human nature, and it is also a kind of human nature that always plays a role in human society founded by Rousseau who uses a passive construction method. Through an in-depth analysis of the first part of Rousseau's *Discourse on the Origin and Foundations of Inequality Among Men*, this article attempts to respond to the possible biases in Rousseau's interpretation in order to grasp the meaning of Rousseau's method, and further demonstrates theoretical significance of Rousseau's conception of human nature.

Keywords: Conjecture, *Discourse on the Origin and Foundations of Inequality Among Men*, Method, Human nature

---

① 这可以看作卢梭对亚里士多德的"人就其自然而言是政治的动物"的反叛。

② 从这一意义来看,Gourevitch 虽然富有洞见地指出卢梭的自然状态是一种假设的存在,但是他所理解的假设的意涵却是认为卢梭的自然状态是无法证实的角度来思考,而这无疑错失了卢梭这一理论建构的重要内涵,参 Victor Gourevitch, "Rousseau's Pure State of Nature", *Interpretation*, Vol. 16. 1988, pp. 23-59。

哲学门(总第四十五辑)
北京大学出版社,2022 年

论对海德格尔存在–神–逻辑学的解释模式

——从存在–神–逻辑学的发展过程出发

甘从营*

摘　要:在海德格尔的存在–神–逻辑学机制有关的文本中,存在着被学界长期忽视的提出、突破到完成的过程。从这个发展过程上看,存在论和神学共属一体的方式及其本质来源(die Wesensherkunft)问题才是存在–神–逻辑学的核心问题,而《哲学论稿》中提出的存在者性(Seiendheit)和最存在者(das Seiendste)在解决存在论和神学共属一体的方式中处于关键的位置,对存在–神–逻辑学的本质来源问题的追问则最终将其引向了存在论差异。在国内学界中占据统治地位的解释模式不仅忽视了存在论和神学共属一体的方式,以及解决这一方式的存在者性和最存在者,而且也忽视了存在–神–逻辑学的本质来源问题。

关键词:海德格尔　存在–神–逻辑学　发展过程　解释模式　存在者性

存在–神–逻辑学①机制是海德格尔对形而上学本质特征的概括。按照海德格尔自己的陈述,他在《存在与时间》时期的哲学探索和转变后从存在本身而非存在者的存在出发的哲学思考都与对形而上学的历史整体的考察有关。对形而上学的历史的考察对于《存在与时间》意义在于“使形而上学历

---

*　甘从营,华南师范大学哲学与社会发展学院特聘副研究员。

①　孙周兴将“Onto-theo-logie”和“Onto-theo-logik”都翻译成“存在–神–逻辑学”。海德格尔几乎在所有文本中使用的都是“Onto-theo-logie”,只有在《形而上学中的存在–神–逻辑学机制》一文(载于《同一与差异》)中,海德格尔才为数不多地使用了“Onto-theo-logik”。

史中提出的主要问题对自己的尝试而言成为前车之鉴"①。转变后从存在本身(存有)出发的哲学思考"只能够在同迄今为止的历史的争执和对这个历史的新的开启中进行"②。存在–神–逻辑学机制是海德格尔对形而上学的历史整体考察的结晶。它对理解海德格尔的哲学思想而言具有重要的参照意义。国内学界对存在–神–逻辑学的认知主要是通过孙周兴、陈治国和孙冠臣等人的研究奠定的。③ 而从文献引用关系和观点的相似性分析表明他们的研究模式来源于或可以归结于托马森(Iain Thomson)的解释模式。④ 文献引用和观点的相似性分析表明陈治国和孙冠臣接受了托马森的观点,托马森的研究构成了陈治国和孙冠臣研究的共同基础。虽然没有证据表明孙周兴受过托马森的影响,但是其观点可以被包含在托马森的解释模式中。托马森系统地对海德格尔的存在–神–逻辑学机制进行了阐释,他的阐释将存在–神–逻辑学的内容概括成存在论和神学的奠基方式及其差别、存在–神–逻辑学的来源和存在–神–逻辑学的历史实施这三个方面。这样的概括是基于他认为海德格尔的存在–神–逻辑学机制是对所有形而上学都蕴含存在论和神学这两个维度这一基本特征的描述。韦斯特法尔(Merold Westphal)指出:"'存在–神–逻辑学'这个术语,并没有得到它应有的尊重。这个术语经常被当作通用的术语而滥用,而不是在海德格尔文本中被发现的专门的、得到严格定义那个术语。"⑤同时,存在–神–逻辑学的研究者 Joeri Schrijvers 也指出,立足于海德格尔的文本对存在–神–逻辑学的专门研究并不多。⑥ 因此,为了对海德格尔的存在–神–逻辑学有一个准确和全面的把握,很有必要对海德格尔存在–

① 海德格尔:《道路回顾》,李乾坤译,《江海学刊》2011 年第 4 期,第 30 页。

② 海德格尔:《道路回顾》,第 31 页。

③ 孙周兴的相关研究可参见孙周兴:《本质与实存——西方形而上学的实存哲学路线》,《中国社会科学》2004 年第 6 期。陈治国的相关研究可参见《形而上学的远与近:海德格尔与形而上学之解构》,济南:山东大学出版社,2014 年,第 55—80 页;以及陈治国:《海德格尔与斯特劳森:形而上学的同一种读法?》,《世界哲学》2013 年第 5 期。孙冠臣的相关研究可参见孙冠臣:《海德格尔形而上学问题简论》,北京:社会科学文献出版社,2013 年,第 90—104 页。

④ Cf. Iain Thomson, Ontotheology, in *Interpreting Heidegger*: *Critical Essays*, New York: Cambridge University Press, 2011. 另参见 Iain Thomson, *Heidegger on ontotheology*: *Technology and the politics of Education*, New York: Cambridge University press, 2005。

⑤ Cf. Merold Westphal, Aquinas and Onto-theology, *American Catholic Philosophical Quarterly*, 80 (2006), p. 173.

⑥ Cf. Joeri Schrijvers, Ontotheological Turnings? Marion, Lacoste and Levinas on the Decentering of Modern Subjectivity, *Modern Theology*, 22(2006), pp. 221-253.

神-逻辑学的相关文本进行梳理。我们将发现，海德格尔关于存在-神-逻辑学的文本中存在着对存在-神-逻辑学的提出、突破和完成的过程。立足于这一提出、突破和完成的过程，我们将发现托马森的解释模式严重误读了海德格尔的存在-神-逻辑学机制。

一 存在-神-逻辑学的提出

研究者们大多认为海德格尔提出存在-神-逻辑学是在 20 世纪 30 年代中后期，其中陈治国认为直到 20 世纪 30 年代中后期海德格尔才真正开始正反思形而上学之本质的基本框架和存在-神-逻辑学。[①] Rex Gilliland 教授同陈治国的观点类似，他认为海德格尔在 20 世纪 30 年代中期才在阐释尼采的过程中出现对形而上学的批判，而且也是这个时期开始提出存在-神-逻辑学。[②] 然而在 1929 年的《康德与形而上学疑难》中，海德格尔虽然没有明确地提到"存在-神-逻辑学"（Onto-Theo-Logik）这个术语，但是"存在-神-逻辑学"的主要内容已经在这里得到较充分的探讨。

从 1929 年的《康德与形而上学疑难》开始，对存在-神-逻辑学机制的探讨开始贯穿海德格尔此后的整个学术生涯。在《黑格尔的精神现象学》（1930—1931）中，海德格尔正式提出"存在-神-逻辑学"这一术语。在随后的《讨论班：尼采形而上学的基本立场——存在与假象》（1937，GA87）、《沉思》（1938—1937，GA66）和《黑格尔》（GA68）、《谢林论人类自由的本质》（1938）、《哲学论稿（从本有而来）》（1936—1938）、《形而上学与虚无主义》（1938—1948，GA67）、《谢林：关于他对人自由的本质的重新解释》（1941，GA49）以及《尼采》（1939—1946）中，海德格尔也对存在-神-逻辑学的内容进行过探讨。[③] 在《形而上学中的存在-神-逻辑学机制》（1939—1946）一文中，海德格尔最终对存在-神逻辑学的内容进行了系统的总结和深化。在这一过程中，存在着存在-神-逻辑学的

---

① 参见陈治国：《海德格尔与斯特劳森：形而上学的同一种读法？》，《世界哲学》2013 年第 5 期。

② Cf. Rex Gilliland, Two Self-Critiques in Heidegger's Critique of Metaphysics, *The Journal of Speculative Philosophy*, 26(2012), pp. 647-660.

③ 关于"Onto-Theo-Logik""Onto-Theo-Logie""Onto-Theologie"以及"Onto-Theologisch"这几个术语在海德格尔全集中出现的文本位置可参见 François, and Christophe Perrin, *The Heidegger Concordance*, vol 2, A &C Black, 2013, p. 178.

提出、突破和完成的三个不同阶段。

从 1929 年的《康德与形而上学疑难》到 1938 年《谢林论人类自由的本质》是海德格尔对存在-神-逻辑学机制的提出阶段。

《康德与形而上学疑难》中，海德格尔虽然没有明确提到"存在-神-逻辑学"（Onto-Theo-Logie）这个术语，但是"存在-神-逻辑学"的主要内容已经在这里得到较充分的探讨。海德格尔认为"古代的物理学家对存在者之一般的根本性发问，就是从这一发问最初之普遍性的无规定性和丰富性出发，然后形成两个明确的方向，这也是古代形而上学从其开端到亚里士多德那里的内在发展过程"[1]。从这时起，海德格尔已经非常明确地认为存在者一般和存在者整体两个维度上对存在者进行追问是西方形而上学基本特征。在同年的就职讲座《形而上学是什么?》中，海德格尔明确地将形而上学定义为"超出存在者之外的追问，以回过头来获得对存在者之为存在者（Seienden als solchem）以及存在者整体（Seienden im Ganzen）的理解"[2]。此时海德格尔虽然认为存在论和神学的关系还"非常晦暗"[3]，但这两者是关联在一起的，此时的海德格尔要追问的是"弄清楚这一貌似两分的根据，以及这两种规定如何相互隶属的方式"[4]。在这个时期，海德格尔认为形而上学对存在者的追问为何会区分为存在论和神学这两个维度以及这两个维度共属一体的方式同"形而上学"这个名字一样，是一种"疑难"[5]。可见从一开始，对于存在-神-逻辑学，海德格尔沉思的重点和难点都在于形而上学为何会区分成两个维度（即存在-神-逻辑学机制的来源）以及这两个维度互属一体的方式。

海德格尔最早使用"Onto-theo-logie"这个术语是在 1930—1931 年的讲座《黑格尔的精神现象学》中。在其中，海德格尔对"存在-神-逻辑学"的描述

---

① 海德格尔:《康德与形而上学疑难》，王庆节译，北京:商务印书馆，2018 年，第 240 页。引文在部分术语和关键之处有所改动，以下不再说明。

② 海德格尔:《路标》，孙周兴译，北京:商务印书馆，2014 年，第 138 页。在《同一与差异》中海德格尔回忆到此事。他说当时之所以没用"存在论"和"神学"这些术语，是因为它们是后来才形成的，在希腊开端以来形而上学还未与存在论和神学联系在一起。参见海德格尔:《同一与差异》，孙周兴译，北京:商务印书馆，2014 年，第 59 页。

③ 海德格尔:《康德与形而上学疑难》，第 240 页。

④ 海德格尔:《康德与形而上学疑难》，第 15 页。

⑤ 海德格尔:《康德与形而上学疑难》，第 15—16 页。海德格尔认为"形而上学"这个名字本身就代表着一种疑难，因为亚里士多德并没有使用过这个术语，这个名字是亚里士多德的编辑者所加。

是"存在论是思辨的理解存在，因而是思辨的对存在的解释进行奠基，但是在这种方式中真实的存在者是绝对的'神'（Θεός）。正是从这个绝对者中，所有的存在者和逻各斯（λόγος）被决定。对存在思辨的解释是存在–神–逻辑学。"①紧接着他解释道："使用'存在–神–逻辑学'这个术语我们是意在表明，öν 的问题——作为逻辑的问题——是从始至终被'神'（Θεός）引导的，这里的神同样逻辑地被思考，逻辑是在思辨的思考的意义上的。"②这就说，因为存在论思辨的理解存在，而逻辑的含义就是"思辨"，所以存在论和 λόγος 相关，而在这种对存在思辨的奠基中，最真实的存在者是"神"，这个"神"同样被思辨的理解，也即逻辑地被理解，因而是神学。因为存在论对存在的思辨理解中，最真实的存在者是"神"，所以存在论和神学是关联在一起的，因而形而上学是"存在–神–逻辑学"。值得注意的是在这个定义和解释中，海德格尔将 λόγος 理解为"思辨的"。这同海德格尔最终将其阐释为"根据"有所不同。并且在描述存在论和神学的关联方式中存在着模糊，何以在对存在的思辨的理解中，最真实者是"神"呢？但是同上述 1928 年的阐释相比，海德格尔不再认为形而上学何以区分成两个维度以及这两个维度关联的方式是一种"疑难"。这些阐释处在一种过渡的阶段。

在 1938 年《谢林论人类自由的本质》中，虽然海德格尔对存在论和神学共属一体的方式和来源没有作出进一步的解释，但是他对存在–神–逻辑学中的神学的含义作出了规定和澄清。海德格尔强调存在–神–逻辑学中的神学不是教会信仰意义上的神学，神学中的"神"不是供人们崇拜、祈福且作为善恶审判的神，"神学"是哲学内部的神学，这种意义上的神学是"对存在者整体的把握（λόγος［逻各斯］），问及存有之根据（就是说，原–因［Ur-sache］），而这个根据被称作 Θεός，神"③。并且这种对存在者整体的把握"不可能脱离关于存在者之为存在者的问题，即关于存在一般（überhaupt）之本质的问题而被问出。后者即关于 öν ἦ öν［存在者之为存在者］的问题，即'存在论'"④。在《谢林论人类自由的本质》中，存在–神–逻辑学机制依然处于提出阶段。

---

① Heidegger, *Hegel's Phenomenology of Sprit*, trans. Parvis Emad and Knneth Maly, Bloomington&Indianapolis: Indiana University Press, 1988, p. 98.

② Ibid.

③ 海德格尔：《谢林论人类自由的本质》，王丁、李阳译，北京：商务印书馆，2018 年，第 99 页。

④ 海德格尔：《谢林论人类自由的本质》，第 100 页。

二 存在-神-逻辑学批判的突破与完成

海德格尔对存在-神-逻辑学机制的突破是在《哲学论稿(从本有而来)》(1936—1938)中,而对存在-神-逻辑学机制的完成则是在 1956/1957 年的《形而上学中的存在-神-逻辑学机制》一文中。

在 1936—1938 年的《哲学论稿(从本有而来)》中,海德格尔提出只能从存在者性(Seiendheit)①出发找到这两个维度共属一体的方式,他开始找到存在论和神学共属一体的方式的突破口。他指责将"本质"和"实存"的区分当作"简单给定的和天上掉下来的加以采纳"这样的"空洞的学究做派"依然不具备"着眼于广义的存在者性的视角和真理沉思,于是出路就是根据最高存在者把'存在'说明为通过这个最高存在者来制作和思考的东西"②。他认为比"本质"和"实存"这些名称"更为重要的是事实,因而也是问题,即这些区分如何起源于存在者的存在者性,因而归属于存有之本现"③。"本质"和"实存"的区分是形而上学两个维度即存在论和神学区分的另外一个名称。然而着眼于"存在者性的视角"并根据"最高存在者把'存在'说明为通过这个最高存在者来制作和思考的东西"怎样解释"本质"与"实存"之间的共属一体的方式呢? 海德格尔认为这种共属一体早在柏拉图将"存在者在 ἰδέα[相、理念]和 oὐσία[在场、实体]的光照中得到解释之时"④就已经开始:"一旦 ἰδέα[相、理念]被设定为存在者之存在者性(Seiendheit),并且被把握为 κοινόν[共相、普遍者],则它又可以说从存在者(个体)而来得到思考——必定是存在者中间最存在者(das Seiendste)⑤,亦即 ὄντως ὄν[真实存在者]。ἰδέα[相、理念]首先只符合存在者性之本质,因而可以要求成为最存在者和真正

① "Seiendheit"这个术语,孙周兴多将其翻译成"存在状态",王庆节将其翻译成"存在者性"。笔者认为"Seiendheit"使得存在者成为存在者,因为"存在者性"更为恰当。
② 海德格尔:《哲学论稿(从本有而来)》,孙周兴译,北京:商务印书馆,2012 年,第 286 页。
③ 海德格尔:《哲学论稿(从本有而来)》,第 285 页。
④ 海德格尔:《哲学论稿(从本有而来)》,第 286 页。
⑤ "das Seiendste"和"Seiendheit"一样,对于理解存在-神-逻辑学的统一性而言至为重要。在海德格尔所批判的西方形而上学中,"das Seiendste"就是神学中的"神",是最高(des Höchsten)的存在者,它之所以是最高的存在者,因为它是存在的全部的丰富性。因而最恰当的译名是"最存在者"。

的存在者。"①这即是说相被设定为存在者中的最普遍者，被设定为存在者之为存在者的本质，也即存在者性。在所有的存在者中，有一个存在者是最符合这种存在者性的，因而成为最存在者（das Seiendste），这种最符合存在者性的最存在者是"最真实者"，即最"实存"者。这种共属一体的方式在《黑格尔的经验概念》（1942—1943）中阐释地更为清晰："但第一哲学不仅仅要考察在其存在者性（Seiendheit）中的存在者，而且也考察那种完全与存在者性相符合的存在者，即最高存在者（das höchste Seiende）。……第一哲学作为存在论，也是关于真实存在者的神学。更确切地，也许应该把它称为神学（Theiologie）。关于存在者之为存在者的科学，本身就是存在-神-逻辑学的（onto-theologisch）。"②然而在《哲学论稿（从本有而来）》中，海德格尔并没有彻底地阐明"本质"和"实存"的区分如何最终归属于"存有之本现"，因而对于存在-神-逻辑学机制的来源问题没有得到解决，后者直到1956/57年总结性的文章《形而上学的存在-神-逻辑学机制》中才得到说明。

在1956/1957年的《形而上学中的存在-神-逻辑学机制》一文中，海德格对存在-神-逻辑学机制进行了系统的总结和更为深入的阐释。这篇晦涩的文章只有从上文提到的立足于存在者性找到存在论和神学的关联出发才能得到更好理解。海德格尔开始追问存在-神-逻辑学的来源问题，这种追问最终宣告了存在-神-逻辑学的完成。

在《形而上学中的存在-神-逻辑学机制》中海德格尔进一步将"存在-神-逻辑学"中的"逻辑学"的含义从1930—1931年的《黑格尔的精神现象学》中的"思辨的"阐释成"奠基"和"根据"。海德格尔认为"'学'（-Logia）始终是论证关系的整体，在其中，诸科学的对象在它们的根据方面被表象和理解"③。这种对"逻辑学"的含义的理解的变化与"存在论"和"神学"这两个维度对存在者之为存在者进行奠基的两种不同的方式的发现有关，形而上学"普遍地从作为根据（逻各斯）的存在方面来探究（Ergründen）与论证（Begründen）存在者之为存在者整体"④。"探究"是存在论的维度上

---

① 海德格尔：《哲学论稿（从本有而来）》，第220页。译文有改动。

② 海德格尔：《林中路》，孙周兴译，上海：上海译文出版社，2008年，第179页。译文有改动。

③ 海德格尔：《同一与差异》，第63页。

④ 海德格尔：《同一与差异》，第63页。

的,"论证"是神学维度上的①。海德格尔认为这是两种不同的奠基方式。"探究"的奠基方式是"存在作为根据为存在者奠基","论证"的奠基方式则相反是"存在者以其方式为存在奠基,对存在起引发作用。存在者之所以能够这样做,只是因为它'是'(ist)存在的全部丰富性:作为最存在者"②。由此带来了存在论和神学共属一体的方式的表述改变,存在论和神学共属一体的方式被表述为"终极的东西以其方式论证着第一性的东西,第一性的东西一起方式论证着终极的东西"③。这体现为存在将自身呈现为第一性的东西为存在者奠基,存在者作为最存在者(Seiendste)即终极的东西论证着存在。

更为重要的是海德格尔开始着重地"思考全部形而上学的存在–神学结构的本质来源(die Wesensherkunft)"④。海德格尔认为形而上学的存在–神–逻辑学机制在"分解(Austrag)中有其本质来源"⑤。而"分解"是"差异的分解"⑥,"分解是一种圆周运动,是存在和存在者相互环绕的圆周运动"⑦。从这里和这段引文之前的论述中,可以看出这里的"差异"指的是存在和存在者的差异,也即是存在论差异。在这种圆周运动中,"存在就为存在者奠基,存在者作为最存在者(seiendste)就论证着存在"。⑧ 前者指的是存在论方向的奠基方式,后者指的是神学方向的奠基方式。可见存在论和神学都是关于存在与存在者的关系的,只不过是相反的,存在论上是存在为存在者奠基,神学上存在者则反过来为存在奠基。因而存在–神–逻辑学与存在和存在者的关系密切相关,而存在和存在者的关系主要体现存在论差异中,因而存在–神–逻辑学与存在论差异密切相关。存在–神–逻辑学来源于存在论差异的分解。

---

① 海德格尔认为这两种论证方式的区别本身以前尚未被思考。参见海德格尔:《同一与差异》,第64页。"Ergründen"与"Begründen"都有"Gründ"的词根,虽然这两个单词都是德语中的常见词汇,但是在海德格尔那里有特殊的哲学意义。海德格尔将"Ergründen"与"Begründen"当作两种不同的奠基的方式。
② 海德格尔:《同一与差异》,第72页。
③ 海德格尔:《同一与差异》,第64页。
④ 海德格尔:《同一与差异》,第68页。
⑤ 海德格尔:《同一与差异》,第71页。
⑥ 海德格尔:《同一与差异》,第72页。
⑦ 海德格尔:《同一与差异》,第73页。
⑧ 海德格尔:《同一与差异》,第73页。

三　存在-神-逻辑学的解释模式

存在论差异和存在-神-逻辑学机制是海德格尔哲学的两条主线。作为两条主线之一的存在-神-逻辑学因而得到了国内外研究者们的广泛关注。国内主要有孙周兴、陈治国和孙冠臣。国外主要有托马森、马里翁、韦斯特法尔（Merold Westphal）、卡普托（John D. Caputo）、麦克拉斯（McGrath）等。① 孙周兴、陈治国和孙冠臣、托马森主要侧重的是对海德格尔的存在-神-逻辑学的忠实的阐释。而马里翁、韦斯特法尔、卡普托、麦克拉斯更多侧重的是对海德格尔的存在-神-逻辑学更进一步的应用、反思和批判。因为本文侧重的是对海德格尔存在-神-逻辑学阐释以及国内学界对存在-神-逻辑学的认知，所以在这里我们主要讨论国内学者孙周兴、陈治国和孙冠臣以及作为他们研究基础的托马森的解释模式。

国外学者托马森对存在-神-逻辑学的内容做出了更为全面的研究，他对海德格尔存在-神-逻辑学的阐释可以概括成三个方面：存在论和神学的奠基方式及这两种奠基方式的差别、存在-神-逻辑学的来源和存在-神-逻辑学的历史实施。"存在论和神学的奠基方式及这两种奠基方式的差别"这一方面主要包括存在论和神学上具体是何者为何者奠基、其奠基的方式是怎样的以及这两种奠基方式的差别。托马森认为存在论上的奠基是最一般者为存在者奠基，而神学上，因为神作为最高的存在者是存在者整体的源泉，最高者——神由此为所有存在者奠基。② 托马森进一步将这两种奠基方式的不同

---

① 马里翁的相关研究可参见：Jean-Luc Marion, *On Descartes' Metaphysical Prism*：*The Constitution and the Limits of the Onto-theo-logy of Cartesian Thought*, Trans. Jeffrey L. Kosky, Chicago：University of Chicago Press, 1999。以及 Jean-Luc Marion, *God without Being*, trans. Thomas A. Carlson, Chicago：University of Chicago Press, 1991。韦斯特法尔的相关研究可参见 Merold Westphal：*Overcoming Onto-theology*：*Toward a Postmodern Christian Faith*, New York. 2001。卡普托的相关研究可参见 John D. Caputo：*What Is Merold Westphal's Critique of Ontotheology Criticizing? in Gazing Through a Prism Darkly*, New York：Fordham University Press, 2009。麦克拉斯的相关研究可参见 S. J. McGrath, *The Early Heidegger & Medieval Philosophy*：*Phenomenology for the Godforsaken*, Washington D. C：The Catholic University of America Press, 2014。

② Cf. Iain Thomson, Ontotheology, in *Interpreting Heidegger*：*Critical Essays*, New York：Cambridge University Press, 2011, pp. 110-114. 另参见 Iain Thomson, *Heidegger on Ontotheology*：*Technology and the Politics of Education*, New York：Cambridge University Press, 2005, pp. 11-15。

归结为存在论上的"自下而上"的奠基与神学上的"自上而下"的奠基。① 其次,他还研究了存在-神-逻辑学机制的来源问题,他将这种来源问题归结为三个问题:"一、从什么时候开始存在-神-逻辑学的特征第一次处在形而上学的发展过程的核心? 二、出于何种必要存在-神-逻辑学的特征开始第一次成为形而上学的核心? 三、这种存在-神-逻辑学的核心特征从此以后是如何决定性地贯彻以后的形而上学的发展历程的?"②最后,托马森还探讨了存在-神-逻辑学的历史实施的过程。他特别强调了尼采的形而上学的存在-神-逻辑学特征在整个存在-神-逻辑学的历史实施中所发挥的重要作用。托马森之所以将存在-神-逻辑学概括成上述三个方面,是基于这样的认知,他认为存在-神-逻辑学是海德格尔对从柏拉图到尼采的形而上学都蕴含着存在论和神学这两个维度这一基本特征的概括。

国内学者孙周兴、陈治国和孙冠臣都曾对存在-神-逻辑学的内容做过探讨。陈治国大体上继承托马森的解释模式,他在探讨存在-神-逻辑学时,将其分为三个方面,其中"形而上学之本质:存在论和神学的二重进路"对应于托马森的存在论和神学的奠基方式及其差别,"形而上学的存在论-神学之二重性进路的实施历史"对应于托马森的"存在-神-逻辑学的历史实施",陈治国没有探讨存在-神-逻辑学的本质来源问题。③ 孙冠臣则直接引用托马森的观点介绍存在-神-逻辑学机制。④ 孙周兴探讨了存在论和神学两个维度及两个维度的追问方式和存在-神-逻辑学的历史实施的过程。⑤ 同托马森类似,他认为海德格尔的存在-神-逻辑学机制是对作为复数的形而上学从本质和实存两个维度进行追问的概括,本质(存在论)维度追问"普遍本质""一般""共相",而实存(神学)维度追问"终极之物""最高之物"。同样,孙周兴认为海德格尔的存在-神-逻辑学机制所标识的正是所有形而上学都内在的包含本质和实存这两个维度这一特征。并且孙周兴将存在-神-逻辑学概括成"存在论和神学两个维度及两个维度的追问方式"和"存在-神-逻辑

---

① Cf. Iain Thomson, *Heidegger on ontotheology：Technology and the politics of Education*, p. 18. 托马森有时也将这两种奠基方式的差异称为"由内而外"(inside-out)和"由外而内"(outside-in)。

② Cf. Iain Thomson, *Heidegger on ontotheology：Technology and the politics of Education*, p. 30.

③ 可参见陈治国:《形而上学的远与近:海德格尔与形而上学之解构》,第55—80页。

④ 可参见孙冠臣:《海德格尔形而上学问题简论》,第90—104页。

⑤ 可参见孙周兴:《本质与实存——西方形而上学的实存哲学路线》,《中国社会科学》2004年第6期。

学的历史实施"这两个方面,这两个方面可以被包含在托马森的三方面中。因此他们的相关研究都可以被包含在托马森的解释模式之内。

然而立足上述发展过程,我们可以发现托马森等人的解释模式存在以下三方面的误读:

第一,托马森的解释模式中遗漏了存在-神-逻辑学的核心——存在论和神学共属一体的方式以及解决这种共属一体方式的存在者性和最存在者。① 上述的发展过程表明,对于存在-神-逻辑学,海德格尔关注的重点和难点始终是存在-神-逻辑学中存在论和神学共属一体的方式以及这种共属一体方式的本质来源问题。海德格尔提出存在-神-逻辑学这个术语,主要就是为了表明存在论和神学是以某种方式关联在一起的。在首次提出"存在-神-逻辑学"这一术语的《黑格尔的精神现象学》中,海德格尔明确写道:"使用'存在-神-逻辑学'这个术语我们是意在表明,ὄν 的问题——作为逻辑的问题——是从始至终被'神'（Θεός）引导的。"② 这种遗漏导致了托马斯和其继承者的解释模式对存在-神-逻辑学的基本出发点存在误读:海德格尔的存在-神-逻辑学所标识的不仅仅是如托马森等人所认为的那样,所有形而上学都是在存在论和神学这两个维度上进行的,更为重要的是,存在-神-逻辑学所标识的构成所有形而上学的存在论和神学两个维度是共属一体的。这种遗漏和忽视主要是因为在对存在-神-逻辑学进行系统总结的《形而上学中的存在-神-逻辑学机制》一文中,海德格尔没有明确谈到存在论和神学共属一体的方式。海德格尔这样做是因为在存在-神-逻辑学的突破阶段他已经解决了这一问题,对于海德格尔而言,尚未解决的问题是存在-神-逻辑学的本质来源问题,因而这个问题才是这篇总结性的文章的重点,托马森没有注意到存在-神-逻辑学的这一提出、突破和完成的历史过程,因而也就忽视了存在-神-逻辑学的核心问题——存在论和神学共属一体的方式。同时也自然地忽视解决存在论和神学共属一体的方式的出发点——存在者性和最存在者。事实上,存在-神-逻辑学作为海德格尔对西方形而上学的总体特征的概括和批判,它因而与海德格尔对形而上学的其他批判是息息相关的。海

---

① 关于存在-神-逻辑学中存在论和神学共属一体的方式以及其与存在者性和最存在者的关系,可参见甘从昔:《论海德格尔存在-神-逻辑学中存在论和神学统一的方式——从存在者性出发》,《道风:基督教文化评论》2022 年第 56 期。

② Heidegger, *Hegel's Phenomenology of Sprit*, p. 98.

德格尔还批判西方形而上学将存在当成了在场,西方形而上学遗忘了存在,将存在当成了存在者。然而海德格尔有时又说西方形而上学的主题是存在。这些混乱的表述和批判之间是什么样的关系? 想要解决这一问题,只能从被研究者们忽视的存在者性出发。

第二,托马森虽然注意到存在-神-逻辑学的本质来源问题,但实际上托马森同样也忽视了这一问题。首先,因为对存在-神-逻辑学的基本认知存在误读,托马森理解的存在-神-逻辑学机制的本质来源问题仅仅是形而上学区分成存在论和神学两个维度上进行的本质来源,而遗漏了形而上学中存在论和神学共属一体的本质来源,而后者才是海德格尔存在-神-逻辑学来源问题的主要追问对象。其次,托马森将存在-神-逻辑学的来源问题归结为上述三个问题时,他实际上更多将存在-神-逻辑学的本质来源问题混淆成了存在-神-逻辑学的历史发生的问题。托马森存在-神-逻辑学中的上述第一个问题"从什么时候开始存在-神-逻辑学的特征第一次处在形而上学的发展过程的核心?"完全是一个历史发生过程的问题,因为它探讨的是存在-神-逻辑学的特征源自哪个哲学家的哲学。而第三个问题"这种存在-神-逻辑学的核心特征从此以后是如何决定性地贯彻以后的形而上学的发展历程的?"也同样是存在-神-逻辑学的历史发生问题。因为它探讨的是从哪个哲学家那里存在-神-逻辑学的特征明确的确立并且对后世产生决定性的影响、并为后世所继承。只有第二个问题"出于何种必要存在-神-逻辑学的特征开始第一次成为形而上学的核心"才涉及存在-神-逻辑学的本质来源问题。然而托马森认为海德格尔虽然提出了这一问题但是却对此问题爱莫能助。[①] 从上述存在-神-逻辑学发展的过程看,存在-神-逻辑学机制的本质来源问题是海德格尔追问的核心问题之一。在对存在-神-逻辑学的本质来源追问中最终将存在-神-逻辑学导向了存在论差异。存在-神-逻辑学与存在论差异的关系问题才是存在-神-逻辑学本质来源问题的核心。而托马森并没有注意到存在-神-逻辑学与存在论差异的关系。

第三,对存在-神-逻辑学与存在论差异的关系的忽视导致了托马森对存在论维度和神学维度奠基方式的理解存在偏差和片面。在托马森的解读中,存在论维度是最一般者为存在者奠基,神学维度是最高者为其他源出于

---

① Cf. Iain Thomson, *Heidegger on ontotheology: Technology and the politics of Education*, p. 35.

它的存在者奠基,因而两个维度都是存在者为存在者奠基。这同海德格尔的表述存在一定的冲突。前文中海德格尔指出,存在论和神学都是关于存在和存在者的关系的,存在论维度上的奠基方式是存在为存在者奠基,神学维度上的奠基方式是存在者反过来为存在奠基。①

总之,从海德格尔对存在–神–逻辑学的发展过程上看,被国内学界所继承的托马森对存在–神–逻辑学的解释模式,将存在–神–逻辑学阐释成"存在论和神学的奠基方式及这两种奠基方式的差别""存在–神–逻辑学的来源"和"存在–神–逻辑学的历史实施"这三个方面是不完善且充满误读的。它不仅忽视了存在–神–逻辑学的核心问题——存在论和神学共属一体的方式和存在–神–逻辑学的本质来源问题。这种忽视也导致了对存在论和神学维度奠基方式及这两种奠基方式的差别的误读。而且托马森等人的解释模式对存在–神–逻辑学的基本认知存在误读,海德格尔的存在–神–逻辑学不仅标识的是所有形而上学是从存在论和神学这两个维度上进行的这一基本特征,而且更为主要的是这两个维度是共属一体的。

海德格尔的存在–神–逻辑学应该包含"存在论和神学的奠基方式及这两种奠基方式的差别""存在论和神学共属一体的方式""存在–神–逻辑学的本质来源"和"存在–神–逻辑学的历史实施"这四个方面。其中,"存在论和神学的奠基方式及这两种奠基方式的差别"是理解海德格尔存在–神–逻辑学的基础方面,"存在论和神学共属一体的方式"和"存在–神–逻辑学的本质来源"是海德格尔存在–神–逻辑学的核心问题。在"存在论和神学共属一体的方式"中,占据核心地位的是被学界所忽视的"存在者性"和"最存在者"。而在"存在–神–逻辑学的本质来源"中,存在–神–逻辑学与存在论差异的关系是其核心。

---

① 限于篇幅,这里无法详细展开,笔者将单独撰文探讨存在–神–逻辑学中存在论和神学的奠基方式以及托马森对它们的片面理解。

On the Interpretation Mode of Heidegger's Onto-theo-logy: Start from the Progress of the Development of Onto-theo-logy

Gan Congying

Abstract: In this article, I depicted the process of the development of Heidegger's onto-theo-logy, which includes the proposition, the breakthrough and the completion of onto-theo-logy. From the process of the development of onto-theo-logy, we can see that the unity in which ontology and theology are unified and the essential origin of onto-theo-logy are the core issues of Heidegger's onto-theo-logy. Beingness and *Seiendste* proposed in *Contributions to Philosophy(of the Event)* are crucial to the solution of the problem of the way in which ontology and theology are unified. The exploring of the origin of onto-theo-logy shows that onto-theo-logy has a relation with the ontological difference. The interpretation mode of onto-theo-logy inherited by the Chinese academic community not only neglects the way in which ontology and theology are unified, beingness and *Seiendste*, which are the key points of the solution of the problem of the way of this unity, but also neglects the origin of onto-theo-logy.

Key words: Heidegger, Onto-theo-logy, Process of the development, Interpretation mode, Beingness

哲学门(总第四十五辑)

北京大学出版社,2022 年

康德论意见

——由李泽厚先生的一次哲学对谈说起*

马 彪**

摘 要:康德在由他讲授、学生整理出版的《维纳逻辑学》中坦承,意见是认知领域中的最大构成部分。作为视之为真的一种样式,意见与信念、知识不同,它是既不具有主观充分性也不具有客观充分性的或然性概念,其范围关涉可能经验之先天结构的一切领域。表面上看,康德对意见这一概念的理解似乎是始终的、一贯的,事实并非如此,而是经历了一个逐渐深化的过程。在某种意义上,康德哲学中的意见不仅与视之为真架构下的其他概念有别,亦与假说这一范畴存在很大的不同,虽然两者之间具有密切的关联。基于康德思想的这一认识,可以看到,李泽厚先生的"哲学意见说",诚有洞见,但亦有待深化。与其把哲学这一学科理解为一种意见,不如理解为一种假说。

关键词:康德 意见 或然性 假说

引 言

2014 年李泽厚先生在华东师范大学举办了一系列关于伦理学的讨论课,活动结束当天即 5 月 21 日,李先生又与陈嘉映、杨国荣、童世骏和郁振华

---

* 本研究获得国家社科基金后期基金项目(名称:康德批判哲学的宗教之维研究,编号:20FZXB028)的资助。

** 马彪,南京农业大学政治学院副教授。

四位教授进行了一场对谈,探讨的话题是"哲学到底是什么"?与杨国荣教授"哲学即是智慧",以及童世骏教授"哲学就是知其不可为而为之的学问"这些看法不同,李先生认为"哲学是对人生、对世界的根本性问题的一种意见"①。作为意见的哲学既不给你知识,也不要求你一定要信仰某种东西,它提供的只是一个启发性的作用,而且只能有这一个作用。李先生坦诚相告,他的"哲学意见说"思想来自康德:"我非常赞成康德的许多观点,记得康德好像有一个讲法,关于人的这种议论、表达、话语等,一种是知识,一种是信仰,一种是意见⋯⋯我认为,哲学属于第三者,不是知识,亦非信仰。"②关于哲学是什么以及李先生所作的"哲学意见说"的回应是否允妥等问题,可以存在不同看法。不过他的这一对谈对我们的启示值得重视,作为20世纪后半叶中国思想界颇具影响的风云人物,当面对哲学为何这一问题时,年近85岁的李泽厚先生为什么想到的是康德的意见这一不太惹人注意的概念?作为一位对中西哲学皆深造有成的长者与思想大家,李先生的"哲学意见说"绝非心血来潮的一时冲动,应该是他一生的思想体悟与践履所得。

　　借助这一话题,我们认为,极有必要对康德哲学之"认知"领域中的意见这一概念给出说明。此外,就完整理解康德而言,亦甚有必要对这一议题加以梳理。因为,从某种意义上说,虽然国内的康德研究已有大幅度的提升,研究范围不仅覆盖了认识论、伦理学、美学等我们所熟知的传统领域,而且在法权理论、宗教神学、政治历史等过去较少关注方面的创获亦颇丰赡。然而,毋庸讳言的是国内的康德研究范式并没有得到根本转变。仅就康德认识论的研究而言,不少颇具分量的研讨文章大多还拘囿在认知何以可能的先天结构这一"上游"维度,并没从认知之"下游"维度,即由"辩护""证言""社会知识"等层面阐释康德关于"认知"的系统立场与整体态度。与此相对,英美学界的一些学者对后一方面的论题关注较多。③ 不过,遗憾的是他们对其中应

---

① 李泽厚等:《什么是道德》,上海:华东师范大学出版社,2015年,第192页。

② 李泽厚等:《什么是道德》,第191—192页。

③ 相关论述参见 Leslie Stevenson, Opinion, Belief or Faith, and Knowledge, *Kant Review*, 7(2003); Andrew Chignell, Belief in Kant, *Philosophical Review*, 116(2007); Lawrence Pasternack, The Development and Scope of Kantian Belief: The Highest Good, the Practical Postulates and the Fact of Reason, *Kant-Studien*, 102(2010); Lawrence Pasternack, Kant's Doctrinal Belief in God, in *Rethinking Kant*, ed. Oliver Thorndike, Scholars Press, 2011; Lawrence Pasternack, Kant on Faith: Religion Assent and the Limits to Knowledge, in *The Palgrave Kant Handbook*, ed. M.C. Altman, Palgrave Handbooks, 2017.

有之义的意见着墨亦不甚多。结合国内外的研究现状，我们认为，很有必要对康德的意见概念给予详细阐释。职是之故，本文在第一部分试图借助康德《纯粹理性批判》的相关内容，以及由其学生整理出版的诸逻辑学讲稿，尤其是《耶舍逻辑学》(*Jäsche Logik*)①中的相关论述，在"视之为真"的架构下具体刻画意见在康德哲学中的地位及其特征；第二部分，侧重由"或然性"的面向探讨意见的具体内涵，以及它与信念、知识之间的复杂关系；最后，再对易于混淆的"假说"这一范畴作一疏解。

一　"视之为真"架构中的"意见"

康德曾经说过："构成我们认知中最大部分的是意见。"②然而，奇怪的是，虽视之为认知的重要一脉，康德在其生前的著述中却较少提及意见这一论题，仅在《纯粹理性批判》之"先验方法论"的第三章中稍微做了一点说明。原因何在？我们认为，之所以如此，应该与康德一生所要集中解决的哲学议题有关。对他而言，其一以贯之的哲学旨趣在于回答"我能够知道什么""我应当做什么"，以及"我可以希望什么"这三个核心问题。在第一个问题中，康德重点处理的是认知得以可能的先天条件，它关系到科学的根基问题，对此他自然不能等闲视之。与此相对，意见却偏向于后天辩护的认知问题，而这对于一位注重形上思辨的哲学家而言，重要性相对较弱，康德对其着墨不多似乎是情理之中的事情。诚然我们这么说并不意味着意见本身不值得注重，作为认知系统中的重要一环，其地位自然不容忽视。

康德在第一批判中指出，视之为真涉及认知中的某种判断，这一判断既可以是对所有人都有效，也可以是只对我自己有效，其中前者叫作确信，后者叫作臆信。在此基础上，又可以细分为主观充分、客观不充分的信念，主客观都充分的知识，以及主客观方面上都不充分的意见。③ 臆信与确信之间的最

---

① 关于康德的逻辑学笔记与讲稿，科学院版《康德全集》第 16 卷和第 24 上下卷中收录数种，参见 Kant, *Kant's Gesammelte Schriften XVI*, Berlin: Walter de Gruyter, 1924 与 *Kant's Gesammelte Schriften XXIV*, Berlin: Walter de Gruyter, 1966。其中, *Jäsche Logik* 收录在学院版《康德全集》第 9 卷中，在出版前，曾经康德亲自审定，与其他几种比较起来，权威性更大一些，其中文译名为《逻辑学讲义》，许景行译，杨一之校，北京：商务印书馆，2010 年。

② Kant, *Kant's Gesammelte Schriften XXIV*, S. 850.

③ 康德：《纯粹理性批判》，第 534 页。

大差别在于,前者虽说是主观的,但却被视作客观有效的判断,它在某种程度上具有自我满足和自我欺骗的倾向,只有"基于认知之幻相的视之为真才叫作臆信"①。与此相对,确信不仅对下此判断的个人有效,而且对相同条件下的他者也普遍有效。当然作为一种判断,确信所要求的那种普遍有效也有充分性的差别,在这一意义上,知识无疑具有最大程度的必然性和充分性,其次是信念,最后是意见。须明确的是,意见与臆信并不相同,前者虽在主客观方面都不充分,但它显然不是主观的虚构,只不过知道的程度很不充分而已。

下图可以系统呈现第一批判中视之为真的知识、信念、意见,以及确信、臆信之间的关系:

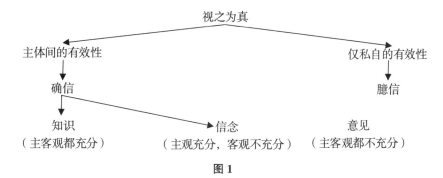

图 1

不过,较于 1781 年第一批判中对视之为真及相关概念的上述理解,康德在其后来出版的逻辑学诸讲义中对这一思想的表述既有继承,但也有不同程度的发挥。就继承关系而言,康德在《耶舍逻辑学》《布隆贝格逻辑学》《多纳-沃德拉肯逻辑学》(*Logik Dohna-Wundlacken*)以及《维纳逻辑学》(*Wiener Logik*)等讲稿中都是从"主客观之充分性"的角度来对意见、信念和知识来加以区分的,这一点与《纯粹理性批判》大体相同,当然它们之间的差别也不容忽视。

我们这里主要依照《耶舍逻辑学》这一文本来加以分析。根据耶舍的笔录,康德在由主客观之充分性的角度对意见、信念和知识作了分梳之后,随即指出:"意见是或然判断,信念是实然判断,知识是必然判断。我对之仅有意见的东西,我在判断中的意识便只认为它是或然的;我所信念的东西,便认为是实然的,但不是客观上,而是主观上必然的(只对我有效);最后,我所知的

---

① Kant, *Vorlesungen über Logik XXIV*, Walter de Gruyter, 1966, S.143.

东西，我认为是必然地确定的，亦即普遍客观地必然的（对于一切人都有效的），也就是假定，这种确定的视之为真与之有关的对象本身，是一种单纯经验的真理。"①基于这一理解，康德认为，作为或然判断的意见与知识和信念是不同的，它无论如何不具有必然性的特征，不管是主观的必然性，还是客观的必然性。对康德而言，近代物理学中的"以太"就是一种仅属意见的东西，因为无论我们关于它有那种可能的意见，与其相反的意见都有成立的可能。

由必然性（主观的或客观的）这一角度将意见和信念、知识作了区别之后，康德继而对确信给予了极富创造性的探讨。康德指出，通过以上关于视之为真之性质与种类的研究，我们可以得出一个结论，即既有主观原因又有客观根据的确信，"不是逻辑的（logisch）就是实践的（praktisch）"②。其中，"逻辑确信"指的是解除一切任意的根据，且主观充分的视之为真，同时具有客观确定性的那种确信。与此不同，"道德或实践确信"是基于主观理由之上的"我确定"，③从实践的观点来看，这里的"确定"与客观的确定具有同样的效力，在某种意义上，这一"实践确信或道德的理性信念往往比一切知识更为坚定，因为在知识中人们还能够听到反对的理由，但在信念中就不然，因为在这里信念不依靠客观的根据，而是依靠道德主体的旨趣而定"。④ 显然，与意见的或然性和知识在理论上的必然性不同，信念是一种实然性的判断，但这种实然性从主观上看却是必然的。关于信念的对象，我们虽然一无所知，更提不出什么意见，但它对做出这一判断的人来说却是根本确定、无可置疑的，此其一；其二，信念是一种出于自由的视之为真，它具有在实践上先天给予的目的而言的必然性，而这种必然性是永远不可能有其反面来加以证伪的，因为它是由人之理性的道德法则作为保证的，而道德法则则是不容再质疑的。之所以如此，按照克朗纳（Richard Kroner）的解读，是因为就确定性这一点而言，道德法则是等价于自然规律的，而就其内容中之尊严而言，道德法则甚至凌驾于自然规律之上，毕竟理论上的理由是可以被驳斥的，而道德法则的效力是无法否认掉的，否认道德法则，"对康德而言，这即等于人类要否

---

① 康德:《逻辑学讲义》,第 66 页。
② Kant, *Kant's Gesammelte Schriften IX*, Walter de Gruyter, 1923, S. 72.
③ Kant, *Kant's Gesammelte Schriften IX*, S. 72.
④ Kant, *Kant's Gesammelte Schriften IX*, S. 72.

认自己是人"①。

至此可以看到,康德在诸逻辑学讲义中对意见的处理与第一批判中的论述还是略有差别的,其中最大的不同是,意见已经不属于确信的范围,因为它涉及或然判断,既没有出于道德法则的确定性和必然性,也没有基于自然规律的确定性和必然性。为清晰揭示意见与知识、信念、确信和臆信等概念之间的关系,以及康德思想的衍变过程,可以于此再列一图:

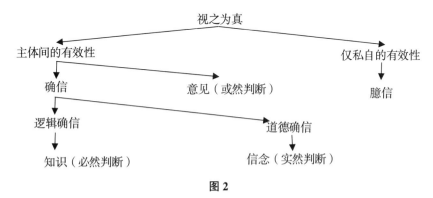

图 2

比对以上两图,可以清楚地发现,意见这一概念在《纯粹理性批判》和《耶舍逻辑学》中的地位是不同的,这一不同不仅彰显了康德对待意见之立场的差异,更显示了他对知识与信念之观念的丰富和扩展。诚如庞思奋教授所指出的那样,以前我们对康德研究关注较多的是基于认知之可能的先天结构这一维度,而对其认知之辩护层面的关注不够。而就这后一层面来说,康德显然认为,宗教是基于道德确信的存在方式,而科学只不过是出于逻辑确信的认知形态而已。② 这里仅就意见这一概念而言,康德虽然没有把它划归确信之下,但却无意中透露了一个重要的信息,而这一信息在《纯粹理性批判》中并没有表述的那么显豁:所谓意见之主客观皆不充分的问题,说到底是一个或然判断或或然性问题。

二 或然性

那么,什么是或然性,它又有哪些值得我们注意的特征呢? 关于或然

---

① 里夏德·克朗纳:《论康德与黑格尔》,关子尹译,上海:同济大学出版社,2005 年,第 78—79 页。

② Stephen Palmquist, What is Kantian Gesinnung: On the Priority of Volition over Metaphysics and Psychology in Religion within the Bounds of Bare Reason, *Kantian Review*, 20(2015), p. 249.

性,康德在《布隆贝格逻辑学》(*Logik Blomberg*)中指出,在一切视之为真的认知中,当赞成或支持一方的根据大于反对的一方时,就是或然的(Wahrscheinlich)。① 而在《耶舍逻辑学》讲义中,我们也可以找到类似的观点:"或然性可理解为由不充分根据而来的视之为真,但是这种不充分根据之于充分根据的关系,与反对的根据相比,有更大的比例。"②这即是说,或然性问题关涉的是一个比例问题,当我们个人的认知在与绝对必然和普遍根据的认知作比较时,若是前者的比重较为接近后者,那么我们就说,此时的或然性是大的,反之或然性则是小的,以至于没有任何或然性。为了方便理解这一概念,康德举了两个形象的例子来对此加以说明。譬如,真理的充分根据好比分母,而我们视之为真的不充分的根据好比分子,而两者之比值的那个分数可以视作或然性。③ 另外的一个则是更为通俗的、经验性的例证:假如某个人想雇佣一个仆人,若是他了解到这位仆人成长的环境好,父母品性佳,通常情况下,他选择这位仆人的意愿就会高一些,原因很简单,因为此时此刻他关于仆人之或然性的意见更接近真正的仆人这一客观普遍的界定。④

　　针对康德之或然性及其例证的解读难免会让人产生疑惑,亦即或然性的标准当如何把握的问题,数学的那个例证诚然能够说明或然性的比重问题,因为它完全是一个认识论上的问题,不存在争议。而如何选择仆人的那个经验例证,未必不是一个习惯或习俗问题,它怎么能够用来解释认识论上的意见这一概念呢? 换句话说,康德在以或然性来阐释意见时,是不是混淆了心理学与认识论的问题,继而用前者替换了后者。对此,我们的回应有两点。首先,由或然性这一概念的衍化历史来看,它在 18 世纪康德所处的那个时代已经具备了知识论意义上的内涵,康德对它的动用具有充分的合理性。正如齐格内尔(Andrew Chignell)所指出的,或然性在 1660 年前后其意涵有了一次巨大的转变,众多学者致力于对"或然性之逻辑"的探讨,尤其倾心于把由实践科学本身得出的归纳、实验等认知方式应用于自然科学的研究之中。起初,或然性的认识论意义是由权威的证言来保证的;而到了 17 世纪,权威的证言逐渐被自然中的迹象、征兆所取代,但无论如何或然性的认知维度始

---

① Kant, *Kant's Gesammelte Schriften XXIV*, S. 194.
② 康德:《逻辑学讲义》,第 81 页。
③ Kant, *Kant's Gesammelte Schriften XXIV*, S. 196.
④ Kant, *Kant's Gesammelte Schriften XXIV*, S. 218–219.

终没有丢弃,并在 1736 年布尔特(Joseph Bulter)的研究中被推向了高峰:从理性的角度来看,或然性就是人生的指南。① 其次,更为重要的是,以经验的或然性方式来考察认知论上的意见问题,体现了康德由注重认知何以可能的先天结构之维的研究,向经验何以可能的辩护之维转换的思想理路。熟悉康德《纯粹理性批判》和《未来形而上学导论》内容的读者都知道,康德在这两部最具影响的有关认知论的著作中,几乎很少言及辩护、证明、命题等现代认识论中的话题,他关注的始终是先天直观形式、知性范畴、统觉等偏向于个体认识论的面向。然而,这并不意味着康德与现代认识论是隔膜的,由既有的研究来看,康德在其诸逻辑学讲义中保存有切近于当前社会认识论所探究的宏富素材。比如,他对证言知识(knowledge of testimony)②的考察就极富启发性,当然不可否认,他对意见这一概念的处理与认识也是其中较为典型的一例。

我们知道,康德对于意见的理解并不是一贯的,而是有着一个逐渐明晰的过程。按照当时德国教育部门的要求,任何教师都要以当局制定的教材作为底本来授课,康德在格尼斯堡大学讲授逻辑学时,一直用的是迈耶(George Friedrich Meier)的《理性学说简论》(Auszug aus der Vernunftlehre)。不可否认,1760 年前后康德对意见、信念与知识的划分颇受迈耶的影响。与迈耶的看法大致相仿,彼时的康德关于意见的见解还存在模糊的地方,而关于道德信念的理解与其后来批判哲学的立场亦大不一致。1770 年至 1780 年,康德逐渐走出了迈耶思想对他的束缚,继而形成他自己的独立观点,但即便此时,康德对意见和信念的区分依然有待廓清,比如,彼时的他竟然把"历史的信念"视为"意见的一种类型"。③ 不止如此,按照帕斯特纳克(Lawrence Pasternack)的分析,康德《纯粹理性批判》中的"实用的信念"说到底也还是一种意见,④这也从另外一个层面揭示了为什么在我们前面所列的图 1 中,意见可以与知识、信念并置,但在图 2 中却不能并置。

---

① Andrew Chignell, Kant's Concepts of Justification, *Nous*, 41(2007), p. 39.
② Axel Gelfert, Kant on Testimony, *British Journal for the History of Philosophy*, 14(2007), pp. 633–636.
③ Immanuel Kant, *Kants Gesammelte Schriften XVI*, Walter de Gruyter, 1924, S. 383.
④ Lawrence Pasternack, Kant on Opinion: Assent, Hypothesis, and the Norms of General Applied Logic, *Kant-Studien*, 105(2014), p. 62.

在第一批判中，康德曾把"实用的信念"称作"偶然的信念"。在他看来，假如一个医生面对一个重病患者，若不施以援手，病人就有性命之虞，这时为了挽救生命，即使他对患者的病情一无所知，他也必须依据以往的经验进行施救。康德把"诸如此类的偶然的、但却为现实地运用手段于某些行为奠定基础的信念成为实用的信念"①。帕斯特纳克认为，康德在此提到的实用的信念与商人相信从事某种生意可以赚钱的路数是一样的，就它们与行动的关系而言，这里的信念都可以被描述为一种意见。② 虽说在采取任何一个行动的时候，我们必须具有主观充足的依据，可在事实上并非如此，大多数情况下，即使我们的理据并没有那么坚定可靠，我们依然还是会采取行动，纵然存在风险和伤害，因为面对这一情况选取不作为的方式，危害的或然性可能更大。

其实，意见不仅与信念之间存在交叉的论域，它与知识亦有重叠的现象，这一现象至少延续到了18世纪80年代的后半叶。现代人是没有到过罗马城的，关于罗马曾经存在过这一观点，对我们来说无疑只是一种历史的信念即意见。然而，康德认为，对于那些"从未到那里的人也可以说：我知道，而不仅仅是我相信，有一个罗马实存着，这是完全相互支持的"③。这里的作为"我相信"的历史信念（意见）之所以与"我知道"（知识）相互支持，就是因为我们能够借助相关的历史典籍、名人回忆、出土文献等材料来确认罗马存在，换句话说，他者的证言是使得意见趋向知识的重要渠道，而这一点，与康德在第一批判中由个体认知的先天结构来阐释知识之可能的路数极为不同，它充分体现了康德思想在社会认识论方面的发展与衍变。仅就这一层面而言，我们要想在完全忽视康德之社会认识论维度的前提下来理解康德，是绝对不可能的，从根本上说，也是不完整的。

行文至此，可以看到康德关于意见的看法几乎是一直处在变化之中的，但其中亦有一以贯之的地方，即意见是主客观皆不充分的视之为真的立场，这一点是始终不变的，虽然康德在不同时期对这一议题的侧重未必一致。借助或然性这一概念，以及基于这一概念之上的意见与信念、知识等概念之

---

① 康德：《纯粹理性批判》，第535页。
② Lawrence Pasternack, *Kant on Opinion: Assent, Hypothesis, and the Norms of General Applied Logic*, p.62.
③ 康德：《康德著作全集》第8卷，第142页。

间的探讨，我们大致能够得出这一结论，即作为视之为真的一个样式，意见在主客观方面都是或然的，不具有确定性和必然性，而其或然性之所及的范围，则是由经验之可能的先天知识结构来框定的。当然，意见并非总是安常处顺，或一味自觉地停留在经验之可能的先天框架中，有时借助想象的翅膀，它也要翱翔于超自然的空中，而要把握意见的这一现象，我们不得不涉及它的一个特殊的领域，即假说(Hypothesen)。

三　假说

康德在其不同时期、不同著作中也曾将意见和假说一并解读，他在第一批判的"先验方法论"部分指出，我们在理性的纯粹应用中不能知道任何东西，而这却为"假说开辟一个更为宽广的领域……因为即便不允许断言，至少也允许有所创见和有所意见"；[①]这一表述几乎把假说和意见视作了同一概念，两者具有大体相当的作用。康德认为，基于或然性这一概念之上的假说与意见，它们在理性议题的争论中具有十分重要的辩护价值，虽然它们本身未必有可靠的根据。

比如，就"灵魂"来说，独断论者会认为灵魂是非物质的、没有任何形体变化的，而作为肉和灵的统一，人的所有的精神错乱或不正常的现象都是由肉体造成的，是由我们感官的不同变化导致的。针对这一观点，人们可以提出如下假说：肉体与灵魂的结合通常来说只有在现实状态中才有意义，而灵魂在进入肉体之前与之后的阶段，它一直是一种纯粹理智的运动状态。在此意义上，肉体不是灵魂错乱的原因，而只是思维的一种纯然限制的条件，从而只是纯粹精神生活的障碍而已，不能把人的精神犯下的错误算在肉体的头上，它只有辅助作用而已。在康德看来，这一争论还可以继续进行下去，继而发现某些全新的、甚至从未被提出的问题。但是他也一再提示，我们在这里以假说的方式提出的应付攻击的这一切议题都不能算作真实的洞见，它们之所以被提出来，仅仅是为了自卫而假设出来的概念而已，因为我们的假说旨在向论敌证明，就像我们在经验之外不能以有根据的方式为我们的理性获得任何东西一样，他也不能通过纯然的经验规律就囊括可能事物自身的整个领

---

① 康德：《纯粹理性批判》，第506—507页。

域。康德指出，我们面对论敌之僭妄而提出的"假说性反对意见，不得被认为好像他自己把这样的反对意见当作他自己的真实意见来采用似的。一旦他处置了自己论敌的独断自负。他就会放弃这些意见"①。毕竟，在这种情况下，我们的假说或意见与独断论者的肆无忌惮的观点一样，都是没有切实的根据的。就此而言，思辨理性中作为意见的假说，其自身并没有客观的有效性，它的价值仅仅是相对超验的僭妄命题而发的。对康德而言，虽然上述假说是或然性的判断，它们至少是不能被驳倒的，尽管它们当然也不能被任何东西所证明，因此它们是纯粹的意见。

意见与假说之间虽然存在着极密切的关系，但这并不意味两者之间不存在区别。据康德的界定："假说是因结果的充分的缘故而把关于一个根据的真理性的判断视之为真，简言之，是把一个作为根据的预设视之为真。"②虽然假说涉及的都是些不完全确定的东西，但较于意见，康德认为，假说具有三个鲜明的特征：（一）假设本身的可能性。例如，若是我们想解释地震和火山而假设了一种地下火，那么在康德看来，这一种火不可能是纯然的虚构，它即便不是一种燃烧的物体，却毕竟是一种炽热的物体；（二）连贯性，即从假定的根据中必定能够正确地引出结果，否则假说就是纯然的幻相；（三）统一性，即假说的唯一性，它不需要其他的辅助假说来支持它。若是一个假说为了说明一个事物需要求助于更多别的假说，那么该假说就不具备真正的解释力量。就这一点而言，康德认为，哥白尼的假说就比第谷的更为可信。因此，假说虽然只是意见的一个特殊门类，但与那些零散的、没有条理的意见不同，它显然更为系统化、完整化，它对事物现象的解释亦更具合理性。假说绝对不是心血来潮的一时之见，它在视之为真的脉络中是存在着逻辑的理路的，虽然这里的逻辑并不具有知识中那种客观的必然根据。正是基于假说的这些特征，康德认为，它又可以细分为两类，即"先验的假说"与"范导的假说"。③

关于先验的假说，我们这里再以"灵魂"为例来加以说明。康德承认，把灵魂思维成单一的、纯粹的原则是完全允许的，因为按照这一理念，我们可以

---

① 康德：《纯粹理性批判》，第512页。
② 康德：《逻辑学讲义》，第84页。
③ Robert Butts, Hypothesis and Explanation in Kant's Philosophy of Science, *Archiv für Geschichte der Philosophie*, 43(1961), p.156.

把一切心灵力量的完备性和必然的同一性,奠定为判断内在世界之现象的原则,即便我们不能认识灵魂本身。但是,康德也提示说,我们虽然可以假定灵魂为单纯的实体,但却无法像许多物理学的假说那样给予证明,因为灵魂不能在任何一个经验中出现。① 与此相对,如果在这里我们把灵魂这一范导性的作用当成了建构性的作用,那么这里的假说就是先验的假说。在康德看来,为了说明一个被给予的现象,除了按照现象已知的规律来把握之外,我们绝不允许援引任何别的事物或先验的假说作为根据。在一个先验的假说中,一个纯然的理性理念被用来解释自然事物,那么,这个先验的假说根本就不是解释,因为这是以人们根本不理解的东西来解释人们根据已知经验性原则不能充分理解的东西。这样一种假说的原则真正说来也只会被用来满足理性,但却不能用来促进对象而言的知性应用。康德承认,上述关于先验的假说在解释自然时虽然是违法的,但其目的还是可以原谅的,因为它毕竟还是旨在关于自然的探究,哪怕探究的方向是有问题的。然而,要是人们把灵魂完全看作自然之外的一个独立的、超自然的实体,继而抛弃自然本身的研究机制,而把对称、秩序、合目性等概念视为自然规律,并以此来解释自然,那么在此意义上的先验的假说将会导向理性的怠惰,因而是完全错误和荒谬的。

关于假说的积极意涵,前面在谈到"先验的假说"之消极意义时,其实已经涉及这一点,那就是"假说"的范导性的作用。② 作为理性的理念,假说在先验的层面上指示的是一个非虚构的、可能的对象,我们虽然不能认知但却可以思维它,为的是在此基础上为经验建构起无条件的统一体系。对康德而言,基于知性范畴之上的认知与科学都是有条件的,而理性涉及的都是无条件的,后者虽然不能为前者加增知识,但却可以为经验的科学指示一个前行的方向,继而帮助知识追求它所要的最大的统一性。换句话说,作为一种纯然的理念,假说的对象并不存在于经验之中,"它们是仅仅或然地设想的,为的是在与它们(作为启迪性的虚构)的关系中建立知性在经验领域里的系统应用的范导性原则。如果脱离这一点,它们就是纯然的思想物,其可能性就

---

① 康德:《纯粹理性批判》,第508页。
② Robert Butts, Hypothesis and Explanation in Kant's Philosophy of Science, p. 156.

不可证明，因而它们也不能通过一种假说被奠基为现实现象的基础。"①假若我们把范导意义上的假说视作了先验意义上的假说，那就会出现上面所说的理性之非法的乱作为和懒惰的不作为现象。

可以看到，无论是就假说的先验运用还是范导运用，它与意见并不完全一致，虽说意见和假说都有着对现象和现实世界加以解释与说明的作用，但是正如康德所言："关于属于事物的东西的意见和概然的判断只能作为现实地被给予的东西的解释根据，或者作为按照经验性规律出自现实地作为基础的东西的后果出现，从而仅仅在经验对象的序列中出现。在这个领域之外，有所意见只不过是思想游戏而已。"②康德的意思非常明确，意见关涉的始终是现实的对象与经验的世界，在此之外，要说我们存在什么意见，它的作用也只是为了论辩或辩护而已。与此不同，假说在先验意义上诚然会走入迷途，但在范导的层面上，其作用却非常巨大，它为基于经验层面上的科学研究指示了方向。虽然这个层面上的假说其可能性在现象中依然是无法看出来的，但我们却不能将其与意见毫无差别地混同。正如康德夫子自道的那样，我们不能把"纯然理知的存在者或者纯然理知的事物属性假定为意见，尽管（因为人们对它们的可能性或者不可能性没有任何概念）也不可能通过任何自以为更好的洞识来独断地拒斥它们"③。

结　语

综括前述，就"意见"这一专题而言，康德对它的认知无疑经历了逐层深化与演进的过程，关于它的确切理解，诚然绕不过《纯粹理性批判》中的相关论述，但若只限于这一文本定然又是不完整的。基于这一理解，我们认为，李泽厚由第一批判来对康德之意见的把握，继而在此基础上提出的"哲学意见说"有进一步分梳和细化的必要。简单来说，由康德成熟的思想来看，作为主客观皆不充分的意见和信念、知识的区别是非常明显的，不至于导致误解，倒是它与"假说"的差别值得我们关注。若是我们前面的阐述是合理的，那么我

---

① 康德:《纯粹理性批判》，第 507 页。
② 康德:《纯粹理性批判》，第 510 页。
③ 康德:《纯粹理性批判》，第 508 页。

们绝不应该把作为认知之最大构成部分的意见,都看作哲学的领域,毕竟这过于宽泛。根据这一想法,我们认为,假若一定要主张"哲学意见说"的话,我们是不是可以把它的范围稍作限制,限制到更为确定和系统化的假说上,因为假说无论在其本身的可能性、连贯性和统一性上,还是在解释的力度上都比"意见"更为接近我们对"智慧之学"这一概念的理解,在此意义上,"哲学假说说"或许比"哲学意见说"更为切近哲学这一学科的内在旨趣。

Kant on Opinion
Ma Biao

Abstract：Kant admits that opinion is the greatest component of cognitive field in *Wiener Logic*, which published by his students. As a mode of assent, opinion is different from belief and knowledge. It is a contingent concept with neither subjective nor objective sufficiency, and its scope can extend to all fields defined by the transcendental structures for possible experience. Superficially, Kant's understanding of the concept of opinion seems to have always been consistent stand, he, in fact, has a gradual deepening process. In a sense, the opinion in Kant's philosophy is not only different from other concepts under the framework of assent, but also different from the concept of hypothesis, although there is a close relationship between the two. Based on Kant's thought, Li Zehou's opinion theory on the definition of philosophy undoubtedly needs to deepen. It is better to understand philosophy as a hypothesis rather than an opinion.

Keywords：Kant, Opinion, Probability, Hypothesis

哲学门(总第四十五辑)
北京大学出版社,2022 年

王阳明无法撇清"近禅"批评的因果探析 *

陈　焱 **

摘　要:阳明之学是否近禅,自阳明在世起到明末一直是一个公案。其中的因由应该基于阳明思想的分期来加以厘清。从其早年的经历看,他之所以无法摆脱近禅的嫌疑,乃是由于玄奇的人生际遇。中年阳明所面临的近禅质疑,主要源于其所提倡的静坐工夫使得从学弟子遇到了"静中光景"的问题,为此阳明提出本体工夫合一的说法来加以矫治。进而,阳明晚年为了化解其学的近禅流弊,提出兼及内外动静的"致良知"说。但阳明关于"致良知"的一些提法,在其去世后也给禅学借"良知"以立帜创造了条件,而后学中的一些人也有主动向释教靠拢的思想倾向。

关键词:王阳明　近禅　致良知　静中光景

一　引言

阳明学是否近禅,历来是一个公案。这个问题的澄清在晚明也直接影响到王阳明身后的从祀问题。《明史》载:

> 及万历十二年,御史詹事讲申前请。大学士申时行等言:"守仁言致知出《大学》,良知出《孟子》。……气节文章功业如守仁,不可谓禅,诚

＊　本文得到上海财经大学 2021 年新进教师科研启动经费项目"近现代中国哲学中的船山升格运动研究"(编号:2021110473)的资助。同时,非常感谢匿名评审专家给予本文的宝贵意见。
＊＊　陈焱,上海财经大学人文学院副教授。

宜从祀。"①

在对万历皇帝陈述从祀理由之时,大学士申时行特地申明了"阳明非禅"。可见在当时的反对声浪中,斥阳明为禅是一个重要意见。而申时行的申明,不仅涉及官方对阳明学的政治定性,同样表现出整个晚明对于"阳明学近禅"的争议。而后世也一直有大儒提出"阳明近禅"的批评,如王船山道:

> 王阳明疑有子之支离以此,而有子之切事理以立言,终异于姚江(阳明)之沦于禅者,亦正在此。②

此外,所谓"近禅"除了阳明及其后学本身的思想倾向外,还存在禅宗反过来攀附阳明学的问题。换句话说,当时不仅士大夫认为阳明近禅,释教也认为阳明近禅。如刘蕺山(宗周)云:

> 今之言佛氏之学者,大都盛言阳明子,止因良知之说于性觉为近,故不得不服膺其说,以广其教门,而衲子之徒亦浸假而良知矣。③

阳明对心学传统与禅宗的分殊,还可以从他努力地为"象山为禅"(这是朱子的批评)所进行的辩护中看出。阳明云:

> 而象山辩义利之分,立大本,求放心,以示后学笃实为己之道,其功亦宁可得而尽诬之!而世之儒者,附和雷同,不究其实,而概目之以禅学,则诚可冤也已!……而象山独蒙无实之诬,于今且四百年,莫有为之一洗者。使晦庵有知,将亦不能一日安享于庙庑之间矣。④

阳明对朱子这样的批评,在儒家传统里是非常罕见的。这同样预示着:近禅问题将是心学传统所要面对的最大理论困难。⑤

---

① 张廷玉等:《明史·王阳明传》,吴光、钱明、董平、姚延福编校《王阳明全集(新编本)》第六册,浙江古籍出版社,2011年,第2053页。
② 王夫之:《船山全书》第六册,长沙:岳麓书社,2011年,第593页。
③ 刘宗周:《答胡嵩高朱绵之张奠夫诸生》,吴光编《刘宗周全集(文编中)》第五册,杭州:浙江古籍出版社,2012年,第310页。
④ 王阳明:《王阳明全集(新编本)》第三册,第847页。
⑤ 据当代学者研究:"阳明在世时,就有当时的朱子学者孙杨(石台)对照《传习录》逐条批驳的《质疑稿》流传,一时轰动。"参阅李国跃、李圣华:《明中期浙中士人对阳明学的批判——以孙杨学案为例》,《浙江师范大学学报(社会科学版)》2022年第3期,第13、17页。

二 他复何计:早期阳明思想无法摆脱
近禅嫌疑的现实原因

从个人经历来看,王阳明的思想学术之所以难以摆脱近禅嫌疑,第一个最为明显的原因在于:他有过明确出入佛老之学的经历,①以至湛甘泉(若水)在其墓志铭中写道:

> 初溺于任侠之习,再溺于骑射之习,三溺于辞章之习,四溺于神仙之习,五溺于佛氏之习。正德丙寅,始归正于圣贤之学。②

而根据钱德洪的总结,王阳明一生思想几番变化也可以概括为"教三变"与"学三变":

> 先生之学凡三变,其为教也亦三变:少之时,驰骋于辞章;已而出入二氏;继乃居夷处困,豁然有得于圣贤之旨:是三变而至道也。居贵阳时,首与学者为"知行合一"之说;自滁阳后,多教学者静坐;江右以来,始单提"致良知"三字,直指本体,令学者言下有悟:是教亦三变也。③

可见,在"致良知"成为阳明的思想宗旨前,其本人所经历的精神发展线索与轨迹是十分复杂曲折的。同时,上述湛、钱二氏所提及的为学"五溺"和"三变"也可以看作最终支撑起阳明学的思想质料来源。因此,阳明学在思想风格上有着辞章文学的浪漫主义特质以及佛老虚玄缥缈的神秘主义内涵是很正常的。当然,在雅好文学与出入佛老之后,阳明最终得窥儒家正统之门径,坚持了儒家的价值立场,这也是可以肯定的。据此,我们可以姑且将阳明思想分为早中晚三期。早期由开蒙进学至龙场悟道,中期由"知行合一"出发,转而在滁州开宗立派强调"静坐",晚期则是从"致良知"之说的提出,直

---

① 陈来认为:"关于静坐中的神秘体验(mystical experience)问题,阳明在弘治中于阳明洞静坐时曾有包括前知在内的种种神秘体验,后来在龙场静默悟道更有神秘经验的经历。其门人的'静坐有见'、'窥见光景'及'恍若有可即者'都是神秘体验。金陵以后,阳明渐觉此弊,往往对门人有所警省。但这个问题始终未受特别重视,在嘉靖以后的王学中更为发展,成为明代儒学精神性的一个重要特点。"参阅陈来:《有无之境:王阳明的哲学精神》,北京:北京大学出版社,2013年,第275页。

② 湛若水:《阳明先生墓志铭》,《王阳明全集(新编本)》第四册,第1409页。

③ 钱德洪:《刻文录叙说》,《徐爱钱德洪董沄集》,钱明编校整理,南京:凤凰出版社,2007年,第185页。

至去世前的"天泉证道"。那么为什么少年阳明会在行事作风上亲近佛老呢？对这个问题，一般依黄梨洲的总结：

> 先生之学，始泛滥于词章，继而遍读考亭之书，循序格物，顾物理吾心终判为二，无所得入。于是出入于佛、老者久之。①

但这一说法并不完全准确，它忽视了阳明精神气质中对于佛老之法的天然亲近。《年谱》载：

> （成化十八年）一日，（阳明）与同学生走长安街，遇一相士。异之曰："吾为尔相，后须忆吾言：须拂领，其时入圣境；须至上丹台，其时结圣胎；须至下丹田，其时圣果圆。"先生感其言，自后每对书辄静坐凝思。尝问塾师曰："何为第一等事？"塾师曰："惟读书登第耳。"先生疑曰："登第恐未为第一等事，或读书学圣贤耳。"②

成化十八年距"格竹"事件发生尚有七年。从这段颇有神异的记叙来看，相士认为阳明有修行的天赋。同时，其所说的（须拂领、须至上丹台、须至下丹田）指向某种佛道式样的修行法门。但从"读书学圣贤为第一等事"的结论来看，阳明当时对朱子学还未出现"格竹"之疑。不过，阳明所得出的"学圣贤耳"的方法，却带有禅宗的味道（静坐凝思）。同时，这个神异的故事似乎又是预示了阳明此后的人生经历——始于释教禅宗之神异，却终归于儒家的理性精神。

从阳明早年的人生经历来看，除了精神气质之外，其之所以出入佛老，另一个原因在于禅学式样的神秘体验常常是他在那一时期面临人生难题或精神困境的唯一心灵依靠。此即牟宗三所谓的"禅之风格"，牟宗三云：

> 然则什么是禅之风格？禅之风格在什么关节下始呈现？当吾人一旦归于朴实之途，进一步想把这"本心即理"之本心如如地呈现之，而不起一毫作意与执着之时，这便有禅之风格之出现。……此即禅家所谓"无心为道"是也。此"无心为道"之无心是作用义的无心，不是存有义的无心。此作用义之无心既可通于道家之玄智，亦可通于佛家之般若与禅。③

---

① 黄宗羲：《明儒学案》上册，沈芝盈点校，北京：中华书局，2008 年，第 180 页。
② 黄宗羲：《明儒学案》上册，第 1226 页。
③ 牟宗三：《从陆象山到刘蕺山》，台北：联经出版事业有限公司，2003 年，第 10 页。

但与禅宗"无心为道"的理论目标不同，"阳明格竹"的困惑以及青年王阳明的所有其他怪异行为，从根本上说都是为了解决道学的一些根本问题。但由于其天赋的精神气质所带来的一些行为（静坐、顿悟、预知、旁人很难明白的机锋、怪诞的行为）与禅宗太像，所以被目之以禅是非常自然的。同时，查阅龙场悟道前阳明在狱中以及谪贬途中所作的诗文，随处可见这样的句子。如：

> 瞑坐玩义易，洗心见微奥。①
> 至哉玄化机，非子孰与穷！②
> 敛衽复端坐，玄思窥沉溟。③

从这些诗文来看，阳明当时依赖于静坐、冥想来排遣下狱、流放的精神痛苦，获得了一种类宗教性的心灵慰籍。所以，青年阳明在那段时间艰难的人生际遇，使之必须依赖于"静坐"或"冥想"等工夫来平复外在所带来的精神苦惑。阳明最后龙场悟道在石廓前静坐的直接动机，从思想缘起上说也是为了缓解这些当下棘手的现实问题。《行状》云：

> 夷俗于中土人至，必盅杀之。……瑾欲害公之意未已。公于一切得失荣辱皆能超脱，惟生死一念，尚不能遣于心，乃为石廓，自誓曰："吾今惟俟死而已，他复何计？"日夜端居默坐，澄心精虑，以求诸静一之中。④

因此，讨论阳明早年思想与学术无法摆脱"近禅"嫌疑的原因，除了黄梨洲讲的阳明基于"格竹"问题对朱子学的疑问，更应该注意其当时的人生际遇与思想气质。

三 静中光景：阳明中期思想无法摆脱近禅嫌疑的关键流弊及其理论补救

龙场悟道是阳明精神世界发生重大变化的关键点，此后或可谓阳明思想

---

① 《王阳明全集（新编本）》第三册，第714页。
② 《王阳明全集（新编本）》第三册，第718页。
③ 《王阳明全集（新编本）》第三册，第724页。
④ 黄绾：《阳明先生行状》，《王阳明全集（新编本）》第四册，第1427页。

之中期。根据《年谱》的说法：

> 时瑾憾未已，自计得失荣辱皆能超脱，惟生死一念尚觉未化……因念："圣人处此，更有何道？"……始知圣人之道，吾性自足，向之求理于事物者误也。乃以默记《五经》之言证之，莫不吻合，因著《五经臆说》。①

关于这段经历，《行状》上的记载是：

> 一夕，忽大悟，踊跃若狂者。以所记忆《五经》之言证之，一一相契，独与晦庵注疏若相抵牾，恒往来于心，因著《五经臆说》。②

结合上述两段文本，尽管阳明龙场之惑的起点并不是学术上的，而是刘瑾"欲害之"的生死危机所致，但其顿悟后所得出的结论却围绕着源自"格竹"的道学问题意识——"圣人之道，吾性自足，向之求理于事物者误也"。他当时认为其得出的"心即理"结论是符合道学传统的，"独与晦庵注疏若相抵牾"，除此之外则无偏差。因此，《五经臆说》为其所顿悟之结论（"圣人之道，吾性自足"）给出了儒家经典层面的思想支撑。从阳明晚年的回忆来看，"龙场悟道"最后所汇集的"心即理"结论，其实是对其早年起于"格竹"并进而溺于佛老的那个问题意识的一个彻底解决，这也是黄梨洲相关说法的重要依据。阳明道：

> 一日寓书斋，对数筮竹，要去格他理之所以然，茫然无可得。遂深思数日，卒遇危疾，几至不起。……于是又放情去学二氏，觉得二氏之学比之吾儒反觉径捷，遂欣然去究竟其说。后至龙场，又觉二氏之学未尽。履险处危，困心衡虑，又豁然见出这头脑来，真是痛快，不知手舞足蹈。③

所以，龙场悟道开始时，现实紧迫的流放与生命威胁等问题意识是他所考虑的，而石廓静坐的工夫进路是类佛老的，只是在阳明拿后者的工夫去应对前者的问题之时，最终发现"二氏之学未尽"——"二氏之学"已经没有办法解决他当下所遇到的这些棘手问题，所以他最终陷入了绝境而只能不断默念"圣人处此，更有何道"，进而方有大悟。因此，尽管看起来用了禅宗的方

---

① 钱德洪编《年谱一》，《王阳明全集（新编本）》第四册，第1234页。
② 黄绾：《阳明先生行状》，《王阳明全集（新编本）》第四册，第1427页。
③ 《王阳明全集（新编本）》第五册，第1606页。

法,但龙场悟道最终的实质性结果恰恰不是禅学式的,而是有一个在发现"二氏之学未尽"后复归儒学的转折。然而,这种解决问题方式,显然与儒家的"学—思"传统存在背离,阳明本人当时也意识到了这一问题,所以顿悟后立即以"五经"校验之,最终得成《五经臆说》。但他后来也承认,龙场时代凭借顿悟之后的灵光所成的《五经臆说》,并不完全契合儒学真谛。所以,晚年的阳明自己将《五经臆说》"付秦火"①而只讲良知。

当然,龙场之后的中年阳明对此还没有清晰的意识,反而发扬了静坐与顿悟的工夫论路线,并将之认作自身为学工夫的"用力处"与"得力处"。这构成了王阳明中期工夫论思想进路的重要特征。阳明云:

> 兹来乃与诸生静坐僧寺,使自悟性体,顾恍恍若有可即者。……前在寺中所云静坐事,非欲坐禅入定也。盖因吾辈平日为事物纷扰,未知为已,欲以此补小学收放心一段功夫耳。②

上述论断发于正德五年,王阳明三十九岁。显然他此时对自家学问与禅宗之间已经有着非常明确的分殊,同时也不认为静坐工夫本身存在着大问题。他指出,相对儒家修齐治平的大学工夫,静坐法门不过是次一等的小学工夫,其主要作用是摒除日常事务的纷扰,以起到"收放心"的作用,也就是孟子所言之"求其放心"。其后的一段时间内,"静坐"工夫也就成了阳明授徒的一个方便法门。正德八年十月,王阳明至滁州"督马政",这期间主要倡导的便是上述其改良过的作为"小学工夫"的"静坐"法门。阳明云:

> 吾昔居滁时,见诸生多务知解,口耳异同,无益于得,姑教之静坐。一时窥见光景,颇收近效。③

从思想发展上说,阳明少年时依静坐而时有玄思及与众不同的想法并豁然而悟,依之度过了"两年谪居"的苦厄。可见,静坐工夫对于中青年阳明来说,实是其心灵成长与思想认识之发展的关键载体,因此中年立教之后他推崇静坐也是合乎逻辑的。但也正是在这个过程中,基于其自身的思考,他对"静坐"本身的态度也脱离了释家以静坐参禅否定现实人生、宇宙、社会关系

---

① 钱德洪:《五经臆说十三条序》,《徐爱钱德洪董沄集》,第 200 页。
② 钱德洪编《年谱一》,《王阳明全集(新编本)》第四册,第 1236 页。
③ 陈荣捷:《王阳明传习录详注集评》,上海:华东师范大学出版社,2009 年,第 193 页。

的虚无主义进路。就此言之,尽管都是从静坐入手,但此时的阳明学,从思想本体上说不可谓禅。但是,从现象层面说,因为不仅静坐工夫本身在外人看来乃是类禅的,此时阳明教导门人静坐所获得的心灵体验也具有非常鲜明的禅宗式样——从"静中颇见光景"一语可见。对阳明学语境下的这一"光景"概念,牟宗三曾指出:

> 光景只是在静坐观心时,以心为对象,心转为孤智,所起之虚影。①

换句话说,所谓"静中光景"就是将自身的问题意识、精神意念抽象并对象化为某种独立存在的认识客体,并将其理解为某种使得静思者顿悟的灵光(虚明)。但从根本上说,这样的灵光所指向的并不是答案,而是虚影。而从阳明后学内部来看,关于光景,罗近溪曾将之总结为:

> 只一心字亦是强立。后人不省,缘此起个念头,就会生个识见。因识露个光景,便谓吾心实有如是本体,本体实有如是朗照,实有如是澄湛,实有如是自在宽舒。不知此段光景原从妄起,必随妄灭。及来应事接物,还是用着天生灵妙浑沦的心。②

可见,"因识露个光景,便谓吾心实有如是本体,本体实有如是朗照,实有如是澄湛,实有如是自在宽舒"带来的"以虚为实"的精神快感,显然是滁州弟子对静坐趋之若鹜的重要原因。对于"光景"的这种虚妄性,阳明自己也很清楚。《传习录》上记录:

> 一友举虚明意思。先生曰:"此是说光景。"③

阳明本人虽能将静坐工夫论带来抽象光景与工夫指向的目的本身区别开来,但他当时的弟子门人却不一定能做到,因此才有"静中光景"的问题。而滁州立教中的"静中光景"问题之所以带来了这么大的麻烦,从根源上说,还是在于"龙场悟道"式样的静坐工夫论进路所具有的王阳明式的精神独特性,其本不应该具有任何普遍意义。需要注意的是,即便是阳明本人,在龙场悟道的基础上,也需要立即以所记忆的《五经》之言证之,遑论其后学门人。

---

① 牟宗三:《从陆象山到刘蕺山》,第 67 页。
② 《罗汝芳集》(上),方祖猷、梁一群、李庆龙等编校整理,南京:凤凰出版社,2007 年,第 270 页。
③ 牟宗三:《从陆象山到刘蕺山》,第 70 页。

为了解决这一问题,他最终转向"致良知"。阳明云:

> (静坐)久之,渐有喜静厌动,流入枯槁之病。或务为玄解妙觉,动人听闻。故迩来只说致良知……此便是学问头脑。①

"致良知"的提出,最为当下与切近的目的是彻底解决阳明门人弟子内部所出现的诸生"喜静厌动,流入枯槁之病。或务为玄解妙觉,动人听闻"的问题。换言之,在"致良知"提出前,阳明学实际存在着"玩弄光景""流入枯槁""玄解妙觉"这些近禅流弊。

四 只此无病:"致良知"对于"静坐"流弊的补救及相关问题

既然提出"致良知"的直接原因,就是为了彻底解决滁州立教之后由"静坐"工夫导致的"近禅"流弊(流入枯槁、玄解妙觉、喜静厌动),那么从具体内容上说,"致良知"在理论上的构建,显然就是针对这些流弊而发的。这一点也体现在阳明对于"良知"概念兼及动静内外、浑然一体的强调上。阳明云:

> "未发之中"即良知也,无前后内外而浑然一体者也。有事无事,可以言动静,而良知无分于有事无事也。②

可见,提出"致良知"后的阳明认为,"静坐体悟"的工夫论路径相对于"贯穿动静"的良知本体目标来说是具有片面性的,以良知本体为标准,"动静"这样的概念表达的更多是一种具体时空境遇。而这类时空境遇(现实)相对于具有确定性的良知本体来说,乃是有着流变性与不确定性的。不论在怎样的境遇中,良知都应该作为浑然之整体出现,正如人的生命与生活是一个整体一样。任何试图割裂其中某一方面,使之外化并加以强调的做法,都会带来各种问题。依此言,所谓枯槁虚寂之病就是直接脱离人类生活实践的整体性与本真性,去寻求某种抽象的内在超越,这会使得人们得出的相关精神结论缺乏一种鲜活的生命力。而这种生命力,在阳明看来正是

---

① 陈荣捷:《王阳明传习录详注集评》,第193页。
② 陈荣捷:《王阳明传习录详注集评》,第131页。

儒家心性道德论述的起点。在其关于儿童教育的《训蒙大意》一文中,阳明指出:

> 大抵童子之情,乐嬉游而惮拘检……譬之时雨春风,沾被卉木,莫不萌动发越,自然日长月化;若冰霜剥落,则生意萧索,日就枯槁矣。①

作为人生之初的儿童应该是喜悦活泼、萌动发越的性格,便如春芽之生,因此若拘检摧挠则如冰霜剥落,是摧毁此种先天活泼、具有整体性的浑沦生生之意,进而获得的就是"枯槁"的结果。阳明撰《训蒙大意》在正德十三年,而立良知之教是正德十六年,所以《训蒙大意》显然是阳明提出"良知之教"前"较过几番"的具体内容体现。所以,在阳明所提出"良知"的内涵里,就有着非常清楚的自然活泼、兼及动静的生命整体之意。或曰:

> 问:"先儒谓:鸢飞鱼跃,与必有事焉同一活泼泼地。"先生曰:"亦是。天地间活泼泼地,无非此理,便是吾良知的流行不息。致良知便是必有事的工夫。此理非惟不可离,实亦不得而离也:无往而非道,无往而非工夫。"②

所以,阳明以良知的活动性与现实性强调"必有事的工夫",所针对的便是此前其工夫论中偏重静坐禅定的流弊问题,并以此治疗枯槁虚寂之病。良知工夫不脱人在日常生活(生命)历程中的事上磨炼——阳明本人对于"静坐"的反思与批判以及"致良知"的提出,实际上也是其几十年间较来较去的结果。阳明道:

> 我这个话头自滁州到今,亦较过几番,只是致良知三字无病。③

因之,阳明晚年提出的"致良知"着重强调了"事上磨炼"的意义与日常生活实践在心学工夫中的必要性。《传习录》上写道:

> "静时亦觉意思好,才遇事便不同,如何?"先生曰:"是徒知静养而不用克己工夫也。如此临事,便要倾倒。人须在事上磨,方能立得住;方

---

① 《王阳明全集(新编本)》,第一册,第95页。
② 陈荣捷:《王阳明传习录详注集评》,第226页。
③ 陈荣捷:《王阳明传习录详注集评》,第193页。

能静亦定、动亦定。"①

所以，良知是贯穿内在的静坐修养工夫与外在的生活实践（事上磨炼）的。阳明云：

> 良知明白，随你去静处体悟也好，随你去事上磨炼也好。②

进而，"致良知"所取得的思想突破也就是对"静处体悟"工夫路向的扬弃。阳明云：

> 吾"良知"二字，自龙场已后，便已不出此意，只是点此二字不出，于学者言，费却多少辞说。今幸见出此意，一语之下，洞见全体，真是痛快，不觉手舞足蹈。学者闻之，亦省却多少寻讨功夫。学问头脑，至此已是说得十分下落，但恐学者不肯真下承当耳。③

又云：

> 某于"良知"之说，从百死千难中得来，非是容易见得到此。此本是学者究竟话头，可惜此理沦埋已久。学者苦于闻见障蔽，无入头处。不得已与人一口说尽。但恐学者得之容易，只把作一种光景玩弄，孤负此知耳！④

此间"百死千难"的形容是值得注意的。从上述两段引文来看，虽然阳明在"致良知"上强调了其"无病"与"学问头脑"，但终究还是担心"说得十分下落"与"学者得之容易，只把作一种光景玩弄"。所以，这似乎昭示着即便是"致良知"之教，也还是无法摆脱前述"光景"的困扰。同前文中滁州立教时门下弟子所遇到的问题一样。阳明担忧学者在致良知问题上沉溺"静中光景"，就是将具体流变中的良知一时之境遇，认作具有确定性的良知本体，进而也就遮蔽了真正的良知本身。因此，晚年阳明以"致良知"贯穿动静、本体工夫为一的做法，就是试图凸显良知流行的自然有机、整体、实在之意。关于这一点，牟宗三指出：

---

① 陈荣捷：《王阳明传习录详注集评》，第36页。
② 陈荣捷：《王阳明传习录详注集评》，第193页。
③ 钱德洪：《刻文录叙说》，《徐爱钱德洪董沄集》，第186页。
④ 陈荣捷：《王阳明传习录详注集评》，第236页。

良知心体圆而神,譬如一露水珠,真难把握。然如不悟此良知,还讲什么顺适平常,眼前即是? 眼前即是者,焉知其非情识之放纵恣肆耶? 故必须先对于良知本身有所悟解。但一经悟解,良知即凸起而被投置于彼,成了一个对象或意念,而不复是天明,这便是良知本身所起的光景。光景者影子之词也。认此影子为良知则大误也。①

于牟宗三,"致良知"工夫的"光景化",其核心点在于以一种认识或思维对象的方式将良知进行概念化与对象化。这种对象化是非实践性的,而是一种静观或者视觉性的处理方式,或者说是一种脱离切身生命体验的形式主义做法。简言之,就只是主体(静坐体悟者)对于客体(良知及其流行发用)单向度的抽象运思、观察。在这个意义上,静坐者实际上处于一个超然的第三人称观察位置,而没有第一人称的主观体验。进而,"见成"等说又有被"禅"借以立帜歪曲的抓手。这个问题在晚明具体上又可分为两方面说,一方面是阳明后学当中的某些学者积极并且主动地向禅宗靠拢的倾向,②另一方面则是当时的释教僧人反过来以类似阳明学的说法来阐释儒经的做法。黄梨洲云:

明初以来,宗风寥落,万历间,儒者讲习遍天下,释氏说遂有紫柏、憨山因缘而起。至于密云、湛然,则周海门、陶石篑为之推波助澜,而儒释几如肉受串,处处同其义味矣。③

对第一方面,有当代学者研究指出:"周海门(汝登)、陶石篑(望龄)等人都具有双重身份,既属阳明后学,同时也归于佛教在家居士之列。陶望龄曾深切地反省自己儒佛并学的思想困境说:'今之学佛者,皆因良知二字诱之也。'由此可见,正是阳明良知自在自见学说本身,构成了万历年间儒家学者归向学佛的思想诱因。"④对于第二方面,譬如万历朝的曹溪宗僧人憨山德清撰有《大学纲目决疑》这样借助儒家经典阐释禅法的著作。在其对《大学》"三纲领"的阐释中有这样的话:

---

① 牟宗三:《从陆象山到刘蕺山》,第 240 页。
② 陈永革:《阳明学派与晚明佛教》,北京:中国人民大学出版社,2009 年,第 251 页。
③ 黄宗羲:《张仁菴先生墓志铭》,《黄宗羲全集》第十册,沈善洪编,杭州:浙江古籍出版社,1993 年,第 443 页。
④ 陈永革:《阳明学派与晚明佛教》,第 250 页。

今言至善，乃是悟明自性本来无善无恶之真体，只是一段光明。①

这一说法显然非常类似阳明在天泉桥上的"四句教"。质言之，尽管"致良知"兼及动静必有事焉的工夫可以保证阳明学与禅宗之间的分殊，但在现实上，却还是会产生禅学式样的流弊。同时，自滁州立教以来，投入阳明门下的弟子之中又多有参禅修道的人生经历与偏向虚玄的精神气质。阳明有诗云：

王生兼养生，萧生颇慕禅；迢迢数千里，拜我滁山前。吾道既匪佛，吾学亦匪仙。②

对学生好佛老的精神取向，依然困扰着晚年阳明。他在给湛甘泉的信中曾说：

向承狂生之谕，初闻极骇，彼虽愚悖之甚，不应遽至于尔。既而细询其故，良亦有因。近复来此，始得其实。盖此生素有老佛之溺，为朋辈所攻激，遂高自矜大，以夸愚泄愤。盖亦不过怪诞妖妄如近世方士呼雷斩蛟之说之类……如生者，良亦千百中之一二，而又复不免于陷溺若此，可如何哉！可如何哉！③

但阳明的精神气质及阳明学的理论特征（与禅有毫厘之差）④似乎就是能够吸引曾经有"老佛之溺"带着"呼雷斩蛟"想法的"狂生"来投奔门下，并且希望在阳明门下学习这些神异的东西。《传习录》上有记载：

萧惠好仙、释，先生警之曰："吾亦自幼笃志二氏，……始自叹悔错用了三十年气力。……"惠请问二氏之妙。先生曰："向汝说圣人之学简易广大，汝却不问我悟的，只问我悔的！"惠惭谢，请问圣人之学。……先生曰："已与汝一句道尽，汝尚自不会。"⑤

可见，阳明非常希望能够将这类精神气质的人，通过自身之学引向儒门正

① 憨山德清：《憨山老人梦游集》第四册卷四十四，台北：新文丰出版公司，1992年，第2380页。
② 《王阳明全集（新编本）》，第三册，第770页。
③ 《王阳明全集（新编本）》，第一册，第231页。
④ 《年谱》云："二氏之学，其妙与圣人只有毫厘之间。'"参阅钱德洪编《年谱一》，《王阳明全集》（新编本）第四册，第1243页。
⑤ 陈荣捷：《王阳明传习录详注集评》，第88页。

宗。而在阳明去世后,也正是这部分人及其后学反过来"跻阳明而为禅"。①

小结

综上所述,阳明之学"近禅"的原因是非常复杂而多方面的。主要有阳明本人的精神气质、早年经历及其理论本身的宗旨与佛老有毫厘之差的因素,有阳明滁州立教投入门下弟子本身亲近佛老的思想背景(如萧惠),有同时代与后世朱子学学者的批评,有后学积极向禅宗靠拢力图儒释合一的价值取向,以及同时代禅宗反过来借阳明良知立帜的问题(如憨山德清)等等。虽然我们可以说,阳明学的根本是儒而不是禅,只是他用了有"禅之风格"的"共法"来立教,但这未免还是给了各种禅或类禅思想有意无意地借其学以立帜的空间。至此,王阳明也就没有再为"近禅"辩护的余地了。其晚年才以其工夫简易直截而只讲"致良知",避免旧时说法所引起的"纷纷同异"之弊,②可能亦是鉴于此。

The Zen Accusation in Wang Yangming's Philosophy and Its Indefensibility

Chen Yan

Abstract: The criticism and controversy of Yangming's approach to Zen has been a public case since Yangming was alive until the end of the Ming Dynasty. Generally, the controversies of later generations are mostly on specific academic theories. But in the three stages of Yangming's thought development, his spiritual

---

① 黄梨洲云:"阳明有泰州、龙溪时时不满其师说,益启瞿昙之秘而归之师,盖跻阳明而为禅矣。"参阅黄宗羲:《明儒学案》下册,第703页。

② 阳明云:"吾居龙场时,夷人言语不通,所可与言者中土亡命之流。与论知行之说,更无抽挌。久之,并夷人亦欣欣相向。及出与士夫言,反多纷纷同异,拍挌不入。学问最怕有意见的人,只患闻见不多。良知闻见益多,覆蔽益重。反不曾读书的人,更容易与他说得。"参阅陈荣捷:《王阳明传习录详注集评》,第238页。

position has been changing. Judging from his early experience, the reason why he could not get rid of the suspicion of near Zen is due to his mysterious life experience. And the meditation practice advocated by middle-aged Yangming did make the disciples of Congxue encountered the problem of the illusion of Zen Buddhism. Furthermore, in his later years, Yangming, in order to solve the drawbacks of "Scene in Quietness", put forward the theory of "to conscience" that was both internal and external movement, and only then did the problem of "near Zen" be solved academically. But after all, he couldn't completely eliminate the lingering shortcomings of Zen in his studies, which also made Yangming himself "deeply regretful". And some of the formulations of "achieving conscience" also created conditions for later generations of Zen to build on the basis of "conscience". Analyzing the causal origin of Yangming's approach to Zen is caused by many internal and external factors such as Yangming's life experience, spiritual history, ideological characteristics and academic goals.

Key words: Wang Yangming, Zen, Achieving Conscience, Sitting Meditation

哲学门(总第四十五辑)
北京大学出版社,2022年

"实体"范畴与奥克肖特诗性
的"社会"与"国家"观

李振东　战伟平*

摘　要:对"社会"与"国家"的哲学化认知,深刻地影响着人们对政治生活的理解,是政治哲学探究的一个重要内容。作为当代英国著名哲学家、保守主义大师的奥克肖特,他的早期政治思想,围绕着"实在"问题,从"实体"范畴出发,以诗歌的感知方式汲取丰富的诗性意旨,为我们提供了一种个性的"社会"与"国家"观。在他看来,"宗教"和"诗人式的爱国主义"是真正的社会生活的重要表现形式,并且"往往是最羞怯的人却在真正意义上善于社交"。"国家"是一种精神性实体,它的权威源于自身的自足性,还需要从"个体"那里找寻基础。奥克肖特早期的政治思想是他观念论哲学的一个重要组成部分,同时也是他政治哲学的一份重要补充。

关键词:奥克肖特　观念论　实体　诗歌　国家观

奥克肖特(Michael Oakeshott,1901—1990),是当代英国著名观念论哲学家,也是20世纪世界上最重要且最富有个性的政治思想家之一。他的著述保守主义韵味十足,多以睿智而不吝优美的语言勾勒出政治与社会生活的应然状态,读之即颇受启示、颇感欣然。而大约以20世纪40年代为分界,事实上,不似奥克肖特之后"政治"研究的那份热衷与高度集中,40年代以前,奥克肖特的研究主要着力于比较纯粹地与感知、理解、经验相关的认识论、释意

---

* 李振东,山东大学政治学与公共管理学院博士研究生,克拉玛依市委党校学刊编辑、讲师;战伟平,克拉玛依市委党校讲师。

学领域。它常表现出对"存在"真谛的探求，更多关注的是"实在"问题。即便如此，我们也能发现，围绕"实在"问题，奥克肖特对"政治"也做了一番别致解读。①

这份别致的解读，长期以来，并没有得到研究者的恰当回馈。Luke O'Sullivan 看到了奥克肖特前后期"政治"观念的"差异和连续性"，但是他在奥克肖特蕴涵丰富政治思想的早年作品《宗教、政治与道德生活》中捕捉并定性到的也不过是"论述神学的论文"。② Paul Franco 在《奥克肖特研究导论》中将奥克肖特早期的政治思想作为他政治哲学的一个补充，忽视了它在 40 年代之前的独特地位；而 Corey 虽然进一步关注到了奥克肖特早期的政治思想，而且以道德为线索将宗教、美学与政治关联在一起，但也仅是得出"奥克肖特的政治观念依托于一种道德图景，而这种道德图景正建基于他的宗教和美学思想之上"的结论。③

事实上，奥克肖特早期的政治思想不仅是他后期政治哲学的一份重要补充，而且有着比较鲜明的个性特征。这种个性特征表现在，它基于一种对诗歌整体性的、体悟性的审美内容的经验视角，围绕"实在"问题从"实体"范畴出发，以诗性的感知方式汲取哲学意旨，并将这种意旨在对"社会"、对"国家"的理解中充分展现出来。或许，比起作为一种政治哲学，一种"观念论哲学的重要组成部分"更适合定义奥克肖特的早期政治思想。但如果确要从前者来看待，奥克肖特的早期政治思想毋宁可以诠释为一种审美内容上自足的政治哲学。它区别于奥克肖特后期从诗歌意象结构的审美形式上确立起的自足性政治哲学。④

---

① 像《剑桥政治学院》(1924)、《政治哲学某些基本问题之讨论》(1925)、《政治学的哲学方法》(1928—1930)以及《宗教、政治与道德生活》(1925—1955)等早期作品就表明了这一点。

② 参见奥克肖特：《历史是什么》导言，王加丰、周旭东译，上海：上海财经大学出版社，2009 年。

③ See Paul Franco, *Michael Oakeshott：An Introduction*, New Haven：Yale University Press, 2004; Elizabeth Campbell Corey, *Michael Oakeshott on Religion*, *Aesthetics*, *and Politics*, University of Missouri Press, 2006, p. 11.

④ 出于奥克肖特思想在前后期的这种差异性，我们曾作出它诗意维度上"性灵哲学"与"政治哲学"的个性划分。参见李振东：《确定的价值相对与虚无？——论奥克肖特的诗性哲学及其二维运思》，《哲学评论》第 15 辑，北京：中国社会科学出版社，2015 年。但实际上这种划分也仅是基于奥克肖特思想中延续的诗歌话语与诗歌叙事在特定线索、特定维度上客观呈现出来的，所以"性灵哲学"如果从更基础的观念论哲学背景审察就并不显得确当，它毋宁说是相较于后期的"政治哲学"主题而言一种更纯粹的观念论研究的一部分。

一 观念论背景下的"实体"范畴与诗性感知

奥克肖特对于宗教、政治、美学、历史等一些列问题的思考是以他个性的哲学认识论为基础的。这种哲学认识论处于从柏拉图到黑格尔的一个延续着的唯心主义传统中。鉴于奥克肖特在他著名的《经验及其模式》中的表述，我们可以明确地称它为观念论的。当然，观念论本身即可作为唯心论的一种替代性表达。所以，按照奥克肖特自己所说，他的观念论思想就在某种扬弃中，接续起了从柏拉图到黑格尔再到更近的新黑格尔主义的观念论传统。① 同这个传统长久以来的一个主题一致，奥克肖特也探究了认识上主客体的关系问题以及何为"实在"的问题。柏拉图认为"实在"是一种"原型"，或说"理念"，它超脱于现象，在终极的完满处是一种至善、至美、至真的存在。黑格尔也从整全性、普遍性上去把握实在，首先强调的是"实在"在事物共相意义上的形而上学意指，也就是反映在柏拉图那里的"一"与"多"的问题。"实在"是"一"，"多"不过是"一"的偶性。也是由此，相对于把"实在"理解为单独的、感性知觉可把握的个体事物，黑格尔更强调了终极实在——"绝对精神"的辩证运动。奥克肖特不像柏拉图那样割离开"现象"与"实在"，他明确地反对这种反映在认识论上主客体间的"二元论"；②同时，他也不像黑格尔虽然在一种"意识的经验学"中弥合了主客体但却设置了终极实在的客观唯心主义特征。③ 奥克肖特更多从新黑格尔主义者布拉德雷那里汲取共鸣。布拉德雷的思想游移于客观唯心论与主观唯心论之间，在他那里，"实在"是一种现象，也是只有在"经验"中才能被把握的一个整体。这个整体在完满处又被称为"绝对经验"（Experience）。当从主体层面讲时，"绝对经验"在限定条件下被个体所一般性把握；当从客体层面讲时，"绝对经验"又指涉了宇宙中"存在一个无所不包的感性经验"，这时经验似乎又脱离了个体，有着客观唯心主义的意味。④ 奥克肖特显然接续起了布拉德雷的唯心论思想，他认为："第一，经验（我认为经验意味着一个单一的、不可分割的

---

① 参见奥克肖特：《经验及其模式》，吴玉军译，北京：文津出版社，2005年，第6页。
② 奥克肖特：《经验及其模式》，第60页。
③ 参见黑格尔：《精神现象学》序言，贺麟、王玖兴译，北京：商务印书馆，1979年。
④ 参见韩震主编《现代西方哲学》，北京：高等教育出版社，2002年，第97页。

整体,在这其中经验活动以及被经验到的东西都占据着自身的位置)总是一个世界";"第二,经验意味着思想或判断;在任何时间、任何地点,经验都是一个观念世界。"①但他通常搁置起对一种客观精神(比如上帝)的经验世界或思想判断的探究,他关注的是从现实的思维着的"我"出发的经验世界。"我"作为思维着的主体无时不处在一个既是观念的又是实在的经验世界中。而"我"要把握"我"的存在性就是要在这个经验世界中发现一种连贯性,它是一个具体的、总体的事物世界的真理。

对于"实在"的终极意义的探究实际已经进入了本体论的范畴,它在形而上学上通常又被称为"实体"(或"本体")。不论黑格尔还是布拉德雷都曾指出了艺术、宗教与哲学在认识"实体"上扮演的角色。奥克肖特也延续了这样一个认识传统,他在其早期的哲学思考中同样热衷于探讨美学、宗教与哲学的关系问题。当然,根据文献还有一个原因也不容忽视,这就是对于现代性视野内"人"的漂泊地位的优湣。在《试论哲学、诗歌和实体的关系》一文中奥克肖特就说到,"如果人曾暂时放下对生计的直接关注,这迟早会导致他询问什么是实体的本质的问题"。② 那么,奥克肖特是如何为"我"的存在找寻根据的呢? 这从"经验"上说就是要体察个体存在的连贯性与完满,也就是一种"实体"状态。而要认识到这种"实体"状态又并不总是易予的。因为无论是历史的、科学的还是实践的经验世界都是一个被给定的、被限定的经验世界,它已然为经验总体设置了"外廓"。也就是说,要把握这个经验总体,也即"绝对经验"(或者说就是一种"绝对精神"),就必须要突破"经验"的限定。奥克肖特认为有两种主要方法供我们选择。这两种方法正似反映在黑格尔那里把握绝对精神(分艺术、天启宗教、哲学三个环节)的不同方式。它们,"一种我们可以称之为智力的方法,记录在哲学史中;另一种是直觉的方法,绝大部分都记录在神秘主义的历史中"。③ 对于这两种方法,奥克肖特显然更信赖"感觉的直接性",它表现在艺术与宗教中,也就是直觉的方法,因为在他看来,实体是难以表达的、难以形容的。

或许也是受到了布拉德雷的影响,奥克肖特将哲学与诗歌分别作为智力

---

① 奥克肖特:《经验及其模式》,第 309—310 页。
② 见奥克肖特:《历史是什么》,第 57 页。这里,奥克肖特采纳了斯宾诺莎的"实体"涵义,但实质上奥氏与斯氏只以实体指作上帝的观点并不相同。
③ 见《试论哲学、诗歌和实体的关系》,载奥克肖特:《历史是什么》,第 57 页。

方式与直觉方式的典型,而且很明显,他认为与以分析、逻辑为认识导向的哲学相较,诗歌在接近或把握实体上更具优势。① 尽管哲学以理性为工具聚拢万物,使其在认知的每一步都更富确定性,但它"把实体分解为碎片,使得对它的整体理解变得不可能",而诗歌则不同,它以感觉为基础,不像哲学追求"无可怀疑的知识",而是追求人之"存在(being)的知识",这种知识不要求探求的开端与结束,它是一种灵感的穿透,它可以向"全部事物中的一个微观的世界"去寻求答案。这个答案意味着,"具体的实在世界当然没有程度之别,它是至善的、完满的","对于任何事物而言,如果我们并不认为它或多或少并不是其所是的样子,那么它就是真实的"。② 当然,我们也可以抛开哲学,换个更直接的说法:诗歌寄寓着精神,它是散落到诗人头脑中纯粹精神的客观显现,恰是由此,靠着精神与精神的关联接洽,诗歌"一下子就知道实体的全部"。③ 这是一种类似于佛家"一花一世界"的智境与禅宗"悟"的法门的认知方式。也正是诗歌这种在实体认知上的优势使得奥克肖特将其抓为典范,我们不仅看到,在他那里诗歌(直觉或感性的象征)于文明史与人之本性中的地位陡然攀升,而且还会发现,尽管作为一种挂靠在"神秘主义或宗教"之下表征一种直觉体悟的认知方式,诗歌已成为彰显奥克肖特"经验"诗意、追索"存在"的一种不可忽视的力量。

在奥克肖特的早期作品中,很容易发现,有一些思想家的身影时常掠过,他们包括奥古斯丁、蒙田、帕斯卡尔、斯宾诺莎以及那些典型的浪漫诗人和哲学家,如尼采、诺瓦利斯等人。当然,那些"唯美主义"色彩更浓重的诗人,像柯勒律治、华兹华斯、雪莱等等,也不应受到忽视,因为他们的思想隐藏于诗中,反而成为推崇感性认知的奥克肖特信手拈来的"常物"。仔细地考察这些哲学家与诗人,他们无一例外地被认为在"存在"主题上作出了突出贡献,而且更重要的是,他们的思想都集中于奥克肖特自觉或不自觉所珍视的三个领域:诗人们的精神产物——诗歌——传递出沉醉的力量;斯宾诺莎、黑格尔、柯林伍德等人的唯心哲学打造着诗意的基底;奥古斯丁、蒙田、柏格森

---

① 布拉德雷认为哲学、逻辑学必须要与心理学分离开,因为哲学分析将会窜改我们对作为整体的实体的认识。同时他将艺术家那里显现的未割裂的灵感经验作为一种"直觉"方式的典型。参见艾耶尔等:《哲学中的革命》,李步楼译,北京:商务印书馆,1986年,第18页。
② 奥克肖特:《经验及其模式》,第67页。
③ 见《试论哲学、诗歌和实体的关系》,载奥克肖特:《历史是什么》,第85、76、77、73页。

等人不仅多少贡献了怀疑论的给养，加固了唯心哲学的大厦，更使得宗教的力量源出从"上帝"这种有着人之秉性的"神"慢慢转向或稀释成了可以显现为"爱""道德""万有"的精神造物。所有这些都一股脑地倾泻进了奥克肖特的思想熔炉，并成功地完成了诗意救赎的整合。

二 诗意之"经验"背负下"古典"的政治意蕴

在奥克肖特的"经验世界"释义中，虽然这个经验世界只能是"我"的经验世界，也虽然对"他"的经验世界只能在逻辑上敬而远之，但"真实世界"的连贯性自然地意味了我们不仅要考虑经验着的"我"，还要处理好同是作为经验着的主体的"我们"，或者说是在"我"的经验世界中的"我们"。对于前者，它指向独存的个体，是心理学的面相，而对于后者，它指向间性的个体，是奥克肖特"政治学"的面相，二者有着相辅相倚的关系。也是因为这样关系的存在，奥克肖特的早期观念论哲学就不可避免地与一种"政治"向度（政治哲学）牵连在一起。当然，须作出说明的是，我们这里所将论及的"政治"是一种学理上的"政治"，对它的陈述与探究常常以"政治学""政治科学""政治哲学"的面貌呈现出来。奥克肖特称他自己的这种"政治"为一项"解释性的事业"①。做出这样的限定是必要的，因为至少在奥克肖特那里我们发现他还表现出了对另一种"政治"，即实践的"政治"的理解。

奥克肖特对实践的"政治"的认知经历了从"庸俗"到"艺术"的转变。"迟至到20世纪20年代以前，相对来说奥克肖特对'政治'确实是没有什么兴趣的。"②而且，即便是在之后三四十年代一段时间，奥克肖特对实践上政治的理解实际上指向的也还是作为社会典型部分的"政治系统"，它是"一种高度专业化和抽象的公共活动形式"③。在1939年的《政治的要求》中奥克肖特就说到，"政治活动涉及精神的庸俗性，这不仅是因为它需要精神上庸俗

① M. Oakeshott, "The Study of 'Politics' in a University", in *Rationalism in Politics and Other Essays*, London: Methuen&Co. Ltd. ,1962, p. 334.

② Suvi Soininen, *From a 'Necessary Evil' to an Art of Contingency: Michael Oakeshott's Conception of Political Activity*, Charlottesville, VA: Imprint Academic, 2005, p. 3.

③ 见《政治的要求》，载迈克尔·欧克肖特：《宗教、政治与道德生活》，张铭、姚仁权译，上海：上海译文出版社，2019年，第148页。

的人的同意和支持,而且也因为即便它最好的目标中也包含着对人类生活的虚伪简化"①。然而,或许是出于对哲学自足性的认知,也或许是出于对古希腊政治"技艺"的理解,奥克肖特萌生了对实践中政治的应然的或理想的期望。在这时,奥克肖特虽然不一定放弃了对实践政治在实质上的"庸俗性",但他确实已将"政治"视为一种可能的"艺术"。"会话"不就取代了"政治系统"吗?②而且,他在 1947 年《科学的政治学》中更清楚地表明了这一点:"政治是道德上和哲学上可能的艺术,这种艺术的实践实际上会给人类带来更多的(也是更持久的)利益,而不会去追求完美的事业。"③

然而,不论这种实践的"政治"有着怎样的转变,从我们所需的政治铺垫看,它都是狭义的,不能够满足一种诗意之经验衍伸的前提。这种诗意之经验强调的是,它区别于被限定的历史之经验、科学之经验、实践之经验种种,它源自奥克肖特对诗歌艺术、宗教以及理论上的哲学那里一种整体主义的认识体验,它能够把握到"绝对经验"从而获得对"实在"的连贯性的完满的理解。也因此,剥离开这种有局限的实践"政治"就是必要的。不像在后期奥克肖特诗意的政治哲学那里,"政治"表现出一种理论上的相对"独立"特征,在奥克肖特早期的观念论哲学这里,"政治"明显地沾染上了"古典"色调,它强调的即是在对"实体"的探求中把握到的绝对的、自然的善的秩序对某些"政治"主题的判断与引导。④而这一过程也就使得"政治"具有了伦理化的倾向。政治伦理处在家庭伦理、社会伦理、宗教伦理、自然伦理的整体主义的谱系中。奥克肖特显然也是清楚这种与近代"政治"观相区别的古典"政治"观的。在关于近代欧洲的道德与政治的讲演录中,他即赞同黑格尔的观点:从完整意义上说,政治只能是近代政治的产物。古希腊政治家,比如亚里士多德,当然也推动了对"政治"作为一种公共活动与行为选择的结果的经验理解,但他们的理念相对于社会的契约更集中于对"社会的共同的精神实

---

① 见《政治的要求》,载迈克尔·欧克肖特:《宗教、政治与道德生活》,第 93—94 页。

② See M. Oakeshott, "The Voice of Poetry in the conversation of Mankind" in *Rationalism in Politics and Other Essays*, London: Methuen&Co. Ltd. , 1962.

③ 见《科学的政治学》,载迈克尔·欧克肖特:《宗教、政治与道德生活》,第 169 页。

④ 根据施特劳斯的观点,古典政治哲学坚持某种接近的自然正当论,它"由苏格拉底始创,为柏拉图、亚里士多德、廊下派和基督教思想家(尤其是阿奎那)所发展",它意味着某种绝对的、自然的善的秩序可以作为对现实政治判断和引导的依据。参见列奥·施特劳斯:《自然权利与历史》,彭刚译,北京:生活·读书·新知三联书店,2003 年。

体"的打造。①

　　或许可以说，"政治"伦理化是奥克肖特在审美内容上"经验"诗意的不可避免的产物。然而，这种"政治"伦理化的古典特征也还仅是我们续写一种诗意衍伸所做的铺垫之一。另一个或许更为重要的铺垫，我们同样在古典政治思想家那里发现了，这就是一种"泛政治"的观念。按照麦金太尔的理解，至少在亚里士多德那里，"政治"就是一个很宽泛的概念，它"包括了我们所说的'政治'与'社会'两方面的意思，并且没有将这两者区分开来"②。这种"泛政治"的观念不像马基雅维利、施密特、福柯等人强调政治的权力属性，也不像卢梭、洛克、罗尔斯这些契约论者强调政治的权利特征，它是一种更为中立性的政治理解，强调的是"政治"作为人之存在的一种本原性及其作为共同善的一种自足性。亚里士多德所谓"人类自然是趋向于城邦生活的动物（人类在本性上，也正是一个政治动物）"③是这种政治理解的最精炼阐释。奥克肖特曾在多处以多种方式表达出他对"政治"的这种古典理解，它甚至延伸到了他的后期政治哲学那里并得到了更为深化的呈现。比如，奥克肖特就认为"政治"要抓住它更基础的"社会"属性："政治科学的原料应该从某个校长（schoolmaster）、某个大学老师、某个社会工作者或某个拥有许多朋友而又有思想的人的生活和经历中去寻找，而不是从一个政治家或一个统计数据的收集人的生活和经历中去寻找。"④又比如，在谈到"政治"的含义时，奥克肖特就明确指出，"政治是参加一批人的一般安排的活动，这些人由于机遇或选择而走到一起。在此意义上，家庭、俱乐部和各种学会都有它们的'政治'。"⑤毫无疑问，这种对政治的理解实质上也是大同小异地取自亚里士多德从"社团"中抽取"政治"要素的做法。⑥ 当然，在理解上奥克肖特或许还更

---

① 厄奈斯特·巴克：《希腊政治理论：柏拉图及其前人》，卢华萍译，长春：吉林人民出版社，2003年，第254页。

② 阿拉斯代尔·麦金太尔：《伦理学简史》，龚群译，北京：商务印书馆，2003年，第92页。

③ 亚里士多德：《政治学》，吴寿彭译，北京：商务印书馆，1965年，第7页。

④ 见《剑桥政治学院》，载奥克肖特：《历史是什么》，第49页。

⑤ 见《政治教育》，载欧克肖特：《政治中的理性主义》，张汝伦译，上海：上海译文出版社，2004年，第37页。

⑥ 在亚里士多德那里，"政治社团"就是一种"至高而广涵的社会团体"。参见亚里士多德：《政治学》，第3页。然而，尽管有这种特殊性，政治社团仍然是从普通社团抽取出来的，它追求的"至善"仍是有着普通"善"的基础。也是因此，可以说，在亚里士多德的普通社团那里都是有着"政治"成分的。

有甚之,因为他已显明地将"政治"日常化了。在他看来,"政治"就是某种特定的关系,国家、政府、法律都建立在它的基础上。这种关系在"友谊"中被发现了,所以奥克肖特声明"国家就是友谊(The State is friendship);而且只有当我们从友谊中去审视政府可能的完满情况,它才有正义可言"①。这种关系在"家庭教育"中被发现了,所以奥克肖特又说到,"父亲培养孩子欣赏诗歌的能力是在执行一种国家行为"②。然而,尽管这样一种关系的理解,它还不至于从"人是天生的政治动物"完全偏向于"人是天生的社会动物"。事实上,如果抛开"古典"的时间限定,从对"政治"的理解深度上看,奥克肖特与阿伦特有很大相似性。他们都从"语言"的视角对"政治"进行了探究。"在阿伦特看来,政治主要是指在公共领域内通过'言说和行动'去展示自我,它不是寻求支配别人或是促进社会福利,而是旨在平等地与人沟通,它不是消极的负担或'恶',而是积极的'创新'与'开始'。"③而奥克肖特同样是认为,政治与"言说和行动"密切关联,它是一种"会话"活动,它旨在创造一种沟通的平台,它是艺术不是"恶"。④

三 牵连着"实体"的"社会"与"国家"

"政治"的伦理化与泛化是奥克肖特早期政治思想的明显特征,而这一特征在奥克肖特那里向我们衍生出了两个诠释诗性之"政治"也是政治之"诗性"的支点:一个是关于社会性的本质与意义的理解;另一个是关于精神实体性的国家的理解。而且,这两个支点都是基于一种对实体自足——"绝对经验"的认知:对"社会"的诗意理解主要基于诗意个体的自足认知,它是以人这实体为原点的,当然,这里的"社会"指的是社会交往方面;而对"国家"的诗意理解则主要是基于对作为精神实体的国家本身的自足认知,它是以人这实体为比附的。下面让我们先来看奥克肖特关于"社会"的诗意理解。

---

① M. Oakeshott, *Early Political Writings* (1925 - 30), Edited by Luke O'Sullivan, VA: Imprint Academic, 2010, p. 118.

② M. Oakeshott, *Early Political Writings* (1925-30), p. 119.

③ 赵淼:《迈克尔·欧克肖特政治观研究》,2010 年中共中央党校政法部博士学位论文,第 3 页;同时参阅汉娜·阿伦特:《人的境况》,王寅丽译,上海:上海人民出版社,2009 年。

④ See M. Oakeshott, "The Voice of Poetry in the conversation of Mankind" in *Rationalism in Politics and Other Essays*, London: Methuen&Co. Ltd., 1962.

(1)关于"社会"的诗意理解。这一理解主要地表现在《论社会性的本质与意义》一文中。在这篇文章中，延续着一种对"人"的存在问题的关怀，奥克肖特认为，他的哲学研究的"人"并不是鲁滨逊式的个人，"人"必须被置于一个更真实的处境，也即人是作为一个社会中的人存在。其具体表现在：第一，要理解真正善的生活就必须去理解何谓真正的"社会性"，而要懂得何谓真正的"社会性"就必须要获得一种对实体的经验认知；第二，"爱国主义"是诗意经验的个体对"社会性"智性理解的最完满表达。当然，奥克肖特这里的"国"，也就是"国家"，它表现为被意识到的有着爱、友谊与善的法则涌动的统一的精神整体。

对于第一点，当奥克肖特在《试论哲学、诗歌和实体的关系》中言明，"人的真正的社会性，只有在他内在的渴望中才能最清楚地看到，那就是他对享有自己已经学会的或发现的东西的渴望"[1]时，他的这种认识就已经扎下了根。当然，在《论社会性的本质与意义》一文中，奥克肖特更明显地将对一种诗意的经验与成为一个真正的社会之人联系起来。首先他指出，"社会是一个道德的事实，而不是一个自然的事实；它是相关联着的思想的存在特征，而不是相互毗邻的肉体的存在特征"[2]。因此，只有洞悉了自我的奥秘的人才能够成为一个真正的社会之人。再联系到诗意之经验与实体的关联，奥克肖特也说道："如果缺乏对有限自我在宇宙中所必然占据的位置的认识，我们就不可能对自我同别的自我之间的关系有任何真正的理解。这两种关系相互赋予对方以意义。"在这里，奥克肖特虽没有明言"实体"，但结合他在《试论哲学、诗歌和实体的关系》中对"实体"的诠释，很明显的是奥克肖特已将其对"实体"的意义阐发注入到了有限与无限、生与死、上帝、灵魂等诱发实体联想的观念之中。也是因为这样一种向内探求外在根基的方式，在奥克肖特看来，通常意义上人的社交能力并不能衡量一个人的社会性。"往往是最羞怯的人却在真正意义上善于社交。"[3]"这种人可能通过书本，常常是通过历史和诗歌中的伟大人物来寻找自己的生活。这种富有想象力的生活远比大多数人的普通生活要更加社会化，这些人在与同类密切的身体接近中消磨

---

[1] 见《试论哲学、诗歌和实体的关系》，载奥克肖特：《历史是什么》，第69—70页。

[2] 见《论社会性的本质与意义》，载欧克肖特：《宗教、政治与道德生活》，第79页。

[3] 见《论社会性的本质与意义》，载欧克肖特：《宗教、政治与道德生活》，第85页。

实践,却从未体验过社会的本质。正是社会精神自身,促使人们选择了这种仅仅是身体上的远离。"①华兹华斯的诗意情感、豪斯曼的诗歌体验、拉姆的孤独意蕴、拜伦的自然感知,体现的就都是这种精神,它们都可表明诗意的人才可说是一个真正社会中的人。

对于这第二点的理解,我们需要对奥克肖特的"社会"概念再多作些说明,因为不论是下面将阐释到的"宗教"还是"国家"都要以"社会"为理解基础。奥克肖特的"社会"认知强烈地受到了布拉德雷和鲍桑葵等观念论思想家和精神哲学思想家的影响。② 一方面,在奥克肖特看来,对"社会"的理解必须采取一元主义的方式,割裂"社会"而去认知就等于否认了观念世界的整体性,这也必将使认知受到"限定"。"社会生活意味着统一的生活。社会性的本质在于一致,这种一致不仅仅是指联合为整体,而且也是指逻辑一致。赋予生活以逻辑一致,就是赋予它以别的事物所没有的东西——意义。"③另一方面,奥克肖特认为"社会"首先也是最根本地要从"精神"的视角去加以理解和认知。④ "我所说的一致是生活整体,是那种我们称之为爱和友谊的灵魂之一致,没有这种一致,社会就无法存在。它是整体性地看待人类生活真相的必要前提。"⑤在理解了奥克肖特的"社会"之后,我们就可以对他"社会性"的情感表达作出阐释了。

在奥克肖特看来,"我们可以通过爱、友谊和善的法则最为清晰地表达出一个社会的真正生活"⑥。而这种表达主要地表现为两种形式,第一种形式是宗教。奥克肖特推出了诸多思想事例以佐证他的立场:"人们在对爱和友谊这些社会性要义的本质做最深入的洞察时所挑选出来的最为普遍的礼物,便是宗教";"上帝是可以用来解释生活真相的唯一社会性原则。社会由于宗教而成为可能。"⑦这些事例大略地说就包括了普鲁塔克、柏拉图、亚里士多德、卢梭、鲍桑葵、圣保罗、斯宾诺莎等人对宗教在确立国家与社会生活

---

① 见《论社会性的本质与意义》,载欧克肖特:《宗教、政治与道德生活》,第86—87页。
② 参阅鲍桑葵:《关于国家的哲学理论》,汪淑钧译,北京:商务印书馆,1995年;M. Oakeshott, *Early Political Writings*(1925-30), Edited by Luke O'Sullivan, VA: Imprint Academic,2010。
③ 见《论社会性的本质与意义》,载欧克肖特:《宗教、政治与道德生活》,第92—93页。
④ See M. Oakeshott, *Early Political Writings*(1925-30), p. 72.
⑤ 见《论社会性的本质与意义》,载欧克肖特:《宗教、政治与道德生活》,第93页。
⑥ 见《论社会性的本质与意义》,载欧克肖特:《宗教、政治与道德生活》,第93页。
⑦ 见《论社会性的本质与意义》,载欧克肖特:《宗教、政治与道德生活》,第94页。

上的至关重要作用。这种表达的第二种形式就是"一种诗人式的爱国主义"①。尽管奥克肖特对"宗教"大加褒扬,他却更是执着于基于理性的"爱国主义"。一种对宗教的情感寄托并不一定是以理性为依据的。在奥克肖特看来,"人们只有按照理性指引去生活,才能形成一致,社会才会成其为社会。善是理性的产儿"②。也正是如此,奥克肖特宣称,"上帝是理性的生命。把诗歌中'上帝是爱'这个伟大发现转变成为散文中的'上帝是社会性的唯一法则',看起来似乎是一种糟糕的倒退,但我认为,这种说法上的改变使我们知晓了这个发现的真正意义和真实程度的奥秘"③。总之,"爱国主义是我们所能付出的最高层次的情感和最大限度的理智努力"④。

(2)关于"国家"的诗意理解。它可以从三个层次展开:第一,奥克肖特的"国家"可以视作一种"精神性实体"。我们看到,奥克肖特以"意志"(Will)为源头探究"国家"的实质,他吸收了卢梭"公共意志"的观点以及康德、黑格尔与鲍桑葵对这一观点进行继承并发展了的思想,认为"国家是一种能满足组成它的个体的全部心灵需要的现实社会之整体"⑤,也因此"意志,而不是强力或其他什么,才表达出了政治生活的真实本质"⑥。除此之外,又因为理性意志的传统实际上已经与近代精神哲学的传统(在这一传统中,宗教也避免不了要从哲学上为自己寻根)合流,所以我们又看到,奥克肖特对"理性意志"的垂爱最终就表现为了对"精神实体"的垂爱。当然,奥克肖特的"国家"已经不再是霍布斯意义上(自然人的)绝对意志的自由造物,它是一种自然的精神存在。这种精神存在不同于黑格尔的"地上的精神"(国家)。后者是从外在的绝对衍生的,而前者则是从内在的绝对(自我或个体意志)——"我"的"经验世界"衍生的。这是两种不同的路向。奥克肖特内在衍生的方式决定了他的"国家"只能是"自我"这一实体的比附。

第二,奥克肖特所认可的"国家"的权威源自其自身的自足性。奥克肖特的这一观点显然有别于主流的关于国家权威的声音。主流声音认为,国家的

---

① 见《论社会性的本质与意义》,载欧克肖特:《宗教、政治与道德生活》,第97页。
② 见《论社会性的本质与意义》,载欧克肖特:《宗教、政治与道德生活》,第95页。
③ 见《论社会性的本质与意义》,载欧克肖特:《宗教、政治与道德生活》,第96页。
④ 见《论社会性的本质与意义》,载欧克肖特:《宗教、政治与道德生活》,第97页。
⑤ 见《国家的权威》,载迈克尔·欧克肖特:《宗教、政治与道德生活》,第132页。
⑥ M. Oakeshott, *Early Political Writings*(1925-30), p. 7.

权威来自"人民的同意"或"至少是大多数人的意志"。而奥克肖特则一反这种观点,他认为,"权威之所以是权威,从来不是因为它获得了同意"①。一方面,在奥克肖特那里,"国家"是具有自足性的。自足性可以说就是"实体"完整性与完满性的表现形式,而国家既然是精神实体,那么它也就是具有自足性的。另一方面,在奥克肖特看来,"权威始终都是它自身的批准,因此,具有权威性的东西是绝对的和无限的。这不是指它包含所有细节,而是指它无需再作任何诉求。所有信仰和活动的真正权威都是那种能够显现出绝对、无需负责、自足和必然的东西"②。整合起这两点很容易发现,奥克肖特是从国家自身中找寻其权威来源的,它与存在的人在自身中去找寻存在的基础是一个根据。

第三,在奥克肖特那里,国家的权威,除了要求国家本身的自足之外,还是要从"个体"那里找寻基础。事实上,如果说上面一点还是源于奥克肖特的本体论限制,那么这里的观点就可说是源于他对"人本"的关注(属我性)以及他认识论上观念绝对性的限制了。由于这种关顾与限制,不可避免地奥克肖特要从"经验的自我"出发去探寻国家权威的秘密。奥克肖特认为,"我们所持有的任何信仰都必然是我们自己的信仰,即使它有着某种外部源头。那真正迫使我们信仰它的东西,就是那已被我们接受的依据,也就是整个观念世界"③。而这样看来,即便"国家"本身有着自足性,它也仅是有了质上的权威。而若要使得这种权威成为"我"信仰的权威,它就还必须要在我的观念世界中显现出自足。也是因此,可以说,奥克肖特将在"个体"中找寻的这个基础实际上就是"经验的自我"对"国家"自足性的认知。认识到这一点对于我们把握到自身在政治生活中的确实地位是很关键的。面对时下关于"国家"的种种异化了的理解与政治学科在求索标的上惨淡的经营状况,它或许能够帮助我们反省缘何奥克肖特在《剑桥政治学院》中曾激烈地批驳学院课程提纲中的"国家"已然丢失了其作为一种"真正的实在"(real thing)的本质,又缘何奥克肖特会断定"今天的政治思想的前景甚至比今天神学的前景更为暗淡"④。

---

① 见《国家的权威》,载欧克肖特:《宗教、政治与道德生活》,第 137 页。
② 见《国家的权威》,载欧克肖特:《宗教、政治与道德生活》,第 124 页。
③ 见《国家的权威》,载欧克肖特:《宗教、政治与道德生活》,第 126 页。
④ 见《国家的权威》,载欧克肖特:《宗教、政治与道德生活》,第 127 页。

结　语

在奥克肖特那里，"实体"背负了的"社会"与"国家"观明显地具备鲜明的诗性特征。这种诗性特征，一方面，源于奥克肖特的"政治"与一种精神实体，与"自我""意志"这类直接牵连着人之存在问题的要素互通着，它强有力地响应与扶持着奥克肖特诗意的观念论维度；另一方面，也是更主要地，是由于奥克肖特以诗之"经验"为背负的"政治"开拓出了一种从完整的人、存在的人出发打破主流以理性主义为基调的通向外在自由的进路。当然，由于奥克肖特对其早期诗意的"政治"诠释的"搁置"以及在诗歌艺术理解上的转向，这里的从内在审视"政治"向相对外在地审视"政治"的进路最终还是被低调潜藏了。尽管如此，至少是一种从自足的实体上去理解的"政治"印痕断然地在奥克肖特继而的诗意政治哲学那里延续着。在奥克肖特的诗意政治哲学那里，"政治"的形象是以"诗歌"、以"会话"、以"神话"的隐喻在意识中显现的。我们看到，与早期诗意的"政治"观那里的"社会"与"国家"相比，原本被视为一种意志衍生物的精神实体，它的"密度"大大降低了，一种以内容来衡量的实体逐渐为一种以形式来衡量的实体取代了。或许这并不是一种更严肃地对实体的论说。然而我们这样说就又是意在表明，尽管奥克肖特诗意的哲学有着前后期的这样一个差异，但至少就他早期"政治"观衍生出的"社会"与"国家"这两个支点而言，不论是早期的还是晚期的理解，它们诗意自足的精神实体特性仍旧保存着，它们只是在表现的程度上有所不同而已。

The Category of "Entity" and Oakeshott's
Poetic View of "Society" and "State"

Li Zhendong & Zhan Weiping

Abstract：The philosophical cognition of "society" and "state" profoundly affects people's understanding of political life, which is an important content of political philosophy exploration. As a famous contemporary British philosopher and a conservative master, Oakeshott's early political thoughts, centering on the problem of "reality" and starting from the category of "entity", drew rich poetic contents in the way of poetic perception, providing us with a view of "society" and "country" of personality. In his opinion, "religion" and "poetic patriotism" are important forms of real social life, and "often the most shy people have the most meaningful social interaction"; The state is a spiritual entity whose authority derives from its own self-sufficiency and needs to be based on the individual. Oakeshott's early political thought is an important part of his idealist philosophy as well as an important supplement to his political philosophy.

Key words: Oakeshott, Ideational theory, Entity, Poetry, National view

哲学门(总第四十五辑)

北京大学出版社,2022 年

平衡与创新:北京大学哲学系的
逻辑学研究与教学(1916—1927)*

扬·弗霍夫斯基　著　　王洪光　译**

提　要:本文概述了从民国初年到北京大学被暂时解散并改组为京师大学校(the Provisional Unified University of Peking)的 1927 年之间,北京大学哲学系与逻辑教学和阐述有关的主要发展。这里旨在将那些涵盖逻辑教学的课程的各种(有些并不直接相关的)发展相互联系起来,描述的不仅是北京大学一般思想趋势的兴衰起伏,还有在逻辑、科学和哲学的广泛讨论日益重要的背景下,这些课程的地位。通过呈现出一个对新思潮、世界观和个人影响的初步写照,本文试图表明,课程变更和逻辑的观念如何与席卷而来的思想氛围的变化相关联。特别地,本文的重点将放在这些变化与世界范围内当代哲学新方法的主要事件之间的相互联系,最后是约翰·杜威和伯特兰·罗素访问北京大学(1919—1922)以及之后所爆发的"科玄论战"(1923)。

关键词:北京大学　逻辑学　课程变更

---

* 本文译自 Jan Vrhovski, "Balance and Innovation: Approaches to Logic and the Teaching of Logic in the Philosophy Department of Peking University, 1916-1927," *Journal of Modern Chinese History*, 2021, 15(1): 55-77。中译文已获得作者授权。译者对原文中涉及的人名、书名和时间等做了仔细核对并纠正了明显笔误,为了保持内容的连贯性,恕不在译文中单独标注。此外,为了便于阅读,译者还为每小节的标题增加了序号。

** 扬·弗霍夫斯基(Jan Vrhovski),斯洛文尼亚卢贝尔雅那大学东亚研究系研究员。王洪光,山东大学哲学与社会发展学院副研究员。

一 序言

约哈希姆·库尔茨（Joachim Kurtz）对西方逻辑学在中国的发展路径和根深蒂固的传统中国逻辑学在辛亥革命前的逐步发现进行了全面的研究。他的开创性著作《中国逻辑学的发现》（*The Discovery of Chinese Logic*，2012）详尽地记录了一个迄今尚未被探索的领域：到清朝末年为止，西方逻辑学和中国逻辑学在中国的适应和发现过程。本文探讨了一个由个人影响和思想所编织的巨大而复杂的网络，以此评估甚至仅仅一瞥库尔茨教授的书中所描述的那些发展的结果。因此，本文当然比库尔茨的研究要更加节制和简洁。我们将讨论的重点全部集中于北京大学。

与此同时，本文还试图补充另一位汉学家林小青（Xiaoqing Diana Lin）教授的宝贵贡献，她在过去十来年间发表了研究北大早期思想发展的重要著作。尽管林教授2005年的专著《北京大学：中国学术研究与知识分子（1898—1937）》（*Peking University*：*Chinese Scholarship and Intellectuals*，1898—1937）和之后关于北大哲学学科发展的论文《发展中国哲学的学术领域》（"Developing the Academic Discipline of Chinese Philosophy"，2012）的确为该话题提供了见解，但上述研究大多忽略了逻辑学在其中发挥的重要作用，仅通过几个简单的命题就否定了逻辑学在北大错综复杂的发展路径，其中之一是：逻辑学在北大的发展与其后来在清华大学的发展形成对比，清华以"数理逻辑"为中心的逻辑学研究被不言自明地视为一个独立现象。①然而，在更仔细地分析北大的发展后，我认为，清华的逻辑学课程从几个方面看其实是北大的逻辑学课程的间接产物。北大早期的逻辑学研究或多或少地预先决定了"清华数理逻辑学派"的出现，换言之，它为"清华数理学派"的出现奠定了基础。

---

① Xiaoqing Diana Lin, *Peking University*：*Chinese Scholarship and Intellectuals*，1898–1937, New York：State University of New York, 2005, p. 66; Xiaoqing Diana Lin, Developing the Academic Discipline of Chinese Philosophy：The Departments of Philosophy at Peking, Tsinghua, and Yenching Universities（1910s–1930s）, in *Learning to Emulate the Wise*：*The Genesis of Chinese Philosophy as an Academic Discipline in Twentieth-Century China*, ed. John Makeham. Hong Kong：The Chinese University Press, 2012.

二 从京师大学堂到国立北京大学哲学门：
从服部宇之吉到陈大齐（1902—1916）

正如约哈希姆·库尔茨仔细讨论过的，①经过梁启超、严复等知识分子的努力，②逻辑学在清朝大约最后十年被确立为大学课程。与此同时，北京大学的前身京师大学堂也开设了逻辑学选修课程。京师大学堂师范馆总教习、文科博士服部宇之吉（Hattori Unokichi）在 1902 至 1909 年间讲授了一门逻辑学的基础课程，他的讲义后来被收集起来作为该课程的配套教材出版。③除了逻辑学，服部还讲授心理学，从而形成了当代心理学导向的哲学思潮和实用主义哲学思潮的典型组合。在 1903 至 1908 年间，吕烈辉也讲授逻辑学和心理学，他在日本接受了基础教育，曾经是京师大学堂的日语教师，在此之前，他在湖北自强学堂担任助教。④

服部离任不久，京师大学堂便特别成立了哲学门。1912 年民国成立后，京师大学堂更名为"国立北京大学"并着手进一步的改革。在随后的几年里，北大的课程改革和结构改革导向朝着法国或德国的高等教育模

---

① Joachim Kurtz, *Discovery of Chinese Logic. Leiden*, Boston：Brill, 2012, pp. 194-203.

② 关于他们对逻辑在中国传播的贡献，参见 Joachim Kurtz, op. cit. 。

③ 服部宇之吉亲自编写的基本配套教材《论理学讲义》于 1904 年出版。之后，唐演翻译了服部的小册子《论理学教科书》并对其做了删节。1908 年，服部的学生韩述组编纂了服部的一份带注释的讲课记录，并以《论理学》为题出版。根据库尔茨（op. cit. , p. 220.），服部对逻辑持有一种全面的心理学概念，并断然否定先秦中国哲学包含原始逻辑思想的观点。上述所列出的服部逻辑课程的配套教材似乎是为了取代不那么偏向心理学进路的逻辑教材：严复翻译穆勒的《逻辑学体系》，中文标题为《穆勒名学》，而艾约瑟（Joseph Edkins）翻译耶方斯（William Stanley Jevons）的《逻辑》，这本书最初作为"科学启蒙"丛书的一种出版，中文标题为《辩学启蒙》，它直到 1903 年仍被列为大学逻辑课程的推荐文献。（《京师大学堂暂定各学堂应用书目》，武汉：湖广总督，1903 年，第 16 页）这一趋势与严复的逻辑学传播和他在 1900 年所创办的名学会的活动直接相关。（Joachim Kurtz, op. cit. , pp.165-168）名学会的活动也致力于对穆勒的《逻辑学体系》一书有组织的研究。由于耶方斯是当时为数不多的继承和阐述布尔逻辑代数的逻辑学家，因此，其著作的中译本代表了在采用更多现代逻辑主题方面的一个相当大的进步。（Ivor Grattan-Guinness, *The Search for Mathematical Roots, 1870-1940：Logics, Set Theories and the Foundations of Mathematics from Cantor through Russell to Gödel*, Princeton：Princeton University Press, 2000, pp. 56-63）

④ 《京师大学堂同学录》，北京：京师大学堂，1903 年，第 11 页；《京师大学堂同学录》，北京：京师大学堂，1906 年，第 3 页。

式倾斜。① 在民国成立两年前（即 1909 年左右），哲学系（尽管它一开始只是文科的一个分支，为方便起见，本文将使用"哲学系"一词）就已经初步建立，随后，在 1914 年全面成立，录取了第一届哲学本科生。②就在此时，北大开始大规模地招聘教师，哲学系也开始提供相对更广泛的西方哲学课程，在此，我们看到开设逻辑课程的第一个证据。

哲学系在 1914 年除了聘请众多中国的现代哲学、心理学和科学各方面专家和代表人物外，还聘请了东京帝国大学哲学和心理学专业毕业生陈大齐。③陈大齐原本被聘为心理学和哲学讲师，但心理学和逻辑学之间已然成为惯例的联系，自然又让他承担了一门哲学系框架内的逻辑通论课程。尽管心理学进路对逻辑学产生了强烈的影响，并明显限定了服部宇之吉在京师大学堂讲授的逻辑学基础课程，不过，陈大齐在随后几年里逐渐摆脱了心理学对逻辑学的影响，即使这种影响当时正成为美国实用主义逻辑观的重要特征之一。陈大齐在北大哲学系任职期间，不仅对现代心理学的发展和在"挖掘"中国传统哲学思想的某些方面做出了贡献，还为该系开创中国逻辑学和印度因明（也被称为"印度逻辑学"或"佛教逻辑学"）的研究做出了重大贡献。④陈大齐对如何讲授大学逻辑学基础课程和进阶课程的影响，在 20 世纪 20 年代末和 30 年代初达到了顶峰。他当时正在倡导一种半普遍的、与文化相关的逻辑概念，在此之后，中国的名学和印度的因明都被赋予了与西方逻辑学并驾齐驱的特殊地位。⑤

到 1916 年，文科由四个部门组成，其中两个献给哲学：一个是中国哲学，一个是西方哲学。民国政府在 1916 年启动了课程的新标准化，其中，逻辑学（论理学）与心理学、伦理学和宗教学一同被规定为任何西方哲学或中国

---

① 蔡元培尤其偏爱德国的大学理念，参见 Lin, *Peking University: Chinese Scholarship and Intellectuals, 1898–1937*, pp. 54, 61。

② Lin, op. cit., p. 66.

③ 王坚:《中国现代心理学的先驱——蔡元培，陈大齐》,《赣南师范大学学报》1998 年第 4 期，第 65 页。1903 年，陈大齐在日本仙台第二高等学校登记入学，从这里毕业后，他继续在东京帝国大学哲学门主修心理学，并于 1912 年完满毕业。同年，他返回到中国，先后担任浙江高等学校校长和北京法政专门学校心理学教授。

④ 郑伟宏:《陈大齐对汉传因明的卓越贡献——因明大疏蠡测评介》,《法音》1988 年第 2 期。

⑤ 陈大齐认为，中国逻辑学的基础与西方逻辑学既重叠又有很大的不同，而那些将中国逻辑学与其西方逻辑学中的反例区别开来的特征，并不代表中国逻辑学的缺点，而是其特点。参见李杨:《陈大齐学术贡献三端》,《河北工业大学学报（社会科学版）》2014 年第 3 期，第 36—37 页。

哲学本科专业框架内的基础课程。在文学专业课程的框架内也提供了一门逻辑导论课程。从精神病学、民族学和人类学,到认识论以及关于印度哲学的专业课程,这些在新标准化中所提议的选修课程,全都是为了给学生提供一个相对广泛的科学和人文基础。[①] 然而,我们不能肯定地说,所有这些课程确实都提供了。

三 寻求学术开放、平衡与改革:蔡元培时期的逻辑学与课程变更(1917—1927)

1916 年 12 月,蔡元培被任命为北大校长,他对课程和组织结构进行了重大改革,这些改革决定了北大未来几十年的发展。林小青对这一点做了讨论。[②]蔡元培的第二次欧洲之旅刚刚结束,正试图贯彻实施他的"兼容并包"愿景,这是一项学术上的"包容"政策,所有学科都被"容忍并纳入"北大的基础课程。此外,正如林小青所指出的,[③]蔡元培建立新型中国大学的方式大力效仿了大学是民族精神之体现的德国观念;同时,他的政策以及招聘新教师的实际做法,显示出他强烈地倾向于在聚焦中国的研究和西方研究之间保持一个平衡。在这个意义上,蔡元培对北大的愿景实质上是在谨慎地改造民族精神和不加区别甚至毫无节制地采纳西方知识之间左右逢源。蔡元培的政策和他自己的学术倾向标志着一个决定性转变,某种普遍主义将存在于北大已建立的各种学科中。

在课程层面,蔡元培的普遍主义愿景于 1917 年最后几个月在北大召开的改定文科课程会议的决定中得到了体现。在所公布的雄心勃勃的草案中,哲学系的基础课程将由六门必修课组成,其中包括以前的三部分基本方法论课程:(1)伦理学,(2)心理学,(3)逻辑(论理)学。不过,这三门课现在每周讲授三个小时,而不是一个小时。除了西方哲学和中国哲学的一般历史概述外,还有中西哲学各个方面的许多专业课供哲学高年级学生选修。中国哲学和西方哲学课程之间的平衡包括逻辑课程。因

---

① 《国立北京大学分科规程》,北京:国立北京大学,1916 年,第 33—35 页。

② Lin, Developing the Academic Discipline of Chinese Philosophy: The Departments of Philosophy at Peking, Tsinghua, and Yenching Universities (1910s-1930s), pp. 131-138.

③ Lin, op. cit., p. 132.

此,除了更全面的西方逻辑课程外,选修课还包括印度逻辑学(如前所述)和中国逻辑学(名学),出人意料地还包括了数理逻辑(数学的论理学)。①

我们必须指出,这些选修课的大多数并没有实际地组织和开设。事实上,仔细查看 1917 年和 1918 年实际的时间表,就会发现蔡元培在 1917 年的想法是多么雄心勃勃,本质上是多么放眼于长远。虽然哲学系在本科阶段只开设了一门逻辑学基础课程,但与此同时,逻辑教学在研究所的框架内取得了重大进展。哲学系研究所为总共 15 名研究生开设了 11 门课程,其中两门献给了逻辑学。章士钊讲授"逻辑史"(此外他还讲授本科生逻辑学基础课程),辅以胡适精彩的"名学钩沉"。②在接下来的几年中,章士钊和胡适这两位大学教师代表了逻辑本身的对立观念之间的某种平衡。随之而来的是中国大学逻辑学研究中的两股主要竞争潮流。

四 普遍主义和中国现代性的融合典范:
章士钊和他的"逻辑"

如上所述表明,随着蔡元培聘请章士钊(自 1917 年 9 月始)担任逻辑学教授,北大哲学系的逻辑教学方式发生了重要变化。章士钊像其诸多前辈一样,在日本接受了基本的大学训练。他在东京正则学校学习两年英语和数学后,继续在阿伯丁大学和爱丁堡大学(1907—1911)主修政治经济学和逻辑学。③到 1917 年,章士钊已经成为一个比较进步的中国逻辑学者。除了具有杰出的逻辑写作风格(逻辑文)和对中国逻辑术语的比较现代和创新的观点外,④章士钊还将一种普遍主义作为逻辑学和他的"调和"世界观的基础,这

---

① 《改订文科课程会议纪事》,《北京大学日刊》,1917 年 12 月 2 日。
② 《哲学门研究所》,《北京大学日刊》,1917 年 11 月 29 日;《文科本科现行课程》,《北京大学日刊》,1917 年 11 月 29 日。
③ 袁景华:《章士钊先生年谱》,长春:吉林人民出版社,2001 年,第 32 页。
④ 在 1910 年(章士钊[民质],《论翻译名义》,《国风报》1910 年第 29 期)和 1914 年(章士钊,《逻辑》,《甲寅杂志》1914 年第 1 期)之间,章士钊撰写了许多文章讨论逻辑术语的恰当性,他在文中为自己的观点进行了辩护,他认为"logic"一词的最佳汉译应该是"逻辑",而不是"辩学"或从日文术语中所借用的"论理学"。

种想法体现了作为一名逻辑教师的鲜明特征。①由于看到了逻辑学中的普遍主义，因此章士钊的课强调传统西方逻辑学和传统中国哲学之间的深刻联系；后者主要包括大约公元前5世纪开始的墨家和名家，名家思想是"中国逻辑学"（名学）的一种。

章士钊进行比较逻辑学研究的基本资源是当代形式逻辑和穆勒的归纳理论，他是在苏格兰留学期间开始比较研究的。尽管如此，一方面，章士钊对西方逻辑或多或少积极的经验主义理解刺激了北大逻辑教学上的重大转变，②另一方面，通过章士钊努力在传统中西逻辑思想之间建立平衡，由于当时中国正在发展的深刻的新思潮，北大的逻辑课程突然有了新的意义。

此外，在这样一个关键的思想时刻，被置于蔡元培"均衡考虑的"大学课程计划最前沿的逻辑学研究，已经与过去的心理学进路大相径庭，这反过来又赋予了它与当代西方形式逻辑（例如，代数逻辑和数理逻辑）更大的相关性。因此，章士钊"现代风格"的逻辑课被赋予了一个相应的现代名称："逻辑"。尽管章士钊最初创造了"逻辑"一词作为"logic"的中文等价词，但由于他在北大课程的特殊性质，"逻辑"这个词在20世纪20年代初才与**西方逻辑**的现代潮流联系起来，最著名的是罗素的数理逻辑。继章士钊之后，他的学生张申府［崧年］提议将"mathematical logic"翻译为"数理逻辑"。③从章士钊的《逻辑指要》一书来看，④他的课已经触及了当代形式逻辑的诸多主题，其

---

① 章士钊在1914年的著作中提出一种理论，其假定"调和"代表了进步和（演化）保存的最终手段。因此，他认为中国文化只有通过与西方科学世界观相融合，自身才能够保存下来。参见郭华清：《〈甲寅〉时期章士钊的哲学思想——调和论》，《中山大学学报论丛》2000年 第3期。章士钊还认为，科学和逻辑的主要驱动力或主旨是产生知识和认识，这是人类追求与不断变化的宇宙和谐相处所必需的。他在北大建校二十周年讲话中也总结了关于逻辑和科学的调和观。参见《国立北京大学廿周年纪念册》，北京：国立北京大学，1918年，第15页。

② 章士钊认为，逻辑规律直接反映了宇宙的规律。在他看来，逻辑体现了天地之间的秩序（与孟子的"条理"相似），演绎和归纳代表了两种规律。他进一步认为，现代形式逻辑是空间知觉与逻辑相结合的产物，这与墨家以时间为中心的知识概念和康德哲学中时间和空间的先验知觉形成鲜明对比。因此，尽管章士钊认为数理逻辑代表了西方科学的核心，并值得称道地努力与自然保持一致，但他也承认现代形式逻辑无法涵盖人心的伦理方面（《章士钊全集》第七卷，上海：文汇出版社，2000年，第306—397页）。

③ 参见张申府［崧年］：《哲学数学关系史论引》，《新潮》1919年第2期，第160页。张申府在1917年是哲学和数学研究生，主要研究康托的超穷集合论和逻辑。1918年至1921年间，他先是在北京大学图书馆担任图书管理员，后来在北京大学预科学校担任数学和逻辑学教师。

④ 尽管《逻辑指要》到1939年才作为一本著作首次出版，但据称此书相当于章士钊1917年在北京大学讲授逻辑课程的原始讲义。

中包括罗素和阿尔弗雷德·诺斯·怀特海(Alfred North Whitehead)所讲的内容。这会让我们得出结论,章士钊可能是北大哲学系开设数理逻辑选修课的幕后推手。

五 实验逻辑学和中国逻辑学的实用主义基础: 作为中国逻辑史学家的胡适

1917 年,哲学系聘请了另一位年轻的中国哲学家,他将在接下来的几年中对北大如何对待逻辑学科产生重要的影响;这就是上文提到的著名实用主义哲学家和中国哲学史家胡适(字适之)。同年早些时候,胡适从位于美国纽约市的哥伦比亚大学取得哲学博士学位,他在著名实用主义哲学家约翰·杜威(John Dewey)的指导下撰写了《中国古代哲学方法之进化史》的博士学位论文。作为一名年轻的实用主义信徒,胡适采用了杜威的实验主义逻辑观(称为实验逻辑学),这种观点的前提是,直觉和知觉等对塑造我们的知识发挥了重要作用。

除了强烈的认识论倾向,杜威的实验逻辑学还赋予逻辑必然的暂时性,即经验(包括直觉和知觉)只有在当下发生的过程中才能被正确地解释,这是他认为宇宙不断变化、完全深不可测的主要推论。①

所有这些都意味着,对逻辑进行明确的形式化是不可能的,而且更重要的是,逻辑规律需要不断地通过经验被重新探究。另一方面,这也意味着知识的一个深刻的实用主义方面:逻辑规律被视为是以最适合人类和实用的方式设计的。正是在这种逻辑观下,胡适找到了理论基础以重新定义中国的逻辑学和哲学的过去,以及他反对西方逻辑学形式主义潮流的主要论点,后者也是在中国逻辑学和哲学的讨论中形成的。

与其深受美国实用主义影响相符的是,胡适对传统的(主要是古代的)中国逻辑学的重新发现,几乎完全围绕着对实用主义要素和"非实用主义"要素的区分上。因此,他对中国逻辑学的发展历程提出一个观点:"实用主义的"墨家代表了中国古代逻辑学发展的顶峰,而名家的形名辩者则标志逻辑思想

---

① John Dewey, *Essays in Experimental Logic*, Chicago: University of Chicago Press, 1916, pp. 1-25.

的逐渐衰落。这个模型在胡适 1919 年首次出版的《中国哲学史大纲》①中得到进一步扩展。

在胡适到北大任职后的几年里，实用主义哲学开始慢慢接管北大哲学系，因此，美国哲学思潮在该系核心的影响日益壮大，使得蔡元培的平衡典范遭到了严重破坏。②

六　被打破的平衡：
杜威实用主义的影响（1919—1923）

哲学门原来只是文科下面的一个实体，1918 年初成为独立的哲学系。③它的总体情况与 1917 年时类似：章士钊讲授本科阶段唯一的逻辑课程。④然而，该系动态中第一个重大转变发生在新学年开始的 9 月。逻辑基础课程现在由胡适接手，章士钊则越来越专注于在哲学研究所讲授逻辑史课程。根据冯友兰的回忆，章士钊的课几乎完全围绕着中国逻辑思想史（1918 年主要是讲授墨家）。⑤哲学系的基本课程在 1918 年提出的课程变更中出现一些小的修改。经过调整，更多的空间分配给了与实用主义哲学密切相关的学科，如教育哲学、（实验）心理学、人类学，以及中国哲学史。

逻辑学仍然被视为基础课程的主要支柱之一，并且"论理学概论"被作为文科其他专业的选修课。哲学系课程的这种"美国化"有一种"自然科学的"抗衡；⑥抗衡由王星拱讲授的两门课（"科学方法论"和"科学发展史"）还有数学课所提供，它们是新开设的，仍然还是选修课。⑦另一方面，蒋右沧讲授的"生物学"可能被认为更像是宣传与实用主义理论相辅相承的柏格森（Berg-

---

① 胡适：《中国哲学史大纲》，上海：商务印书馆，1919 年。
② 蒋梦麟也曾是杜威的学生，他在实用主义的影响达到顶峰的 1919 年成为北京大学的一员。
③ Lin, *Peking University: Chinese Scholarship and Intellectuals, 1898–1937*, p.57.
④ 《文本科第二学期课程表》，《北京大学日刊》，1918 年 1 月 5 日。
⑤ 袁景华：《章士钊先生年谱》，第 111 页。
⑥ 在大多数美国大学，大一学年讲授的三门通识课程是传统的亚里士多德逻辑、心理学和伦理学。
　　参见蒋梦麟：《蒋梦麟自传：西潮与新潮》，北京：团结出版社，2004 年，第 102—103 页。
⑦ 《民国七年最新改正国立北京大学规程》，北京：国立北京大学，1918 年，第 79—81 页。

son)的活力论(vitalism)。①当胡适和蒋梦麟之前的导师约翰·杜威在1919年抵达北大时，哲学系的潮流已经偏向实用主义。

哲学系逐渐的"实用主义化"并非没有受到其他哲学世界观的追随者和倡导者的抵制。一群进步学生和知识分子聚集在陈独秀、李大钊等社会主义者周围，于是，北大的左翼"革命者"中形成了对实用主义者的重要制衡。由于这些知识分子几乎完全活跃在政治学、社会学或文学领域，他们的行动迫切需要一个安全的科学基础和/或哲学基础，以此对抗北大以及更广泛的中国社会中强烈保守的哲学潮流。

在章士钊的推荐下，②李大钊于1918年（"五四运动"前几个月）被任命为北京大学图书馆主任。学生革命运动随即以图书馆为重要中心，在"五四运动"后逐渐成为中国共产主义运动。李大钊被任命为图书馆主任后，哲学系和数学系研究所应届毕业生张申府被任命为他的副手。张申府是由其之前的教授章士钊介绍给李大钊的，他近年来对伯特兰·罗素的哲学产生了浓厚的兴趣，到1919年，他成为北大最热情地传播罗素哲学及其数理逻辑概念的人。由于张申府同时也深度参与了北大的左翼知识分子运动，因此他开始协助该运动抵抗保守思潮。

通过与罗素及其数理逻辑以及西方自然科学的联系，北大里的左翼思潮最终获得了理论基础。后来表明，罗素作为一个自称的（行会）社会主义的支持者、实在论哲学家、数理逻辑学家和科学家，实际上是柏格森和美国实用主

---

① 柏格森的哲学建立在人的生命和认知的存在自主性概念之上，对美国实用主义和欧洲新活力论都产生了重要影响。因此，与唯心主义类似，就物质存在和全部人类知觉（理性认知和直觉）被所谓唯物主义的客观主义视为同样无条件而言，感性存在(sentient existence)背后的驱动力是超验的(transcendent)。在实用主义中，柏格森思想的要素进一步与生命和宇宙的演化主义观点相一致，这种观点将结构化推理的客观性和数理逻辑原理的存在边缘化，而支持时空和环境在不断变化的宇宙中具有相对性的想法。因此，实验主义逻辑概念与心理学的紧密联系也就应运而生。逻辑实验主义不仅肯定了物质实在的实用主义概念，还使得实际的完满(pragmatic entelechy)和生活相关的具体功能成为人类推理的主要功能和目标。另一方面，它的心理学倾向试图用同一种演化实用主义来界定人类心智的"全部"。关于杜威、胡适和实验逻辑，参见 Jan Vrhovski, From Mohism to the School of Names, from Pragmatism to Materialist Dialectics: Chinese Interpretations of *Gongsun Longzi* as a Text and Source of Chinese Logic, 1919-1937, *International Communication of Chinese Culture* 7 (2020), pp. 513-515. 最后，在新活力论哲学中，例如汉斯·杜里舒(Hans Driesch)的思想试图将生物科学作为使其活力论的认识论困境客观化的主要手段。

② 袁景华：《章士钊先生年谱》，第109页。

义的天然对手。① 另一方面,后来的事态发展也表明,当知识分子运动的发展超出北大时,罗素并不是中国左翼运动的天然同盟。

早在 1918 年,张申府还兼任北京大学预科学校的逻辑学和数学教师。据张申府回忆,他的逻辑学课程在当时被指定的文献是杜威的《我们如何思考》(*How We Think*,1910)一书。②但 1919 年夏天,当他在预科学校重新教逻辑学时,他选择不使用杜威的著作。③到了 1919 年,张申府开始在《每周评论》和《新青年》等期刊上发表罗素哲学著作的译文,同时,他也发表许多关于各种主题的文章,宣传罗素的数理逻辑。④

1919 年底,北大迎来了美国实用主义哲学家约翰·杜威,应哲学系的杜威支持者们要求,他被邀请到北大担任客座教授。在杜威抵达之前的几个月里,他的支持者们已经发表了许多关于实用主义、杜威哲学和柏格森哲学的翻译、文章和专题介绍。⑤杜威在北大所带来的变化,在哲学系的基础课程层面显而易见。几乎在他到达后不久,他的讲演就成为本科和研究生基础课程中的必修部分。例如,在 1919 年 11 月,他的题为"思想之派别"的讲演就被

---

① 1911 年柏格森访问英国后,罗素开始公开批评柏格森的哲学。在接下来的十年里,罗素继续对在柏格森思想中他选择称之为"反智主义"[实在论哲学家佩里(R. B. Perry)也使用这一术语]的内容提出深入彻底的批评。参见 Vesselin Petrov, Bertrand Russell's Criticism of Bergson's Views about Continuity and Discreteness, *Filozofia*, 68 (2013);Andreas Vrahimis, Sense Data and Logical Relations: Karin Costelloe-Stephen and Russell's Critique of Bergson, *British Journal for the History of Philosophy*, 28 (2019)。罗素对柏格森和实用主义的早期批评体现在 1912 年至 1914 年间发表在《一元论者》(*Monist*)上的一系列文章中。1912 年首批文章中的一篇揭示了罗素与柏格森论战的一个重要方面,即他没有区分柏格森哲学和美国实用主义。从这个意义上说,他对柏格森的批评也针对整个实用主义哲学。[参见 Bertrand Russell, The Philosophy of Bergson, *The Monist*, 22 (1912), p. 322。]罗素对美国实用主义的批评在他 1914 年访问哈佛大学期间变得更加具体,当时他更加熟悉美国实用主义的"多样性",同时从亨利·詹姆士(Henry James)的哲学中采纳了一些关于人类感知的观点。罗素与杜威之间的哲学对立始于 1916 年杜威出版《实验逻辑论文集》(*Essays in Experimental Logic*),这本书直接攻击了罗素的逻辑观。罗素在 1919 年发表了对这本书的长篇评论,与其批评者正面交锋。(参见 Cheryl Misak, Russell and the Pragmatists, in *The Bloomsbury Companion to Bertrand Russell*, ed. Russell Wahl, London: Bloomsbury Academic, 2018, p. 68)

② 张申府:《所忆——张申府忆旧文选》,北京:中国文史出版社,1993 年,第 92 页。

③ 张申府:《所忆——张申府忆旧文选》,第 93 页。

④ 在《哲学数学关系史论》和《数之哲理》(张申府[崧年]:《数之哲理》,《新潮》1919 年第 4 期,第 90—92 页)这两篇文章中,张申府将数理逻辑描述为现代科学和逻辑的前沿产物,能够解决一切社会问题和科学问题。

⑤ 专著包括胡适的《实验主义》(南京:学术讲演会,1919 年)和刘伯明翻译杜威的《试验论理学》(刘伯明译,上海:泰东图书局,1920 年)等。

宣布对"研究所"的一群学生而言是必修的。①到 1920—1921 学年,实用主义者已经牢牢控制了哲学系的基础课程。

对 1920 年以来哲学系课程的任何概述都可以反映该系的总体情况,其中逻辑学、心理学和哲学史似乎都在胡适和杜威的完全控制之下,至少在某种程度上是如此。课程表显示,像伦理学、现代哲学史、西方哲学史和逻辑学在那一年可能是由这两个人单独讲授的。②据我们所知,在预科学校框架内开设的逻辑导论课程由张申府讲授,他在 1920 年成为北大最重要的伯特兰·罗素专家,也是作为西方科学方法论最先进方面的数理逻辑学科的热心倡导者。③因此,我们可以假设,通过张申府的逻辑课,在哲学系中对正在兴起的实验主义逻辑观产生了些许抵制。④朝着相同方向迈出的又一重要步伐是任命(可能是蔡元培亲自任命的⑤)罗素以前的学生傅铜为哲学系教师,傅铜在伯明翰大学以题为"实用主义批判"的论文获得硕士学位,在组织罗素的访问和在北大宣传罗素哲学方面发挥了重要作用。

七 抗衡:罗素的科学的世界观、哲学和数理逻辑

美国实用主义在北大的密集传播,促使那些设想一个更加平衡的学术界的中国知识分子做出回应。梁启超也是对罗素感兴趣的高级知识分子之一。

---

① 《哲学研究所启事》,《北京大学日刊》,1919 年 11 月 8 日。

② 杜威还讲授了一门教育哲学课程。他的另一位之前的博士生、教育家蒋梦麟讲授教育史。屠孝实(字正叔)讲授宗教史课程,他在后来出版了一本大受欢迎的教科书《名学纲要》(1926)。到 1920 年,梁漱溟开始讲授印度哲学和瑜伽行派哲学。(《国立北京大学学科课程一览》,北京:国立北京大学,1920 年,第 12—13 页)

③ 张申府[崧年]:《数之哲理》,《新潮》1919 年第 4 期,第 92 页。亦参见《北京大学日刊》,1920 年 5 月 18 日,第 2 页。

④ 张申府对实用主义的抵制,或者可能在他看来对罗素的"辩护",从 1919 年末开始就渗透在他的著作中,当时他第一次得知罗素将访问中国。在他于罗素抵达中国前夕发表的一篇文章中,张申府强调:"罗素坚决反对实用主义。他的观点与柏格森和杜威十分不同,就像他的数学与伽利略的数学有着根本的不同一样。"[参见 Vera Schwarcz, Between Russell and Confucius: China's Russell Expert, Zhang Shenfu (Chang Sung-nian), *Russell: The Journal of the Bertrand Russell Archives* 11 (1991/1992), p. 135]对罗素作为一个人和科学家的传记性介绍中,张申府强调了数理逻辑的革命性特征,即"开创了现代科学思想新时期的辉煌的新科学"以及罗素哲学的方法论基础,即他的"逻辑的和解析的方法"。(张申府[崧年]:《罗素》,《新青年》1920 年第 2 期,第 1 页)

⑤ 时勇:《读图忆往》,郑州:河南大学出版社,2012 年,第 96 页。

1920 年,梁启超、蔡元培等人作为中国进步党及其附属的共学会(主要目的是出版和传播最先进的西方著作和思想)的主要成员,决定邀请罗素到中国讲学。[1] 后来,梁启超将罗素访华描述为帮助扭转了哲学界的美国化趋势。在分裂严重的进步党中,梁启超作为罗素和逻辑科学的崇拜者脱颖而出。[2]罗素接受邀请的消息一出,中国头号罗素专家张申府就发起了一场引介和推销罗素思想的书面运动。不久,罗素哲学的反对者首先提出批评,这其中包括杜威,他特别针对罗素思想的缺点发表讲演。[3]为了反驳杜威对罗素思想的错误表述,张申府撰写了一系列文章介绍作为一个人以及作为哲学家(兼科学家)的罗素,他还出版了十多本罗素著作的译本和至少两个罗素作品的详尽目录。[4]

　　1920 年 10 月,罗素抵达上海,张申府作为北大的头号罗素崇拜者和倡导者,被派来代表北大迎接罗素。[5] 1920 年 11 月,罗素在北大讲学,他的一群支持者在北大成立了"罗素学说研究会"。[6] 1921 年,该会创立了《罗素月

---

[1] 尽管人们普遍认为是张申府邀请罗素访华,但后来张申府否认了这一说法,并声称这最初是梁启超的想法。[Vera Schwarcz, Between Russell and Confucius: China's Russell Expert, Zhang Shenfu (Chang Sung-nian), p. 122.]

[2] Suzanne P. Ogden, The Sage in the Inkpot: Bertrand Russell and China's Social Reconstruction in the 1920s, *Modern Asian Studies* 16 (1982), p. 534. 据说,在梁启超得知中国古代逻辑可能包含一些与西方形式逻辑相媲美的要素后,他对逻辑的爱好就被点燃了。关于梁启超和逻辑的关系,参见 Joachim Kurtz, *Discovery of Chinese Logic*, pp. 312-327。

[3] 对罗素的逻辑,提出反对的第一个例子是胡适在杜威来华之前所做的讲演。1920 年 4 月到 6 月,杜威在南京高等师范学校关于实验逻辑的讲演中,重申了他在 1914 年的《实验主义论文集》中对罗素和形式逻辑的批评。[Robert W. Clopton and Tsuin-chen Ou (ed.), *John Dewey: Lectures in China*, 1919-1920. Honolulu: University Press of Hawaii, 1973, p. 12.]1920 年 3 月,杜威在北京所做的题为"现代的三个哲学家"的讲演中,也重点批评了罗素的思想。杜威在这些讲演中把罗素的哲学和数理逻辑描述为一种抽象的还原论,完全脱离了不断变化的现实。杜威还暗示,以逻辑和数学为基础的哲学会产生伦理相对主义,失去与人类价值和直觉的联系。(杜威:《杜威五大讲演》,《杜威五大讲演》,北京:晨报社,1920 年,第 383—385 页)

[4] 张申府与当时对罗素观点持批评态度的张东荪和梁漱溟展开了一场相对激烈的辩论。关于罗素与数理逻辑引入中国的详细研究,参见 Yibao Xu, Bertrand Russell and the Introduction of Mathematical Logic in China, *History and Philosophy of Logic*, 24 (2003), pp. 181-186。

[5] 共学社在罗素抵达前一个月成立了讲学社,后者的主要职责是资助和管理罗素在华期间的访问交流活动。后来,讲学社还接管资助了杜威在北大的访问交流活动,并在接下来的几年里组织了德国活力论者汉斯·杜里舒和印度作家、诺贝尔文学奖获得者拉宾德拉纳特·泰戈尔(Rabindranath Tagore)的类似访问。

[6] 创始成员是几位讲学社成员、罗素此次访华的几位资助人等。其中最活跃的成员之一是拥有哈佛大学哲学博士学位的瞿世英。

刊》。①此外,1921 年 1 月,罗素在北京讲学时,傅铜成立了哲学社,该社隶属于北大哲学系,是中国最早的此类组织之一。哲学社因其主要创始人傅铜而具有深刻的现代视野,因此成为传播罗素思想的一个平台。此外,哲学社所组织的讲座及其官方出版物《哲学》杂志的内容表明,该社的核心重点是研究和介绍当代西方哲学趋势以及批判的比较宗教学。

罗素在北大期间围绕与哲学、社会和教育有关的各种主题讲演。他在以"哲学问题""心的分析""物的分析"为题的一系列讲演中,还谈到了现代物理学(爱因斯坦),这有助于中国听众去思考物理学与罗素哲学方法的内在联系。最重要的是,北京大学数理学会在 3 月份邀请罗素做关于数理逻辑的讲演,讲演记录之后刊载于《北京大学日报》《北京大学数理杂志》和北大的出版社所出版的选集中。尽管罗素的讲演并未正式达到与杜威相同的地位(它们从未被考虑为哲学系课程的一部分),但物理学、数学和形式逻辑在当代哲学中所具有的重要意义,无疑给哲学系的一些成员留下了深刻的印象。

逻辑学家、哲学家赵元任是罗素在中国的官方翻译,他后来指出,参加罗素讲座的听众包括"对科学、数学和哲学感兴趣的人,以及对(罗素的)革命社会思想感兴趣的人"。赵元任指出,罗素思想中最吸引人的是"他对某种社会主义的提倡"②。这样,奇怪的是,罗素讲演中最晦涩的部分(即数理逻辑)确实对北大哲学系的逻辑观产生了直接影响,但对某些知识分子、革命者和学术成员所信奉的关于哲学的一般观念影响更大。例如,张申府是罗素在中国的虔诚追随者,他在同罗素进行几次私人谈话之后,开始相信现代物理学的结论对哲学而言极其重要。③

简言之,当时北大逻辑学科的发展已经偏离了可能开设当代形式逻辑课程的轨道。而罗素的访问似乎反而催化了这门学科的"科学化"。不过,认识到当代形式逻辑(例如数理逻辑)与现代科学紧密相连,确实导致该系所讲授的逻辑种类以及讲授方式在很短时间内发生轻微的转变。

---

① 在 1921 年只出版了一期。
② Zhao Yuanren, *Yuen Ren Chao: Chinese Linguist, Philologist, Composer, and Author*. With an Introduction by Mary Haas, interview conducted by Rosemary Levenson. Berkeley: The Bancroft Library, University of California, 1977, p. 62.
③ 张申府此前曾相信这种特殊地位属于生物学。参见 Vera Schwarcz, Between Russell and Confucius: China's Russell Expert, Zhang Shenfu (Chang Sung-nian), p. 131。

突如其来的科学化浪潮在其他许多方面激起了人们对更新逻辑科学分类的兴趣。1921 年，北大德文教授杨震文（又名丙辰，后来在北大开设逻辑史课程）在哲学社的会议上进行了一系列关于"西洋论理学的沿革"的讲座。① 这些讲座的内容可能来自未知的德文原著，目的是在德国逻辑和英国逻辑中确定代数逻辑和当代形式逻辑的起源，从而试图在最广为人知的西方逻辑学派之间清晰划界。直到 1923 年，这种有关历史的大胆陈述还伴随着许多不同的、或多或少有意义的解释罗素哲学思想的尝试。②尽管如此，1921—1922 学年的新课程取得了最重要的（虽然只是暂时的）进步。经过修订和扩展，哲学系的课程中包括了一个名为"方法论"的特殊的基础模块，它由王星拱讲授的五门不同的课程组成："论理学""高级逻辑""科学导论""科学方法"和"科学与哲学"。因此，除了逻辑的扩展课程外，现在全部课程在科学史和科学方法方面也有坚实的基础。例如心理学、人类学等在哲学系作为选修课提供的课程范围也进行了类似的修订。③

八 从罗素到"科玄论战"：
王星拱和课程的科学化（1921—1924）

如上所述，到 1921 年秋，北大哲学系的整体气氛已经朝着罗素的科学世界观方向转变。该系处于这些发展最前沿的人可以说是王星拱。王星拱毕业于伦敦帝国理工学院化学系，是北大哲学系对罗素的科学世界观和数理逻辑有浓厚兴趣的人之一。因此，王星拱在前一年发表了关于罗素思想的文章，包括《罗素宇宙与逻辑观概说》一文④，在其中，他试图确认数理逻辑与有关宇宙的物理定律的最新科学发现之间的密切联系。⑤与此同时，从 1919 年

---

① 杨震文：《西洋论理学的沿革》，《北京大学日刊》，1921 年 10 月 14 日。
② 由于 1921 至 1924 年间张申府正在德国和法国，因此在当时的中国，罗素思想最热心的评论者是张东荪。此外，到 1922 年为止，北京大学新知书社也出版了罗素的大部分讲稿。
③ 《1912—1922 年哲学系课程草案》，《北京大学日刊》，1921 年 10 月 6 日。心理学和人类学课程主要由刘廷芳（1892—1947）和陶孟和讲授，前者在哥伦比亚大学和耶鲁大学接受大学教育，后者毕业于伦敦大学政治经济学院。
④ 王星拱：《罗素宇宙与逻辑观概说》，《新青年》1920 年第 3 期。
⑤ 在 20 世纪 20 年代，王星拱还翻译了许多罗素的著作，其中最著名的是由北京大学出版社在 1922 年出版的《哲学中之科学方法》。

起，王星拱撰写了与科学有关的大量文章，主题从自然科学的历史和方法论到各个科学分支的具体特征。他的《科学方法论》一书[1]由北京大学出版社在 1921 年出版。这本书被当作王星拱上课的教科书，由于它与罗素的思想有关，因此包含了对当代形式逻辑的大量参考。[2]这种向科学实在论的接近也有助于解除实用主义者对该系逻辑教学的控制。

接着，哲学系的基本课程在 1922—1923 学年发生了其他变化。逻辑学进阶课程被取消，该系只剩下由张竞生接手的逻辑学基础课程。[3]逻辑学进阶课程很可能仅限于系里的研究生。[4] 张竞生还讲授"孔德的实证主义"和"相对论的认识论价值和批判"等课程。同时，通过开设生物学（由李石曾讲授）和进化论（由谭熙鸿讲授）的选修课，"方法论"模块中的基础课程群也得到了扩展。[5]

罗素的访问启动了北大哲学的科学化，致命地侵犯了相对更传统的中国学者所倡导的哲学世界观的基础。而倡导西方科学及其实证主义科学基础的中国学者，通过宣扬科学对主体领域的更大控制，搅扰了主客观领域之间传统上的互补性，最终引起相信宇宙的物质领域和精神领域之间存在一种平衡的传统卫士的强烈反击。于是，1923 年爆发了一场关于"科学与人生观"的思想论战，在之后一年多时间里，它在中国的思想讨论中占据着核心地位。以张君劢为首的"反科学"阵营，主张主体的超验自主性并主张主客观领域之间存在重要的脱节。王星拱是这场论战支持科学的一方中最引人注目的成员，他主张"主体与客体、自我与世界本质上不可分离"[6]。

撇开论战中的总体发展不谈，更加仔细审视北京大学课程的发展，就会发现一种逐渐转变的模式，正如我们所见，这种模式与引起争论的总体思想

---

[1] 王星拱：《科学方法论》，北京：国立北京大学出版社，1921 年。

[2] 在一篇题为《什么是科学方法？》的文章中，王星拱将科学方法的概念与逻辑等同起来，声称世界上只有两种逻辑流派：源自后验知识观的归纳逻辑流派，以及基于先验知识观的演绎逻辑流派。参见王星拱：《什么是科学方法？》，《新青年》1920 年第 5 期。

[3] 张竞生本科毕业于巴黎大学。他在 1919 年获得里昂大学哲学博士学位。回国后，他成为中国最早的"性学博士"之一。

[4] 参见《布告》，《北京大学日刊》，1922 年 12 月 12 日，第 1 页。

[5] 《哲学系课程一览》，《北京大学日刊》，1922 年 10 月 9 日。

[6] Vera Schwarcz, *Chinese Enlightenment：Intellectuals and the Legacy of the May Fourth Movement of 1919*, Berkeley：University of California Press，1986, p. 101.

氛围的形成相吻合。然而，我们必须注意到，课程变更的推动者正是当时思想讨论最重要的塑造者。这样一来，大学课程的内容和结构就体现了这些人物的哲学信念，从而也体现了他们对如下问题的看法：什么样的理论和学科将会最恰当地指导中国的大学生和国家的未来。

我们可以通过下述课程变更清楚地看到这一点，例如，1923—1924 学年基本课程的变更反映了实证主义哲学在该系突然兴起。尽管逻辑学的通论课程令人惊讶地被取消了，取而代之的是杨震文的逻辑史课程，孔德、罗素和莱布尼茨的哲学则通过几门西方哲学课程（例如，樊际昌的"英国哲学选读"）来学习。杨震文的逻辑史课程框架也向前迈出重要一步，这门课吸纳了穆勒的归纳理论和罗素的《数理哲学导论》（*Introduction to Mathematical Logic*）：该书的中译本《罗素算理哲学》（傅种孙、张邦铭译）被作为主要读物。[1] 1924 年，屠孝实接手了北大预科阶段的逻辑学导论课程。[2]

九　昔日潮流的重现：回归历史和传统（1925—1927）

1925 年，北大哲学系逻辑学的主要课程"逻辑"最后又落回到陈大齐手中。[3]尽管陈大齐在之后的几年里确实对逻辑产生浓厚的兴趣，他最终启动了翻译 J. F. 克莱顿（J. F. Creighton）《逻辑概论》（*An Introductory Logic*）的项目，[4]并且对印度逻辑学在中国的传播做出巨大的贡献，但他的逻辑观念仍然相当保守，肯定也已经过时了。直到 1927 年，陈大齐的课大多使用克莱顿的书并结合其他西方教材，但内容范围并没有超出布尔或耶方思。[5] 1926—1927 学年，杨震文仍像之前一样讲授逻辑史课程，这门课现在称作"逻辑学史"。然而，就在杨震文首次筹备这门课程的三年后，陈大齐对逻辑学的历史

---

① 《哲学系课程一览》，《北京大学日刊》，1923 年 9 月 12 日；《国立北京大学概略》，北京：国立北京大学，1923 年，第 14 页。

② 参见《北京大学日刊》，1924 年 6 月 24 日，第 3 页。

③ 《哲学系课程指导书》，《北京大学日刊》，1925 年 10 月 17 日。

④ 刘奇翻译的《逻辑概论》成为中国大学中使用最广泛的教科书之一。它于 1928 年由商务印书馆首次出版。

⑤ 从 1927 年起，陈大齐还使用了他自己翻译的库尔特·约哈希姆·格劳（Kurt Joachim Grau）的《逻辑大意》（*Grundriß der Logik*），这本书在 1927 年由北京书局首次出版。20 世纪 30 年代初，陈大齐的课堂讲义被收录在《理则学（思维术）》和《理则学大意》这两本书中。

概述范围却骤然缩小——该课程变为以培根结束。与此同时,一股对传统的中国逻辑学和印度因明的强烈兴趣开始在哲学系慢慢恢复势头。[①] 1927 年爆发了严重的政治动乱,北大被暂时解散并与北京其他八所大学合并(一直持续到 1929 年),动乱之前的逻辑史课程由数理逻辑史学家汪奠基主持,不过时间很短。[②]

1929 年复校时,北大试图恢复昔日的声望,在此过程中,哲学系略显过时的课程面对清华大学所采用的一种明显现代的哲学教学方法相形见绌。新的中国"逻辑专家",比如金岳霖,和北大前逻辑学教师、罗素学者张申府,在清华继续开展北大在 1920 年代初开始做但或多或少并未做成的事。他们接着建立了后来为人所知的"清华数理逻辑学派"或"清华新实在论学派"。[③]

十　尾声

本篇简短的概述表明,北大的逻辑观念和逻辑教学在 1912 年至 1927 年期间的发展经历了兴衰起伏。这些曲折表明,可能从来就没有存在过"北大逻辑学派"。北大主要课程的变更通常直接与国内更广泛的思想潮流相一致。不过,由于北大在国内当代思想论争中所起的关键作用,相反的说法往往也正确:课程的发展变化并不反映正在进行的"外部"思想潮流,而是确定了某种与哲学和科学有关的新范式,这些范式反过来又在主流的思想讨论框架中得到表达。北大课程的变更与国内思想讨论之间的相互关联,突出了大学在长期塑造中国的现代型逻辑和传统型逻辑方面所发挥的形成作用。

本研究还支持这样一种观点:在知识领域中西方科学和西方思潮的形成期,以及在建立现代中国学界、思想困境、课程变更和理论创新等方面,重大决策只依赖于少数有影响力的人物。在我们的案例中,课程的变更和公共思想论争的转变,都是由北大相互关联的一小部分人的信念、意识形态和教育方式所推动的。最后,北大作为当时最负盛名的机构,在以学界未来潮流的

---

① 因明学课程由儒学家和佛教哲学家熊十力讲授。参见《哲学系课程指导书》,《北京大学日刊》,1926 年 1 月 26 日。
② 参见《北京大学日刊》,1927 年 1 月 5 日,第 1 页。
③ 实际上,金岳霖和张申府从 1929 年起都偶尔在北大讲课,张申府还在北大开设了第一门数理逻辑专业课程。

方向来调解国内思想潮流与思想争议上，具有不可或缺的作用。

北大逻辑课程的演变经历了以下重大变化：首先是服部宇之吉受聘为清朝的京师大学堂逻辑学和心理学教授，当时的逻辑学具有强烈的心理学色彩。在服部时期，这种方法直接反对严复的圈子所倡导的逻辑，严复等人坚持穆勒的归纳逻辑和近现代英国人在形式代数逻辑领域的探索。在蔡元培担任校长的最初几年，同样的思想潮流在北大仍然存在。蔡元培提出了一项对所有科学分支兼容并包的议题。然而，此时逻辑学在课程中的地位是由中西哲学之间新建立的平衡所严格界定的，这种平衡将新近发现的传统中国逻辑学推向当代哲学对中国古代的兴趣的前沿。在这种情况下，逻辑学开始分裂为两大阵营。

胡适和蒋梦麟将美国实用主义引入北大的课程设置，也产生了额外的影响。起初，用"实验主义"重新定义逻辑学被章士钊的半形式的逻辑现代主义抗衡。然而，随着约翰·杜威访问北大，上述平衡被严重破坏、转而偏向实用主义，这遭到了大学里左翼革命者的反对。当罗素被邀请到中国以对抗北大哲学的"美国化"时，这些左翼人士团结一致支持罗素以科学为基础的哲学和他的数理逻辑。

1919 年至 1921 年间，张申府在北大宣传数理逻辑和罗素哲学方面发挥了重要作用，在接下来的几年里，"科玄论战"中的主要讨论者王星拱接手了对罗素的科学和逻辑思想的传播。最终，这场论战之后，实证主义哲学和数理逻辑在北大哲学系逐渐失势，到 1925 年，潮流又回到了 20 世纪 10 年代末以文化为中心、受心理学影响的逻辑课程。之所以会发生这种情况，部分原因在于北大课程的整体多样性和北大里面个人影响的多样性。此外，它还与以下事实有关：到 1926 年，一些讲授分析哲学和现代逻辑（当时的最新潮流）的教师都离开了北京大学。①

20 世纪 20 年代末，中国对现代西方逻辑学的兴趣大增，这是北大早期意识形态论战的直接产物或对论战的回应。第一批主要的逻辑学"专家"反思

---

① 除了王星拱等人的离开之外，该系在分析哲学和现代逻辑方面的重要损失也与傅铜在 1924 年离开北京大学并前往西北大学有关。1929 年，傅铜回到北大并担任哲学系主任，形式逻辑又恢复到哲学系的课程中，这一事实证明了傅铜的重要性。参见《国立北京大学卅一周年纪念刊》，北京：国立北京大学，1930 年，第 66—69 页。

了北大的情况，创立了无比统一的、以现代西方哲学为导向的清华逻辑学派。[1] 北大哲学系所提供的逻辑学与清华的最大区别在于其研究方法的多样性，这反映了当时主要的相互竞争的世界观。但并不能简单说，北大与清华相比缺少真正的逻辑学专家，[2]因为清华最初的两个逻辑学专家之一张申府也曾是北大的一员。也不能说北大完全没有数理逻辑或者忽视伯特兰·罗素的哲学。[3] 它们是清华后来逻辑学课程现代化的重要因素，但它们被融合和掩盖在发生于罗素访问期间、在"科玄论战"的背景下达到高潮的哲学的科学化之中。

北大课程中逻辑学课程的另一个重要方面是，它将逻辑学的多样性与全中国知识分子所讨论的世界观和哲学客观性的多样性联系起来。因此，活力论和实用主义世界观的当代结合得出了一种心理学的、基本上是古典亚里士多德式的逻辑。而且，罗素逻辑原子主义的影响势必要考虑与数学有内在联系的现代形式逻辑。此外，由于实用主义和活力论世界观高度重视人的生命和直觉，因此它们与生命科学有着内在的联系，从历史上看，也与19世纪末对达尔文进化论的哲学说明有关。

杜威的经验逻辑理论在罗素之前就在中国传播，这一理论假定了形成数理逻辑的是一种"抽象的"、无生命的实体，于是在传统逻辑和形式逻辑之间制造了一道鸿沟。然而，就在德国活力论者汉斯·杜里舒访华的两年间，哲学与生命科学和人类直觉之间的联系得到了再次确证。逻辑学通过这种思想潮流与心理学和伦理学聚集在一起，其内容被缩减到可以与人类直觉和形而上学同时兼容的程度。与此同时，这样的逻辑观也被认为在哲学上与包含生命科学和人类学等实用主义相关新学科的课程更加兼容。但罗素的形式逻辑不仅是一套实证主义认识论的数学结构，而且还被认为是对世界的消极形而上学概念的一道解毒剂，在实用主义者对问题重重的世界及其人类状况的看法中，罗素看到了这一点。由此可见，相互竞争的世界观在北大的课程组织形成中起着关键作用，而且它们是导致各种逻辑学之间产生对抗的主因，前者部分原因是大学课程塑造的结果。

---

[1] 刘培育编著：《金岳霖的回忆与回忆金岳霖》，成都：四川教育出版社，1995年，第383页。

[2] 参见 Lin, *Peking University：Chinese Scholarship and Intellectuals，1898-1937*, p.66。

[3] 参见 Lin, *Peking University：Chinese Scholarship and Intellectuals，1898-1937*, p.66。

Balance and Innovation: Approaches to Logic and the Teaching of Logic in the Philosophy Department of Peking University, 1916–1927

Jan Vrhovski, trans. by Wang Hongguang

Abstract: This study lays out an overview of the main developments related to the teaching and expounding of logic at the Philosophy Department of Peking U-niversity, between the early years of the Republic and the year 1927, when the u-niversity was temporarily dissolved and reorganized into the Provisional Unified U-niversity of Peking. The objective here is to interconnect various (some not direct-ly related) developments in the curricula that covered the teaching of logic. It de-scribes not only the ebb and flow of general intellectual trends at Peking University but also the curricula's place in the context of a broader discourse on logic, sci-ence, and philosophy that was rising in importance at the time. By providing a tentative picture of new intellectual trends, worldviews, and personal impacts, this study will try to show how curricular changes and views about logic were connected to changes in the engulfing intellectual climate. In particular, the focus will be on the interrelatedness of these changes with main events in contem-porary new approaches worldwide to philosophy, culmi-nating particularly in the visits of John Dewey and Bertrand Russell to the University (1919–1922), as well as a controversy over science and metaphysics, which flourished after those visits (1923).

Key words: Peking University, Logic, Curricular change

哲学门（总第四十五辑）
北京大学出版社,2022年

德性、知识与实践智慧

——比较哲学视野中的儒家智德思想新诠*

李富强**

　　摘　要:儒家智德是一种为人的实践行为提供价值规范与目的导向,有助于人拥有良好生活的实践智慧。与亚里士多德的实践智慧相比,儒家智德具有三个特征:它兼具理智德性与道德德性的双重意蕴,以儒家良知为标识的智德可以把亚里士多德的实践智慧作为一种辅助性的理智能力容纳进去;它为道德实践服务,不预设作为理论前提的理论智慧;从境界论上看,它的终极目的或价值关怀在于对天道性命的体悟。在儒家伦理学知识体系中,儒家智德呈现为一种有德性的知识。在比较哲学的视野中,从德性、知识与实践智慧这三个向度重新诠释儒家智德,可以推动传统智德思想的创造性转化与创新性发展,发掘儒家智德所含蕴的中国文化属性及其在世界哲学中的意义与价值。

　　关键词:儒家智德　德性　知识　实践智慧

　　智德在中西哲学中都具有重要性,就中国哲学而言,"智"(知)是儒家哲学中的核心观念之一,先秦儒家为儒家智德思想的发展规定了基本方向,宋明新儒家围绕"闻见之知"与"德性之知"、"知识"与"良知"之辨等议题对儒家智德展开了更为丰富的义理阐发,现代新儒家则在中西比较哲学的视野中对传统智德进行了创造性发展,如牟宗三的"智的直觉"说。同时,智德也是

＊　本文为教育部哲学社会科学研究重大委托项目"儒家思想的当代诠释"（项目号20JZDW010）的
　　阶段性成果。
＊＊李富强,山东大学儒学高等研究院副研究员。

西方哲学中的"四枢德"之一，在亚里士多德、阿奎那等哲学家的德性伦理学中占有重要地位。20 世纪 50 年代以来，随着德性伦理学（Virtue Ethics）与德性知识论（Virtue Epistemology）在世界哲学范围内相继崛起，在世界哲学的德性转向中，智德在伦理学与知识论中的作用被反复确证。在当今中西哲学对话不断深入、百家争鸣的世界哲学中，儒家智德思想将提供怎样的理论资源，有待于我们深入挖掘。仅就已有的一些代表性研究而言，整体观之，学界对儒家智德思想的研究还比较薄弱，如潘小慧侧重于从德性伦理学的视角刻画先秦儒家智德的德性维度①，未能深入探究儒家智德所含蕴的德性知识论维度。陈来从整体上将儒家哲学概括为一门体现人的实践智慧的学问②，但其对儒家智德的论述同样侧重于德性层面，对知识理性层面的探讨有所疏漏。付长珍则主要从西方德性知识论对儒家智德进行考察③，以此省察儒家伦理学知识体系的相关问题。笔者认为上述研究既有所得，也有所失，未能全面厘清儒家智德所蕴涵的丰富哲理。全球化时代的当代儒学研究已经进入一个以"比较研究为特点的时代"④，这是儒学进一步实现文化自觉和理论创新的时代。有鉴于此，本文将从比较哲学的视野，透视儒家智德本身所蕴含的德性、知识与实践智慧这三个向度，力图对儒家智德思想进行一些新的理解和诠释。由原始儒家孔子赋予的更具有哲学化意味的智德是实践理智的德性，其本身既有获得知识理性的认识论意味，也有达致至善的伦理学意涵。从本质上说，它是一种为人的实践行为提供价值规范与目的导向，有助于人拥有良好生活的实践智慧。在儒家的"为己之学"中，被后世儒者纯化为以"良知""德性之知"为标识的道德本体与工夫论用语，在德性知识论的视域中则呈现为一种有德性的知识。在本文中，笔者也尝试通过对传统智德思

---

① 在德性伦理学视域下，潘小慧系统考察了先秦儒家的智德思想，并在与西方智德思想的比较中，充分肯定了智德在德性伦理中的意义与价值。参见潘小慧：《〈论语〉中的"智德"思想》，《哲学与文化》2002 年第 7 期；《〈孟子〉中的"智德"思想》，《哲学与文化》2002 年第 10 期；《〈荀子〉中的"智德"思想》，《哲学与文化》2003 年第 8 期；潘小慧：《中西"智德"思想比较研究：以先秦孔、孟、荀儒家与多玛斯哲学为据》，《哲学与文化》2003 年第 8 期；潘小慧：《四德行论：以多玛斯哲学与儒家哲学为对比的探究》，台北：哲学与文化月刊社，2007 年。

② 参见陈来：《论儒家的实践智慧》，《哲学研究》2014 年第 8 期。

③ 参见付长珍：《重新发现智德——儒家伦理学知识体系的当代省察》，《求是学刊》2020 年第 4 期。

④ 参见李晨阳：《比较的时代：中西视野中的儒家哲学前沿问题》，北京：中国社会科学出版社，2019 年，第 1 页。

想的创造性转化,在儒家智德与德性伦理学、德性知识论之间建构一种实质性的对话,以此彰显儒家智德所蕴涵的中国文化特质及其普适性价值。

一 德性转向中的儒家智德

德性(virtue)是古希腊伦理学知识体系中的奠基性观念之一,被用来指称那些卓越的公民在城邦生活中表现出来的优秀品质,逐步地用以指称任何事物所具有的显著优点。亚里士多德将德性定义为使得一个事物处于良好状态并且促进其实现活动完成得好的卓越品质,因为人是实践活动的主体,以积极主动的方式参与实现活动,所以德性在人的实现活动中便具有了特殊的意义,它后来被用于指称使人在实践事务上趋向于实施道德行动而杜绝非道德行动,且获得人生幸福的一种美德。亚里士多德根据灵魂的不同状态,又将德性区分为理智德性和道德德性,理智德性主要通过后天的教导而发展,道德德性则通过后天的习惯而获得,亚里士多德关于两种德性之关系的经典论述是:"离开了明智就没有严格意义的善,离开了道德德性也不可能有明智。"①明智即实践智慧,在亚里士多德看来,作为实践理智之德性的明智和道德德性,既属于不同类型的德性,又具有内在关联,道德德性与明智相互作用。道德概念不仅体现于社会生活方式中,而且部分构成社会生活方式,诚如麦金泰尔所言:"我们将一种社会生活方式与另一种社会生活方式区别开来的一个重要途径,就是识别道德概念上的差异。"②作为道德概念的德性,既是一个具有历史传统的复古观念,也是一个不断被不同时代的哲学家赋予新的思想意涵的创造性观念。观念是思想的基本单位,观念的创新及其运用意味着思想理论体系的推陈出新,德性就是这样一个承载着理论创新的观念。在当下的世界哲学范围内,出现了一种围绕德性而展开的理论范式,可以总体概括为"德性的转向",其理论形态主要表现为德性伦理学与德性知识论。③ 两者都以德性概念为理论根基,德性伦理学聚焦于道德主体自

① 亚里士多德:《尼各马可伦理学》,廖申白译注,北京:商务印书馆,2003年,第207页。
② 阿拉斯代尔·麦金泰尔:《伦理学简史》,龚群译,北京:商务印书馆,2003年,第23—24页。
③ 参见米建国、叶方兴:《当代知识论的德性转型——台湾东吴大学哲学系米建国教授学术访谈》,《东南大学学报(哲学社会科学版)》2016年第2期;迈克尔·斯洛特:《从德性伦理学到德性认识论》,李家莲译,《价值论与伦理学研究》2014年卷。

身的德性而非道德行为，以此解决伦理行为的规范性问题，德性知识论则聚焦于认知主体所具有的认知能力，这种认知能力即智德，以智德来定位认知主体的认知活动，以此来解决认知信念的规范性问题。

德性伦理学与德性知识论为我们激活中国传统智德思想，提供了新的概念工具和理论视野。在中外哲学界复兴中的德性伦理学逐渐成为当下道德哲学与伦理学研究领域中的重要思潮，近代道德哲学将科学理性的普遍性精神机械化地应用到人类生活领域之中，所推演的道德结论就化约为理性所制定的规则中，评价一个人的行为是否合乎道德，就看其行为是否符合这种评价规则，功利主义和康德的道德哲学就属于此类理论形态。与义务论和功利论这两大理性主义规范伦理学相比，强调道德品质、道德情感的德性伦理学在诠释传统儒家伦理上具有更强的解释效力。中国文化在开端处的着眼点即体现在对现世之个人生命的关注，由于重视个人的生命，关心自己的身心修养，所以中国文化有重德性的传统，这一点已成为共识。牟宗三的观点比较有代表性，他说："中国哲学，从它那个通孔所发展出来的主要课题是生命，就是我们所说的生命的学问。它是以生命为它的对象，主要的用心在于如何调节我们的生命，来运转我们的生命、安顿我们的生命。这就不同于希腊那些自然哲学家，他们的对象是自然，是以自然界作为主要课题。因此就决定后来的西方哲学家有 cosmology，有 ontology，合起来就是亚里士多德所说的 metaphysics。这个 metaphysics 就是后来康德所说的 theoretical metaphysics。希腊就是成就这一套。中国人就不是这样，中国人首先重德，德性这个观念首先出现，首出庶物。"[1]牟宗三与唐君毅、徐复观、张君劢在 1958 年联合发表的一份宣言，也向西方介绍了儒家重德性伦理的思想传统，他们认为："在西方伦理学上谈道德，多谈道德规则、道德行为、道德之社会价值及宗教价值，但很少有人特别着重道德之彻底变化我们自然生命存在之气质，以及此自然的身体之态度气象，都表现我们之德性，同时使德性能润泽此身体之价值。而中国之儒家传统思想中，则自来即重视此点。"[2]儒家德性伦理学主张行为的价值只能通过其与主体所具有的品格的关系加以判断，把中心放在

---

① 牟宗三：《中国哲学十九讲》，上海：上海古籍出版社，1997 年，第 14 页。

② 张君劢：《为中国文化敬告世界人士宣言——我们对中国学术研究及中国文化与世界文化前途之共同认识》，载《新儒家思想史》，北京：中国人民大学出版社，2006 年，第 573 页。

主体必须具有的、以使之能够过上良好生活的德性上面,关注主体整个生命的善。传统儒家伦理知识体系的建构是围绕着具体的德性而展开的,智德是儒家德性概念群中一个极重要的德目。儒家创始人孔子尝言仁、义、礼、智诸德,他将仁视为统摄其他德性的、众德的聚合体,为儒家仁学奠定了基础,但孔子并没有将四者合称,将四者提升为具有理论关联性的观念组合始于思孟学派。广为学界公认的子思著作《五行》篇,首次将仁、义、礼、智、圣合称为"五行",孟子中年曾为《五行》篇作解说,但晚年则以"四德""四端"说代替"五行"说。① 在孟子的心性论视域中,仁、义、礼、智分属于人类所具有的四种根本伦理道德属性,信广来分析了四者各自具有的不可替代的功能性角色地位,智对应的是英文 Wisdom,即明智、智慧之义②。孟子又提到智德对于仁德和义德的特殊意义,孟子曰:"仁之实,事亲是也;义之实,从兄是也。智之实,知斯二者弗去是也。"(《孟子·离娄上》)上述孟子之言,除了申述仁义所代表的孝悌为儒家伦理之本外,又突出了智德在贞定仁义二德上的积极作用。孟子所谓智德就是"孩提之童无不知爱其亲者,及其长也,无不知敬其兄也"(《孟子·尽心上》)的良知,良知是人与生俱来的,人性是本善的,他首次将智德与人的良知联系在一起,为儒家心性论确立了内在而超越的向度。

现代新儒家唐君毅认为人心之含有先天的道德原理,所谓智德即是我们依据先天的道德原理对具体实践事务所作的是非评价,此即智德之原始表现形态。唐君毅在谈到儒家智德时指出:"然智之原始表现……而唯是以自己之超越的道德自我所含藏之原理为背景,与自我及他人之行为相映照;而直觉其合或不合此自我所含藏之原理之是非。此种是非之心,最初恒只表现为一好或恶之情。"③不仅如此,唐君毅还认为智德是仁、义、礼三德顺次发展的最后一环,知人之是非好恶是否出自私欲,若出自私欲,则非之恶之,若不出于私欲,则是之好之,此即是仁德。肯定人有是非好恶的自由权利,此即是义德。知人之是非好恶有不同于我之处,而给予基本的尊重,此即是礼德,仁、义、礼三德始终贯彻于智德之中,智德方能真正完全体现于具体实践事务中。智德对其他三德具有贞定作用,集中体现了古代中国人的道德智慧,所以他

---

① 参见陈来:《竹简〈五行〉篇与子思思想研究》,《北京大学学报(哲学社会科学版)》2007 年第 2 期。
② 参见 Kwong-loi Shun, *Mencius and Early Chinese Thought*, California:Stanford University Press, 1997,pp. 66-71。
③ 唐君毅:《文化意识与道德理性》,台北:台湾学生书局,1986 年,第 543 页。

又强调:"春秋时之道德评论,即中国人自觉的道德智慧之流露之开始。其作用亦唯在贞定确立传统仁义礼之道。"①儒家哲学所谓智德不是严格意义上的知识理性方面的逻辑推演程序,亦不是对利害关系进行精密算计的工具理性,但这并不等于否定儒家智德包含理智向度。而在亚里士多德的哲学中,作为理智德性的智德与道德德性之间的关系往往模糊不清,智德有时被理解为工具性的方法或手段,如亚里士多德说:"德性使得我们的目的正确,明智则使我们采取实现那个目的的正确的手段。"②按此表述,作为工具性的智德无法确立人生的目的自身,在伦理学上就显得无足轻重,这是近代哲学中的智德逐渐脱离德性而演变为聪明算计的一个重要原因。因此,有很多学者试图通过重新解释亚里士多德的观点,从中找出人是目的的论断。

从道德心理学上说,儒家智德是一种认识到道德理性在导向良好生活上之重要性与必要性的道德意识,此即智德在古代中国人生活中所起的真正作用。儒家智德不同于亚里士多德之处在于其自身兼具理智德性与道德德性的双重向度,也有学者对此提出不同意见,如安靖如主张宋明理学本身就是德性伦理学,理学家和当代西方德性伦理学之间可以形成富有成效的"对话",但他却同样指出儒家与亚里士多德的显著不同是儒家并没有特别强调智德作为综合分析的推手。③ 实际上,对亚里士多德和儒家而言,德性的获得都需要一个理性的发展过程,亦即是说德性必须具有一个理智的向度,通过对儒家智德的理解和诠释,我们将发现儒家对德性主体理智状态的强调是一以贯之的。余纪元是较早关注这个问题的学者,他重点考察了亚里士多德德性伦理学中的"知道"和"选择"这两种理智功能,并进而讨论了孔孟伦理学中"知"与"义"的关系问题,他认为"知"既是理论知识,也是实践知识,"义"与行为主体的选择和决定有更密切的联结,孔孟的"义"对应于亚里士多德的实践智慧,其研究表明"知"–"义"结构与"知道"–"选择"结构具有明显的对应性,一个德性主体在处理实践事务时,肯定会知道和选择有益于个人生活得好的正确行为,这反映出儒家对德性主体的理智功能的强调。④ 但

---

① 唐君毅:《中国文化之精神价值》,桂林:广西师范大学出版社,2005 年,第 35 页。
② 亚里士多德:《尼各马可伦理学》,第 204 页。
③ 参见安靖如:《圣境:宋明理学的当代意义》,吴万伟译,北京:中国社会科学出版社,2017 年,第 70 页。
④ 参见余纪元:《德性之镜——孔子与亚里士多德的伦理学》,林航译,北京:中国人民大学出版社,2009 年,第 237—241 页。

余纪元将孔孟的"义"等同于亚里士多德的实践智慧则是有疑问的,因为孔孟所谓"义"多数情况下指的是绝对原则意味的道义,如余纪元所引孔子之言"君子义以为上"(《论语·阳货》),孟子之言"大人者,言不必信,行不必果,惟义所在"(《孟子·离娄下》),这里的"义"并非是适宜的意思①,而是指应该做的事情,即事理之应然,将其解释为对某种道德原则的理智判断与运用是成问题的。也有学者将孔子的仁观念或仁道精神与亚里士多德的实践哲学相比较,从中揭示儒家的实践智慧思想。② 综合各家之说,笔者认为在儒家的实践哲学中,与这种理智判断与运用相应的实践智慧概念是"智"③,儒家对智德的强调可以等同于亚里士多德对实践智慧的肯定,儒家的智德观念及其思想是关于作为理智德性的实践智慧或实践知识的道德意涵,亦可以说涵盖了关于作为理智德性的实践智慧与道德德性之间关系问题的基本看法,后文将有更详细的论述。

二　作为实践智慧的智德

智慧的统一性与多样性问题是当代分析认知论的重要论题,郁振华结合赖尔的智力概念和亚里士多德的良好生活概念,提出一种风格导向的智慧概念,风格导向的智慧分别在理论领域、实践领域和制作领域形成理论智慧、实践智慧和制作智慧④,本文主要聚焦于实践智慧。实践智慧或明智这个词在希腊文中是 phronesis,来自于动词 phronein(慎思),英文翻译为 prudence,practical intelligence,practical wisdom,等等。在古希腊哲学中对 phronesis 形成最系统思想的当属亚里士多德,他将应用于实践领域的 phronesis(实践智

---

① 日本学者伊藤仁斋在《语孟字义》中也提到:"义训宜,汉儒以来,因袭其说,而不知意有所不通。……设专以宜字解之,则处处窒碍,失圣贤之意者甚多矣。"参见吉川幸次郎、清水茂校注:《伊藤仁斋·伊藤东涯》,东京:岩波书店,1971 年,第 131 页。

② 参见徐育嘉:《孔子与实践智慧》,《台北大学中文学报》2015 年第 17 期;何益鑫:《论孔子仁道的实践精神——兼与亚里斯多德的"实践智慧"比较》,《鹅湖月刊》2016 年第 4 期。

③ 黄藿与笔者的观点相同,他在评价余纪元《德性之镜:孔子与亚里士多德的伦理学》一书时,特别指出只有"智"(知)与"权"较近于亚里士多德的实践智慧概念,它属于实践理智的德性,余纪元混淆了理智德性与道德德性的分别。参见黄藿:《评余纪元〈德性之镜——孔子与亚里士多德的伦理学〉》,《台湾东亚文明研究学刊》2016 年第 1 期。

④ 参见郁振华:《论三种智慧》,《华东师范大学学报(哲学社会科学版)》2020 年第 5 期。

慧)与应用于理论领域的 sophia(智慧)严格区别开来。《尼各马可伦理学》的英译本专门用 practical wisdom 翻译 phronesis,用 philosophic wisdom 翻译 sophia①,也明确将两种智慧区别开来。于是在 phronesis 一词的理解与使用上,就出现了两个传统:一个是从苏格拉底、柏拉图到康德的传统,此传统的特点是重视理论领域的 sophia,而贬低实践领域的 phronesis;另一个是从亚里士多德、阿奎那到伽达默尔的传统,此传统的特点是将实践领域的 phronesis 置于重要地位。② 麦金泰尔指出实践智慧是古希腊最核心的德性,它原本是贵族时代表达赞扬的词汇,人们用它来刻画那种知道何为其所应得,并对求得其所应得感到自豪的人,后来逐渐演变为知道在特殊情形下怎样作出正确判断的人。③

亚里士多德在《尼各马可伦理学》中将实践智慧视为人类表述真理的五种方式之一,他说:"明智的人的特点就是善于考虑对于他自身是善的和有益的事情。不过,这不是指在某个具体方面的善和有益,例如对他的健康或强壮有利,而是指对于一种好生活总体上有益。"④ 就亚里士多德而言,实践智慧是关于实践理智的德性,它是能够使人在实践事务上做出正确决断和行动的理智状态,人应该拥抱一种良好生活是实践智慧的目的,它是一种同人的善相关的、合乎逻各斯的、求真的实践品质。从知识的类型来看,实践智慧是一种关于人类如何践行的实践之知或力行之知,它不以追求普遍性的科学知识为目的,而是以在具体事物中的践行为其自身之目的,必须在面向特殊的、个别的具体事物之经验基础上才能实现其目的,正是在普遍的东西和特殊的东西的联结中,需要实践智慧。其实,在具体的东西和普遍的东西之间有一种双向诠释的关系,纳斯鲍姆正确地指出:"即使我们已经描述具体的东西有某种优先性,但二者在承诺中形成搭档关系,共同享有我们对好的仲裁者所具备的灵活性和回应性所表现出来的那种敬意。"⑤ 在具体境况中表现

---

① 参见 Aristotle, *The Basic Works of Aristotle*, New York: Modern Library, 2001, p. 1027。

② 参见徐长福:《实践智慧:是什么与为什么——对亚里士多德"实践智慧"概念的阐释》,《哲学动态》2005 年第 4 期。

③ 阿拉斯戴尔·麦金太尔:《追寻美德:道德理论研究》,宋继杰译,南京:译林出版社,2011 年,第 194 页。

④ 亚里士多德:《尼各马可伦理学》,第 188 页。

⑤ 玛莎·C.纳斯鲍姆:《善的脆弱性:古希腊悲剧与哲学中的运气与伦理(修订版)》,徐向东、陆萌译,南京:译林出版社,2018 年,第 475 页。

出来的灵活性和回应性是实践智慧的显著特征,这是亚里士多德批判柏拉图理念论的思想结晶。亚里士多德的实践智慧思想具有强烈的经验主义性格,随着城邦生活的没落,这种实践智慧思想日益与城邦的政治生活和道德生活相脱离,而蜕变为一种单纯的理智能力。亚里士多德的实践智慧理论是他的伦理学与近现代西方主流伦理学区别开来的突出特点,其影响不仅仅局限于伦理学领域。①

实践智慧有其自身的历史文化传统,不存在一种放之四海而皆准的普遍性的实践智慧,拥有实践智慧的人是在他成长范围内所接受的文化传统价值内生活,并在这一传统范围内获得应对实践事务的实践智慧,因此,我们不能要求有一种普世的实践智慧适合所有不同的文化传统。余纪元认为现代人之所以不理解或不愿接受亚里士多德关于实践智慧是包含在历史传统之中的看法,是因为我们是以近代规范伦理学的有色眼镜去审视亚里士多德的伦理学,规范伦理学通过对理性自律的探索,寻求建立普遍的道德规范,将实践理性从文化传统价值那里强行分离出来,这种强制性理解是对实践智慧的误读。② 实践智慧不是西方文化的专利,西方哲学中的实践智慧理论有其自身的历史文化传统,中国人的实践智慧思想同样植根于深厚的传统价值中。亚里士多德这种注重特殊和经验的实践智慧与儒家哲学中的实践智慧有相似之处,现代新儒家认为以理性主义为特征的西方文化将追求普遍而抽象的概念作为精神旨趣,把这种理性所把握的普遍概念应用到具体事物上,必然对具体事物的某些方面有所忽视,不能曲尽具体事物的特殊性与个性。中国文化中之"圆而神的智慧"把普遍者融入特殊以观特殊,不执着于普遍原理,"即如一直线之才向一方伸展,随即运转而成圆,以绕具体事物之中心旋转"③,这种智慧是随着具体事物"宛转俱流"的当下即是的生活智慧。

牟宗三在晚年对儒学传统的思考中也曾指出儒家哲学不仅具有实践性格,而且呈现为具有理论意义的智慧之学,他说:"儒家哲学是实践的智慧

---

① 实践智慧是复兴中的当代实践哲学的核心词汇,俞吾金认为亚里士多德的实践智慧理论经过康德、马克思、黑格尔、海德格尔等哲学家的重新阐述,已经成为我们理解和诠释西方哲学的主导精神。参见俞吾金:《从实用理性走向实践智慧》,《杭州师范大学学报(社会科学版)》2014 年第 3 期。刘宇考察了实践智慧在西方哲学史上的起源与发展脉络,写出了关于西方实践智慧思想的一部通史性论著。参见刘宇:《实践智慧的概念史研究》,重庆:重庆出版社,2013 年。

② 参见余纪元:《亚里士多德伦理学》,北京:中国人民大学出版社,2011 年,第 117—118 页。

③ 张君劢:《新儒家思想史》,第 587 页。

学,它是个人生活的指导原则,也是社会实践的指导原则。"①中国哲学有
一个重视实践智慧的传统,甚至可以说实践智慧是中国哲学的主体与核心。
由于 phronesis 也被广泛翻译为"明智",从语义学的角度看,儒家哲学中与之
对应的观念则是"智"。"智"古代亦作"知",《说文解字》有言:"知,识词
也,从口从矢。"《释名》亦曰:"智,知也,无所不知也。"清人徐灏《说文解字注
笺》注释曰:"知,智慧及知识之引申,故古只作知。"结合出土文献和传世文
献,多数学者认为"智"字的出现要早于"知"字,"智"字出现于商周时期,最
初为"认识、了解"之义,后引申为"智慧、明智"之义,"知"则最早见于春秋金
文,最初具有"认识、了解"之义,而后用作"智慧、明智"之义的用例也逐渐增
多。② 孔子首先将智(知)提升为一个具理论意涵的哲学概念,《论语》中的
"知人""知礼""知天命"等话语涉及获取知识的内容和如何获取知识的问
题。"学"涉及辨明各种社会政治事件、观察事物等,通过在具体生活世界中
的学习而获得实践智慧。他主张"好学近乎知"(《中庸》),陆九渊诠释道:
"夫所谓智者,是其识之甚明,而无所不知者也。夫其识之甚明,而无所不知
者,不可以多得也。然识之不明,岂无可以致明之道乎? 有所不知,岂无可以
致知之道乎? 学也者,是所以致明致知之道也。"③要想具有明见性的知识和
无所不知的学识必须好学,此即所谓"致明致知之道",好学是一种生活经验
的积累,实践智慧是基于一定生活经验积累的,所以在某种程度上我们说年
长者的实践智慧总是多于年轻人。孔子关于"六言六蔽"的论述充分表达了
"好学近乎知"这一理念,

> 子曰:"由也! 女闻六言六蔽矣乎?"对曰:"未也。""居,吾语女。好
> 仁不好学,其蔽也愚;好知不好学,其蔽也荡;好信不好学,其蔽也贼;好
> 直不好学,其蔽也绞;好勇不好学,其蔽也乱;好刚不好学,其蔽也狂。"
> (《论语·阳货》)

孔子指出仁、知、信、直、勇、刚这六种伦理德性的完全实现不能离开好

---

① 牟宗三等:《儒学与当今世界》,杨祖汉主编,台北:文津出版社,1994 年,第 1 页。
② 参见李冬鸽:《从出土文献看"智"与"知"》,《文献》2010 年第 3 期;李冬鸽:《"智""知"形体关系
再论》,《燕赵学术》2012 年第 2 期;林志强、林婧筠:《"知""智"关系补说》,《汉字汉语研究》
2019 年第 4 期。
③ 《陆九渊集》,钟哲点校,北京:中华书局,1980 年,第 372 页。

学,否则就会出现弊病,好学代表的是一种在具体的实践事务中保持理智状态的求知态度,尤其体现为判断道德问题时需要有一种包含明智能力的思维方式,如果在道德领域运用得好,就拥有了实践智慧。孟子对孔子智德的推进之处在于以"是非之心"界定智德,将智德视为一种人先天固有的内在德性,此即良知,他以心善证成性善,从"四端之心"证明人性本善,孟子曰:"恻隐之心,仁也;羞恶之心,义也;恭敬之心,礼也;是非之心,智也。仁义礼智,非由外铄我也,我固有之也,弗思耳矣。"(《孟子·告子上》)在孟子的心性论中,作为实践智慧的智德是一种辨别善恶是非的道德能力,由此证明人是道德的存在。所以他又说:"无恻隐之心,非人也;无羞恶之心,非人也;无辞让之心,非人也;无是非之心,非人也。"(《孟子·公孙丑上》)

明儒王阳明直指孟子的"是非之心"为良知,他说:"良知只是个是非之心,是非只是个好恶,只好恶就尽了是非,只是非就尽了万事万变。"①作为实践智慧的智德,在王阳明的良知学中指的就是良知,致良知工夫在根本上又是一种在人伦日用中付诸行动的生活方式、生活的艺术与生活之道,它是流行发用于事事物物当中的实践活动。以儒家为主流的中国哲学家的思想多出自自家的生活体验,其现实性多于理想性、具体性多于抽象性、实践性多于思辨性,生活体验总是丰富多姿而又随境遇流转的,由生活体验而来的智慧总是给人一种片段的、不成系统的印象。但由生活体验而来的生活智慧须经由理智的反省而明朗,徐复观将这种出自内外生活体验而来的生活智慧之真理称之为"事实真理"②,这种真理是思想家经过内省与提炼而将生活体验的所得、所悟说出的,也能消解一定的矛盾冲突,才显出一种合于生活体验与思想形式相融洽的逻辑结构。

结合上述分析,我们可以发现作为实践智慧的儒家智德具有一些明显的、不同于亚里士多德的实践智慧的特点。

其一,这种植根于生活世界的儒家实践智慧兼具理智德性与道德德性的双重意蕴,它既是实践理智的德性,又是作为人的本质规定性的道德德性,此道德德性为实践智慧提供目的。孟子、王阳明的儒家良知论代表的是不同于亚里士多德的实践智慧论的另一条道路,作为实践智慧的儒家良知可以把明

---

① 《王阳明全集》,吴光等编校,上海:上海古籍出版社,2011年,第126页。
② 徐复观:《中国思想史论集》,北京:九州出版社,2014年,第3页。

智作为一种辅助性的理智能力包含进来。反之则不然,亚里士多德的实践智慧没有发展出关于良知或良心的知识概念。从这个角度看,儒家的良知是比亚里士多德的明智更具有总体性的实践智慧,因为它内在地含蕴了明智,又超越了明智。① 由"是非之心""良知"所标识的智德不仅是一种理智判断能力,还是区别于一般性情绪的道德情感,它是理智和情感交融的德性,理智为拥有实践智慧者提供行为指南,情感则提供内在动力,情理交融的实践智慧是以儒家哲学为主体的中国哲学的重要特质。

其二,儒家的实践智慧不预设一个作为理论前提的理论智慧,从儒家传统里发展理论智慧是不必要的。在亚里士多德那里,实践智慧是为理论智慧服务的,他说:"明智并不优越于智慧或理智的那个较高部分。这就像医学不优越于健康一样。医学不主导健康,而是研究如何恢复健康。"②理论智慧的对象是自然界中永恒不变的真理,而实践智慧的对象则是变动不居的人类事务,永恒不变的东西始终要位于变动不居的东西之上,所以理论智慧在等级上要高于实践智慧。这为其幸福理论奠定了基础,亚里士多德认为存在两种不同等级的幸福:由理论智慧和沉思获得的幸福是最高等级的幸福,由实践智慧和美德所达致的幸福是第二等级的幸福。从中可以看出,亚里士多德与柏拉图一样对永恒不变的真理有某种内在的迷恋。正如美国哲学家伯恩斯坦所指出的那样,亚里士多德创立的哲学中存在着一种"深刻的讽刺"③,亚里士多德既是实践和实践智慧之自主性与完整性的最卓越的辩护者,与此同时,他又有从价值和重要性上认为理论活动高于实践活动,沉思的生活高于道德的、政治的生活,这使得其哲学精神中有某种贬抑实践哲学的内在冲动。相比之下,即使儒家有关于宇宙、天命的理论智慧,其有别于亚里士多德之处在于儒家的理论智慧并不高居于实践智慧之上,而且它是为实践智慧服务的。西方学者沃什便根据实践智慧和理论智慧的区分,认为也可以从儒家传统里发展出理论智慧,即"儒家实践智慧"和"儒家理论智慧","儒家实践智慧"尤其表现为道德实践。他将"知天命"解读为儒家对理论智慧的探究,儒

---

① 廖申白是较少能够将儒家的智(知)或良知与亚里士多德的明智进行比较研究的学者,参见廖申白:《良知作为实践理智的另一进路》,《天津社会科学》2009 年第 6 期;廖申白:《儒家的"知(智)"与良知——以亚里士多德的实践理智与明智为对照》,《云梦学刊》2017 年第 1 期。

② 亚里士多德:《尼各马可伦理学》,第 208 页。

③ 参见郁振华:《人类知识的默会维度》,北京:北京大学出版社,2012 年,第 169 页。

家的理论智慧不是最高的理智德性,而是服务于道德实践。①

其三,儒家哲学是关于生命实践的人生哲学,从境界论上看,儒家实践智慧的终极目的或价值关怀在于对"道"或"天道性命"的体悟。儒家实践智慧的基本目的可以在"知人""知言""知政"等具体实践事务上达成,由"下学而上达"至对道或天道的领悟与体认,道或天道是涵括宇宙、社会、伦理、政治与人生的根源性存在,作为境界论用语,它指涉的是通过修身工夫达到的一种至高无上的精神境界。中华文明早在轴心期就把哲学视为智慧之学,此智慧之学的目的在于对"道"有所领悟,"知道"是实践智慧的终极性目的,也是儒家成德之学的终极关怀所在,所以孔子曰:"朝闻道,夕死可矣。"(《论语·里仁》)儒学的特质即表现在由成就个人之理想人格的工夫而带出对天道性命的体悟,所以其实践哲学的性格尤为突出。传统儒家的"成德"之学就是"为己之学",它以切身的道德修养为工夫,以君子人格为基本要求,作为实践智慧的智德对君子人格的养成具有规范作用,也正是在这个意义上,安乐哲认为儒家的"知"更接近于一种广义的修养观念,而不是某种严格界定的认知。② 达致对天道有所体悟的生命境界的实践智慧者,可以说就是儒家的圣人,智德是达致圣人境界所必需的德性,子贡盛赞孔子说:"学不厌,智也;教不倦,仁也。仁且智,夫子既圣矣乎。"(《孟子·公孙丑上》)"仁智双修"或"以智辅仁"可以说是儒家修身学的特殊进路,通过此精神修炼而进达于对作为意义与价值根源的天道性命的切身体验。由此可见,儒家的实践智慧就不像亚里士多德的实践智慧那样仅仅局限于伦理学、政治学领域,而是一种可以上达高明、玄远之道的形上智慧。

三 智德在德性知识论中的运用

西方传统知识论将知识的本性定义为信念对实在的表征,于是知识就被理解为得到辩护和确证的真信念,这种笛卡尔式表征主义认知观的致命缺点

---

① 参见 S. D. Walsh,"Contemplation and the Moral life in Confucius and Aristotle"in *Dao*, Vol. 14. No. 1, 2015。

② 参见安乐哲:《自我的圆成:中西互镜下的古典儒学与道家》,彭国翔编译,石家庄:河北人民出版社,2006 年,第 251 页。

是主体与客体、内在心灵与外部世界的绝对分离，与外部世界相分离的主体观念以及对人的能动性的表征主义理解，使得与人类知识相关的一些重要问题并没有得到圆满的解决。因此，罗素、赖尔、波兰尼等现代西方哲学家对传统知识论进行了批判性重建，提出了一些不同于传统命题性知识的知识类型，如罗素的"亲知"(knowledge by acquaintance)、赖尔的"能力之知"(knowing how)和波兰尼的"默会知识"(Tacit knowing)，此类知识论的显著特征是强调认知活动作为一个行动的过程而出现，这股思潮促使知识论领域出现了一种可以称之为"实践转向"的变化。20世纪80年代以来的德性知识论，同样可以视为对西方"认识论危机"所作出的回应，并重建知识论的一种的尝试。它激活了亚里士多德的实践哲学传统，且作为一种新的知识论进路已在当代知识理论中占据显著的地位。①

当代德性知识论主要有两种代表性理论成果：其一是索萨的德性可靠论，这种理论把自己的观点建立在亚里士多德对智德的相关论述上。德性可靠论者认为认知主体自身有一些可靠的认知机制，正是通过这些认知机制使得主体获得确证性的知识，德性可靠论基本沿袭了传统知识论所要解决的问题，即知识的本质问题。其二是扎格泽博斯基的德性责任论，德性责任论主要解决知识的价值问题。扎格泽博斯基将智德吸纳进德性伦理学的认知维度，他认为智德是令人钦慕的品质，但它是后天的认知特征而非先天的认知能力，在获得确定性的知识方面，无论是理智动机，还是过程的可靠性，都是值得人们钦慕的。② 索萨在看待智德时，主要偏重于认知主体的认知能力是否足够可靠地帮助认知主体获得真信念并进一步形成知识，忽略了认知主体在求知过程中所应具有的人格特质和认知责任这类价值问题，而对认知主体的人格特质（即所谓智德）和认知责任的重视正是德性责任论的显著特征③，这与儒家对智德在人类认知活动中的定位有某种程度的家族相似性。扎格泽博斯基批评索萨没有深入探究认知主体的责任、勇气、良知、智德等重

---

① 也有学者指出德性知识论并不是主流知识论，因为认知评价的主要对象是非意志性行为的信念，知识和道德毕竟分属不同的领域，其提出的意义在于使得人们注重知识的责任与规范等价值论问题。参见陈嘉明：《德性知识论》，《东南学术》2003年第1期。

② 参见琳达·扎格泽博斯基：《理智德性：值得钦慕的品质特征》，方环非译，《伦理学术》2019年第2期。

③ 参见米建国：《智德与道德：德性知识论的当代发展》，《伦理学术》2019年第2期；米建国：《两种德性知识论：知识的本质、价值与怀疑论》，《世界哲学》2014年第5期。

要的德性概念及其议题,这些德性是认知主体所应具备的人格特质,它们是道德德性,也是理智德性,他同时也指出德性可靠论者忽视了智德与道德之间的内在联结。

德性责任论与儒家有相通之处,在涉及德性知识论的论题时,多数研究中国哲学的学者会倾向于以扎格泽博斯基的德性责任论来透视儒家的德性伦理学。诚如付长珍所言,以"好学近乎知"、智(知)与仁的统一为标识的儒家伦理学知识体系就是一种以人格特质为基础的德性知识论。① 德性知识论涉及道德与知识的关系问题,道德与知识代表的是价值与事实、应然与实然之间的区分——这一区分是近代西方文化的显著特点——代表人类生活中两种不同性质的事物。人类对道德的关怀方式也有认知和实践方面的不同,两者之间的结合只能诉诸实践活动,诚如方朝晖所言,道德与知识应该如何结合的问题是一个实践问题而非理论问题。② 儒家的德性知识论也是这类重视行动的实践之知,对于儒家而言,认知的过程总是实践性的和具有道德意涵的,它更倾向于是一种如何做事的行动,而非聚焦于理论理智的心灵状态。人类道德生活中的知识有两种类型,其一是关于道德规范的命题性知识,其二是关于道德行动的能力之知,前者对应的是"见闻之知""知识",后者对应的是"德性之知""良知"。以儒家哲学为核心的中国哲学并没有将人类实践活动中的知识求索与价值评价截然分开,作为实践智慧的智德在"成己"与"成物"的过程中,具体展现为知识层面的"是什么"的理性追问,以及现实层面的"应当是什么"和"应当做什么"的价值关切之间的统一。③

首先,儒家重视智德的认识论意义,郭店楚简儒家文献《五行》篇多次提到智德的思虑作用,其典型表达为:"智之思也长,长则得,得则不忘,不忘则明,明则见贤人,见贤人则玉色,玉色则形,形则智。"④此章言心之智德所思所发之序,说明"德之行"由内发于外。《五行》篇称见贤、闻君子道谓之智,智之思则在见贤、闻君子道之中玉色外形,智亦行于内⑤,可见心的理智能力总处于德性的笼罩之下。智的思虑活动关涉事实层面的"道问学",如孔子

① 参见付长珍:《重新发现智德——儒家伦理学知识体系的当代省察》,《求是学刊》2020年第4期。
② 参见方朝晖:《知识、道德与传统儒学的现代方向》,《中国社会科学》2005年第3期。
③ 参见杨国荣:《人类行动与实践智慧》,北京:北京大学出版社,2020年,第256页。
④ 荆门市博物馆编:《郭店楚墓竹简》,北京:文物出版社,1998年,第149页。
⑤ 参见魏启鹏:《简帛文献〈五行〉笺证》,北京:中华书局,2005年,第12页。

曰："知之为知之，不知为不知，是知也。"(《论语·为政》)"生而知之"的圣人是极少的，"学而知之"才是合乎常理的，这里面含有一种实事求是的认知态度。又如荀子极为重视作为认知心的智德在建构道德知识论上的作用①，其社会政治理论有坚实的道德知识论作基础，后面发展为程朱理学中具有客观求知精神的格物致知之学。

其次，儒家又更加强调"尊德性"的价值诉求，如荀子既强调缘于外的知识层面的"见闻之知"，又更为重视反求诸己的内含行动倾向的"德性之知"，所以荀子指出："人之所以为人者，何已也？曰：以其有辨也。……故人之所以为人者，非特以其二足而无毛也，以其有辨也。夫禽兽有父子而无父子之亲，有牝牡而无男女之别，故人道莫不有辨。辨莫大于分，分莫大于礼，礼莫大于圣王。"(《荀子·非相》)"辨"不仅指的是一种理性认知能力，即作为"心有征知"的理智能力，它还具有价值意涵，乃为求善而求知的实践智慧，此即荀子所谓"是是非非谓之知，非是是非谓之愚"(《荀子·修身》)。

但凡中国哲学传统中具有体用论思维方式者，或多或少会涉及两种知识的分判，这两种知识兼具存有论上的差异和实践工夫上的贯通。② "德性之知"指成德过程中对天命心性的体知或具有行动驱动力的力行之知，"见闻之知"泛指经验层面的社会政治知识与道德知识。王阳明高足王龙溪继承阳明的致良知学，以"德性之知"为"良知"，"见闻之知"为"知识"，于是便提出了良知与知识之辨，王龙溪说："夫志有二，知亦有二，有德性之知，有闻见之知。德性之知求诸己，所谓良知也；闻见之知缘于外，所谓知识也。毫厘千里，辨诸此而已。"③王龙溪对良知与知识的分辨脱胎于佛教对"智"与"识"的划分，"智"不是主客对待条件下的认知能力，而是一种在直觉的状态中把握事物本性，通达于超越界的智慧。儒家的"德性之知"就是这种智德，作为人性中一种特殊的知，它是儒家成德进程中必不可少的德性条件，而且具有遥契超越界的能力。"识"则近于西方哲学传统中主客二元对立条件下，对现象界之对象所进行的认知活动。

"德性之知"对现代新儒家融贯中西的德性知识论产生了很大影响。现

---

① 参见柯雄文：《伦理论辩——荀子道德认识论之研究》，赖显邦译，台北：黎明文化事业股份有限公司，1990 年。
② 参见杨儒宾：《理学工夫论的"德性之知"》，《中国文化》2018 年第 1 期。
③ 《王畿集》，吴震编校整理，南京：凤凰出版社，2007 年，第 36 页。

代新儒家牟宗三综合康德哲学与儒家哲学的基础上，提出一种不同于康德"智的直觉"的认识能力。在康德看来，"智的直觉"是上帝才能具有的通达物自身的认知能力，人类的认识能力只能局限于现象界，企图通达物自身只能产生先验幻相。但牟宗三则认为中国哲学中的"德性之知""良知""般若智""玄智"，就是康德所谓"智的直觉"，他夫子自道："我重述康德，引出康德书中所说的智的直觉之意义与作用，并述儒、释、道三家，以明其义理非通过智的直觉之肯定不能说明。"①在牟宗三看来，"智的直觉"是儒、释、道三家的共同智慧，是否承认人有此认识能力是中国哲学与康德哲学的根本性区别。"智的直觉"是如何可能的呢？牟宗三认为就理论上的可能而言，"本心仁体既绝对而无限，则由本心之明觉自必是智的直觉。只有在本心仁体在其自身即自体挺立而为绝对而无限时，智的直觉始可能"②。就实践上的可能而言，其关键在于本心仁体之诚明与明觉，如本心之见父自然知孝，见兄自然知悌，当恻隐则恻隐，当羞恶则羞恶，都表示本心随时而具体的呈现。

概而言之，德性知识论所涉及的伦理学知识区别于纯粹理论化的知识，它关乎人的实践事务，尤其是社会伦理事务与政治事务，旨在寻求实践活动的道德根源。哲学家对知识论的探究在很大程度上是为其伦理学服务的，诚如考克斯所言："他们试图问答关于什么存在和我们如何知道存在的形而上学和认识论问题，以便问答鉴于我们所知的存在我们该如何生活的伦理学问题。"③我们应该如何生活以及生活的意义与价值等伦理学问题是伟大的哲学家的终极关怀。儒家的智德是德性与知识的统一，智德可以说是一种有德性的知识，亦可以说是一种有知识的德性。儒家的德性知识论始终聚焦于"成人之道"，回答我们如何拥有良好生活这一伦理学追问，智德所具有的理智向度有助于我们在实践事务中选择正确的行动，厘定知识的价值与认知主体的责任问题，这是今日重拾儒家智德并给予创造性转化的重要缘由。

结　语

智德论题是中西哲学史上的重要问题，它与活跃在当下知识界的德性伦

---

① 牟宗三：《现象与物自身》"序"，台北：联经出版事业有限公司，2003年，第5页。
② 牟宗三：《智的直觉与中国哲学》，台北：联经出版事业有限公司，2003年，第248页。
③ 加里·考克斯：《做哲学：如何更清晰地思考、写作和争论》，卫青青译，北京：新华出版社，2017年，第36页。

理学、德性知识论、实践哲学等哲学议题都有交集,探究儒家的智德思想有助于促进中西哲学的对话。智德是生活得好的必要条件,作为实践智慧的智德是决定人如何拥有良好生活的那种实践理智的德性,它不是通过理性制定的规则体现出来的,而是一种对当下伦理境遇的正确反映与合理判断。儒家哲学又将这种德性称之为“良知”“德性之知”,此“良知”“德性之知”是人区别于动物的根本性标志,作为一种活泼灵动的实践智慧,它是产生道德意识、道德语言和道德行动的道德创造性之源。智德是理智和情感交融的德性,理智为拥有实践智慧者提供行为指南,情感则提供内在动力,情理交融的实践智慧是儒家哲学的重要特质。儒家的实践智慧不预设一个作为理论前提的理论智慧,儒家在探究伦理学知识方面的兴趣始终高于自然科学知识,其知识论是典型地以人格特质为核心、以价值为准绳、以实践为目的的德性知识论。儒家的“德性之知”“良知”之“知”作为人性中一种特殊的“知”,它不是主客对待条件下的认知能力,而是儒家成德进程中必不可少的德性条件,也是一种在直觉的状态中把握事物本性,通达于超越界的智慧,其终极目的或价值关怀在于对天道性命的体悟。我们从德性、知识与实践智慧这三个向度重新诠释儒家智德,可以推动传统智德思想的创造性转化与创新性发展,进一步发掘儒家智德所特有的中国文化属性及其在世界哲学中的意义与价值。

Virtue, Knowledge and Practical Wisdom: A New Interpretation of Confucian Thought of Prudence From The Perspective of Comparative Philosophy

Li Fuqiang

Abstract: Confucian prudence is a kind of practical wisdom that provides value norms and purpose orientation for people's practical behaviors, which helps people have a good life. Compared with Aristotle's practical wisdom, Confucian prudence have three characteristics: it has the dual connotations of intellectual virtue and moral virtue, the practical wisdom marked by Confucian conscience can accommodate Aristotle's practical wisdom as a supplementary intellectual power; It serves moral practice and does not presuppose theoretical wisdom as a theoretical premise; from the perspective of realm theory, its ultimate goal or value concern lies in the experience of heavenly way and human life. In the knowledge system of Confucian ethics, Confucian prudence is presented as a kind of virtuous knowledge. From the perspective of comparative philosophy, reinterpreting Confucian prudence from the three dimensions of virtue, knowledge and practical wisdom can promote the creative transformation and innovative development of traditional thought of prudence. It is also possible to explore the Chinese cultural attributes contained in Confucian prudence and its significance and value in world philosophy.

Keywords: Confucianprudence, Virtue, Knowledge, Practical wisdom

哲学门(总第四十五辑)
北京大学出版社,2022年

两种理性概念和两种规范理论

——以帕菲特和斯特里特的争论为线索*

王东华**

摘　要:价值是客观的还是主观的是哲学上的一个经典问题,其现代版本是,理由是客观的还是主观的。帕菲特是客观理由论的坚定捍卫者,威廉斯和斯特里特则是主观理论的现代代表。虽然对理由的根据有不同的理解,但作为实质的规范理论,二者都将行动者的主观态度或行为是否是理性的作为评判其是否符合规范要求的具体标准。但是两者各有自己的问题,帕菲特的客观理论是一种空心化的理性概念,威廉斯和斯特里特的休谟式主观理论的理性概念则不具有充分的解释力。基于该诊断,本文将尝试提供一个解决方案,即发展一种理性概念和理性理论,其既具有独立的实质内涵,又具有充分的解释力,能解释现实的规范要求。最后,文章将指出此结论提供了一个检验或者说反思传统主、客观理论之争的新思路,即何种理性概念可以作为规范判断的标准。

关键词:理由　规范理论　理性　内在标准　外在标准

苏格拉底问游叙弗伦:"虔敬的事物,是因为其被诸神喜爱,所以它是虔敬的,还是,因为它是虔敬的,所以它被诸神所喜爱?"(10a)①这就是著名的游叙弗伦问题(the Euthyphro Question),其元伦理学版本是,有

＊　本文是广东哲学社会科学项目"道德建构主义的元伦理学转向及其理论价值研究"(项目号:GD23YZX06)的阶段性成果。

＊＊　王东华,中山大学马克思主义学院助理教授。

①　Plato, *Plato: Complete Works*, eds. J. M. Copper & D. S. Hutchinson, Indianapolis: Hackett Publishing Company, 1997, p. 9.

价值的事物,是因为其为人们所珍视,所以有价值,还是因为它是有价值的,所以为人们所珍视?这是通常所说的价值是主观的还是客观的问题。

帕菲特借助理由概念发展出了该问题的一个现代版本,即理由的客观理论和主观理论间的争论。客观理论认为,被欲望的对象的客观性质提供了行动理由,所以,帕菲特也称该理由是对象给予的(object-given);与此相对,主观理论认为,欲望本身提供了行动的理由,欲望是属于主体的,因此理由是主体给予的(subject-given)①。也因此,它们分别被称之为客观理论(objective theories)和主观理论(subjective theories)。

帕菲特不是为了区分而区分,他自己是客观理论的坚定捍卫者,并以威廉斯(Bernard Williams)的理由内在主义为靶子,批评主观理论无法解释现实的规范要求②,后来斯特里特(Sharon Street)加入该争论,和帕菲特直接交锋③,而威廉斯和斯特里特也正是主观理论在当代的两位代表人物。

本文将指出,帕菲特对主观理论的批评落脚于对其理性概念的批评,而且确实指出了主观理论的理性概念的不足,即它是囿于行动者内部的理性,无法派生普遍的公共的规范要求。不过,帕菲特的客观理论虽以外在的客观对象作为规范性的来源,但在对现实对象之是否符合规范要求的判断上,也是将行动者的理性状态作为标准,依赖于具体的理性概念。因此,帕菲特对主观主义的批评是基于一种理性概念在批评另一种理性概念,而且问题是,他并没有提出一种实质的理性理论以解释现实的规范要求。可以说,主观理论的理性概念是不充分的,而帕菲特的客观理论的理性概念是空心的。在此基础上,本文将尝试对此延传至今的哲学争论提供一个框架性的解决方案,即发展某种理性概念,它具有实质内涵,而且该内涵又足够丰富,能够作为现实规范要求的标准。

---

① 见 D. Parfit, *On What Matters* (Vol. 1), Oxford: Oxford University Press, 2011, p.45。

② 见 D. Parfit, *On What Matters* (Vol. 1), Oxford: Oxford University Press, 2011, pp.58-82。

③ 见 S. Street, In Defense of Future Tuesday Indifference, *Philosophical Issues*, 19(2009), pp.273-298; S. Street, Nothing 'Really' Matters, but That's not What Matters, in *Does Anything Really Matter*, ed. Peter Singer, Oxford: Oxford University Press, 2017, pp.121-148; D. Parfit, *On What Matters* (Vol.3), Oxford: Oxford University Press, 2017, pp.255-290。

一 "极度痛苦论证"和对主观理论的批评

帕菲特对理由的客观理论和主观理论的官方表述是,客观理论认为"有某些事实,它们给予我们以拥有某些欲望和目的,及做任何可能有助于实现这些目的的事情的理由"。而这些事实是"关于这些欲望或目的,或我们可能想要或试图实现之物的事实"①。与此相对,主观理论认为,"我们的行动理由都是由关于将满足或实现我们当下欲望或目的之物的事实所提供的,或依赖于这些事实"②。所以,客观理论中,事物的客观性质在先,这些客观性质使事物值得欲求,因此构成了人们行动的理由;与此相对,主观理论中,则是欲望在先,某些事物之所以构成行动理由在于它们能满足行动者的欲望。

帕菲特对主观理论的批评集中于行动者的主观欲望和规范要求之间没有对应关系,一方面,某些欲望不构成行动理由,另一方面,某些行动理由不以行动者的欲望为根据。这一批评最典型地体现于他所设计的极度痛苦论证(the Agony Argument):

> (前提1)我们都有想回避和试图回避所有未来的极度痛苦的理由;
> (前提2)主观理论蕴含着我们没有这样的理由;
> (结论3)因此,主观理论是错误的。③

前提1所说的是每个人都有回避未来的极度痛苦的理由,这在帕菲特看来是一个基本的规范要求,是客观道德事实。前提2的结论依赖于他所构想的一个思想实验,即设想某人知道将来的某一事件会给其带来极度痛苦,但没有回避该极度痛苦的欲望,因此,根据主观理论,此人没有回避该未来极度痛苦的理由。综合前提1和前提2就有了结论3,关于理由的主观理论是错误的。

该思想实验的一个更具体版本是,此人被设想为对未来的所有痛苦都一视同仁,但唯独对每周二的极度痛苦持漠然态度(the Future Tuesday Indifference)。这个怪人知道星期二做手术会更为痛苦,但他宁愿接受星期二的

---

① D. Parfit, *On What Matters* (Vol. 1), Oxford: Oxford University Press, 2011, p. 45.
② D. Parfit, *On What Matters* (Vol. 1), Oxford: Oxford University Press, 2011, p. 45.
③ D. Parfit, *On What Matters* (Vol. 1), Oxford: Oxford University Press, 2011, p. 76.

极度痛苦也不愿忍受其他日子里的些微痛苦①。

不难发现,帕菲特对主观理论的批评落脚于该理论无法解释某些现实的规范要求,对未来星期二的极度痛苦持冷漠态度的人是他的例证。

二 完美融贯的怪人:理性的还是非理性的

斯特里特将此对未来星期二持漠然态度的人予以一般化,称之为"完美融贯的怪人"(Ideally Coherent Eccentrics),她还列举了哲学史上其他几个类似的著名怪人,如,休谟的宁愿世界毁灭也不愿手指被抓伤的怪人、罗尔斯的数草叶者、吉巴德(Allan Gibbard)的宁愿早逝的厌食症患者和致力于使他人痛苦最大化的卡里古拉(Caligula)。这些怪人的共同特征是,接受某些从未听说过或道德上令人反感的价值,但在逻辑上和工具上,这些价值与他们所接受的其他价值和非规范的事实完美融贯。②

因此,帕菲特对主观理论的批评可以更一般性地被表述为,主观理论无法说明这些完美融贯的怪人的行为的错误性。

为了回应帕菲特对主观理论的批评,斯特里特给对星期二的极度痛苦持漠然态度的怪人做了更具体的设定,她为其取名因迪(Indy),首先,因迪在体验到痛苦时,对体验有一种"享乐式厌恶"(a 'hedonic disliking'),这种厌恶其实是被包括在痛苦这种感受中的。在此意义上,因迪和常人一样,都讨厌痛苦。其次,她还有一个高阶欲望,即"元享乐式欲望"(meta-hedonic desires),它以享乐式欲望为对象,而因迪之怪就在于,"相较于周三的些微痛苦,他有一个对星期二的极度痛苦的元享乐式偏好"③。

此外,斯特里特将此对星期二的极度痛苦的漠然态度设想为一种心如止水的状态,类似于一个苦行僧,不将身体感受视为行动的理由。斯特里特甚至认为,鉴于该怪人所具有独特的动机结构,应该将其视为一个外来物种,此

---

① 帕菲特在其著作中多处使用了这个例子,最早可见 D. Parfit, *Reasons and Persons*, Oxford: Oxford University Press, 1986, pp. 123 - 124, 还有 Rationality and Reasons, in *Exploring Practical Philosophy*, eds., D. Egonsson, J. Josefsson, B. Petersson &T. Bonnow-Rasmussen, New York: Routledge, 2001, p. 26。

② 见 S. Street, In Defense of Future Tuesday Indifference, *Philosophical Issues*, 19(2009), p. 273。

③ S. Street, In Defense of Future Tuesday Indifference, *Philosophical Issues*, 19(2009), pp. 283-284。

人对痛苦的冷漠态度是进化的遗产（evolutionary heritage）。① 除此之外，可以设想这人与人类完全一样。

需要说明的是，斯特里特以上对因迪的描述性设定可视为对帕菲特表述的澄清，没有对帕菲特的明显误解，而且两人都同意，对痛苦的享乐的厌恶是无所谓理性或非理性的。

两人的区别是，帕菲特认为因迪对星期二极度痛苦的元享乐式偏好是非理性的，但斯特里特不这样认为，在她看来，直觉上，"与喜欢或讨厌钉子摩擦黑板的声音是内在地非理性的相比，对星期二痛苦的元享乐式偏好并不更多的是内在地非理性的"②。而人们喜欢或讨厌钉子摩擦黑板的声音是一种纯粹的生理偏好，不受行动者控制，无所谓理性或非理性，因此，对星期二痛苦的漠然态度或者说偏好也是无所谓理性或非理性的。

这也正是斯特里特对帕菲特的回应，她希望帕菲特所依赖的一个关键直觉被证明是错误的，即"除了讨论与因迪的其他偏好之间是否融贯之外，该元享乐式偏好不就其自身而言是非理性的"③。

可以说，虽然斯特里特将元享乐式欲望类比于享乐的欲望，这不符合帕菲特的本意，但该论证指出了二人真正的分歧，即对星期二痛苦的漠然态度是否是理性的。帕菲特对主观理论的批评也正是对其理性概念的批评，认为其是不充分的，无法解释现实的规范要求。

三　实质理性 VS 程序理性

上文说到，主观理论也将是否理性作为行为或欲望符合规范要求与否的标准，而帕菲特批评其理性概念不具有充分的解释力。文章接下来将指出，帕菲特的客观理论也采取了相同的路径，将是否理性作为判断标准，而且他本人还进一步将客观理论和主观理论的对立归结为所谓的实质理性（sub-

① 需要注意一点是，斯特里特认为，人们的评价性态度及价值观受到自然选择的巨大影响。这或许可以解释后文所说的，她将元享乐式欲望类比于享乐的欲望，虽然前者是一种价值判断，后者是一种生理上的冲动。见 S. Street, A Darwinian Dilemma for Realist Theories of Value, in *Philosophical Studies*, 127(1)(2006), pp.109-166。

② S. Street, In Defense of Future Tuesday Indifference, *Philosophical Issues*, 19(2009), p.288.

③ S. Street, In Defense of Future Tuesday Indifference, *Philosophical Issues*, 19(2009), p.288.

stantive rationality)和程序理性(procedural rationality)的对立。① 不过,此种对立和对应虽然符合各自理论,但帕菲特的理性概念依旧是成问题的,因为其是空心的,没有独立内涵。

对未来星期二痛苦的冷漠态度是否是理性的,这确实是帕菲特和斯特里特间争论的焦点,帕菲特将此冷漠态度称为非理性的偏好(irrational prefer-ences)②,他还专立章节讨论了这一问题③,他是将欲望的理性和行动的理性一并讨论的,他的定义是:"我们的欲望和行动是理性的,当它们在因果上以正确的方式依赖于某些信念,这些信念之真实性给予了我们以拥有这些欲望和以这些方式行动的理由。"④该定义中有两个关键点:一是,被依赖的是非规范的信念,比如,相信吸烟有害身体健康,相信星期二去拔牙要承受极度痛苦;二是,决定欲望是理性的还是非理性的不是所依赖的信念理性或正确与否,"而在于这些信念的内容,或者我们所信为何"⑤。

该非规范的信念也被帕菲特称之为表面理由(apparent reasons),因为它们有可能是错的,所以只是看起来是理由。因此,欲望或行动是否理性又表现为对这些表面理由的回应是否恰当,也就是,是否认识这些非规范信念的内容构成了行动理由。在此意义上,知道星期二会有极度痛苦,这是一个表面理由,而漠然待之则是没有恰当回应该表面理由,没有认识到它构成了一个行动的理由,所以是非理性的。

此种理性概念被帕菲特称之为实质理性,与此相对的是程序理性。在他看来,客观理论和主观理论在对规范理由解释上的不同体现为两种理性概念间的差异,具体而言,"根据客观理论,我们都具有去拥有某些欲望的决定性理由(decisive reasons),而且要成为实质理性的,我们必须拥有这些欲望。其理由是由我们可能想要或可能想避免之物的内在性质所给予的。我们就有这样一个对象所给予的决定性理由去想要避免所有将来的极度痛苦。如

① 见 D. Parfit, *On What Matters* (Vol. 1), Oxford:Oxford University Press, 2011, p. 78。
② D. Parfit, *On What Matters* (Vol. 1), Oxford:Oxford University Press, 2011, p. 56.
③ 见 D. Parfit, *On What Matters* (Vol. 1), Oxford:Oxford University Press, 2011, pp. 111-129;D. Parfit, Rationality and Reasons, in *Exploring Practical Philosophy*, eds., D. Egonsson, J. Josefsson, B. Petersson &T. Bonnow-Rasmussen, New York:Routledge, 2001, pp. 17-39。
④ D. Parfit, *On What Matters* (Vol. 1), Oxford:Oxford University Press, 2011, p. 112.
⑤ D. Parfit, *On What Matters* (Vol. 1), Oxford:Oxford University Press, 2011, p. 113.

果我们没有此欲望，我们就不是充分实质理性的，因为我们会错误地回应这些理由。"①换言之，客观理论认为理由在于事物的客观性质，相应地，理性要求体现为认识到这些性质构成了行动理由，也因此它是实质的，它对应于实质的规范要求。

与此相对，帕菲特批评主观理论的理性概念，其所说的是，"如果我们有特定的目的性欲望或目标(telic desires or aims)②，我们会被理性地要求去想要或做那些能够最好地满足或实现这些欲望或目标之事"③，因此"无论我们关心什么，或想实现什么，我们都可以是程序上理性的"④。换言之，在帕菲特看来，主观理论的理性是程序性的，其功用只在于实现欲望的满足，而欲望本身是实质规范的根据，但却是免于理性评价的。

基于此种实质理性和程序理性的比较，帕菲特得出结论："主观主义者无法主张那些充分理性的人会想要避免所有将来的极度痛苦。"⑤不难发现，此种帕菲特所说的程序理性是基于一种简易版本的主观理论，是对理性做一种纯工具性理解，认为其任务仅仅在于欲望的满足，即寻求最有效、最经济的手段以满足欲望。因此，理性无关乎实质的规范要求，以其为标准，无法解释现实的规范要求。这正是帕菲特的批评。

虽然帕菲特将此种理性观归为筹划的主观主义者(deliberative subjectivists)，但无论是首先作为帕菲特的攻击靶子的威廉斯的理由内在主义还是作为其后期对手的斯特里特的休谟式建构主义(Humean Constructivism)⑥，都早已突破了此种狭隘的理性观。帕菲特此简易版本的主观理论相当于威廉斯所说的次级休谟模型(the sub-Humean model)⑦，威廉斯说他所要做的正是对其予以增补和修正，包括对欲望做了扩展性理解，使其不仅包括冲动，还包

---

① D. Parfit, *On What Matters* (Vol. 1), Oxford: Oxford University Press, 2011, p. 78.

② 目的性欲望(telic desires)区别于手段性欲望(instrumental desires)。

③ D. Parfit, *On What Matters* (Vol. 1), Oxford: Oxford University Press, 2011, p. 78.

④ D. Parfit, *On What Matters* (Vol. 1), Oxford: Oxford University Press, 2011, p. 78.

⑤ D. Parfit, *On What Matters* (Vol. 1), Oxford: Oxford University Press, 2011, p. 79.

⑥ 斯特里特称其理论为休谟式建构主义，见 S. Street, Coming into Terms With Contingency: Humean Constructivism, in *Constructivism in Practical Philosophy*, eds., J. Lenman & Y. Shemmer, Oxford: Oxford University Press, 2012, pp. 40–60。

⑦ B. Williams, Internal and External Reasons, in his *Moral Luck*, Cambridge: Cambridge University Press, 1981, p. 102.

括价值判断,此外更重要的是,威廉斯是将行动者实践筹划后的主观态度作为行动理由。这是一个启发的过程,威廉斯称之为内在理由的理性。在他看来,这是行动的唯一理性。① 斯特里特则进一步将作为行动理由根据的主观态度明确为规范态度②,而且她要求规范态度间和规范态度与非规范态度间融贯(coherence),只有处于融贯状态的规范态度才是理由的根据。

不过,这只是说帕菲特对主观主义者的理性概念的理解并不完全准确,或者说,主观主义者已试图修补其理论中的缺陷,但此种修补并不成功,或者至少可以说,是不充分的。以对未来星期二的极度痛苦冷漠的人为例,在理性地筹划之后,主观态度完全融贯之时,他依然会对星期二的极度痛苦漠然视之。换言之,根据主观理论,一个充分理性的人(当然,只是程序上充分理性的人)并没有一个去避免未来星期二的极度痛苦的欲望,因此没有相应的行动理由。③ 因此,帕菲特对主观理论的理性概念的批评依然有效。

四 理性:外在标准 VS 内在标准

帕菲特将实质理性和程序理性分别归属于客观理论和主观理论。作为主观主义的代表,威廉斯确实设置了某些筹划程序作为判定规范要求的标准,但他说设置程序性要求是为了发现行动者的主观的动机性集合(the agent's subjective motivational set)④中本已具有的要素,即发现主观态度自身的特征。在斯特里特那里,这一点体现得更为明显,她认为融贯的规范态度

① B. Williams, Internal and External Reasons, in his *Moral Luck*, Cambridge:Cambridge University Press, 1981, p.111.
② 斯特里特明确区分了评价态度(the attitude of valuing)和欲求态度(the attitude of desiring),在他看来,传统休谟主义之受批评在很大程度上源于将欲望而非将评价作为理由的根据。见 S. Street, Coming into Terms with Contingency:Humean Constructivism, in *Constructivism in Practical Philosophy*, eds. J. Lenman & Y. Shemmer, Oxford:Oxford University Press, 2012, pp.42-44.
③ 其实,斯特里特本人对这一问题是有清醒认识的,她承认她的主观理论无法说明为何卡里古拉有规范的理由不去给他人带来痛苦。但她坚持,她的主观理论可以解释大多数现实的规范要求。有趣的一点是,在斯特里特看来,康德式理论也是一种主观理论,是一种关于规范性的态度依赖理论,而且她发现,根据康德式理论,卡里古拉的主观态度其实是不融贯的,因为康德式理性中包括普遍要求。但她对康德式理论能否成功持一种悲观态度。见 S. Street, In Defense of Future Tuesday Indifference, *Philosophical Issues*, 19(2009), pp.292-294。
④ B. Williams, Internal and External Reasons, in his *Moral Luck*, Cambridge:Cambridge University Press, 1981, p.102.

构成了人们行动的理由，而且更为关键的是，在她看来，融贯要求是规范态度
自身的内在特征，她借用科斯嘉（Christine Korsgaard）的表达，称其为构成性
的（constitutive），"正如一个人有小孩，这对于他/她是父母而言是构成性
的，当一个人在充分关注的情形下，认识到去做某件事是去做 Y 这件事的必
要条件，那么认为其有理由去做这件事就是其认为有结论性理由（conclusive
reason）去做 Y 这件事的构成部分。"①这种构成性关系类似于整体和部分的
关系，部分构成了整体，对整体的断定必然包含着对其部分的断定。所以斯
特里特也说到，这是分析的（analytical）或概念的（conceptual）。②

虽然要获得主观态度间的融贯要经历一定的步骤，比如，威廉斯的筹划
的步骤（deliberative procedure），斯特里特的反思审察的步骤（the procedure of
reflective scrutiny），但该步骤是为了发现主观态度本身的构成性特征，因
此，更多的学者将其称之为结构理性或非理性（structural rationality/irrationali-
ty）③，它是主观态度自身的结构性特征④。因此，对于主观主义者来说，理性
是一种内在标准。

与此不同，帕菲特的理性则是一种外在标准。文章第三部分说到，帕菲特的
理性用于评价欲望和行动，而基准是行动者的非规范信念，即他所说的表面理
由，"我们的欲望和行动之理性依赖于拥有这些欲望和以这些方式行动时，我们对
拥有这些欲望和以这些方式行动的实践理由或表面理由的回应是否恰当"⑤。

---

① S. Street, Constructivism about Reasons, in *Oxford Studies in Metaethics*（Vol. 3），ed. Russ Shafer-Landau, Oxford：Oxford University Press, 2008, p. 228.
② 斯特里特坦承，她的此种构成性的理解在很大程度上得益于科斯嘉的启发。事实上，科斯嘉是将
构成原则贯彻到底的，在科斯嘉看来，理性是行动者的构成原则，是行动性（agency）的体现。斯
特里特的表述，见 S. Street, Constructivism about Reasons, in *Oxford Studies in Metaethics*（Vol.
3），ed. R. Shafer-Landau, Oxford：Oxford University Press, 2008, p. 228, n. 1。科斯嘉的观点，见
C. Korsgaard, *Self-Constitution*, Oxford：Oxford University Press, 2008, pp. 1-26。
③ 比如 T. M. Scanlon, Structural Irrationality, in *Common Minds：Themes from the Philosophy of Philip
Pettit*, eds. G. Brennan, R. Goodin, F. Jackson, and M. Smith, Oxford：Oxford University
Press, 2007, pp. 84-103。而且斯坎伦的观点可视为第三种选择，他持一种理由的客观理论，但
又坚持一种狭隘的理性观，见 T. M. Scanlon, *What We Owe to Each Other*, Cambridge：The Belknap
Press pf Harvard University Press, 1998, pp. 25-32。
④ 在斯特里特那里，该结构性特征也是形式性的，休谟式建构主义和康德式建构主义都是形式性
的。见 S. Street, Coming into Terms With Contingency：Humean Constructivism, in *Constructivism in
Practical Philosophy*, eds., J. Lenman & Y. Shemmer, Oxford：Oxford University Press, 2012, p. 41。
⑤ D. Parfit, *On What Matters*（Vol. 1），Oxford：Oxford University Press, 2011, p. 117.

很显然,非规范信念并不概念性地包含规范信念及随后的欲望和行动,因此它们之间不是构成的或分析的关系,而是一种综合的关系,或者说,理性所要建立的是一种综合的联结。更具体来说,在帕菲特看来,对象的客观性质是理由的根据,而非规范信念是对这些客观性质的描述,因此理性所要建立的是外在对象的性质和行动者的欲望及行动之间的联系。因此,对于欲望和行动来说,理性所体现的是一种外在要求,或者说,帕菲特的实质理性是一种外在标准。如此,可以说,正因为一个是外在标准,一个是内在标准,在对未来星期二的极度痛苦持冷漠态度是否理性这一问题上,客观理论和主观理论的回答截然不同。①

不过,所需要指出的是,这两种对理性的理解都是存在问题的。斯特里特的理性要求实现主观态度间的融贯,以行动者自身的主观要素为出发点,她也将其理论称为关于规范理由的态度依赖观念(attitude-dependent conceptions of normative reasons)。而结果是,当作为起点的行动者的原初态度没有任何共同点的时候,即便经过相同的筹划,其结论也将是不同的。换言之,主观理论的理性只是限于个体行动者内部的要求,不同的行动者可以具有完全不同但却各自融贯主观态度。斯特里特的说法是,"如果一个人在人世时带有完全不同的价值体系,或是能给现有价值体系带来彻底改变的因果力量,那么这个人的规范理由以相应的方式是或将变为完全不同的"②。因此,并不存在所谓的公共的、普遍的规范要求。但在帕菲特看来,至少某些规范理由是普遍的,对所有的行动者都有效,比如他一直坚持的,痛苦本身的性质是所有行动者回避痛苦的理由。

那么客观理论如何解释这些普遍的规范要求呢?一方面,帕菲特认

① 沃尼普(Alex Worsnip)也将这两种不同的理性观称之为"理性的'理由-回应'理论"(a 'reason-responsiveness' theory of rationality)和"理性的融贯理论"(a 'coherence' theory of rationality),它们通常体现于道德理由(moral reasons)和认知理由(epistemic reasons)间的非对称性——没有认识到道德理由不会被认为是非理性的,但是没有认识到认知理由通常会被认为是非理性的。不过,沃尼普认为,之所以没有认识到认知理由被认为是非理性的,是因为在该评价中已经有诸多预设作为背景存在了,真正的评价标准还是是否融贯。本文不想对这两种理性观给出一个统一性解释,只限于指出这两种对理性的不同理解是现实存在的。沃尼普的论述,见 A. Worship, Moral Reasons, Epistemic Reasons and Rationality, *The Philosophical Quarterly*, 66 (263)(2016), pp. 341-342, pp. 354-359。

② S. Street, Coming into Terms With Contingency:Humean Constructivism, in *Constructivism in Practical Philosophy*, eds. J. Lenman & Y. Shemmer, Oxford:Oxford University Press, 2012, p. 41.

为,是对象的客观性质构成了行动的理由,因此,斯特里特说它们是态度独立
的(attitude-independent),也因其是独立于行动者而构成了对所有行动者的
普遍的规范要求。另一方面,欲望或行动是否理性又在于对非规范性信念的
回应是否正当,因此,理性就体现为将实质的规范要求转化为行动者的状态。
因此理性对应于规范理由①,可由其解释所有的规范要求。

但问题是,理性仅仅在于认识到在先的规范要求,即认识到某些客观性
质构成了行动的理由。正如客观世界是判断人们的认识是否正确的唯一标
准一样,在帕菲特的理论中,客观的理由关系是判断行动者的欲望和行动是
否理性的唯一标准。因此,理性没有自身的独立内涵,它是通过理由而被定
义的,或者说,理性可以被还原为理由,没有独立的自身内涵②。所以,此种所
谓的实质理性其实是非实质的。

至此,可以得出本文的结论了。无论客观理论还是主观理论,其实都是
实质规范理论,都致力于提供现实规范判断的标准。这是它们共同的理论任
务,也构成了对它们予以评判的基准。一方面,帕菲特对主观理论的批评是
成立的,即其理性概念是不充分的,无法解释某些现实的规范要求,尤其是那
些普遍的、人际间的行动理由。因此,主观理论需要发展出一种更具解释力
的理性概念,或者说,需要阐发理性的普遍化维度。另一方面,在帕菲特自己
的客观理论中,是否理性就在于是否符合客观理由,理性是通过理由而界

---

① 正是在此意义上,帕菲特将理性视为一个规范概念,即他所说的,"大致而言,非理性所表示的
是,'值得某种强烈的批评,和我们用'傻帽的'、'愚蠢的'和'疯狂的'这些词表达的一样"。见
D. Parfit, *On What Matters* (Vol. 1), Oxford: Oxford University Press, 2011, p. 112。

② 事实上,对帕菲特的批评也集中于他的理性概念无独立的实质内涵,将理性还原为对规范理由的
回应是否正确。比如,布鲁姆(John Broome)就说了,其实对未来星期二的极度痛苦持冷漠态度
的人是持有一种奇怪的规范理论,那么,"在持有一种奇怪的规范理论的同时你可以是理性的吗?
我认为是的"。有趣的是,劳德(Errol Lord)试图继承帕菲特所说的,理性在日常意义上的规范
性,认为理性在于对理由的正确回应,但他不认为理性是对客观规范理由的正确回应,而认为是
对人们所拥有的理由的正确回应,而"人们拥有一个去 ∅ 的理由 r,当且仅当,r 能够影响到 ∅-
ing 的理性价值(rational merits)"。而对理性价值,人们是有一个在先的理解的,因此,劳德是通
过理性来界定是否拥有理由。这不同于帕菲特所说的,理性在于对客观规范理由的回应,是通过
理由来定义理性。也因此,劳德认为,在认识到客观事实但未认识到其行动的理由时,行动并
不一定是非理性的。比如,认识到鱼中有沙门氏菌,但不知道沙门氏菌有毒而吃鱼,再比如,八岁
小孩知道眼前瓶中的东西是 H_2O,但不知道 H_2O 是水,可以解渴。这些行为都是理性的。见 J.
Broome, *Rationality through Reasoning*, West Sussex: Wiley Blackwell, 2013, pp. 103–105; Errol
Lord, *The Importance of Being Rational*, Oxford: Oxford University Press, 2018, p. 69, pp. 97–100。

定,因此,判断现实的欲望或行为是否符合规范要求时,是用理由在解释理由,即循环解释,而理性并不发挥实质作用。因此,如果说主观理论的理性概念是不充分的,那么帕菲特自己的理性概念是空心的,他并没有提出一种实质的理性概念以用作标准。

五　回到开始的争论

对病症的准确诊断蕴含着可能的治疗处方。基于前文对主观理论和客观理论的诊断,文章这一部分将尝试提供一个解决该争论的方案。不过,在此之前,将尝试回答:为什么帕菲特和威廉斯、斯特里特都将是否理性作为评判标准?理性又何以能够作为评判标准?

一个结论性的回答是,规范要求只能是对具有规范思考和规范行动能力的存在者的规范。用本文主题的话来说,是一种出于理由而行动的能力(acting for reasons)①。换一种表达是,理由必须能够转化为人这类行动者的现实的主观态度和行动。进而言之,在符合规范要求时,行动者的主观态度和行动与规范理由之间是一种对应关系,或者说,平行关系。不过,由于理性指向的是行动者的状态或行为,而人们之采取特定的行动或处于某种状态也依赖于对非规范事实的认识,因此此种对应关系是以对相关非规范事实的周知为前提的。② 在

---

① 帕菲特开门见山就说到,我们人类是这样的动物,"能够理解和回应理由"。见 D. Parfit, *On What Matters* (Vol. 1), Oxford: Oxford University Press, 2011, p. 32。

② 这一点是客观理论和主观理论都接受的。帕菲特就说到,在知道相关事实的情况下,"我们最有理由想要之物和去做之事"和"我们最为理性想要之物和去做之事"是一样的。在分析威廉斯对外在理由的批评时他也说到,对于理由外在主义来说,"如果我知道相关事实,且是充分实质理性的,那么我将被激发着去做有理由去做的事",对于理由内在主义来说,"如果我知道相关事实,且以程序理性的方式筹划,那么我将被激发着去做有理由去做的事"。因此无论是将理性理解为实质理性还是程序理性,理由外在主义和理由内在主义,即理由客观主义和理由主观主义都会同意在周知相关事实的情形下,当其所处状态或行动是理性的时,它们也正是符合规范要求的。同样地,对相关事实的周知这一点也被威廉斯视为通过理性筹划以获得理由的前提条件,斯特里特也说到反实在论者承认理论知识的错误会带来实践认知错误,因此将主观态度间融贯作为实践认知的标准是以对相关事实的周知为前提的。分别见 D. Parfit, Rationality and Reasons, in *Exploring Practical Philosophy*, eds. D. Egonsson, J. Josefsson, B. Petersson and T. Bonnow-Rasmussen, New York: Routledge, 2001, p. 17; D. Parfit & J. Broome, Reasons and Motivation, in *Proceedings of the Aristotelian Society*, Supplementary Volumes, 71(1997), pp. 101–102; B. Williams, Internal and External Reasons, in his *Moral Luck*, Cambridge: Cambridge University Press, 1982, p. 103; S. Street, Nothing 'Really' Matters, but That's not What Matters, in *Does Anything Really Matter*, ed. Peter Singer, Oxford: Oxford University Press, 2017, p. 139。

此前提下，可以由是否理性来判断其是否符合规范要求。那么，如何界定行动者之此种符合规范要求的状态呢？一个很自然的选择就是称之为理性状态。

对于主观主义来说，虽然欲望被认为是规范性的根据，但欲望是纷繁复杂且有个体差异的，因此一种简单版本的主观理论一直被诟病于它会产生或者过多的行动理由或者过少的行动理由。换言之，欲望和现实的规范要求之间不是互相对应的关系，因此，需要做某种区分，找出可以与现实规范要求相匹配的欲望。理性就是区分的标准，从而有了理性的欲望或行动和非理性的欲望或行动间的区分及对立。这也是前一部分所说的，威廉斯是将理性的筹划作为判断标准，斯特里特则将规范态度间的融贯作为判断标准。①

对于客观理论来说，理由外在于行动者，因此其面临着说明规范要求如何转化为行动者之行动或欲望的任务，这依赖于行动者的理性能力，能够认识到行动理由。另一层面上，需要发展一种道德认识论，以说明何种道德认识是正确的。这两个问题最终都落实到以行动者的某种状态作为判断标准，该状态正确或错误地反映了客观规范要求。比如帕菲特所说的具有内在可靠性的道德直觉就是行动者的一种主观状态，而且帕菲特也正是将此种对应于客观理由的主观态度称之为理性状态，即他所说的，"任何充分理性的人会想要回避所有将来的极度痛苦"②。

所以无论是主观理论还是客观理论都必须设定某种行动者的状态作为判断是否符合具体规范要求的标准。接着，一个合理的追问是：我们需要什么样的理性概念以作为现实规范要求的判断标准呢？

一个可预期的回答是，其需要集传统的主观理论和客观理论之所长③，一方面，该种理性是实质概念，有独立的无法被还原的内涵，如此才能真正充当规范判断的标准；另一方面，其内涵足够丰富，因此具有充分的解释力，能够作为现实规范要求的标准，这之中非常关键的一点是要能体现规范要求所

---

① 劳德（Errol Lord）和普兰基特（David Plunkett）大致梳理了理由内在主义最终发展为一种充分信息的理性的理想化的内在主义（full information rational idealized internalism）的内在逻辑。见 E. Lord & D. Plunkett, Reasons Internalism, in *The Routledge Handbook of Metaethics*, eds. T. McPherson & D. Plunkett, New York: Routledge, 2018, pp. 330-305。

② D. Parfit, *On What Matters* (Vol. 1), Oxford: Oxford University Press, 2011, p. 32.

③ 事实上，虽然帕菲特批评了主观理论的理性概念，但并非认为其一无是处，而是认为其过于狭隘。见 D. Parfit, *On What Matters* (Vol. 1), Oxford: Oxford University Press, 2011, p. 123.

具有的普遍性特征,即规范要求不是个人的独白,而是某种人际间的公共的行为规范。因此,需要将可普遍化的纳入理性的内涵。

而且这也为解决传统的客观理论和主观理论之争提供了一个新的思路。主、客观理论都设定某种理性状态作为判断欲望或行动之是否符合规范要求的标准,而区别在于它们对为何理性状态可以充当此标准有不同的理解,或者说对规范性之根据有不同的理解。帕菲特认为理由的根据在于客观事实,因此理性状态之所以可以充当此标准在于它是对理由的恰当回应,是将理由所代表的规范要求予以主体化和现实化。在此意义上,理性或理性状态只具有工具意义,因此客观理论需要说明,此普遍化的要求正是正确认识客观理由的必要甚至是可靠手段。威廉斯和斯特里特认为主观态度乃是理由的根据,因为他们试图将理性理解为主观态度的内在特征,即内在标准。因此主观理论需要说明普遍化的要求正是行动者的主观态度的内在特征。主、客观理论能否完成其任务将是评判它们的一个重要标准。

Two Conceptions of Rationality and Two Kinds of Normative Theories
——With A Debate between Derek Parfit and Sharon Street as A Clue
Wang Donghua

Abstract: It is a Classical Philosophical Problem that value is objective or subjective, whose modern version is reasons are objective or subjective. Parfit is firm defender of objective theories while Williams and Street are representatives of subjective theories. However, this paper points out that as substantive normative theories, they use actions' or desires' being rational as the standard of they being conforming to normative requirements. Yet, they have their own problems that the former's conception of rationality is empty while the latter's lack sufficient explanatory force. Based on such a diagnosis, the paper tries to offer a solution, namely, developing a conception of rationality which is both independent and substantive, and so adequate that could explain the ordinary normative requirements. And it represents an new approach for check or reflect the traditional debate, namely which one could better explain the possibility of such a conception of rationality's being standards of normative judgments.

Key words: Reasons, Normative theories, Rationality, Internal standard, External standard

【编者按】近年,方旭东教授倡导的"分析儒学"为学界瞩目。2022 年 1 月,他的新书《儒道思想与现代社会》由中华书局推出。该书充分体现了"分析儒学"的特色,全书由四篇构成,依次是:政治义务、孝道难题、女性问题、动物问题,既有对儒道思想深入浅出的阐释,又有对当代社会现实的自觉回应。出版后,引起学界同仁极大兴趣。本刊特组织了一组书评,以飨读者。书评作者来自海内外不同高校,每篇书评后附有方旭东教授回应,议题涉及孝道义务、动物伦理等,评论者辨名析理,回应者直面问题,诚如朱子所言,"旧学商量加邃密,新知培养转深沉"。

孝与忠诚
——评估《儒道思想与现代社会》的三个观点

黎汉基 *

研究中国思想,途径多种多样:可以采用历史学的进路,努力恢复思想家的想法和意图,或把这些观念放在相关语境之中;也可以采用哲学的进路,深入思考思想家的论证,说明这些论证运作有多好。无论是哪一种进路,在谨慎解读和忠于文本的学术规范以外,有时候还要不免面对现实用途的考虑,借用政治学者布劳(Adrian Blau)的话来说:"我们今天可以从这些观念中学到什么?"[1]

方旭东先生似乎具有类似的问题意识。他设法告诉读者,儒道思想值得今天读者细心学习,哪怕读者的现实关怀并非相关经典原来所固有的。作为原来为通识课程而写的导引性作品,他的新著《儒道思想与现代社会》提出不少值得讨论的见解。令人感兴趣的是,书中专列一编申论"孝道难题",自抒

* 黎汉基,中山大学中国公共管理研究中心、政治科学系教授。本文为国家社科基金一般项目"《春秋穀梁传》礼学思想研究"(20BZX046)成果。

[1] Adrian Blau, "How (Not) to Use the History of Political Thought for Contemporary Purposes," *American Journal of Political Science*, vol. 65, no. 2 (2021), p. 359.

胸臆，不落恒蹊，以轻松的语调谈论一般学生以为毫无现实意义的问题，充满洞见和智慧，既有可读性，亦不乏可供省思的洞见。除了思考子女对父母的义务外①，还着眼于"孝"的政治层面，谈论孝与忠诚之间的关系。

现代以前，中国长期以君主制为主导政体，男性政治人物离不开君、臣、父、子的角色规范。孝，在宫廷社会（court society）②中，不仅是个人伦理的问题，更涉及现实政治的考虑。移孝作忠的诉求，往往是许多官僚不得不面对和调适的难题。方先生在第七讲《孔子的孝道思想》中，谈及"忠"的含义，"孝"与"服从"，"大义灭亲"三者，认为这些都与"忠诚"相关。"孝"作为"忠诚"的潜在可能性，无疑是值得深度讨论的重要问题。作为读者，我是深受启发，又有些不一样的认识。以下，爰就另一角度再提出我的看法，以就正于方先生。学术讨论，多所异同，原为常事。拉帮结派，相互吹嘘，反见可鄙。在展开论述之前必须声明，我的理解未必正确，即使正确也不过意味着方先生的一些设想容有调整的空间，这是枝节性的微调，绝不影响《儒道思想与现代社会》一书的整体评价。

一 "忠"与"忠诚"

关于孝与政治的论述，方先生注意到"孝"可能是带来人民忠诚的有效做法。由于人民的效忠是所有政治思考离不开的重要议题，方先生的讨论起点具有足够的现实意义，值得认真对待。他的立论依据是《论语·为政》："季康子问：'使民敬、忠以劝，如之何？'子曰：'临之以庄，则敬；孝慈，则忠；举善而教不能，则劝。'"③

准此，方先生解释说：

> 季康子是当时鲁国的一个贵族，他请教孔子：有什么办法能使人民对官员或国家的治理者尊敬并且忠心？大家知道，任何统治者都希望被统治的人很忠心，但有些统治者很愚蠢，以为可以用恫吓、暴力、恐怖的

---

① 有关这方面的问题，笔者已另文处理，参阅拙著《行孝的理由——五种进路的理论检视》，待刊稿。
② 这是社会学家埃利亚斯提出的概念，参阅 Norbert Elias, *The Court Society*, trans. Edmund Jephcott, New York: Basil Blackwell, 1983。
③ 邢昺：《论语注疏》卷二，北京：北京大学出版社，1999 年，第 21—22 页。

手段来让人民"忠"。他其实不懂，那不叫"忠"，那只是一种恐惧，而这种恐惧最后会变成一种愤怒，总有一天会爆发。那么好的办法是什么？好的办法是孔子这里介绍的："临之以庄，则敬。"就是说，你做事很认真，你不乱来，那么老百姓就会尊敬你。后面这句话很重要："孝慈，则忠。"孔子在这里讲了非常重要的一个道理。作为一个统治者，如果你希望你的人民忠诚于你，那你要怎么做呢？如果你为了上位把自己的父亲都赶下台或者干脆杀掉了——在春秋的时候，这样的事经常发生，比如有一个人想提前继位，然后就把他父亲推翻了，把他活活给饿死了。这是对父亲"不孝"。"慈"是指做父亲的对子女要"慈"，要爱护。春秋的时候也经常会发生这样的事：有的父亲很不像话，把儿子的老婆抢过来。这种事，一直到后来都有，比如唐代杨贵妃的事。如果你这样做，那么你怎么可能让天下人忠诚于你？如果你对自己的父亲、对自己的子女，都是这样凶狠……①

以上解读，虽然生动，但似乎还有其他选项可供选取。"使民敬、忠以劝"的"以"是连词，意谓"和"，故季康子问的是如何使民具有"敬""忠""劝"，三种行为表现，而"临之以庄""孝慈""举善而教不能"分别是带来"敬""忠""劝"三个并列的方案。方先生只说"尊敬"和"忠心"，径自弃"劝"不谈，似非达解。在余下的"敬"和"忠"的解说中，方先生的重点放在"忠"多于"敬"。依其解，"敬"和"忠"都有专指的对象，即"官员或国家的治理者"，或曰"统治者"。然而，考虑到"敬""忠""劝"三者并列，若"敬"和"忠"可以理解为"尊敬你"和"忠诚于你"，那么"劝"也该是"劝你"。

"劝"，用在人际关系上，通常是意谓劝导或奖勉，例如《尚书·顾命》："柔远能迩，安劝小大庶邦。"孔传："言当和远，又能和近，安小大众国，劝使为善。"②此"劝"是劝导义，是成王死时指示如何劝导大小各国。又如《国语·越语上》："国人皆劝，父勉其子，兄勉其弟，妇勉其夫。"③以上，"劝"与三"勉"互证，俱作奖勉义，是说越国出兵动员时国人如何一起奖勉。二例"劝"的语境，都载有明确的客体，即"大小庶邦"和"国人"（其中可以细分为

---

① 方旭东：《儒道思想与现代社会》，第113页。
② 孔颖达：《尚书正义》卷十八，北京：北京大学出版社，1999年，第497—498页。
③ 徐元诰：《国语集解》卷二十，王树民、沈长云点校，北京：中华书局，2002年，第572页。

父子、兄弟、妇夫）。以此反观，"劝"若对"你"而言，那么这个"你"在文中该有指示。

不过，《为政》的"劝"，并无客体可见。更重要的是，"劝"的主体是"民"，而"你"则是"治理者"或"统治者"，"民"之于"你"，有可能作出劝导或奖勉这样积极的行动吗？"民"在《论语》的叙述中，主要是对各种治理意见的接受者和反应者，纵使撇开"民可使由之，不可使知之"这种富有争议性的论断，①大概也没有劝导或奖勉统治者的资格。

在《为政》中，"敬""忠""劝"三字皆无宾语客辞，依文法看，不必视作关系动词。"劝"既不能解作劝导或奖勉，"敬"和"忠"也不宜理解为对统治者的尊敬和忠诚。在早期文献中，"敬"和"忠"不必专指外在客体，如《易·坤》："君子敬以直内，义以方外。"②此"敬"是就内心而言，意近恭谨，不是专指对某人的尊敬。同样，"忠"也不是对上级的忠诚，例如《左传·成公九年》："不背本，仁也。不忘旧，信也。无私，忠也。尊君，敏也。"③"忠"与"仁""信""敏"三者，都是形容楚囚钟仪的思想行为，而"忠"不是忠诚于某君的意思，而是无私尽力的表现。《国语·周语下》："言敬必及天，言忠必及意，言信必及身，言仁必及人，言义必及利，言智必及事，言勇必及制，言教必及辩，言孝必及神，言惠必及和，言让必及敌。"韦昭注："出自心意为忠。"④"忠"与"敬""信""仁""义""智""勇""教""孝""惠""让"，都是单襄公解说公子周（即后来的晋悼公）将得国的条件，而韦昭亦指出"忠"出于真实心意的表现，这也不是说公子周忠诚于上级。诸如此类的例子还有许许多多，都是形容相关的行动者在对待他人时对自己诚实和真心。

现在，汉语对"忠"的流行理解，是接近英语 loyalty 的含义，是指人们对那些与自己存在独特关系的偏倚性（partiality）。这一构想，与早期文献中的

---

① 必须分辨的是，认为民是接受者或反应者，并不是主张《论语》提倡愚民政策。《泰伯》"民可使由之，不可使知之"的语录（参阅邢昺：《论语注疏》卷八，第 104 页），一直被视为愚民政策的依据。为此，出现了不少辩解和回护，而近年廖名春结合出土简文，释"知之"为"折之"，说是"不能让人用暴力去阻止、折服他们"，参阅《孔子真精神：〈论语〉疑难问题解读》，贵阳：孔学书局，2014 年，第 17 页。这一判断究竟如何，非本文关注所在，这里的焦点是：即使廖说能够成立，也不涵蕴孔子认为人民可以劝导或奖勉君主。

② 孔颖达：《周易正义》卷一，李学勤主编，北京：北京大学出版社，1999 年，第 31 页。

③ 孔颖达：《春秋左传正义》卷二十六，北京：北京大学出版社，1999 年，第 739 页。

④ 徐元诰：《国语集解》卷三，第 88 页。

"忠",二者有别,不可轻率地画上等号。① 回到《为政》的"忠",其实过去注释也不是以"忠"为"忠诚"。《论语注疏》引包曰:"君能上孝于亲,下慈于民,则民忠矣。"孔疏:"'孝慈则忠'者,言君能上孝于亲,下慈于民,则民作忠。"②无论是"民忠"抑或"民作忠",以上解释也没有说是"忠君"。

只要放弃以"忠诚"解"忠"的诠释意见,那么读者应该可以看见《为政》的答问,是提供一些引导性方案,透过"临之以庄""孝慈""举善而教不能"让人民习得"敬""忠""劝"。尽管解"忠"为"忠诚"是流行且貌似合理的读法③,但这一读法更多的是战国以来的新发展,诚如佐藤将之的概述,"战国时期所进行的君主集权和官僚制度的形成,促成'真心'意的'忠'字变成'忠君'意的'忠'字之变迁"④。《为政》的"忠",正是"忠君"的构想在战国以前尚未主导"忠"的释义的一个明证。

为了凸显"尊敬"和"忠心"的重要性,方先生引用了一些家庭矛盾的事例,但说来略为浮泛,有些不好掌握。谈到春秋时期把自己父亲"赶下台或者干脆杀掉了"的情形,究竟根据什么数据而断定是"经常发生"的事情? 这里,似乎还需要更多举证。不清楚方先生所举之例究指谁人。寡闻所及,东周时期被推翻而被活活饿死的著名例子,应是战国时期(并非春秋时期)的赵武灵王(本文第三节所述的齐桓公,那是死后五公子争立,情形有所不同)。赵武灵王在公子成作乱后,被公子成、李兑设计围困,"三月余而饿死沙丘宫"。赵武灵王的继任者是惠文王,在乱事之前,赵武灵王已传位给他而自任"主父";当乱事发生时,惠文王已即位四年,"是时王少,成、兑专政,畏诛,故围主父。"⑤因此,惠文王虽与乃父饿死脱不了关系,但他并非"想提前继位",而是曾在屈服于强臣的软弱。无疑,方先生的重点不在历史细节,但为

---

① 有关"忠"与 loyalty 的差别,参阅 Paul R. Goldin, "When *zhong* Does Not Mean 'Loyalty'," *Dao: A Journal of Comparative Philosophy*, vo. 7, no. 2, (2008), pp. 165–174。

② 邢昺:《论语注疏》卷二,第 22 页。

③ 例如,杨伯峻译"忠"为"对你尽心竭力",参阅《论语译注》,北京:中华书局,2011 年,第 20 页。这是明知"真心"义,却仍不放弃"忠君"义的译法。不过,杨译把"敬"和"劝"分别译为"对待你的政令也会严肃认真"和"就会劝勉",于是"敬"和"忠"有其专指对象(即"你的政令"和"你"),"劝"却没有(在"劝勉"下没有"你"或类似客体)。鉴于"敬""忠""劝"三者是并列的概念,属性理应相同,杨译实在不能令人满意。

④ 佐藤将之:《中国古代的"忠"论研究》,台北:台大出版中心,2010 年,第 68 页。

⑤ 司马迁:《史记》卷四十三,北京:中华书局,2014 年,第 2186—2187 页。

免落人口实,最好还是把故事说得具体些,不宜太随意。

倘要援引其他语录予以印证,方先生以"忠诚"立说,似乎在讲述类似"其身正,不令而行;其身不正,虽令不从"的道理;但若放弃"忠诚"的构想,《为政》此章所述,更像是"为政以德,譬如北辰,居其所而众星共之"和"君子之德风,小人之德草,草上之风必偃"的思路。① 这一思路,方先生其实已有相当准确的认识:"'孝慈则忠',孔子这句话里包含着儒家的一个基本政治伦理,那就是君主的行为具有一种示范性。"又说:"'上'对'下'有'示范性',老百姓的眼睛都在看着国君。"②以上说明是可以接受的,——只要"孝慈则忠"的"忠"不再解作"忠诚"。不仅仅"孝慈则忠","敬""忠""劝"三者的答问,都是透过一定的示范来引导行为倾向。方先生指出老百姓"看着国君",甚是。但需要添加的是,"看着"乃是为了学习和仿效。"临之以庄""孝慈""举善而教不能"是"示范",而"敬""忠""劝"是"看着"之后学习和仿效的效果。三者一一对应。这正是"宫廷社会"的基本运作方式。

二 "做孝子"与"做忠臣"

有关忠诚的讨论,方先生还谈到人民的服从:"如果人民看到皇帝很孝顺自己的父母,那么人民也会来孝顺他们的父母。人民孝顺自己的父母,跟他们忠诚于皇帝,又有什么关系呢? 他们孝顺自己的父母,并不意味着他们就会忠诚于皇帝啊。这里面的逻辑是什么?"③这些提问之后,接着援引《论语·学而》:"有子曰:'其为人也孝弟,而好犯上者,鲜矣;不好犯上,而好作乱者,未之有也。君子务本,本立而道生。孝弟也者,其为仁之本与!'"④

根据引文,方先生发挥说:"如果一个人在家里,他孝顺父母,对兄弟也很友爱,那么,像这样的人,出去是很少会犯上的。'犯上'都不会,当然就更不会想到去'作乱'了——'作乱'就是造反。这里的道理是什么? 很简单,'孝'或'孝悌',可以培养起一种'服从'的习惯。"⑤

---

① 邢昺:《论语注疏》卷二,第 14 页;卷十二,第 166 页;卷十三,第 173 页。
② 方旭东:《儒道思想与现代社会》,第 113—114 页。
③ 方旭东:《儒道思想与现代社会》,第 114 页。
④ 邢昺:《论语注疏》卷一,第 3 页。
⑤ 方旭东:《儒道思想与现代社会》,第 115 页。

方先生主张"孝"可以训练"服从",或有待发之覆。《学而》此章,是评估一个人的"为人"和"好"的趋向。"为人"是指待世处事的品性特征,而"好"是喜欢。在有子的设想中,可以合乎情理地认为有两个隐默的判断:

(1)"为人也孝弟"与"好犯上"是悖反的;

(2)"不好犯上"与"好作乱"也是悖反的。

基于以上两个悖反,有子认为:因为(1),所以"为人也孝弟"与"好犯上"兼容的几率很少("鲜");因为(2),所以"不好犯上"与"好作乱"兼容的几率是零("未之有")。依此,可以按析取三段论(disjunctive syllogism)得出以下的二阶推论:

(1)"为人也孝弟"与"好犯上"是悖反的　　　　　　　　(p 或 q)

"为人也孝弟"　　　　　　　　　　　　　　　　　　(p)

"不好犯上"　　　　　　　　　　　　　　　　　　　(非 q)

由于有力判断的结论是"鲜",以上的推论最好理解为"一般地说,但受制于可能出现的例外情况",而非"绝对地说"。也就是说,"非 q"的结论可以因为例外情况的出现而被废正的——尽管那是几率很少的事情。[1] 接着的推论是:

(2)"不好犯上"与"好作乱"是悖反的　　　　　　　　(非 p 或 r)

"不好犯上"　　　　　　　　　　　　　　　　　　　(非 p)

不是"好作乱"　　　　　　　　　　　　　　　　　　(非 r)

有了"为人也孝弟"的条件,非常有可能带来不是"好作乱"的结果,尽管几率不是百分百(因为"鲜"的判断没有排除可能出现例外情况)。依此观察,就避免"作乱"的结果而言,"孝弟"肯定是一个良好的起点。《学而》此章,接着谈到"务本""本立""仁之本",都是围绕着这个起点而言。"本"为根义,是"道"衍生的根源,也是"仁"的根基。方先生没有在"道"和"仁"展开讨论,他的解说截至"好作乱"而止。就常理来看,"好犯上"和"好作乱"二者,与"忠诚"大概不能兼容。从有子对"好犯上"和"好作乱"的防制设想来看,似乎寓有避免威胁"忠诚"的元素,甚至已有促进"忠诚"的一些思

---

[1]　Douglas Walton, *Abductive Reasoning*, Tuscaloosa：University of Alabama Press, 2004, pp.150-151.

路,尽管其言并无任何概念等同于"忠诚"。方先生引用有子的说法来讨论"忠诚"问题,比起以"忠"为"忠诚"更为妥当。

不过,覆按以上分析,从"孝弟"至"不是'好作乱'"的二阶推论,其中没有交代(1)和(2)的悖反是如何设定的。(2)的悖反比较好理解,因为"犯上"未必"作乱","作乱"必已"犯上",故"作乱"可视为"犯上"后可能进一步的发展。放在人的品性而言,"不好犯上"不能推出"好作乱"的后续结果。

相反,(1)的悖反比较费解,"孝弟"与"犯上"二者为什么是相反的定性?"为人也孝弟"有什么内含可以带来"不好犯上"的结果?有子没有解说。于是,唯有在其他地方找答案。《论语》中最可信据的文本内证,是《泰伯》引曾子曰:"有若无,实若虚,犯而不校。"[1]"犯"是侵犯,"校"是计较,"犯而不校"意谓被人侵犯了也不计较。"不校"就是抵消"犯"的对策。"好犯上"是喜欢侵犯地位比自己更高的人,"孝弟"面对的是父与兄,地位同样比自己更高,若要有一些与"好犯上"相逆反的表现,那就是"不校"。"孝弟"的人"不校",是对父兄不会计较。既然不计较了,怎么又会喜欢"犯上"呢?这自然是低概率的事情,故有子判断是"鲜矣"。从"孝弟"是"不校","犯上"不是"不校",可以比较合理地解释(1)的悖反。

不过,方先生的答案并非"不校",而是"服从"。其理据有三:

(一)"孙武带兵"的例子。这是成语"三申五令"的由来,大意是说:孙武为了展示他的兵法,训练吴王阖庐的宫姬,当时不服从军令的两人被当场处斩,从此这群女兵乖乖听话,军纪严明。[2] 举例之后,方先生评论说:"这就是军令。军队里面训练的是'服从',那么家庭里面的'孝',训练的也是'服从'。"[3]

不过,这一例子说的是军人的服从,不同于日常家庭的亲子关系。将领发号施令,不服者攸关生死;亲子关系中,无论谁不服谁,一般情况很少是致命的。战场对服从的需要,似乎很难套用在家庭之中。这不是说,家庭生活没有服从。关键在于,服从也分很多种类。军队的服从与家庭的服从,在强度、性质和操作方式上,二者不可同日而语。根据"三申五令"的做法,很难证

---

① 邢昺:《论语注疏》卷八,第102—103页。
② 司马迁:《史记》卷六十五,第2631—2632页。
③ 方旭东:《儒道思想与现代社会》,第115页。

成"孝弟"与"不好犯上"的关系。

（二）"敬上"。方先生这么说："'孝'的实质是什么？是'敬上'。因为你的父、母亲，是你的长辈，是你的上一辈，是比你高一辈的人，所以'孝顺'就是强调，你对父母要'从'。有一个极端的说法，'天下没有不是的父母。'就是说，父母亲都是对的；要有错，也是你这个做儿子的错，是儿女的错。在古代，儿女跟父母是不可以顶嘴的。"①

虽然《论语》并无"敬上"一语，但父母肯定是"敬"的对象。《论语·为政》载孔子说："今之孝者，是谓能养。至于犬马皆能有养；不敬，何以别乎？"②在指代上，对父母的"敬"不等于"敬上"，但二者不是不能兼容。《论语》言"上"26例，并无一例专指父母，但考虑到"孝弟"与"好犯上"的悖反定性，可以推断在有子的认知中，"孝弟"的对象与"上"纵非同类，亦是可以类推的近似项。是故，方先生说"敬上"是"孝"的实质，未尝不可。

不过，"敬上"与"服从"的关系，还是有些不清不楚。承认父母是自己需要尊敬的对象，但由此如何推出"对父母要'从'"呢？《学而》此章中，没有等同或接近"从"的概念。方先生引用《增广贤文》"天下没有不是的父母"，又说儿女"跟父母是不可以顶嘴的"，仿佛因为"敬上"的缘故，父母必然无谬，容不得儿女表达异见。按照这种构想来解说"敬上"，仿佛"犯上"是绝对不被允许的禁忌。实际上，《增广贤文》是明人编写的儿童启蒙读物，它的见解不见得就是《论语》原来的观点。

回看有子之言，"不好犯上"不等于完全不能"犯上"。遇见父亲犯错，儿子据理力争，不仅应该，而且必要。《孝经·谏诤章》把这个道理说得很明白："父有争子，则身不陷于不义，则子不可以不争于父，臣不可以不争于君。故当不义，则争之。从父之令，又焉得为孝乎！"③不是凡父之令皆可从，端视是否"义"。做儿子的，若见"不义"，"顶嘴"是完全可以的。为此，简朝亮特作解释："此孔子所以言几谏也，是孝也，非犯也。"④这里辩护了子谏父的合法性，大致不差，但其言"非犯"，略嫌过当。在《论语》中，"犯"并非必须禁止

---

① 方旭东：《儒道思想与现代社会》，第115—116页。
② 邢昺：《论语注疏》卷二，第17—18页。
③ 邢昺：《孝经注疏》卷七，北京：北京大学出版社，1999年，第48页。
④ 简朝亮：《论语集注补正述疏》卷一，赵友林、唐明贵校注，上海：华东师范大学出版社，2013年，第63页。

的。《宪问》载：“子路问事君，子曰：‘勿欺也，而犯之。’”①臣能犯君，子亦能犯父。犯是不得已的，非常的。有子强调的是“不好犯”，而非“不能犯”或“犯不得”。《雍也》说：“知之者不如好之者；好之者不如乐之者。”②“好之”是“知之”与“乐之”之间的行为倾向，是比“知之”更自然的流露。若“犯上”成为“好之”之事，那样“好犯上”就是惯常出现之事，甚至变成其人的自然禀性，当然不妥，故有子遂以为非。掌握这一点，也就更能理解（1）的悖反。

（三）给君和父吃“好的”的两则语录。第一则是“齐景公问政”的答问。《论语·颜渊》：“齐景公问政于孔子。孔子对曰：‘君君，臣臣，父父，子子。’公曰：‘善哉！信如君不君，臣不臣，父不父，子不子，虽有粟，吾得而食诸？’”③方先生说：“这是说，如果大家不奉行‘君臣父子’的这样一套理念，我这个做王的，也就没饭吃了。言下之意，‘臣’会把好的都给‘君’吃，‘子’也会把好的奉献给父亲。那么，齐景公的理解对不对呢？我们可以看到，《论语》当中就有表达这样意思的话。”④

第二则是“子夏问孝”的答问。《论语·为政》记载孔子曰：“色难。有事，弟子服其劳；有酒食，先生馔，曾是以为孝乎？”⑤方先生以此印证第一则语录，综合说明：“臣对君的‘忠’，可以从子对父的‘孝’里推出来。一个人如果从小对父亲很‘孝’，他会把这个东西投射到‘君’身上。那么，怎样才叫了对父的‘孝’呢？就是这里讲的‘有事，弟子服其劳；有酒食，先生馔’，有活要干的时候，子女抢着去；有好吃的东西，子女让父母先享受。享受在后，吃苦在前，这就是做孝子的样子。同理，享受在后，吃苦在前，这就是做忠臣的样子。”⑥

第一则语录，涉及中国古代朝廷政治的运作原则。以男性为主导的君主制政权，需要朝廷内相关政治人物恪守君、臣、父、子的角色规范。这是一些道德要求，借用金鹏程（Paul R. Goldin）的说法：“君要做君的行为，意谓他要

---

① 邢昺：《论语注疏》卷十四，第 195 页。
② 邢昺：《论语注疏》卷六，第 78 页。
③ 邢昺：《论语注疏》卷十二，第 164 页。
④ 方旭东：《儒道思想与现代社会》，第 117 页。
⑤ 邢昺：《论语注疏》卷二，第 17—18 页。
⑥ 方旭东：《儒道思想与现代社会》，第 119 页。

符合统治者的位置的道德要求。"①假如君、臣、父、子都达不到的这些要求,那么统治者也不可能安稳无患,因此齐景公表示赞同。引文中的"粟",《尚书·禹贡》:"四百里粟,五百里米。"蔡沈《书集传》解释说:"粟,谷也。"②粟是比米更精细的谷物,是主食,大概算不上什么珍贵食品(即"好的")。此外,齐景公所说的"粟",不见得是指"臣"给"君"的。"虽有粟,吾得而食诸",直译是"虽然有谷物,我能吃得着吗?"③因齐景公没有明言"粟"的出处,故"粟"可以是"君"原本拥有的食物,不必来自"臣"的供给。齐景公担心吃不了,完全可以理解为害怕"君不君,臣不臣,父不父,子不子"颠覆了正常的统治格局,令统治者无法保持原有的统治地位。陈祥道《论语全解》便有相当合理的说明:"《洪范》言'作福''作威',而继之以'惟辟玉食',以言人君能作威福,然后不失其玉食。不能作威福,则君不君矣,其得康食乎?故曰'虽有粟,吾得而食诸'。"④尽管孔子与齐景公的对答不涉作"福"和"威"之义,但"君不君"肯定不是具备作"福"和"威"的状况,陈祥道据此发挥,以"康食"解说"食",不失分寸。总之,阅读第一则语录,可以另有一套圆融的诠释,不必得出"'臣'会把好的都给'君'吃,'子'也会把好的奉献给父亲"的"言下之意"。说穿了,这个"言下之意"是为了显示第一则语录和第二则语录的共同性,如果共同性并不存在,或第二则语录不像方先生那样的理解,也就没有继续相信"言下之意"了。

第二则语录是说侍亲的态度。"色难"是指儿子侍奉父母时的容色,《礼记·祭义》有一段话可供印证:"孝子之有深爱者,必有和气;有和气者,必有愉色;有愉色者,必有婉容。"⑤"色难"是"难","深爱""和气""愉色""婉容"也是"难"。父母因是重要的亲人,对他们需要付出比对其他人更多。"深爱""和气""愉色""婉容"是孝子对父母的表现,不是他对所有人都得如此。当然,这里援引《祭义》之说,仅在显示"色难"的"难"。究竟有子

---

① Paul R. Goldin, *The Art of Chinese Philosophy*: *Eight Classical Texts and How to Read Them*, Princeton: Princeton University Press, 2020, p. 48.

② 蔡沈:《书集传》卷二,钱宗武、钱忠弼整理,南京:凤凰出版社,2010 年,第 65 页。

③ 杨伯峻译为"即使粮食很多,我能吃得着吗?"参阅《论语译注》,第 126 页。前一句,"粟"为谷物,"有"亦无"多"义,杨译似嫌不准,故正文只采后一句的译法。

④ 陈祥道:《论语全解》卷六,载《文渊阁四库全书》第 196 册,第 160 页。《洪范》的引文,参阅孔颖达:《尚书正义》卷十二,北京:北京大学出版社,1999 年,第 312 页。

⑤ 孔颖达:《礼记正义》卷四十七,北京:北京大学出版社,1999 年,第 1319 页。

"色难"是有什么内容？已无从稽考。唯一可以确定的是，虽然"难"却仍要做的孝行，必然是出自"不校"的人。若对父母的付出拈斤播两、锱铢必较，如何能够做出"色难"？可以说，"色难"所能证明的是"不校"，而非服从和忠诚。

"有事，弟子服其劳；有酒食，先生馔"，是描述"弟子"侍奉"先生"的行为。方先生解"弟子"为"子女"，容有商酌。除第二则语录外，《论语》言"弟子"还有6例，言"先生"还有6例：

(1)《学而》："子曰：'弟子入则孝，出则弟，谨而信，泛爱众，而亲仁，行有余力，则以学文。'"

(2)《雍也》："哀公问：'弟子孰为好学？'孔子对曰：'有颜回者好学，不迁怒，不贰过，不幸短命死矣，今也则亡，未闻好学者也。'"

(3)《述而》："子曰：'若圣与仁，则吾岂敢？抑为之不厌，诲人不倦，则可谓云尔已矣。'公西华曰：'正唯弟子不能学也。'"

(4)《泰伯》："曾子有疾，召门弟子曰：'启予足，启予手。《诗》云：'战战兢兢，如临深渊，如履薄冰。'而今而后，吾知免夫，小子！'"

(5)《子罕》："达巷党人曰：'大哉孔子！博学而无所成名。'子闻之，谓门弟子曰：'吾何执？执御乎，执射乎？吾执御矣。'"

(6)《先进》："季康子问：'弟子孰为好学？'孔子对曰：'有颜回者好学，不幸短命死矣，今也则亡。'"

(7)《宪问》："阙党童子将命，或问之曰：'益者与？'子曰：'吾见其居于位也，见其与先生并行也。非求益者也，欲速成者也。'"①

例(2)(3)(4)(5)(6)的"弟子"必指学生，不待赘言。例(1)的"弟子"可解作年轻人，也解作"学生"。例(7)的"先生"可解作"长辈"。② 以此例彼，第二则语录的"弟子"和"先生"，至少有两种诠释可能：一是学生和老师，另一是年轻人和长辈。无论是哪一种，沿用在第二则语录都是可通的。相反，解"弟子"和"先生"为子女和父母，在《论语》中得到的文本旁证，远不如上述两种说法。程树德《论语集释》引刘沅《四书恒解》："称父母为先

---

① 邢昺：《论语注疏》卷一，第7页；卷六，第71页；卷七，第97—98页；卷八，第101页；卷九，第111页；卷十一，第144页；卷十四，第205页。

② 相关的诠释意见，可参阅杨伯峻：《论语译注》，第5、158页。

生,人子于父母前称弟子,自古无此理。此章言敬而不爱,亦不得为孝也。服劳奉养,凡弟子事尊长皆然。事父母则深爱,和气自心,即有他事,一见父母便欣然蔼然,凡忧闷之事都忘却了,此为色难。子夏未知此,故夫子晓之,言弟子事先生亦不可例父母也。"①刘沅以上见解,指出了方先生没有考虑的一个诠释选项:"有活要干"而"抢着去"的不是子女,而是"弟子";"有好吃的东西"而得以"先享受"的不是父母,而是"尊长"。孔子在回答"子夏问孝"时,谈及"弟子"对"尊长"的做法,因为这些在先秦时实为常态:无论学习的是什么,老师役使弟子,权威至大,正如邢义田所述,"弟子服侍业师,衣、食、住、行无不在内,实与奴仆无异"②。因此,"弟子服其劳"和"先生馔"不是子女专有的责任,而是一般弟子也有如此做法。"曾是以为孝乎"的"曾是",作副词,意谓"竟也",全句直译是"难道这可认为是孝么?"③孔子有这一反问,因为他认为"孝"不仅是子女"抢着去"和父母"先享受",还需要"色难"。

方先生没有触及"色难",而是着眼于子女与臣下的相同性,认为"享受在后,吃苦在前"是"做孝子"和"做忠臣"的样子。以上对第一则语录的讨论,"吾得而食诸"不涵蕴"'臣'会把好的都给'君'吃",即"享受在后,吃苦在前"的一种表现。同样,依第二则语录,事双亲与事尊长是不同的,重点不是"享受在后,吃苦在前",因为这是一般弟子皆能为之,孝子需要多于"享受在后,吃苦在前"的东西。读这两则语录,其实是找不到任何迹象显示"做孝子"和"做忠臣"互通之处。

之所以强调第一则语录和第二则语录都有"享受在后,吃苦在前"的元素,主要是为了显示"臣对君的'忠'"与"子对父的'孝'"二者都是"服从"。依方先生的说法,"子"能够从自己的"孝","投射到'君'身上","这是孔子关于孝与政治的一个论述,我把它称之为有儒家特色的'孝道政治学',就是以'孝'作为基础的政治理论"④。但从上述的讨论可知,(一)(二)(三)都不足以证明孔子怀有"孝道政治学"的设想。在《论语》中,并不存在由"做孝

---

① 程树德:《论语集释》卷三,高流水点校,北京:中华书局,1990年,第89页。
② 邢义田:《秦汉的律令学——兼论曹魏律博士的出现》,载《治国安邦:法制、行政与军事》,北京:中华书局,2010年,第18页。
③ 杨伯峻:《论语译注》,第15页。
④ 方旭东:《儒道思想与现代社会》,第119页。

子"通向"做忠臣"的指引。《为政》记载孔子自辩为何不参政的说法，或许需要重新玩味："《书》云：'孝乎惟孝，友于兄弟，施于有政。' 是亦为政，奚其为为政？"①此"政"不是泛指政治风气或政治活动，按杨树达的解释，"愚谓政谓卿相大臣，以职言，不以事言。……施者，延及之词。有政，指在位之人而言，犹言有司也。"②孔子虽无官位，但照《书》所述，孝友之事亦延及有司，何必非要当官方才算是"为政"呢？依孔子的思路，"做孝子"就够了，他在当时没有当官，也没有想过"做忠臣"。

撇开论证细节不问，就整体思路上说，认为臣对君需要服从和忠诚，犹如他对其父那样，这一种移孝作忠的思路其实并不罕见，甚至可以说，这是中国研究中常见的主张。早在韦伯撰写《中国的宗教：儒教与道教》时，便有类似的说法："对封建主的恭顺（孝），是与子女对父母的孝顺、官职层级结构中（下级）对上级的恭顺，以及一般人对任官者的恭顺并列的，因为孝这个共同的原则是适用于所有这些人的。……在一个家产制国家里，孝被转化到所有的从属关系里；我们很容易即可了解：一个官员——孔子也曾是个宰辅——会认为孝是所有其他德行的源头。孝被认为是无条件的纪律之奉行的试金石与保证，是官僚体制最重要的身份义务。"③

韦伯这些判断，并非源于自己对早期文本的深度研究，更多是根据近代以来流行的政治话语和刻板成见。与"忠"的忠诚义一样，移孝作忠的思路同样存在历史变化的过程。池田知久指出，这是战国时期发展出来的政治构想："在原则上，孝与忠并无固有的矛盾。这是因为父子关系被视为与统治者与臣下的关系完全相同。"④戴梅可（Michael Nylan）亦指出，早期儒者尝试建构这一类比以赢得政府庇护的做法，存在很大的争议。至少，韩非便批判过这样尝试化解家庭义务与国家义务可能出现的矛盾的做法。在她判断，孝与

---

① 邢昺：《论语注疏》卷二，第 22 页。

② 杨树达：《论语"子奚不为政"解》，载《积微居小学金石论丛》卷五，上海：上海古籍出版社，2007 年，第 309—310 页。

③ 韦伯：《中国的宗教：儒教与道教》，康乐、简惠美译，桂林：广西师范大学出版社，2010 年，第 220—221 页。

④ Tomohisa Ikeda, "The Evolution of the Concept of Filial Piety (*Xiao*) in the *Laozi*, the *Zhuangzi*, and the Guodian Bamboo Text *Yucong*," *Filial Piety in Chinese Thought and History*, ed. Alan K. L. Chan and Sor-Hoon Tan, London: Routledge Curzon, 2004, p. 26.

忠两种责任的完全融合,大概要迄至西汉中叶建立以后。① 的确,即使接受忠诚与孝顺二者结合的政治主张,二者亦非水乳相融的协调状态。董慕达(Miranda Brown)对服丧政治的专门研究已表明,东汉服丧纪录的激增,显示士人提升个人对家族的义务,高于国家责任的政治参与,两者不能等量齐观。②

以上这些见解,都是对韦伯模式的质疑和修改,也提醒我们"做孝子"和"做忠臣"不一定是二而为一的理论设定,而是充满着历史实践的流动性和变异性。方先生对"孝道政治学"的论述,作为学术研究的愿景,也许是有前途且值得探究,我也觉得具有重大的学术意义,但其取样和局部描述,更像是韦伯的图像。以上对《论语》的讨论,已显示"孝道政治学"的框架还是有些地方需要调整。孔子说了一些话被后人用作移忠作孝的宣传,但他在《论语》中的言说不见得就是如此。

三 略评"大义灭亲"

最后,要谈一下"大义灭亲"的问题。方先生明确表示反对,主要是对"父为子隐,子为父隐"表示支持:"它其实提倡的是一种对自己的亲人的'忠诚'。这里'隐'的意思,我们可以稍微做一点讨论。'隐'是说保持沉默,不主动揭发。'隐'没有做假证那样的意思。别人可以去揭发,但是做儿子的不能揭发。如果你这样做了的话,你就已经不是那个人的儿子了,甚至可以说,你已经丧失了做人的底线了。这是儒家所要强调的。道理很简单,如果你对自己的家人尚且狠得下心,还能指望你爱别的什么人呢? 这样的人不是傻就是极其冷血。无论如何,有这样的人在身边是很可怕的、很危险的。"③为了阐明问题的严重性,方先生还指出:"大家知道,'大义灭亲'其实是法家的一个说法。'文革'的时候发生过很多这样的事,子女跟父母'划清界限',夫妻之间'划清界限',破坏了基本的家庭伦理,上演了很多骨肉相残的惨剧。有意思的是,尽管'大义灭亲'是法家提出来的,但即便是法家,对

---

① Michael Nylan, "Confucian Piety and Individualism", *Journal of the American Oriental Society*, vol. 116, no. 1 (1996), pp. 1-27.
② Miranda Brown, *The Politics of Mourning in Early China*, Albany: State University of New York Press, 2007, pp. 41-63.
③ 方旭东:《儒道思想与现代社会》,第122页。

'大义灭亲'者其实也并不看好。"①

有关《论语·子路》"父为子隐，子为父隐"的认识，国内所积累的研究见解已相当丰厚，非专题(甚至专著)不能深度讨论。在这里，方先生强调《论语》这一语录所提倡的是对亲人的"忠诚"，反对"主动揭发"，情理兼具，宜可接受。但众所周知，过去政治运动中许多鼓吹揭发亲人的做法，纵然宣称"大义灭亲"，但其"揭发"不见得是由于"大义"，更有可能是为了自保、利益计算或某些邪恶图谋的结果。这能算是真正的"大义灭亲"？恐怕有些疑问吧。针对相关的弊端，也许应该批判和防止的是"大义灭亲"在什么机制下被滥用，因为它像所有堂而皇之的政治论述一样，都有可能被歪曲为攻击他人的武器。

同样不该算是"大义灭亲"的事例，是方先生所举的例证。他因为认定管仲"是著名的法家"，遂引用了《管子·小称》所载的故事，概述说："易牙为了满足桓公品尝人肉的愿望而把自己的孩子蒸了献上；竖刁为了能寸步不离桓公左右，而又不让桓公猜忌自己与后宫有染，主动阉割了自己；开方放弃卫国储君不做，到齐国侍奉桓公，十几年都不回去看自己的父亲。"②这些人之所以作出这些牺牲，是为了"大义"吗？肯定不是。他们这些做，都是为了博取齐桓公的宠信。因此，桓公错信他们，最后惨死不得安葬，与"大义灭亲"没有太大关系。

此外，把"大义灭亲"归类为"法家的一个说法"，也有一些疑团未消。"法家"这一称呼，若不加以严格限定，似乎带有很大的随意性，在过去学术讨论中已有若干流弊需要正视。③别的不谈，《管子》一书是否出自管仲之手？管仲属于什么学派？《管子》有什么内容算是"法家"的？这些问题恐怕不是三言两语便可确定。尽管刘向《叙录》这样主张④，但现代学者已很少不加拣选地全盘相信。⑤参照《叙录》而成的《汉书·艺文志》，就把《管子》列在"道

---

① 方旭东：《儒道思想与现代社会》，第 120 页。
② 方旭东：《儒道思想与现代社会》，第 120—121 页。
③ 这一问题，金鹏程已有扼要和富有洞见的检讨，参阅 Paul R. Goldin, "Persistent Misconceptions about Chinese 'Legalism'," *Journal of Chinese Philosophy*, vol. 38, no. 1 (2011), pp. 88–104.
④ 刘向：《叙录》，载《管子校注》上册，黎翔凤撰，梁运华整理，北京：中华书局，2004 年，第 3—4 页。
⑤ 有关质疑声音，参阅 Piet van der Loon, "On the Transmission of the *Kuan-tzu*", *T'oung Pao*, vol. 41, no. 4–5 (1952), p. 360.

家"之列。① 至于上述《小称》的故事，发生在管仲死后，而内容既算不上是"大义灭亲"，也没有多少元素可以称得上是法家专有的（如方先生的征引，这一故事《吕氏春秋·先识览·知接》亦有类似的叙述）。

更重要的是，"大义灭亲"是历代许多儒者都信仰的重要主张。《左传·隐公四年》："州吁未能和其民，厚问定君于石子。石子曰：'王觐为可。'曰：'何以得觐？'曰：'陈桓公方有宠于王，陈、卫方睦，若朝陈使请，必可得也。'厚从州吁如陈。石碏使告于陈曰：'卫国褊小，老夫耄矣，无能为也。此二人者，实弑寡君，敢即图之。'陈人执之而请莅于卫。九月，卫人使右宰丑莅杀州吁于濮，石碏使其宰乳羊肩莅杀石厚于陈。君子曰：'石碏，纯臣也，恶州吁而厚与焉。"大义灭亲"，其是之谓乎！'"②

以上叙事，是说州吁在弑卫庄公后无法维持政治稳定，请臣下石厚问计于其父石碏。石碏反对州吁弑君，一方面透过石厚建议州吁打通陈桓公的关系，借以朝见周王，另一方面暗地通知陈国，请陈国下手对付卫国的逆贼。陈国如议捉拿了州吁、石厚一党，将之送回卫国。于是，州吁被卫人杀死，而石厚亦被石碏派人处决。《左传》对这一做法推崇备至，不仅称赞石碏为"纯臣"，而且认为这是"大义灭亲"的事例。从"其是之谓乎"一语可知，"大义灭亲"是当时早已存在且流行的成语，故君子以此推许。

基本上，后人对石碏的评价是极其正面，尤其是对其设计陷子杀贼的计谋，更是有口皆碑。③ 一些《春秋》研究者继承此思路，根据石碏杀子之事，以"大义灭亲"的要求责难若干因顾虑亲情而没有诛灭恶人的事例。例如，赵盾在晋灵公死后回国执政，却没有下手处决当时的弑君逆贼赵穿，王皙便猛烈批评："君臣之义未绝，而族人弑其君，盾于是而复且不讨贼，则是不能以大义灭亲而同乎赵穿之意也，故圣人特以弑君之罪加之尔。"④ 又如，公子庆父逆子般和鲁闵公，当时公子友却不及时讨贼，《公羊》许公子友为贤者，辩护说："缓追逸贼，亲亲之道也。"⑤高闶不同意这一判断，反驳说："人臣之义，莫大

---

① 班固：《汉书》卷三十，北京：中华书局，1962年，第1729页。

② 孔颖达：《春秋左传正义》卷三，第88页。

③ 对石碏的主要质疑，是认为他作为臣下没有立君的资格，参阅拙著《〈穀梁〉政治伦理探微：以"贤"的判断为讨论中心》下册，北京：中华书局，2019年，第595—616页。

④ 王皙：《春秋皇纲论》卷五，载《文渊阁四库全书》第147册，上海：上海古籍出版社，1987年，第155页。

⑤ 徐彦：《春秋公羊传注疏》卷九，北京：北京大学出版社，1999年，第195页。

乎为君讨贼，故曰大义灭亲。今季子于庆父，亲也；而于闵公，则亲而又尊者也。庆父弑闵，彼尊尊亲亲之义已绝矣。苟能诛之，则尊尊亲亲之义两得之；舍庆父而忍乎闵公，是尊尊亲亲之义两失之也。弃两得而从两失，贤者之所为果如是乎？"①赵盾和公子友的所作所为，存在相当大的争议性。限于篇幅，暂不深究王皙和高闶的解经思路；这里的重点是，他们不约而同地援引了"大义灭亲"为行为对错的判准。不仅是《春秋》注释，其他经典研究也标举"大义灭亲"的见解，例如陈经《尚书详解》讨论周公平定三监之乱，亦是以此回护其中的不得已："变起于家庭，祸生于骨肉，周公将何以处此哉？大义灭亲，不得以兄弟之故，而屈于王法。"②周公与石碏一样，都是杀了自己的亲人，都是对自己的亲人"狠得下心"，但很难怪责他们"不是傻就是极其冷血"，或谴责他们"已经丧失了做人的底线"，因为他们都是"大义灭亲"！都有"灭亲"的足够理由——"大义"！

不仅经典研究者，现实的政治人物亦以"大义灭亲"作为自己行为的合法性依据，在此姑举一例。西晋八王之乱期间，赵王伦篡位，齐王冏举兵，移檄天下，当时孙洵公开说："赵王凶逆，天下当共讨之。大义灭亲，古之明典。"③尽管赵王伦、齐王冏对决在本质上是司马氏朝廷的内部斗争，但其源头在于晋武帝在世时安排的皇位继承人及辅政大臣不得其人，而赵王伦夺位则是这些错误所累积的结果。④ 当时齐王冏起兵打着反对篡逆、拥护皇权的旗号，在很大程度上得到广大臣民的支持，其背后的典据就是"大义灭亲"。

因为"大义"，可以"灭亲"。这在现代以前许多中国人（尤其是深受经典影响的读书人）看来，没有什么好质疑的。应该说，它之所以曾被滥用，是因为它原本是一个美好的主张。就此而言，似乎没有什么很好的理由要把它归诸"法家"，或完全摒弃它。

---

① 高闶：《春秋集注》卷十三，载《文渊阁四库全书》第 151 册，第 355—356 页。有关公子友的评价，参阅拙著：《〈穀梁〉政治伦理探微》下册，第 707—781 页。
② 陈经：《陈氏尚书详解》卷三十七，载《文渊阁四库全书》第 59 册，第 350 页。
③ 房玄龄等：《晋书》卷三十八，北京：中华书局，1974 年，第 1126 页。
④ 祝总斌：《"八王之乱"爆发原因试探》，载《材不材斋史学丛稿》，北京：中华书局，2009 年，第 231—256 页。

四　赘言

　　"孝"与"忠诚"之间,值得讨论许许多多。以上,对"忠"的涵义,"孝"与"服从","大义灭亲",对方先生的三项论证略提酌议。尽管如此,但必须强调,这些只是展示了我俩思路在局部问题上认识的不一致,但其涵盖的范围只占《儒道思想与现代社会》的一小部分,盼读者万勿以偏概全,误会全书皆有毛病。恰恰相反,这是一部能够真正启发读者,态度比较开放,能夠深化学术讨论的好书。中国哲学家若忽略此书将有风险,而早期思想家的研究者现在也有一个可资讨论的新典范可供把握,为此多有受惠,实可预期。实际上,我的个人能力和兴趣关怀非常有限,恰巧有想法的都集中在孝道思想方面,遂有各种不成熟的意见。无论本文的观点是否成立,亦不影响此书的理论价值。

附方旭东回应

1.关于《论语·为政》"季康子问使民敬忠以劝如之何"章(2.20)"孝慈则忠"的理解

　　拙著解"忠"为"忠君"或"(对上级的)忠诚",黎文则以"忠"为"对待他人保持真诚""在对待他人时对自己诚实和真心",并认为,"忠君"义乃战国之后起。

　　细按黎说,不能无疑。盖作者亦承认,解"忠"为"忠诚"是流行且貌似合理的读法。在注中,作者举杨伯峻(1909—1992)为例。其实,把"孝慈则忠"的"忠"解释为"忠于(他人)"(而不是像黎文说的那样"对待他人保持真诚"或"对自己诚实和真心"),并非杨伯峻的特识,而是古已有之。皇侃(488—545)《论语义疏》引晋人江熙①之说云:

> 言民法上而行也。上孝慈,民亦孝慈。孝于其亲,乃能忠于君。求忠臣必于孝子之门也。(转引自程树德《论语集释》,卷四"为政下",北京:中华书局,1990年,第120页)

---

① 江熙(约325—395),字太和,东晋济阳(今河南兰考)人。尝集晋卫瓘、缪播、栾肇、郭象、蔡谟、袁宏等十三家《论语注》为一书,而申以己意。

可以看到，皇侃（江熙）直接把"忠"理解为"忠于君"。

朱子《集注》没有那么直接，用了"民忠于己"这样一种有待进一步落实的说法。

> 季康子，鲁大夫季孙氏，名肥。庄，谓容貌端严也。临民以庄，则民敬于己。孝于亲，慈于众，则民忠于己。善者举之，而不能者教之，则民有所劝而乐于为善。（《论语集注》卷一，《四书章句集注》，北京：中华书局，1983 年，第 58—59 页）

根据上下文，不难推知，"民敬于己"的"己"和"民忠于己"的"己"应当都是指季康子，而不是指民自己。对此如果还有怀疑，不妨再看朱子推崇的龟山（杨时）的解释：

> 有戏慢之色，则人易之，故临之以庄则敬。孝以身先之，慈以子畜之，则人知亲上矣。善者举之，不能者教之，则人乐于为善矣，故劝。（参见《论孟精义》卷第一下，《朱子全书》第七册，上海：上海古籍出版社、合肥：安徽教育出版社，2002 年，第 90—91 页）

按：朱子对龟山的这个解释曾给予高度肯定，称："诸说皆得之，而杨氏为密。"[1]将朱子自己的解释与杨时的解释做一比对，会发现二者重合度甚高。从"人知亲上"这句话可知，杨时是不可能把"民忠于己"理解为"民忠于他们自己"的。由此可证，朱子的"民忠于己"，只能理解为是说民忠于季康子。而季康子在当时专执国政，相当于实际的一国之君，所以，孔子对季康子所说的这番道理同样适用于国君。易言之，在孔子看来，如果君能行孝行慈，那么民就会忠于其君。事实上，无论是汉代包咸还是宋代邢昺，在解释此章时，都明确指向君民关系。

> 季康子问："使民敬、忠以劝，如之何？"（孔曰："鲁卿季孙肥。康，谥。"）子曰："临之以庄则敬，（包曰："庄，严也。君临民以严，则民敬其上。"）孝慈则忠，（包曰："君能上孝于亲，下慈于民，则民忠矣。"）举善而教不能则劝。（包曰："举用善人而教不能者，则民劝勉。"）[疏]"季康"至"则劝"。○正义曰：此章明使民敬、忠、劝善之法。"季康子问：使民

---

① 参见《论语或问》卷二"为政第二""或问二十章之说"条，《朱子全书》第六册，第 655 页。

敬、忠以劝,如之何"者,季康子,鲁执政之上卿也,时以僭滥,故民不敬、忠、劝勉,故问于孔子曰:"欲使民人敬上尽忠,劝勉为善,其法如之何?""子曰:临之以庄则敬"者,此答之也。自上莅下曰临。庄,严也。言君临民以严,则民敬其上。"孝慈则忠"者,言君能上孝于亲,下慈于民,则民作忠。"举善而教不能则劝"者,言君能举用善人,置之禄位,教诲不能之人,使之材能,如此,则民相劝勉为善也。于时鲁君蚕食深宫,季氏专执国政,则如君矣,故此答皆以人君之事言之也。○注"鲁卿季孙肥。康,谥"。○正义曰:知者,据《左传》及《世家》文也。《谥法》云:"安乐抚民曰康。"(何晏集解,邢昺疏:《论语注疏》卷第二,清嘉庆二十年南昌府学重刊宋本十三经注疏本)

对于"孝慈则忠",包咸说:"君能上孝于亲,下慈于民,则民忠矣。"这显然是把"孝慈则忠"放在君民关系框架中叙述。邢昺说得更明确:"此答皆以人君之事言之。"

如果不带成见,应该不会怀疑《论语注疏》所说的"使民人敬上尽忠"的"尽忠",是指民向君尽忠。也即是说,尽忠的对象是君,而不会是黎文说的民对自己忠(对自己诚实和真心)。"则民忠矣",是说"则民忠于君矣","忠"后面省略了宾语"君",这可以理解为一种承前省略,因为前面一直在说"君"如何如何:"君能上孝于亲,下慈于民。"相反,如果把"民忠"理解为"民忠于他们自己",就不可理喻了。

也许,作者会同意"民忠"的对象是"君",但仍然坚持"民忠于君"是指"民对待君时保持真诚"。然而,说民对君以真心相待,这难道不是"忠君"的一种表现吗?归根结底,作为 loyalty 的"忠",并不排斥"真心""真诚""真心实意"这样的意思。如果要说得更准确一点,作为 loyalty 的"忠",它所包含的"真心",毋宁是"一心一意""全心全意",它的反面是"三心二意",是"贰心"。如果把"忠"等同于一般意义上的"真心""实意",那将导致"忠"与"诚"无法区分。

"忠"的对象当然不止国君一种,它也可以包括夫妇、朋友、某个团体等。但是,在《论语·为政》"季康子问使民敬忠以劝如之何"章(2.20),孔子所说的"孝慈则忠"的"忠",正确的理解只能在"忠君"这个意义上获得,不存在其他选项。通观从东汉到现代的注释,我们只能得出如此结论。黎文引

《左传》《国语》来论证《论语》"孝慈以忠"的"忠"不作"忠君"解而作"无私尽力""出于真心实意"义，是否合适？信金鹏程（Paul R. Goldin）与佐藤将之等当代学者而置历代注疏于不顾，何厚此而薄彼？

2. 关于《论语·学而》"其为人也孝弟"章（1.2）引出的"孝"与"服从"关系问题

黎文对"孝弟""好犯上""好作乱"三者关系的分析，从人所不疑处起疑，可谓读书得间、精义入神。"'孝弟'与'犯上'为什么是相反的定性？"是一个好问题，但黎文给出的答案却缺少说服力。何以《论语》中最可信据的文本内证是《泰伯》引曾子曰：'有若无，实若虚，犯而不校'"？从这一章（8.5）原文，看不出任何跟孝弟有关的地方。看历代注疏，也没有任何提示。看来，作者所谓的内证，主要是根据自己的理解：

> "孝弟"的人"不校"，是对父兄不会计较。既然不计较了，怎么又会喜欢"犯上"呢？这自然是低概率的事情，故有子判断是"鲜矣"。从"孝弟"是"不校"，"犯上"不是"不校"，可以比较合理地解释（1）的悖反。

我们可以同意，这是一种说得过去的解释。但问题是：有什么理由让我们相信有子或《论语》就是这样想的呢？毕竟，原文没有提供任何支撑，历代注疏也没有一处哪怕暗示。说到底，以"不校"（不计较）来解释孝子不好犯上，只是一种逻辑推演。而笔者从"服从"这个角度解释孝子不会犯上作乱，又何尝不是一种说得通的解释呢？

黎文力证"不校"是更好的一种解释，还引"色难"一事为援：

> 唯一可以确定的是，虽然"难"却仍要做的孝行，必然是出自"不校"的人。若对父母的付出拈斤播两、锱铢必较，如何能够做出"色难"？可以说，"色难"所能证明的是"不校"，而非服从和忠诚。

也许在作者自己那里是"唯一可以确定的"，但对读者恐怕就不然了，至少，笔者就看不出为什么孝行就"必然是出自'不校'的人"。从道理上讲，能否做出"和气""愉色""婉容"，跟内心计较不计较没有必然关系。一个善于掩饰的人，可能心里计较，但不形于色。反过来，一个心里不计较的人，可能因为性格粗蛮，又或者生存条件恶劣，会常常没有好声气。

相比之下,作者从整体研究思路对拙著所做的检讨,也许更值得重视。公允地说,作者对拙著不乏同情的理解,如他指出,拙著包含的"移孝作忠"思路,是"中国研究中常见的主张"。随后,他以韦伯为例,结合当代国际学术成果对这种思路的缺失做了介绍。笔者要感谢作者所提供的最新研究动态信息,但对"在《论语》中,并不存在由'做孝子'通向'做忠臣'的指引"这个意见持保留态度。

如上所揭,早在东晋,注者就已经用"移孝作忠"的思路去理解《论语》的"孝慈则忠",所谓"孝于其亲,乃能忠于君。求忠臣必于孝子之门"(皇《疏》引江熙语)。因此,与其说笔者"移孝作忠"的思路是受韦伯模式影响,不如说是从《论语》历代注释得到的启发。既然从"移孝作忠"角度解说"孝慈则忠"能够从历代注释得到支持,那么有什么理由断定"在《论语》中,并不存在由'做孝子'通向'做忠臣'的指引"?毕竟,离开了历代注释,如何保证我们对《论语》的解释是可靠的?逻辑上再漂亮,与历史本身还并不就是一回事。

拙著曾提出,孔子怀有"孝道政治学"的设想。黎文认为,它在《论语》中似无下落。有意思的是,作者对《论语》"子奚不为政"章(2.21)的解释恰恰印证了笔者关于"孝道政治学"的设想。此章是孔子对别人问他为何不参政的回答。作者本想借这一章说明在孔子那里不存在由"做孝子"通向"做忠臣"的指引:

依孔子的思路,"做孝子"就够了,他在当时没有当官,也没有想过"做忠臣"。

抛开与原文无关的"做忠臣"的问题,这一章不是最能反映孔子对政治的独特理解吗?这种理解就是,孔子不再囿于通常所认为的只有出仕才是从政的观念,而提出:不可忽视孝友(悌)对政治的巨大影响,这种影响大到甚至它本身都可以被视为是一种政治实践("是亦为政")。从来没有哪一种关于政治的理解,会像孔子这样把孝弟都纳入其中。把这样一种观点称为"孝道政治学",不是再合适不过了吗?

3. 关于《论语·子路》"叶公语孔子"章(13.18)引出的"大义灭亲"问题

黎文在第三部分质疑了拙著关于"大义灭亲"的一些看法,包括:易牙竖刁等人讨好齐桓公能否称得上"大义灭亲";"大义灭亲"是否专属法家;"大义灭亲"者是否"不是傻就是极其冷血"。

黎文所举儒者赞成"大义灭亲"乃至亲身实践"大义灭亲"诸例,令笔者自惭寡陋,从中深受教益。原作者之意,对"大义灭亲"似乎颇为赞赏,当然,这里的"大义灭亲"是作者说的"真正的大义灭亲",即"不是为了自保、利益计算或某些邪恶图谋的结果"。然而,即便是这种"真正的大义灭亲",笔者也认为殊不可取,这可能是笔者与黎文根本立场上的分歧。

无论是杀子的石碏还是诛弟的周公,笔者都不会对其有美好印象,都会认定他们是冷血动物。这也许根于各人性情,自不必强求一致。值得追问的是:孔孟是否会支持这种"大义灭亲"?答案显然是否定的。《论语·子路》"叶公语孔子"章(13.18)清楚不过地表明:孔子不同意"大义灭亲",即叶公所说的那种"直躬者"——"其父攘羊,而子证之"。按照作者的标准,攘羊显然是不义,其子证之,正是"大义灭亲"之举。如果作者觉得攘羊还不算大的不义,那么,瞽叟杀人,总该是大的不义。从而,舜应该为了大义亲手或听凭有司将瞽叟正法。但我们知道,孟子的建议并非如此:孟子建议舜"视弃天下犹弃敝蹝也。窃负而逃,遵海滨而处,终身訢然,乐而忘天下"(《孟子·尽心上》13.35)。换句话说,孟子并没有要求舜"大义灭亲"。无论"大义"是"王法"还是"君臣之义",笔者相信,孔孟都不会支持一个人为了这样的"大义"去"灭亲"。在笔者看来,为了所谓"大义"就可以"灭亲",那样的人是可怕的。正因于此,谴责"大义灭亲"的孔孟儒家,才为笔者所认同。

帮人行孝是否可能？

——从方旭东教授《儒道思想与现代社会》说起

谢晓东　全林强*

近来发生一趣事：我的一位同事前几日由于有挺重要的事情要做，抽不开身去接他的儿子，便对我说："请你帮我接一下小强。"他的儿子与我的儿子在同一间幼儿园上学，帮他接儿子也是顺路，对此，我很爽快地答应了。在前往幼儿园的路上，我碰到朋友张三，她扶着一位老人在散步，甚像一对父女。这令我很诧异，因为张三双亲已逝。张三解释道："这是李四的父亲。李四长期在外地，无法行孝，请我帮忙行孝。"这一解释似乎很合理。我到幼儿园门口时，还没放学，需要等十几分钟。我忽然想到如下问题："帮忙行孝"是不是一个正确的说法？日常生活中，我们听到"帮忙照顾我父母"，"帮忙接我的儿子"便知晓其含义。如果张三是说"这是李四的父亲。李四长期在外地，无法照顾，请我帮忙照顾"，那么我们对这句话便无任何疑惑，但是，张三说"这是李四的父亲。李四长期在外地，无法行孝，请我帮忙行孝"，这似是一个相对有歧义的语句。

一

"帮忙照顾"更多地是描述了某种行为的内容，而"帮忙行孝"则可能不是。当代社会子辈与父辈相比传统社会有了更大的空间距离，父辈在这个城市、乡村，而子辈可能在千里之外的城市，子辈对于父辈的"孝"难以亲自表达。因此，出现了"帮（替）X行孝""帮（替）X尽孝"的说法。在"孝"的愿望与现实二者之间，"帮X行孝"似乎是一个可行的折中方案。"帮人行孝""帮人尽孝"是一组在媒体上出现较多的讲法，并且这种行为被视为传统孝道伦

* 谢晓东，厦门大学哲学系教授；全林强，五邑大学马克思主义学院讲师。本文为国家社科基金重大项目"明清朱子学通史"（21&ZD051）成果之一。

理的积极体现。

"帮人行孝""帮人尽孝"看似是一个简单明了的常识，但却并不是已经得以澄清因而没有人提出质疑的。方旭东教授在《儒道思想与现代社会》一书的第八讲"'三年之丧'引出的孝道争议"中提出了一个问题供读者讨论：儿女没有时间照料年迈的父母，购买一个"护理机器人"来进行照料，如此是否可算作"孝"？随着人工智能的进步，"护理机器人"并不遥远，尽管当下的机器人没有符合我们的期待，但是我们不能否定未来会出现"完美的护理机器人"。而作为论证事例，假设一个"完美的护理机器人"，更加有利于简化我们的讨论，从而忽略人工智能复杂的技术问题。

"护理机器人"的介入类似于"请护工"，即我们花钱请专业的护理人员来照顾父母，如此是否可算作"孝"？这种讲法的更接近版本是：李四请张三照顾其父母，帮忙行孝，是否可行？方旭东教授给出了一个答案：不能称之为"孝"。原因在于孝一定是包含了子女的亲身性，"什么叫作孝道？它是要求子女一定要亲身参与到孝顺父母这件事当中来。所以买一个礼物，买一个哪怕是更高级的机器人，并不就是孝"[1]。行孝需要"在场感"，"但是对于这种做法，我们之所以不认为它是'孝'，正是因为你没有亲身参与这件事"[2]。"孝"是不同世代共同在场的纽带，是一种特定的生存结构，是子辈对于与父辈的关联的最直接的回应。[3] 行孝必需儿女亲身践行，是不可假托于外人或外物的。"亲身性""在场性"构成了"行孝"区别于其他一般行为的关键性特征。

对于当代代际关系而言，这种"亲身性""在场性"恰恰是经常缺失的，子女无法经常出现在"行孝"的场景中，因而试图通过其他方法去弥补在场性的缺失，如李四让张三代劳。仅从行为的内容来看，张三对于李四父亲的照料与李四对于其父亲的照料是一致的，李四的父亲都会获得很好的照料——这一结果固然是李四的愿望，但是，照料并不是行孝的唯一内涵。[4] 如果把"行

---

① 方旭东：《儒道思想与现代社会》，北京：中华书局，2022 年，第 156 页。

② 方旭东：《儒道思想与现代社会》，第 156 页。

③ 参见孙向晨：《论家：个体与亲亲》，上海：华东师范大学出版社，2019 年，第 240—242 页。

④ 范瑞平的一项研究表明，老人在养老院虽然可以受到周到的照料，但是，对于老人而言，却产生了家庭角色的转化的感觉。可见，受到外人周到的照料无法弥补儿女家庭的缺位，"'在老人看护机构，他们感到自己被移出了家庭单元'。他们不得不转变自己的角色，也很容易感到情绪低落，甚至会觉得被子女抛弃了"（范瑞平：《当代儒家生命伦理学》，北京：北京大学出版社，2011 年，第 200 页）。

孝"仅仅看成是行为的内容,那么张三的出现恰好填补了李四的空缺,也就是,李四在行孝的过程中不存在缺位。

我们在此要提出的问题是:这种缺失是不是可以弥补的? 或者说这种缺失是不是可以通过他人来弥补? 李四对其父"行孝"是否仅仅等同于张三对李四之父的照料,张三的照料是否能够填补李四的空缺? 我们非常怀疑这一点。方旭东教授对于孝的亲身性与在场性两种特征的分析,提供了启发性的答案。张三照料李四之父,而李四是缺位的,则李四在这个过程中并不具有"行孝"的性质。但是,这是否说明"李四请张三帮忙行孝"并非行孝呢? 假如张三没有经过李四的"请",而是自己去照料李四之父的,那么这里也就不存在"帮人行孝"的问题了。

二

我们在方旭东教授的基础上进一步提出如下问题:帮人行孝是否可能? 这个问题对于当代代际关系是有意义的。传统社会的流动性不强,父代与子代的空间距离接近,子代对于父代的"孝"的关系是亲身性、在场性的。比如西汉孝文帝侍奉母亲日夜无怠,"目不交睫,衣不解带,汤药非口亲尝弗进"。子代需要日日问候,守候在父辈跟前,这一要求对于现代儿女来讲是很难的。现代社会的流动性增强,父代与子代的空间距离增大,子代对于父代的"孝"无法确保亲身性、在场性,因此"孝"无法获得表达。"孝"是子辈对于父辈的自然之知,是与生俱来的,"向父母则有那孝出来"[1]。"孝"的缺失引起子代的负罪感,为了降低内心的负罪感,子代往往通过间接的方法来减轻心理负担。李四请张三帮忙行孝,便算是一个例子。这个例子包含了两个方面的含义:第一,李四请张三帮忙,是一个"行孝"的行为;第二,张三的行为是一个"行孝"的行为。如果"帮人行孝"("y 请 x 帮 y 行孝")可能,就必须包含这两个方面:y 请 x 是行孝;x 的行为是行孝。李四请张三照顾其父是行孝;张三对于李四之父的照料也是行孝,如此才不会产生"孝"的缺位。

方旭东教授会认为"y 请 x"不是行孝,李四请张三照料他的父亲,本质上是"没有亲身参与这件事",也就是"照料父亲"这件事缺少了李四的亲身

---

① 黎靖德编:《朱子语类》,王星贤点校,北京:中华书局,1986 年,第 323 页。

性,就像"转钱""买个机器人"等等,并不能算是行孝。[①] 但是,我们认为方旭东教授在这里有一个误区:混淆了"李四请张三帮忙行孝"与"张三帮忙行孝"。李四缺少亲身性、在场性的地方是在后者,而不是前者。李四"请"的行为本身就是有亲身性、在场性的,它的主语是李四而非张三。但是,在"张三帮忙行孝"语句中,李四确实不具有亲身性、在场性。这类似于我们在父母生日那天给他们打了笔钱进账户,这个行为是亲身性、在场性的,是我们的孝行。如果是"我打了笔钱给父母,父母拿钱去买了一个蛋糕",那么"父母拿钱去买了一个蛋糕"就缺少了"我"的亲身性、在场性,这个行为并非"我"做的,不能说"我父母拿钱去买了一个蛋糕是帮我行了孝"。我的行孝约束于"我打了笔钱给我父母"。方旭东教授认为"直接打钱"并非行孝,这点显然有问题。"直接打钱"不被归入"行孝"的行列,会产生很严重的解释问题,尤其对于外出务工人员中的低收入人群而言,将直接排挤他们行孝的机会。这部分人群的大多数是与自己的父母异地而处的,并且能够给予父母以经济支持的人也仅为半数。[②] 给予父母以经济支持与未能给予父母以经济支持都被归入非孝的行列,那么意味着不具有陪伴在父母身旁条件的儿女完全丧失了行孝的机会。这点对于当代子代而言,要求过高,也不具有现实意义。如此,"亲身性""在场性"造成了严重的理论损失,我们称这种理论缺失了解释的意义。因此,该理论需要改进。李四由于无法亲自照顾其父亲,而请张三帮忙,这一行为本身就是行孝。"请"是李四亲自做出的针对其父亲的好的愿望的行为,没有理由排除出行孝的行列之外。我们无法以李四不能亲自照顾其父亲而否认他"请张三"的孝的努力。否则,将会得出一个结论:李四不能亲自照顾他的父亲,就意味着李四是不孝的。这个结论对于当代子代而言,过于严苛,从而会引发大量的代际伦理问题。

"帮人行孝"的第一个方面"y 请 x 是行孝",这点在上文已经证明。第二个方面"x 的行为是不是行孝"便是下文要证明的。"帮人行孝"实际上是一个生命伦理学问题,即当代子代无法亲自照料父代,恰值 AI 技术的发展使得能够扮演子代提供照料功能的机器人出现,填补了子代缺失的空白。实际

---

① 参见方旭东:《儒道思想与现代社会》,第 150 页。

② 参见许惠娇、贺聪志:《"孝而难养":重思农村留守老人的养老困境》,《中国农业大学学报(社会科学版)》2020 年第 4 期。

上，AI机器人的介入与张三的介入是类似的，AI机器人帮李四行孝，与张三帮李四行孝没有本质的区别。张颖主张AI机器人只能在行孝的过程中充当"帮助"角色，而不是"取代"，"机器人可以帮助子女行孝，但不能取代子女行孝"①。这也是本文所提出的问题来源之一。"帮人行孝"在生命伦理学中被看成一个合法的语句。假设李四的父亲身患阿尔茨海默病，李四无法时刻陪伴在他身旁。科学家制造出了一种专门针对这种病的护理机器人，这种机器人能够在李四缺位之时填补照料的空缺。李四买了一个护理机器人，他不在家时，机器人几乎完美地照料了他的父亲。张三得知后，可能说"李四真幸运，机器人帮他行孝了"。

区别于"请"，这里是"买"机器人。为了能够有效地照料李四的父亲，李四买了一个机器人，这一行为本身就是行孝。这点是毫无疑问的。问题在于第二方面，即机器人的行为是否为行孝。显然，我们多数人都无法赞同"是"的答案。护理机器人兢兢业业地照顾李四的父亲，但我们却不会称机器人是一位孝子，而是越过机器人而直接讨论李四是不是孝子。假设这个护理机器人的模样与李四极为相似，以致其父及旁人都无法分辨出真假，我们见到李四的父亲受到"李四"无微不至的照顾，便可能会说"李四把他的父亲照顾得这么周到，真是个孝子"。而当我们知道"李四"不是李四，"李四"只是一个护理机器人时，我们可能会说"李四给他父亲买了一个这么好的机器人，真是个孝子"。我们不会称"李四"为孝子，尽管"李四"与李四长得一模一样。

这种差异的原因是什么呢？我们不能因为机器人不是人类，而否定它有孝行。至少，在儒家伦理学中，这种偏见无法获得支持。儒家伦理认为天地间万物都有纲纪伦常，这点人与物没有区别，"但这纲常自要坏灭不得，世间自是有父子，有上下。羔羊跪乳，便有父子；蝼蚁统属，便有君臣；或居先，或居后，便有兄弟；犬马牛羊成群连队，便有朋友"②。朱熹认为羔羊也知道感恩，也知道要孝父母，蚂蚁也知有名位之别，犬马牛羊也知道有朋友交往之义，纲纪伦常是人与物所共同具有的。"问：'枯槁有理否？'曰：'才有物，便有理。天不曾生个笔，人把兔毫来做笔。才有笔，便有理。'"③朱熹所在的时

---

① 张颖：《"AI-阿铁"可以行孝吗？——机器人护理对医学/生命伦理学的挑战》，《中国医学伦理学》2020年第7期。
② 《朱子语类》，第579—580页。
③ 《朱子语类》，第61页。

代没有人工智能,自然不会考虑 AI 机器人。我们不能说因为没有涉及,所以儒家没有把 AI 机器人纳入纲常伦理关系之中。儒家认为纲常伦理是天地万物都遵循的"理",没有理由把同为物的 AI 机器人排除在外。机器人的非人特性并非否定"行孝"的依据。

三

"孝"是一个特定的伦理关系,《说文解字》对于"孝"的定义是:"善事父母者",《新华字典》定义是:"对父母尽心奉养并顺从。""孝"的古今义都表达了一种子女对于父母的伦理关系,而且这种关系是单向不可逆的。[①] "孝"的行为主体是儿女,行为受体是父母,儿女对父母行孝所表达的不仅仅是儿女对于父母的某种特定的行为,更重要的是儿女与父母特定的伦理关系。"李四行孝",其行孝的对象必是"李四的父母",而行孝具体化为某些行为,比如在生日那天给父母打一笔钱,陪父母吃一顿饭等等。这些具体的行为,张三也可以做。张三在李四的父母生日时给他们打一笔钱,陪李四的父母吃一顿饭等等。从内容方面讲,李四的行为与张三的行为并无差别,但是,它们所包含的伦理关系则完全不同。张三在李四的父母生日时陪他们吃了一顿饭,我们可能会说"张三真是一个好人",但我们不会说"张三真是一个孝子"。李四的父母并非张三的父母,张三与李四的父母不处于"孝"的伦理关系中,张三的行为不会被称为"行孝"。

一种行为是否为"行孝"并不由行为的内容来决定的,而是由"孝"所蕴涵的伦理关系来决定。李四的行为是"行孝",并不由李四所做何事来决定,而是由于李四是他的父母的儿女;张三的行为不是"行孝",是由于张三不是李四父母的儿女。因此,"帮人行孝"的第二个方面并非行孝,"李四请张三帮忙行孝"中,张三的行为并非行孝。方旭东教授的"亲身性""在场性"条

[①] "孝"原本指向的对象是非常宽泛的,而作为父子伦理关系的特定概念是后起的,经过一个发展的历史过程,"孝原本作为一个尊祖敬宗的概念,其道德意义比较宽泛,含义涉及祖妣、宗室、父母、兄弟、婚媾、朋友乃至神灵,其内涵大致为'孝养'。而孝的观念与行为方式发生变迁,是由宗法制的衰亡直至礼崩乐坏而引发的。其基本变化即是从大同社会的'人不独亲其亲'转向为小康社会的'各亲其亲'。此时此刻,孝之内涵的窄化一方面使孝的基本含义只限定于侍奉父母,另一方面也混杂于其他'民德'之中,也就是说,'孝'是若干品德之一"(翟学伟:《"孝"之道的社会学探索》,《社会》2019 年第 5 期)。

件在这里发挥了作用,这点是由"孝"所蕴涵的行为主体与行为受体的伦理关系来决定的。

对"行孝"的澄清是有现实作用的。"孝"是人的根本德性,"夫孝,德之本也"(《孝经·开宗明义》),一个人被称为"不孝",意味着伦理道德的堕落。"孝"与"不孝"在社会上扮演着重要的道德评价效用。假设李四请张三照顾他的父母,而他自己长期不闻不问。李四每个月都会给张三转一笔钱,作为父母的生活费以及对张三的酬谢。这种情况相当于把父母送到养老院,每个月缴纳一定费用,而数年未去养老院看望父母。当张三指责李四是"不孝子"时,李四辩护道"我每个月花钱请你,就是让你帮我行孝"。按方旭东教授的观点,李四并非行孝。按照我们在上文的主张,至少李四的"请"是一种行孝。因为"请"是李四对其父母的一种"善"的伦理行为,具有亲身性。李四也期望其父母能够获得好的照料,尽管并非来自李四的亲身照料。

但是,李四所讲"你帮我行孝"却不是一个合法的语句。张三与李四的父母并不处于"孝"的伦理关系中,李四让张三"帮"并不恰当。如果张三接受了李四的钱,那么张三有义务"帮"李四,却无义务、也无法"行孝"。李四说"你帮我照顾我父母",这是一个合法语句。"照顾我父母"并不包含特定的伦理关系,所表达的仅仅是行为的内容。"照顾儿女""照顾小狗"所表达的仅仅是对"儿女""小狗"的行为,这种行为并不包含行为主体与行为受体的伦理关系。不能因为"照顾"运用于"儿女"身上,就说"照顾"包含了亲子的伦理关系,而当把"照顾"移置于"小狗"时,亲子关系也移置于小狗身上。"照顾"不包含伦理关系,而"行孝"则包含了子代对于父代的伦理关系,这种"包含"是分析地包含,是概念本具的。因此,从"行孝"这一概念便可以推导出行为主体与行为受体的伦理关系。"x 对 y 行孝"这一语句分析地推导出 x 是 y 的儿女,y 是 x 的父母。这种推导不需要外在地综合附加上去,"如事亲必于孝,事长必于弟,孝弟自是道理合当如此"①。

这里可以引入另一个与"行孝"类似的词语"赡养"。李四可以对张三说"你帮我照料我父母",却不可以说"你帮我赡养我父母"。"赡养"也包含了特定的伦理关系。"赡养"是子辈对父辈(以及长辈)在经济、生活照料、精神

---

① 《朱子语类》,第 146 页。

慰藉方面的义务行为，它的行为主体必须是儿女，行为受体必须是父母。儿女与父母的关系可以是血缘性的，也可以是法律规定性的，都是客观性的伦理关系。存在以下这种情况：社会上有些年轻人在主观上认某老人为父母，在主观上认为自己对于老人的照料是行孝、赡养。尽管老人在其照料中找到了类似于自己的儿女行孝、赡养的幸福感，但是此种照料本质上并不是行孝、赡养，因为他们之间缺少了相应的伦理关系。

"行孝""赡养"之语的使用是由子代与父代的伦理关系决定的。李四对张三说"你帮我行孝"，或"你帮我赡养我的父母"，都是不合法的语句。因为张三与李四父母并不具有相应的伦理关系。但是，如果张三与李四是夫妻，则将另当别论。《中华人民共和国老年人权益保障法》"总则"第十四条规定："赡养人的配偶应当协助赡养人履行赡养义务。"可见，李四的妻子张三被纳入父子关系中，从而附加上了赡养义务。此时，李四对张三说："你帮我行孝""你帮我赡养父母"，便是合法语句。因此，张三也有行孝、赡养李四父母的义务。李四与父母的伦理关系，经李四与张三的夫妻关系，过渡到张三与李四父母的伦理关系。这种逻辑很大程度上来源于儒家的"夫妻一体"观念①，"以妻配夫，必以夫为主。配，作随底意思"②。不同的是，在现代社会，这种"配"变成了双向性的，既是妻配夫，又是夫配妻。妻对夫的父母有赡养的义务，夫也对妻的父母有赡养的义务。

因此，"帮人行孝""帮人赡养父母"这类语句的合法性需要行为主体与行为受体的伦理关系来赋予。如果行为主体与行为受体处于子代与父代的关系中，则"帮"是成立的；否则，则不能成立。机器人承担了本应由李四承担的工作量，这点并不能为李四的"孝"松绑。李四的行孝仍然是缺位的。这就解释了为什么人们即使请了护工照顾年迈的父母，但其本人仍然会为不能亲自照顾而感到愧疚。③ 如果"帮人行孝"是一个合法的语句，那么这种愧疚感便不应出现。李四的妻子张三把其父照顾得很好，则李四不会由于缺位而有

① 参见冯友兰：《新事论：中国到自由之路》，北京：北京大学出版社，2014年，第114页。

② 《朱子语类》，第1260页。

③ 一项关于90后的孝道研究表明，90后在孝道方面面临的困境是："意愿冲突"和"回报失衡"。第一点是父母的期望与子女的期望相冲突；第二点是子女由于空间距离无法在父母需要照顾之时提供照顾，从而感到的心理压力。（参见李阳：《90后的孝道及其影响因素——基于对焦点团体方法的探索》，南京师范大学硕士学位论文，2017年，第42—44页）

愧疚感,因为张三确实"帮"他行了孝,他的"孝心"得到了实现,从而内心的愧疚感也就得到消除。

四

方旭东教授在《儒道思想与现代社会》中所提出的"亲身性""在场性"作为行孝的两个条件对分析和评价现实的孝行提供恰当的依据,但却可能导致对子辈要求过高(过于严苛)的后果。非亲身性和非在场性是当代社会流动加剧所产生的后果,异地而处增大了行孝的成本,从而也导致了"孝"的困难,甚至难产。子辈待在父辈跟前行孝,可能会损失必要的生活来源,父母之养不能"体面";子辈离开父辈赚取家庭经济收入,父子空间距离增大,势必无法实现传统的孝道,二者都会产生"孝而难养"的困境①。这是社会发展带来的现实与传统的困境。一个折中的方案便是"请人帮忙行孝",即在子辈缺乏亲身性、在场性条件的情况下,子辈请(雇)另一个体来替代本属于自己的位置。"帮忙行孝"一方面是为父辈提供必要的照料,另一方面是要表达子辈想证明自身并未在"孝"这一伦理关系中缺位,摆脱由于空间距离导致"不孝"的自我评价和社会评价。

但是,我们在文中证明了"孝"分析地蕴涵了行为主体和行为受体的伦理关系,行为主体与行为受体是一一对应的,是血缘性或法律规定的关系,具有不可替代性。子辈所"请"之人本质上无法充当行孝的主体,即行孝必然是子辈亲身性的、在场性的行为。异地而处的子辈无法行孝,他们所能做的是"请(雇)"另一个个体来保障父辈的生活、精神等方面的需求。

我们与方旭东教授不同的是,持有更温和的行孝的主张:子辈的"请(雇)"是一种孝行。"请(雇)"满足"亲身性""在场性"条件,是子辈想要父辈过上好生活的举措。没有理由排斥这种"孝"的努力。但所"请(雇)"之人所提供的行为内容如"照料"等却不能称为孝行,即不属于"孝"的范畴。我们可以称之为"非孝"。"非孝"不同于"不孝","非孝"可以包含行孝的内容部分,而缺少行孝的伦理关系的表达,是纯粹的行为概念;"不孝"是孝的伦理

① 参见许惠娇、贺聪志:《"孝而难养":重思农村留守老人的养老困境》,《中国农业大学学报(社会科学版)》2020年第4期。

关系的表达的反面。前者是中性的概念，后者是负的价值概念。子辈"请
（雇）"另一个体提供"非孝"的行为内容，这一行为是孝行，而该个体所提供
的行为内容却不是孝行。对于这两个方面作出区分，能够恰当地评价当代孝
行，理解子辈在面对社会现实与孝的愿望二者冲突时所做的折中举措，而不
至于产生严苛的、道德自负的理论后果。

附方旭东回应

拙著曾根据"亲身性"及"在场性"质疑一个仅仅为父母购买护理机器人
的子女是否称得上"孝子"。谢文从这里引出一个进一步的问题："请人帮忙
行孝"这个行为是否可以承认为"行孝"？作者认为，笔者不会承认这样的行
为是行孝，而作者则提出，这样的行为可以承认为行孝。

首先，需要指出的是，谢文对笔者在这个问题上的立场做了一种强化处
理。实际上，对于花钱买护理机器人以及请护工等来照料自己父母的行
为，笔者的立场是：

> 我们不会认为仅仅这样做就是"孝"，或者说，这个就是最好的
> "孝"。因为，我们认为最好的"孝"是这个子女自身参与其中的一个活
> 动。（《儒道思想与现代社会》，第 156 页）

从"最好的孝"这样的说法可知，笔者是能接受这样做（诸如花钱买护理
机器人、请护工）是孝的。换言之，笔者并没有将花钱买护理机器人、请护工
等做法排除出行孝之外。所以，认为笔者把花钱买护理机器人、请护工者
一律视为不孝，这不符合实际，对拙著有"断章取义"之嫌。①

接下来，笔者想着重讨论谢文对笔者关于"亲身性"作为"行孝"必要条
件这一观点的异议。基于当代中国的社会现实，即存在大量外出务工人
员，这些人不具备陪伴在父母身旁行孝的条件，谢文认为以"亲身性""在场
性"作为"行孝"必要条件可能过于严苛，因此提出一个折中方案：请人帮忙
行孝。

---

① 如果拙著只说了前面的话，即"我们不会认为仅仅这样做就是'孝'"，读者因此将拙著的观点理
解为：否认这样做（诸如买护理机器人、请护工）是行孝，还情有可原。但是，拙著后面两次说到
"最好的'孝'"，尤其是第二次表述："我们认为最好的'孝'是这个子女自身参与其中的一个活
动"，对拙著的观点显然就不能再发生那样的误解。简言之，对于不能亲自照顾父母的做法，笔者
的看法是"不认为它是最好的孝"，而不是"不认为它是孝"。

　　"帮忙行孝"一方面是为父辈提供必要的照料,另一方面是要表达子辈想证明自身并未在"孝"这一伦理关系中缺位,摆脱由于空间距离导致"不孝"的自我评价和社会评价。

　　应当说,谢文提出的这种方案有兼顾传统孝道与当代社会现实的用意,其心可嘉。然而,仔细检查谢文的论证,我们发现:谢文实际上接受了笔者关于"亲身性"的看法,而它试图提出的折中方案如果实行将会产生与其愿望相违的后果。因此,有理由认为,完全接受而不是像现在这样"欲拒还迎"笔者的方案,对谢来说可能是一个更好的选择。以下试具体说明之。

1. 谢文对"亲身性"用法的受容

　　谢文认为"请人帮忙行孝"可以接受为"行孝",在很大程度上是基于"亲身性"这个标准。这一点,在作者说明何以李四请张三帮忙照料他父亲这个行为是行孝时,有清楚的表示:

> "请"是李四亲自做出的针对其父亲的好的愿望的行为,没有理由排除出行孝的行列之外。

　　在这里,谢文用了"亲自"这个词刻画李四请人帮忙照料父亲的行为。而"亲自"在谢的理解中其实就是"亲身性""在场性",事实上,谢文有如下的表述:

> "请(雇)"满足"亲身性""在场性"条件。

　　就此而言,与其说作者有意挑战笔者关于"亲身性"作为行孝必要条件的看法,不如说作者只是不满笔者对"亲身性"理解得过窄,以至于不能把"请"或"买"这样一些活动所体现的"亲身性"也包在其中。

　　不仅如此,同样是基于"亲身性"这个标准,谢文承认,"请人帮忙行孝"与"亲自行孝"相比,终逊一筹。这个意思,在作者讨论"帮人行孝"是否是一个合法的语句时有明确的表示。

> 机器人承担了本应由李四承担的工作量,这点并不能为李四的"孝"松绑。李四的行孝仍然是缺位的。这就解释了为什么人们即使请了护工照顾年迈的父母,但其本人仍然会为不能亲自照顾而感到愧疚。如果"帮人行孝"是一个合法的语句,那么这种愧疚感便不应出现。

"不能为李四的'孝'松绑"，"李四的行孝仍然是缺位的"，这些话只能理解为：这是在说李四（也就是花钱买机器人照顾自己父母者）的行为（也就是花钱买机器人照顾自己的父母）不是行孝。作者后面又说，"这"就解释了为什么请了护工照顾年迈的父母者会为不能亲自照顾而感到愧疚。言下之意，这个人之所以感到愧疚，是因为自己没有行孝（也就是尽到自己该尽的义务），至少，没有更好地行孝。

总之，谢文以上说法表明，它实际同意笔者关于买护理机器人或请护工的做法不是最好的"孝"的观点。也就是说，谢文与拙著的实际分歧并没有谢文说的那么大。当然，在主观上，谢文的确想对笔者的"亲身性"概念提出修正。谢文称，与笔者相比，他持有"更温和的行孝的主张"。这主要是指，他的这种行孝主张能将更多的人包括在内，尤其是那些因为外出务工而无法亲自行孝者。问题是，从谢的这种温和主义主张中实际受益的可能并非他预期的对象（即那些因为外出务工而无法亲自行孝者）。

2. 折中方案将会事与愿违

笔者之所以强调行孝过程中的"亲身性""在场性"，主要是针对那种将行孝义务转化为雇佣劳动的子女，尤其是那种具有亲自照顾父母的条件却不愿意这样做的子女。其实，熟悉孔子关于"能养"与"敬"之辨（《论语·为政》2.7）的读者，应该很容易想到，笔者对"亲身性""在场性"的强调，主要是为了突出"情"的因素，以反对当代越来越物质化（金钱化）的代际关系。谢文为那些客观上不具备亲自照顾父母的条件而被迫诉诸经济支持的外出务工人员打抱不平，诚然令人肃然起敬，却很难说领悟（get）到拙著的要点。当然，文字一经写出，读者要怎样理解，已经由不得著者。可是，一旦放宽行孝的条件，"请（雇）人"的行为都可以接受为行孝，其实际后果可能是谢所不愿见的：比起那些外出务工的低收入人群，更有能力雇人行孝的，可能是那些高收入而又不愿亲自行孝的人群。事实上，谢文也提到，外出务工人员中的低收入人群，大多数是与自己的父母异地而处的，并且能够给予父母以经济支持的人也仅为半数。这意味着，谢所提议的折中方案，一开始就存在缺陷：一方面让它预期的人群享受不到"孝子"待遇，另一方面又给大量的"搭便车者"（free rider）以可乘之机。

相比之下，拙著的方案看起来"严苛"，在实操中，却有杜绝"搭便车者"

的理论优势。至于无法亲自行孝的外出务工者,笔者从来没有将其预先排除出"孝子"之列,只要他们在自己力所能及的范围内尽自己最大努力去照料、陪伴年迈的双亲,换言之,只要他们满足或部分地满足"亲身性"标准。

按照谢的所谓温和方案,"请(雇)"人照顾自己在异地的父母,这样的行为可以称为"行孝"。它没有讨论到无力"请(雇)"人照顾自己父母的那部分低收入外出务工者,这部分人很有可能被谢的方案逐出"孝子"的集合。如果谢认为他也可以接受这部分人是孝子①,那么,其根据难道不是因为这样的人虽然未能给异地的父母以经济支持但却在自己力所能及的范围内尽自己最大努力去照料、陪伴了年迈的双亲吗? 换言之,判定这部分人作为孝子的根据难道不正是笔者提出的"亲身性"标准吗? 这样说来,笔者的"亲身性"标准比起谢的温和方案反而更具有弹性和包容性。

经过以上的讨论,笔者认为,放弃对笔者方案的修正而全盘接受之,对谢来说,才是一个更好的选择。

---

① 在逻辑上还存在另一个可能的人群,这些人既没有给异地的父母以经济支持,也没有在自己力所能及的范围内尽自己最大努力去照料、陪伴年迈的双亲。对于这部分人群,笔者相信,谢也不会接受其为孝子。否则,就让人不可理喻了。

再论儒家动物伦理

——方旭东《儒道思想与现代社会》的相关论证评述

范瑞平*

方旭东教授在专著《儒道思想与现代社会》(以下简称方著)第四编中致力于动物问题,阐述儒、道两家对于使用动物的不同看法。方著引证丰富,论述翔实,在不少关键之处做出了敏锐的概念区分和细致的分析说明,显示了作者在中国哲学领域的厚实学养。更为难能可贵的是,作者能够联系现代社会的实际情况进行思考,勇于探索古典中国哲学"接着讲"的可能性。本文秉持相同态度,对于方著的相关论证做出评述。首先,本文试图将方著所论述的儒家观点以更加明确的规范伦理学方式表达出来,即儒家道德规范是美德规范而非"不忍"之情(第1节),并同影响广大的当代西方功利主义动物伦理学观点做一对照(第2节)。然后,我将补充方著所忽视了的一个重要的儒家思想,指明"敬"对儒家伦理规范的重要性,并同当代西方以权利为基础的动物伦理学观点进行比较(第3节)。最后,我将回应方著所提出的道家挑战,承认方著所概述的道家动物自然观的确不同于儒家动物自然观,但并不比儒家观点更有道理(第4节),并评论方著在结论上的犹疑态度(第5节)。

一 "不忍"之情不是儒家伦理规范

孔子讲"心安",孟子讲"恻隐",儒家伦理学常常以"不忍"之情、"恻隐之心"作为出发点来论述道德关系,包括人与人之间以及人与动物之间的道德关系。同样,方著第四编也花了不少篇幅围绕"不忍"之情来分析《孟子·梁

* 范瑞平,香港城市大学公共政策系教授。

惠王上》中所涉及的孟子的动物伦理思想:梁惠王不忍看到一头可怜的牛将为儒家祭礼"衅钟"而被屠杀,决定"以羊易牛";孟子为王的这一决定做出了辩护:"是乃仁术也,见牛未见羊也。君子之于禽兽也,见其生,不忍见其死;闻其声,不忍食其肉。是以君子远庖厨也。"这里,孟子似乎完全以梁惠王的心理状况、情感特点来说明其决定的合理性。方著诚恳地提出了第一批疑问:难道羊和牛不是一样的好端端却要去送死吗?既然要求"君子远庖厨"、不直接杀生,那君子干吗还要吃肉而不完全禁止杀生呢?为什么只有"见到""闻到",才会产生不忍之心,难道之前就想不到这一层吗?如果君子照吃不误,这也太自欺欺人了吧?①显然,这些问题都是十分合理的。我想,不信奉儒家的人甚至还会觉得孟子所谓"远庖厨"的君子道德难以避免地包含一些虚伪成分在内。君子要么完全不吃肉,要么也可以(至少偶尔)亲自下厨为家人朋友做一荤菜尝尝,那样的道德岂不是更为协和一致吗?

的确,顺着孟子所强调的人人具有的"恻隐之心",儒家似乎本来应该提出禁止杀生的主张,而不是仅仅要求"君子远庖厨"而已。方著提到,自己从小就有这方面的强烈感受:"在我小时,村里有一头牛摔伤了,最后只能把它杀掉,我记得,牛在知道自己要被杀死之前,眼泪汪汪的样子……我小的时候,家里杀的鸡都不吃,吃不下去,心里难受。在乡下,都是自己家杀鸡,有时候我母亲杀鸡,会让我来搭一把手,基本上我都会拒绝:'不要不要,我害怕!'鸡在临死时会挣扎,蹬劲特别大,搞不好,会挣脱掉,搞得一塌糊涂。"②诚然,如方指出,人的这种"不忍"的同情心常常是在一些具体的场景下通过"亲见"或"亲闻"而被激发出来的。然而,你却不能由此推论说,人的同情心就应该停留在"亲见"或"亲闻"的境遇之中,超出"亲见"或"亲闻"的范围,别人做什么在道德上都是可以的。事实上,儒家早已认识到人有"思"的能力,可以触类旁通,举一反三,做出一般的(包括不属于"亲见"或"亲闻"范围之内的)道德判断。正如方著举例说,人不可以如此决定自己的道德标准:你不能当着我的面杀人,也别让我听到,因为那样会冒犯我的不忍之心;然而,你只要不当着我的面也别让我知道,那你就随便杀人好了。③

---

① 方旭东:《儒道思想与现代社会》,北京:中华书局,2022 年,第 313、315 页。
② 方旭东:《儒道思想与现代社会》,第 312、314 页。
③ 方旭东:《儒道思想与现代社会》,第 316 页.

令人不解的是,孟子的"君子远庖厨"的动物伦理规范似乎正是按照这样的"亲见"或"亲闻"的境遇条件来制定的。方著引用朱熹的解说来说明这一点:"然齐王之不忍,施于见闻之所及,又合乎爱物浅深之宜,若仁民之心,则岂为其不见之故,而忍以无罪杀之哉!"(《孟子或问》卷一)。方著指出:"朱熹的意思是,对于动物的同情心,在很大程度上,我们随见闻之所及,这是无可厚非的。但对于我们同类,如果仅限于见闻所及,那就不可原谅了。"①这似乎是说,虽出于同样的不忍之情,儒家可以得出对待人与对待动物的两种不同的道德态度和道德标准——一种局限于所见所闻(动物伦理),另一种不局限于所见所闻(人际伦理)。然而,这种理解,实在是把儒家动物伦理的论述置于一种逻辑模糊、情理不彰的境地。如果不忍之情乃是主要的道德理由而不忍之情的辐射又明显地既包含人类也包含动物在内,那么我们到底凭什么能够做出对待人类与对待动物的不同道德规范呢?

我认为,方著本应该清楚指出,要想合理说明孟子(以及一般儒家的)动物伦理思想,必须明确认识到:"不忍"之情也好、"亲见""亲闻"也罢,其实都不是儒家动物伦理的基本规范(其基本规范另有内容,下节详述),正如它们也不是儒家人际伦理的基本规范一样。理由在于,不论这种情感以及经验是否存在,它们都不是儒家确定自己应当如何对待动物的充分条件,而且也不是必要条件。

在孔子看来,人如何对待动物不能被自己的不忍之心及"亲见""亲闻"所决定。"子贡欲去告朔之饩羊。子曰:'赐也,尔爱其羊,我爱其礼'。"②孔子的学生子贡可能对羊充满了同情,甚至可能亲自看到、听到了那只将要被牺牲的可怜的羊的状况,但这些都不足以让孔子认为羊不应该为告朔之礼而牺牲。相反,孔子认为,儒家的道德规范坚持告朔之礼应该维持,羊应该被牺牲(当然,孔子一定认为人在行礼过程中应该尽可能免除羊的痛苦、恐惧,但这是不同的问题,后面再讲)。在这方面,人需要做的不是顺应自己的不忍之情,反而是要克服它,以遵循道德规范。正如方著所引用的明儒王阳明所言:"禽兽与草木同是爱的,把草木去养禽兽,又忍得;人与禽兽同是爱的,宰禽兽

---

① 方旭东:《儒道思想与现代社会》,第317页。
② 见《论语·八佾》。

以养亲与供祭祀,燕宾客,心又忍得。"①就方的亲身经历而言,方妈妈杀鸡也一定是"忍得"自己的爱惜之心而按照儒家道德规范来做的;当今的方承认自己也不是素食主义者②,道理可能相同。

《礼记》记载:孔子要求不要把用旧的帷幔扔掉,可以用来埋马;不要把用旧的车盖丢弃,可以用来埋狗,孔子的狗死了,自己贫穷没有旧车盖可用,孔子要求用张席子把狗裹起来,不能让狗头直接埋到土里面。③ 这就是说,对待自己的狗、马的合理道德规范,不是由自己的情感来决定的。你即使不喜欢自己的狗、马,也应该把它们用帷幔、车盖或席子裹起来埋葬,不能一丢了之。另一方面,不论你多么爱惜自己的狗、马,也不应该给它们以精美的棺木,就像你对待人类一样。《论语·述而》记载:"子钓而不纲,弋不射宿。"(孔子钓鱼时不用大绳横断流水取鱼,行射礼时不射归巢养育幼子的鸟)《礼记·王制》中也有明确的要求:"不杀胎,不殀夭,不覆巢。"《礼记·月令》则有:"毋覆巢,毋杀孩虫、胎、夭、飞鸟。毋麛,毋卵。"这就是说,即使你对某些动物的胎、巢毫无怜悯之情,儒家伦理也要求你不要伤害它们。

总之,无论你的"不忍"之情是否强烈,甚至是否存在,儒家道德都有具体的规范来要求你以适当的方式对待动物——严格说来,这种规范并非"不忍"之情,也与是否"亲见""亲闻"无关。④

---

① 方旭东:《儒道思想与现代社会》,第331页。事实上,读者可以清楚看到,孟子在《孟子·梁惠王上》1.7中的整个论辩的主要目的并不是讲述动物伦理规范,而是讲述人际伦理规范:孟子借用梁惠王"以羊易牛"的故事来说明该人是有"恻隐之心"的,不好好对待他的民众,是"不为也,非不能也"。就孟子的整个伦理规范而言(见下文),是否"以羊易牛"其实无所谓,如果王没有"以羊易牛",孟子只需要找个别的例子来进行劝导而已。这就是说,所谓"君子远庖厨"主要是对君子日常行为的描述,而不是对君子的道德要求。

② 方旭东:《儒道思想与现代社会》,第310页。

③ "仲尼之畜狗死,使子贡埋之,曰:吾闻之也,敝帷不弃,为埋马也;敝盖不弃,为埋狗也。丘也贫,无盖,于其封也,亦予之席,毋使其首陷焉。"(《礼记·檀弓下》,参阅胡平生、张萌编译《礼记》,北京:中华书局,2017年,第586页)

④ 可能有人认为儒家的"不忍"情感至少对于儒家道德规范的确立具有某种辅助性作用。本文不排除这一可能,但认为这种作用难以用严格的逻辑语言说清楚(见下一节以及关于David Wong论述儒家隐喻的脚注)。本文指出"不忍"情感既非确立儒家动物伦理规范的充分条件,也非必要条件,就是要强调它不可能成为儒家道德认识论的决定性或本质性成分。它可能具有很大的生存论、教育学意义,但只要超出孟子的论述,我们就会发现这种情感是主观的、不确定的、非必然的,无法为儒家道德认识论提供坚实的、普遍的基础。

二　儒家伦理规范是"亲亲仁民爱物"

现在来谈儒家动物伦理规范是什么。首先需要提到的是,方与我在儒家伦理学的理论形态的判定方面有所分歧。在我看来,儒家伦理学在理论形态上属于美德论,方则认为属于后果论。我们之间的真正分歧在于评判一个人是否有德或者一个行动是否符合美德(例如"孝")的最终儒家标准是什么:我认为是围绕美德所涉及的相关态度、原则及后果(即美德态度、美德原则、美德后果)等多方面的综合考虑,而方则认为是"利",即行动所涉及的各方利益之和所造成的后果考虑。①然而,方和我一样不会认为孟子所说的情感"四端"(诸如"怵惕恻隐之心"或"不忍人之心")即为儒家伦理规范本身。也就是说,他无法否认"仁义礼智信"这些美德乃是儒家的伦理规范,只不过他要强调这些规范的最终标准属于后果考虑。

区分儒家学说中的道德情感与道德规范之间的不同是重要的。如上节所述,这类情感可能都不是儒家道德规范的认识论来源(即你不能把"不忍"情感作为前提来演绎地推导出人应该如何对待人或动物的道德结论)。尽管孟子坚信这种情感十分真实、十分普遍(他称其为心之"端",即人类的初心)②,由其本身都无法得出他所确立的"亲亲仁民爱物"的道德规范(见下述)或朱熹所说的"爱物浅深之宜"的道德标准,也无法得出人们是否应该以"亲见"或"亲闻"为条件来对待动物。这类情感,可能是在人们的道德教育、道德成长(即儒家所谓"修身养性")方面起作用:我们需要考虑和利用这类情感来进行礼仪、制度和政策方面的建设和实施以追求儒家道德规范。但即使在这些方面,也没有必要夸大这类情感的作用,因为还有其他("负面

---

① 参阅范瑞平、方旭东:《儒家伦理学:后果论还是美德论?》,《哲学分析》2020 年第 6 期,第 176—189 页。

② 众所周知,其他儒家经典作者,如荀子,未必如孟子般相信这种情感的真实性、普遍性或强烈性。尽管孟子提出了"孺子将入于井"这一强大的思想实验来证明人人皆有非功利主义的"怵惕恻隐之心",但他也感叹"人之所以异于禽兽者几希,庶民去之,君子存之"(《孟子·离娄下》)。事实上,我们现在知道,有些动物可能也具有一定的同情之情感,而有些人则能做出任何其他动物都望尘莫及的、极其残酷可怕之事。当然,孟子也不是只讲"恻隐之心",他还讲"羞恶之心、辞让之心、是非之心",所谓四端(即四种萌芽),但并未探讨它们之间的关系。就荀子而言,如果可以大度地不去否定孟子的观点的话,他必然还会加上其他的"端",例如好利、好色、嫉妒、争夺等,他可能会说:好利之心,人皆有之;好色之心,人皆有之;等等。

的")人类情感(如好利、嫉妒、争夺)需要考虑。①

正如方著所清楚论述的,孟子提出了"亲亲仁民爱物"的儒家道德规范:"君子之于物也,爱之而弗仁;于民也,仁之而弗亲。亲亲而仁民,仁民而爱物。"(《孟子·尽心上》)②方著正确指出,孟子在这里毫不含糊地指明了具有儒家共识地位的价值排序:"亲"第一,"民"第二,"物"最末。③这些不同性质、不同程度的"爱"的原则④,表达了以仁为代表的儒家美德的生活规范,并由对亲、对人、对物的不同儒家礼仪体现出来。⑤方著明确认识到,儒家认为这些规范等级不应该受到实际情感的左右:"房子着火了,你是去救自己宠爱的猫呢,还是去救邻居家的小孩呢?这邻居因为某事跟你还有一个'过节'。可能你会去救你的猫,你的宠物。不过,当你这样做的时候,自己的良心也好,别人的舆论也好,好像会对你提出某种谴责。"⑥

---

① David Wong 联系当代心理学和神经科学的发现对于这方面的经典儒家观点做出了详尽分析。在他看来,如何适当地发展人的同情心,儒家提出了不同的模式,由不同的隐喻表述出来。孔子提出的是文质隐喻(文质相称)和切磋琢磨隐喻(自我抑制);孟子提出的是水流隐喻(要疏导不要阻塞)和四端隐喻(有机培育);荀子提出的则是制器隐喻(改造人性)。Wong 强调,所有这些隐喻都抓住了人性的某个方面,都值得我们认真考虑,而不应当只接受孟子的隐喻。参阅 David Wong, "Early Confucian Philosophy and the Development of Compassion," *Dao* 14(2015):157-194。

② 需要注意到,这种美德规范已经不是诸如"不忍人之心"之类的情感,而是道德原则。常有批评说,由于美德概念意指人的优秀品质,以这种概念为基础的美德伦理学只能提供道德模范来让人模仿,无法提供明确的原则(或规则)来指导人的行动。著名美德伦理学学者 Rosalind Hursthouse 清晰论证,这种批评属于误解:事实上美德伦理学提供大量的美德原则指导人们的行为(但不能要求这些原则能够让任何无经验、无美德的人都能理解和应用从而一蹴而就地得出正确的道德结论——后者其实是功利论理论或义务论理论也同样无法办到的)。参阅 Virtue Ethics, *Stanford Encyclopedia of Philosophy*, https://plato.stanford.edu/entries/ethics-virtue,访问日期:2023 年 10 月 1 日。以儒家为例,诚信待人,见利思义,己所不欲勿施于人,等等,这些原则在儒家经典论述和日常生活应用中,比比皆是;它们都是儒家指导做人、做事的美德规范。本人所讲的美德态度、美德原则、美德后果,事实上都属于不同形式的道德原则。这些原则如何同儒家礼仪一起指导人的行为,参阅 Ruiping Fan, "Rites as the Foundation of Human Civilization: Rethinking the Role of the Confucian Li," in *Reconstructionist Confucianism: Rethinking Morality after the West*, Springer, 2010, pp. 165-188。

③ 方旭东:《儒道思想与现代社会》,第318—320页。

④ 这里所说的"爱"已经是指规范而非情感,不是说你没有"爱"的情感你就不要这么做,也不是说你应该按照你的实际情感状况去做。毋宁是说,你要把原有的情感(无论如何)与适当的理由认知尽可能和谐地结合起来以形成正当的行动。

⑤ 以《论语》为例,孔子认为对亲、对人、对物都要按照礼仪来做,不同的对待规范恰好体现在不同的礼仪之中。对亲:"生,事之以礼,死,葬之以礼,祭之以礼"(《论语·为政》);对人:"出门如见大宾,使民如承大祭"(《论语·颜渊》);对物:"子钓而不纲,弋不射宿"(《论语·述而》);等等。

⑥ 方旭东:《儒道思想与现代社会》,第319页。

当代著名功利主义后果论哲学家彼得·辛格（Peter Singer）是反对这种规范等级的。在他看来，后果应当用利益（interests）来量度，而利益应当用感觉（sentience）来量度：只要一种生物能够感受到快乐和痛苦，它们就有利益，其利益就应当得到我们的相同道德关注。因此，他提出了反对歧视非人类动物的功利主义后果论原则——平等考虑利益原则（the principle of equal consideration of interests）。这一原则的"本质是我们在道德考量中对于受到我们行为影响的所有对象的相同利益都应该给予同等的重视"①。因此，辛格明确倡导人人都应该成为素食主义者。② 显然，对于"亲亲仁民爱物"的儒家道德规范等级，他肯定会看作属于他所批判的一种物种主义（speciesism），类似于种族主义（racism）与性别歧视（sexism），他认为应该受到拒斥。③

如果认为辛格的平等主义后果论会比儒家的道德等级理论更容易得到理性的辩护和大多数人的接受，那将是一个误解。事实上，辛格的动物伦理学受到来自左与右两个方向的严厉批评。一方面，诸如深度生态学（deep ecology）这类观点认为，人不能只限于考虑有感觉动物的利益，而是应该尊重生态系统的所有成员，诸如植物、大地、河流、山岗。损害一棵两千年的加州红杉树一点也不低于损害一只香港猕猴的利益损失，尽管前者没有后者所具有的疼痛感觉。在他们看来，不讲前者的利益或价值，只不过反映了辛格的后果伦理学的狭隘性和局限性，而不是（真正的）平等性和合理性。另一方面，以不少残疾人为代表的观点则怀疑辛格伦理学是打着动物平等的口号来歧视残疾人类。的确，辛格不时得出某些人类（如失去意识的植物人、胎儿、新生儿）还不如成年哺乳动物的快乐和痛苦来得强烈，也即后者的利益更大。④辛格的本意可能是

---

① Peter Singer, *Animal Liberation*, New York：Ecco Press, 2002, p. 5。
② "人类集中饲养动物的做法不过是为了满足自己的口腹之欲。我们饲养、屠杀并食用这些动物的做法正是人类牺牲其他物种的最重要利益来满足自身的微小利益的一个明显例子……我们必须停止这种做法，而且，我们每个人都有停止支持这种做法的道德义务。" Peter Singer, *Animal Liberation*, p. 162.
③ "种族主义者违背了平等原则，这是因为当本种族成员的利益与另一种族成员的利益发生冲突时，他们会更加重视本种族成员的利益。性别歧视者也因为偏袒跟自己相同性别群体的利益而违背了平等原则。类似地，物种主义者允许自己物种的利益凌驾于其他物种成员之上，他们也同样违背了平等原则。"Peter Singer, *Animal Liberation*, p. 6.
④ 例如，"如果开展特定实验是拯救许多生命的唯一方法，那么实验者是否准备在一个人类孤（婴）儿身上来进行这项实验呢？如果实验者没有打算这样做，那么他选择使用动物进行实验就是显而易见的歧视。因为我们知道，较之人类婴儿，成年猿、猫、鼠和其他哺乳类动物对于疼痛至少一样敏感甚至更为敏感"。Peter Singer, *Animal Liberation*, pp. 81-82.

人类不应该使用动物来进行生物医学实验,但批评者认为他是在提倡使用残疾人来进行这些实验(或者他的论证势必得出这样的结论),因为作为一个功利主义者,只要带来的整体利益足够大,他当然应该支持进行这些实验;如果不该用动物来做,那就应该用残疾人来做,反正他们的敏感度较低、利益较小。因而不少残疾人对于辛格的平等功利主义学说充满了怨恨。

三 "不敬,何以别乎?"

虽然方著明确指出儒家所持的"亲亲仁民爱物"的伦理等级规范,但令人诧异的是他对孔子有关"敬"的美德态度不置一词。事实上,这一态度同儒家动物伦理学深切相关,也同当代西方一支以权利为基础的动物伦理学理论大相径庭,实在值得认真研究。

我在以前关于儒家动物伦理的论文中指出,"敬"为儒家美德伦理学的一个重要概念,它蕴含着我们对于不同的对象应当采取不同的态度之意:具体说来,儒家道德要求我们敬上天、敬神灵、敬人,但不要求我们敬动物。[①]例如,就对待宠物与对待父母的方式而言,孔子批评说:"今之孝者,是谓能养;至于犬马,皆能有养;不敬,何以别乎?"(《论语·为政》)这就是说,在孔子看来,对待你的父母与对待你的宠物应是有本质区别的:虽然在"能养"方面似乎相同——都要给他/它们饭吃,但对于犬马,这就够了,对于父母,却远远不够;对于宠物,你不要"敬";对于父母,你必须"敬"。孔子为什么要做出这一区别呢?

我在上述论文中详尽论述了儒家之"敬"的各种意思,这里不再重复。需要强调的是,一个人所敬的对象必须具有一定的深奥性、神秘性和神圣性才行。在这种意义上儒家认为你不能敬一只动物,因为它不具备这类深奥性、神秘性和神圣性,但你必须要敬一个人(包括你自己在内),因为人是具备这类特征的。这种意思的敬是敬重、敬畏或崇敬,不是普通的尊敬,后者的英文词"respect"可能不足以表达这个意思,需要表示深度尊敬的英文词"reverence"才行。用康德式的现代道德语言来说,敬一个对象要求你绝不能把这

---

① 范瑞平:《我们应该如何对待动物:儒家的视角》,《当代儒家生命伦理学》,北京:北京大学出版社,2011年,第340—357页。

个对象仅仅当作手段来对待,而必须同时当作目的来对待。当你把一只动物杀死来为客人提供食物或为先人奉上祭祀时,你当然是把这只动物仅仅当作手段而没有同时当作目的来对待的,你不可能对这只动物抱有深度敬意。

当代动物权利理论认为,人类本来是应该对动物抱有这种敬意的,著名学者汤姆·里根(Tom Regan)似乎就持有这种观点。在里根看来,今天的人类制度犯了一个基本错误,就是把动物当作自己的手段、自己的资源来看待:我们把动物当成可以被我们烹饪食用、实验操作、用于追求体育或商业利益的一种资源。在里根看来,一旦我们认可并接受了动物作为人类手段或资源的这种观点,接下来我们对动物所做的一切就都是可想而知而又令人遗憾的了。①里根认为这一错误的根源在于我们持有功利主义伦理学:我们倾向于统计受影响个体的结果,看看我们的行动有哪些正面价值(例如快乐)、哪些负面价值(例如痛苦),然后把它们统统加在一起,得出"最佳"的总体平衡,从而决定我们的行动。在这样做的时候,我们看到的仅仅是这些个体的工具价值,根本没有把个体当作具有内在价值(inherent value)的存在而去尊重其应有的权利。②

里根提出了"生命主体"(subjects-of-a-life)的概念来对抗这种功利主义思维。在他看来,具有任何下述要素的个体都是生命主体:信念和欲望;感知、记忆和未来感(包括对于自己的未来感);快乐和痛苦兼具的情感生活;偏好和福祉利益;为追求自己的欲望和目标而采取行动的能力;在时间流逝中保持心理同一性;在个人福利层面上能够体验自己生活的好坏,逻辑上独立于自己对于其他个体的效用并且独立于是否属于其他个体的兴趣对象。③显然,许多动物都具有这类要素。里根认为康德以理性为基础的道德主体概念要求太高,理性没有必要作为生命主体的条件。他坚持认为,只要是一个生命主体,就必然具有内在价值④,这种价值使得所有生命主体都具有权利,人

---

① Tom Regan (1987). "The Case for Animal Rights," in M. W. Fox and L. D. Mickley (eds.), *Advances in Animal Welfare Science 1986/87*, Vol 3, Springer, Dordrecht, p. 179.

② Tom Regen, *The Case for Animal Rights*, Berkeley: University of California Press, 1983, pp. 286–287.

③ Tom Regen, *The Case for Animal Rights*, p. 243.

④ 里根认为,内在价值的存在(1)独立于是否作为其他个体的兴趣对象;(2)独立于是否对其他个体有用;(3)独立于自己是否努力;(4)不必还原到自己的经验价值上。他还补充说:"我们不能通过加总个体的经验价值来确定生命主体的内在价值。那些生活更愉快或更幸福的个休并不比那些生活不那么愉快或幸福的个体具有更大的内在价值。" Tom Regen, *The Case for Animal Rights*, pp. 235–236.

类必须给予相同的尊重。当权利之间发生冲突时,里根提出最小压倒性原则(miniride principle)来解决:如果每个无辜者受到的伤害是相同的,而所有无辜者的权利又无法同时得到尊重,那么在这种情况下多数无辜者的权利应该压倒少数无辜者的权利。①

从表面上看,里根的动物权利论可以弥补功利主义理论的一个缺陷,使得动物受到"尊重"的待遇。例如,满足一定条件的、经营良好的畜牧业至少在原则上难以受到功利主义伦理学的反对,哪怕其目的就是饲养动物来给人类提供食物。这些条件包括:一些动物是由于畜牧业的存在而出生的(即如果没有畜牧业,这些动物就不会出生、存在),它们的生命的总体快乐大于痛苦(即它们的生命是值得存在的,即使不考虑它们带给人类的额外快乐),人类最终屠杀它们的过程是仁慈的、无痛的、使它们免于恐惧的。满足这些条件之后,辛格式的功利主义伦理学很难不同意说(即使辛格本人不愿做这样的推论),这样的畜牧业是合乎道德的,因为按照免除痛苦和增加快乐的计算来看,其后果是好的。但在里根的动物权利论看来,这样的畜牧业没有尊重动物的内在价值,违背了它们作为生命主体的权利,是应该被废除的。

然而,如果你以为里根的动物权利论势必让他心安理得地将人类与动物的内在价值扯齐拉平,从而完全平等地尊重人类与动物的"相同"权利,那就不免是你的一厢情愿了。除了最小压倒性原则外,里根还提出了"避免更糟"原则(the worse-off principle)来平衡权利之间的冲突:当个体所受损害不同时,我们应当力求缓解可能受到更大损害的更糟者的情况(例如,当少数无辜者受到的损害大于多数无辜者时,正当的行动是压倒多数的权利而维护少数的权利)。重要的是,在应用这一原则时,里根并不打算平等对待人类和动物。他是这样讨论"救生艇"难题的:如果四个人与一条狗同在一艘救生艇中,必须扔出一位来减轻压力,那么应该扔谁?里根认为应该把狗扔出去,因为狗的死亡虽然是一种伤害,但无法与人的死亡所造成的伤害相提并论;把任何一个人扔出去而给那个人带来的伤害都会比把狗扔出去而给狗带来的伤害更大,使得人成为"更糟者"从而违背了"避免更糟"原则。因而,里根认为,"避免更糟"原则可以证明把狗扔出去是正当的。②

---

① Tom Regen, *The Case for Animal Rights*, pp. 305–306.
② Tom Regen, *The Case for Animal Rights*, pp. 308–309.

不知有多少读者会对里根的这一结论大跌眼镜，人们本来以为他会以平等的态度来尊重动物的生存权利。里根在著作的新版序言中给出了更多的解释，他的解释是围绕机会和满足的考虑来做出的。在他看来，一只正常、健康的狗的死亡比一个不可逆转的昏迷的人的死亡造成的伤害更大，因为健康狗比不可逆转的昏迷人有更多的机会获得满足；然而，与失去一个正常、健康的人相比，失去一只健康的动物却意味着失去较少的机会，因为人有更多的机会获得满足。[①]

不知这种论证是否给人以明显的（本来是他所十分拒斥的）功利主义后果论的味道。但它让我立即想起的，是后果论自由主义大师密尔（J. S. Mill）的名言：做一个不满足的人好过一头满足的猪，做一个不满足的苏格拉底好过一位满足的傻瓜。我想，同密尔一样，里根在这里所关注的，恐怕更多的是质而不是量：是质高的机会而不是量多的机会，是高品位的满足而不是低俗的满足。如果只考虑量的话，他就很难证明一只健康狗比一位不可逆昏迷人的满足更多（因为一只健康狗可能处处受到挫折，而一位不可逆昏迷人的吃喝拉撒则可能完好地得到满足），或者一个正常人比一只正常狗的机会更多（例如一位爱活动的人可能因为工作繁忙而没有机会去活动，而一只爱跑动的狗却天天可以有机会去跑）。里根想说的可能是，尽管人与狗同是生命主体，都有内在价值，但人有一些狗所没有的能力（或"机会"），诸如思考哲学，探索科技，追求艺术等，它们是高级的，是比狗的能力或机会更值得我们重视的，是我们在比较人与狗的权利时必须加以考虑的。如果不是这样，里根凭什么辩护应该把狗而不是人扔出救生艇呢？

如果有人强调，里根本当认为救生艇中的人与狗都应该具有相同的生的机会，比方说，在这种情况下应该通过抽签来决定把谁扔出去才是公平的（哪怕狗不会抽签也不要紧）。我想，对此里根大概只能通过强调那些人所具有的（而狗却没有的）能力或"机会"来维护他的结论。这些考虑促使我们回到孔子的有关"敬"的思想，帮助我们理解孔子为什么要求我们敬人而不敬动物，提示我们体悟儒家所信奉的人具有的深奥性、神秘性和神圣性的特征。当然，我们没有办法绝对证明人有这些特征，但我们清楚知道，人不但有时可以主动跳出救生艇通过牺牲自己的生命来挽救他人的生命（狗或许也可

[①]　Tom Regan, *The Case for Animal Rights*, Berkeley: University of California Press, 2004, p. xxxiii.

能?),而且可以写成"人生自古谁无死,留取丹心照汗青"的诗句,但至少后者,乃是狗所绝对无法做到的。

四　道家的挑战:此自然非彼自然

在方著的最后部分,作者提供了庄子的动物伦理思想及其对儒家动物伦理的挑战。作者指出,宋明儒家朱熹、王阳明最后都诉诸"自然论证"来为儒家动物伦理进行辩护。相比较而言,同样是诉诸"自然论证",道家却得出与儒家完全相反的观点。按照道家,动物本来自由自在,人类对动物的使用不符合动物的自然(本性),要顺其自然,人类就应该放弃对动物的使用。作者利用《庄子》所提供的资源富有创见性地把道家动物观简单概括为两个要点:一是动物与人类不相通,二是人类对待动物最好的方式就是不去干涉它们,让它们自由自在。①

就第一个要点作者着墨不多,大概是指庄子持有一种不可知论的观点:人与动物(以及人与人)之间无法了解各自的思想,也无法知道各自的感受。本文对此不作评论,因为无论庄子是否确实持有这一观点,并且无论这一观点是否为真,都无法对第二点提供明确支持。因此,这一节主要讨论第二点。按照方著的总结,道家认为人应当把动物留在"自然",不要干涉它们,更不要使用(包括食用)它们,而是让它们自由自在地生活(下面将此观点简称为道家动物自由观)。我推测这种观点可能包含下述三种不同的意思,我认为第一种意思难以成立,第二种意思有一大局限,第三种意思则难以辩护。

道家动物自由观的第一种意思可能是要求人不要侵入动物的领地,让它们在自己的领地中自然生活——不论它们是生是死、是好是坏、相互之间是友好相待还是残酷厮杀,都无关人事。然而,这一要求是虚假的,是人类根本不可能做到的。从人类在地球上诞生的第一刻起,人类就已经在动物的领地中生活了。也许,这一要求的真正含义是,地球上现在只有动物、没有人的地方已经很少了(事实上这些地方的环境也都已经受到了人的污染,如空气污染),因此人就不要再继续侵入,把它们留给动物好了。然而,这一要求仍然是不可能做到的:只要人类继续存在、繁衍和发展,人类就不可能不进一步侵

---

① 方旭东:《儒道思想与现代社会》,第333—334页。

入这些地区，问题不过是侵入的方式是什么而已。即使人类把它们定为自然保护区而不建立任何农业、工业、航空业，甚至不允许普通人进去旅游，这也同样是人类对于它们的人为决定、管理和控制，包括有时候势必实施大规模的干涉，如扑灭山火。否认这是某种形式的侵入，不过是无聊的文字游戏而已。庄子的理想是"相濡以沫，不如相忘于江湖"，但问题在于，不相关联、可相遗忘的江湖恐怕根本就不存在。

道家动物自由观的第二种意思可能是：虽然人无可避免地会与动物发生关联，但人不应当使用强迫手段来对待动物；在这方面或许可以借鉴人与人之间的关系规范：尊重自由就是和平协商、自愿协议、谁也不要强迫谁；虽然动物不具备人的语言能力因而无法与人签订协议，但人也应当尊重动物本身的欲望，不要进行强迫。这一意思本身没有问题，但它有一大局限性，那就是人若单纯促生、饲养动物，恐不能算作强迫动物。这方面的逻辑其实也适用于人：父母决定生育子女，无法得到子女的同意（因为他们尚未存在），自由主义伦理学也不认为这是强迫，只是认为子女没有养育老年父母的责任而已，因为他们并未同意出生到这个世界上来。按同样的逻辑，人类畜牧业协助生出大量动物，这样的行动本身恐也不能算是强迫。如果是为了挽救濒临灭绝的动物，那就更不能认为是强迫了。因此，停留在这一种意思的道家动物自由观是不完整的，尚未触及真正的问题。

这将我们引向第三种可能的意思：道家的动物自由观要求人类不可为了自己的好处来使用（包括食用）动物。即使人类为了挽救濒临灭绝的动物而繁殖、饲养它们是可以的，但为了自己的医疗或食用好处则是不可以的。方著可能正是接受了这样的解释。①然而，对于这种观点，我们需要区分两层意思：(1)不论对人的好处有多大，人都绝对不可以使用动物；(2)如果对人的好处够大，人就可以使用动物，但不可虐待动物。我认为，如果道家动物自由观的要求是(1)的话，那是难以得到辩护的。在前面论述辛格的功利主义动物伦理学和里根的权利论动物伦理学时，我们就看到了这一困难。例如，如果你的孩子要饿死，你有什么强有力的理由坚持不吃动物呢？面对具有拯救千万人生命的可能但又有危险的医疗实验，你又有什么理由忍心首先使用人

---

① "按照庄子，他肯定反对将动物变成宠物来养。根本上，庄子就反对人类对动物的使用。"方旭东：《儒道思想与现代社会》，第338页。

而不是动物来做试验呢？

可能方著所认可的其实是(2)："比如说，一个专为婴儿设计使用的强生洗发水，先要用小白鼠做实验，就是把这种洗发水滴进小白鼠眼睛，看它的刺激性达到了什么程度……美食类纪录片《舌尖上的中国》深受欢迎，但在有些西方动物保护主义者看来，中国人的有些吃法实在太野蛮太恐怖了，很多所谓美味，都意味着残忍地折磨、终结动物生命。"[①]这大概是说——我同意——在有很大好处情况下，人可以使用、食用动物，但在这个过程中不可以虐待动物，国人的一些饮食陋习实在应该改掉。当然，一个具体实验、一道特定菜肴是否涉及虐待动物，有时可能会有争论。但(2)作为原则是清楚的，也是同儒家动物伦理的要求不相冲突的：如前所述，儒家要求惜爱(不是敬爱或仁爱)动物，应该"养之有道，取之有时，用之有制"[②]。就动物实验而言，儒家当然也会支持当今许多国家都接受的 3R 原则——在实验中尽可能实现动物的替代(replacement)、减少(reduction)和优待(refinement)。

另一个必然会引起争议的问题是，何为对人的好处够大？特别是，当代人是否都应该成为素食主义者？在方著看来："在王阳明的时代，他可以说：使用动物、杀生，是不得已的事。但现在食品技术已经达到那样的条件：所生产的人工食品，和动物蛋白一样营养，可以满足人的需要，那么杀生还有什么'不得已'可言吗？"[③]然而，许多人并不认为现在的人造肉已经达到了动物肉的营养水平；事实上，一些人造肉还混入了动物肉来提升营养和滋味，其商业目标并不是指向素食主义者。退一步说，即使以后有了十足科学证据表明纯粹的人造肉已经完全达到了动物肉的营养价值，人们还会考虑其经济价值、审美价值、心理价值以至于文化价值。因而，对于是否"对人的好处足够大"，很难想象社会将形成所有人都一致的意见。就儒家而言，鉴于动物并非具有人所具有的神圣性，因而不像人一样作为"敬"的对象，因而社会应该尊重诸如方这样的不想成为素食主义者的人的选择，只要他们不虐待动物就可。

总的来说，我承认道家动物自然观不同于儒家动物自然观，但方著所概述的道家动物伦理并没有显得比儒家的动物伦理更有道理。

---

① 方旭东：《儒道思想与现代社会》，第338—339页。
② 范瑞平：《我们应该如何对待动物：儒家的视角》，《当代儒家生命伦理学》，第351页。
③ 方旭东：《儒道思想与现代社会》，第339页。

五　规范辩护,行为宽容

我很欣赏方著所采取的这一态度:"如果我们觉得儒、道思想有价值,其中有大智慧,那么,我们就应该思考:在今天这样一个社会里,乃至将来,儒、道思想如何回应一些具体的现实问题?"[①]然而,我认为,如果把这一态度贯彻到底的话,还需要持有一个明确的规范伦理学立场,即需要在儒道的不同规范之间做出认真的选择,并为这一选择提出论证,促使读者思考和评判。因为只有这样,才能更加实在地"回应一些具体的现实问题"。也许,方著是"希望给大家介绍了原汁原味的儒家、道家思想之后"[②],读者可以自行去做规范选择。作为一部在大学专业课基础上成就的专著来说,这当然可以理解,因为现在的大学人文专业课并不推荐学者们讲述自己的规范观点。然而,如果学者们在专著中不去屏蔽自己的规范思想,也不把自己的某些犹豫不决打扮成"客观"分析,而是让儒家学者尽量辩护儒家规范,道家学者尽量辩护道家规范,那么,在结果上岂不是更有利于读者的选择吗? 这样做并非不宽容,而不宽容的其实是另外的行为。

我在近年来参加国际会议时,碰到越来越多的素食主义者。坐在一起吃饭时,看到个别素食主义者故意显露出对于荤食主义者的不屑,表现出极大的自我道德进步主义优越感。反躬自省,一定会有荤食主义者歧视素食主义者的情况。我想,这种人与人之间的相互歧视的行为一定是错误的。然而,以说理论证的方式来明确辩护自己的动物道德规范,却绝不是歧视,不论这种规范是素食主义的还是荤食主义的。这是文明的行为。我愿以此作为本文的最后一点与方兄共勉。

附方旭东回应

关于儒家动物伦理,范文对拙著主要提出了两点意见:第一点是嫌拙著对儒家对待动物的道德理由交代不清,而明确提出儒家动物伦理的基本规范是"亲亲仁民爱物"。第二点是认为拙著忽略了"敬"对儒家伦理规范的重要性,提出"敬"蕴含着对于不同对象应当采取不同态度之意,比如:对上天、神

---

① 方旭东:《儒道思想与现代社会》,第 339 页。
② 方旭东:《儒道思想与现代社会》,第 340 页。

灵、人"敬",对动物则无需"敬"。

第一点,笔者认为可能是个误会,因为拙著在讨论儒家对动物的态度时明确提到"亲亲仁民爱物"(第318页),范文后面也承认,"方著明确指出儒家所持的'亲亲仁民爱物'的伦理等级规范"。因此,这里主要就第二点进行回应。笔者认为,"敬"是儒家伦理的一个重要概念,但"敬"并非儒家动物伦理的依据。在儒家那里,对于不同对象应当采取不同态度,这个原则不叫"敬"而叫"义"。下面,笔者首先想澄清,儒家动物伦理的依据不是"敬"而是"义"。其次,笔者还要指出,范文援引里根(Tom Regan)的相关论述来佐证其对"敬"的理解,有滥用(misuse)之嫌。

1. 儒家动物伦理的依据是"敬"吗?

范文提出,"敬"这一态度同儒家动物伦理学深切相关,又同当代西方一支以权利为基础的动物伦理学理论大相径庭,值得认真研究。

把"敬"与动物伦理联系起来,范的主要根据是孔子论"孝"这段话。

> 子游问孝。子曰:"今之孝者,是谓能养;至于犬马,皆能有养;不敬,何以别乎?"(《论语·为政》)

在范看来,孔子这段话是在强调对待父母与对待宠物的方式有本质区别。

> 这就是说,在孔子看来,对待你的父母与对待你的宠物应是有本质区别的:虽然在"能养"方面似乎相同——都要给他/它们饭吃,但对于犬马,这就够了,对于父母,却远远不够;对于宠物,你不要"敬";对于父母,你必须"敬"。

不得不说,对《论语》这章文本作这样的解读,在历代注疏中得不到足够的支持。"至于犬马,皆能有养",除了解释为人饲养犬马(用范的话说,就是"给它们[犬马]饭吃"),另外一些解释同样说得通。杨伯峻就介绍了其他三种说法:一说犬马也能养活人,人养活人,若不加以敬,便和犬马的养活人无所分别;一说犬马也能养活它自己的爹娘(如李光地《论语札记》、翟灏《四书考异》);一说犬马是比喻小人之词(如刘宝楠《论语正义》所引刘宝树说)。①按照这些解释,孔子这段话就不是在说人对待动物与对待父母的不同方式问题。

抛开经典解释上的问题不论,即便我们接受范文的这种理解,并接受范文所作的引申:对待动物,不需要"敬";对待父母,必须"敬"。我们也实在无法从孔子这段话推出这样的结论:人可以杀动物去孝敬父母。因为,从逻辑上说,人对待动物不需要"敬",不等于人就可以随意处置动物,乃至夺取它们的生命。翻遍整本《论语》,我们找不到孔子为人类杀死动物所作的直接辩护。范文所引的这一段,也只是提到人对动物的照料(饲养),如果按照范对"犬马皆能有养"的理解。熟悉中国古代社会的人都知道,孔子这里所说的"犬马",都是人类饲养的有用的家畜,它们为人类提供各自的服务:犬可以看家护院,马则可以用作运输与耕地。换言之,对于中国古人,"犬马"主要不是用来杀生取肉的对象。

指出这些,我们是想说,如果范指望用孔子论"敬"这段话为不禁止杀生的儒家动物伦理寻找依据,恐怕很难有什么说服力。

退一步说,就算我们同意范文把孔子所说的"敬"理解为"对于不同对象应当采取不同态度,对上天、神灵、人'敬',对动物则无需'敬'",很自然会升起一个疑问:何以对人就必须"敬",而对动物则不需要"敬"?

显然,孔子的话对此没有提供任何线索。事实上,范自己给出了答案:"一个人所敬的对象必须具有一定的深奥性、神秘性和神圣性才行。在这种意义上儒家认为你不能敬一只动物,因为它不具备这类深奥性、神秘性和神圣性,但你必须要敬一个人(包括你自己在内),因为人是具备这类特征的。"

关于一个人所敬的对象必须具有"一定的深奥性、神秘性和神圣性",范文并没有告诉我们,这样的说法在儒家经典当中有什么依据。在后面,通过援引当代动物权利论者汤姆·里根的有关论述,范表示,里根关于人比狗有更多的机会获得满足的这种考虑促使他回到孔子的有关"敬"的思想,帮助他理解:"孔子为什么要求我们敬人而不敬动物,提示我们体悟儒家所信奉的人具有的深奥性、神秘性和神圣性的特征。"

范当然可以从当代西方动物权利论者那里汲取灵感,只是,要领会孔子

---

① 杨伯峻:《论语译注》,中华书局,2006 年,第 15 页。

教导的真谛、体悟儒家之学的奥义,这种"迂回"未免有些"舍近求远"。因为,儒家用以说明其动物伦理的基础概念,不是范所说的这种不无神秘的"敬",而是为人耳熟能详的"义"。

拙著在讨论儒家动物伦理规范时曾明确点出孟子的"亲亲仁民爱物"命题,然而,让范感到诧异的是,笔者对孔子有关"敬"的美德态度不置一词。其实,在我们看来,谈到"亲亲仁民爱物"不提"敬",是很好理解的,因为,与"亲亲仁民爱物"有内在关联的概念不是"敬"而是"义"。由此,我们反过来要感到奇怪的是,范既然同意"亲亲仁民爱物"是儒家动物伦理规范,却为何只字不提"义",而转去大谈"敬"?须知,"亲亲仁民爱物"这个命题所要表达的,乃是同一道德情感(仁)在面对不同对象时而有不同的表现这个要求。而根据不同对象而施以不同的态度,在儒家那里,就是所谓"义"(宜)。

范文曾不失敏锐地评论:"如果不忍之情乃是主要的道德理由,而不忍之情的辐射又明显地既包含人类也包含动物在内,那么我们到底凭什么能够做出对待人类与对待动物的不同道德规范呢?"

这个问题不难回答:儒家是凭着"义"而做出对待人类与对待动物不同的道德规范的。比如,对于"物"(万物),"爱之而弗仁";对于"民"(百姓),"仁之而弗亲";对于"亲"(亲人),要"亲"。①

如此一来,势必出现这样的局面:儒家一方面宣称对于万物也应该有爱惜之情,而另一方面,却又杀动物来献祭、"燕宾客"。对此,人们很自然地会发生疑问:这不是自相矛盾吗?

正是在回答"儒家既然主张爱惜万物,又何以不禁止杀生?"这样的问题时,儒家的动物伦理得到最明确的表述,而"义"在其中扮演了至关重要的角色。

> 君子之于民则仁之,虽其有罪,犹不得已,然后断以义而杀之。于物,则爱之而已,食之以时,用之以礼,不身翦,不暴殄,而既足以尽吾心

---

① 孟子曰:"君子之于物也,爱之而弗仁;于民也,仁之而弗亲。亲亲而仁民,仁民而爱物。"(《孟子·尽心上》)杨伯峻的译文为:孟子说:"君子对于万物,爱惜它,却不用仁德对待它;对于百姓,用仁德对待他,却不亲爱他。君子亲爱亲人,因而仁爱百姓;仁爱百姓,因而爱惜万物。(《孟子译注》,北京:中华书局,2012年,第356页)

矣。其爱之者仁也,其杀之者义也,人物异等,仁义不偏,此先王之道所以为正,非异端之比也。(朱熹:《孟子或问》卷一,《朱子全书》第六册,第 924 页。着重号为引者后加)

"断以义而杀之""杀之者义也",这些说法都清楚地表明,无论是"杀人"还是"杀动物",其背后的考虑都是"义"。而这就是范要追问的"凭什么"。

这个"义"在根本上,是一种价值排序,用《大学》的话说,就是"厚薄";用王阳明的话说,就是"良知上自然的条理"。

> 惟是道理自有厚薄。比如身是一体,把手足捍头目,岂是偏要薄手足,其道理合如此。禽兽与草木同是爱的,把草木去养禽兽,心又忍得;人与禽兽同是爱的,宰禽兽以养亲与供祭祀,燕宾客,心又忍得;至亲与路人同是爱的,如箪食豆羹,得则生,不得则死,不能两全,宁救至亲,不救路人,心又忍得;这是道理合该如此。及至吾身与至亲,更不得分别彼此厚薄。盖以仁民爱物皆从此出,此处可忍,更无所不忍矣。《大学》所谓厚薄,是良知上自然的条理,不可逾越,此便谓之义;顺这个条理,便谓之礼;知此条理,便谓之智;终始是这个条理,便谓之信。(王阳明:《传习录下》,《王阳明全集》卷三,上海:上海古籍出版社,1992 年,第 108 页。着重号为引者后加)

王阳明反复提到"道理",这个"道理"说得更具体一点,就是"良知上自然的条理",就是在对待人与对待动物上有"轻重""厚薄"的考量,这种考量简称"义"。范文追问"凭什么做出对待人类与对待动物的不同道德规范",按照王阳明这里的解释,儒家"凭"的就是"义"。

如果说在孔孟的时候,他们还没有明确点出儒家动物伦理的基础概念,那么,经过后儒朱熹、王阳明等人的努力,"义"作为儒家对待动物的基本原则,已被发覆而无余蕴。其实,范所说的"敬",即便在他理解的意义上,即对人"敬",对动物不用"敬",也可以纳入儒家"义"概念之中。因为,对人"敬",对动物不用"敬",这就是一种"厚"人而"薄"动物。而厚薄,正是儒家所说的"义"。相比于"义",单举一个"敬"字是不够的,因为,"对动物不用'敬'",这样的否定式命题,并没有清楚地告诉人们:对待动物,要怎么做?

在一些具体议题上,比如:对动物,人有没有必要杀生取肉?

在汉代之后,反对杀生的佛教在中国拥有一定的民众基础,不禁止杀生的儒家动物伦理受到挑战,作为儒家的辩护人,朱熹与王阳明不约而同地诉诸"义"(而不是"敬"),这在理论上决不是偶然的巧合。

2. 里根的"救生艇案例"会支持儒家动物伦理吗?

在证成儒家动物伦理时,范文还对当代西方动物权利论者里根的"救生艇案例"做了一种"创造性转化",从而让里根变成了儒家的同路人。分析一下,这个过程是不无戏剧性的。

本来,与彼特·辛格(Peter Singer)那样的功利主义式的动物权利论者不同,里根主张所有"生命主体"(subjects-of-a-life)——人类的和非人类的——都有"内在价值"(inherent value),这种价值使得所有生命主体都具有权利,人类必须给予相同的尊重。但里根对"救生艇案例"的处理,使得范认为里根并没有以平等的态度来尊重动物的生存权利。

所谓"救生艇案例"是这样:设想救生艇上有五位幸存者,其中四位是人,第五位是狗,由于空间有限,小艇只能装下四位,假定所有幸存者体重都大致相同,也都占据大致相同的空间,现在必须把一位幸存者扔出去,否则所有幸存者都会罹难。被扔出去的应该是哪一位?里根认为,是狗。他的理由是:小艇上的所有个体都具备固有价值,也具有平等的、不受伤害的初始权利。死亡造成的伤害取决于它所阻断的满足机会,而没有一个理性的人会否认:四个人中任何人的死亡比起狗的死亡所带来的伤害都是更大的损失,因此初步看也是更大的伤害。简言之,狗的死亡尽管也是伤害,但这个伤害与任何人类遭受的伤害都无法比拟。把任何一位人类丢弃不顾,令其面临确定无疑的死亡,这都会让那个人的境况比狗如果被丢弃将遭遇的情况更糟(导致那个人遭受更大伤害)。①

里根抛弃救生艇里的狗的主张令人困惑:狗是否没有得到平等的尊重?里根是否自相矛盾?范相信,无论如何,里根一定是认为人比狗更高级。

> 里根想说的可能是,尽管人与狗同是生命主体,都有内在价值,但人有一些狗所没有的能力(或"机会"),诸如思考哲学,探索科技,追求艺

---

① Tom Regan, *The Case for Animal Rights*, Berkeley: University of California Press, 2004, p. 324. 中译本:汤姆·洛根《动物权利研究》,李曦译,北京:北京大学出版社,2010 年,第 273 页。

术等，它们是高级的，是比狗的能力或机会更值得我们重视的，是我们在比较人与狗的权利时必须加以考虑的。如果不是这样，里根凭什么辩护应该把狗而不是人扔出救生艇呢？

正是基于这种判断，范把里根的"救生艇案例"与他所说的孔子的"敬"联系起来，即里根的观点在一定程度上支持了儒家要求"敬"人类而不需要"敬"动物的立场。如果儒家动物伦理被批评为"物种主义"，那么，范对里根的这种理解，无疑是把里根在"救生艇案例"上的观点看作"物种主义"。

然而，里根本人一定不会接受范的这种解读。首先，里根将解释说：选择狗并没有与承认动物具有平等的内在价值这一点相冲突，也没有与狗享有不受伤害的平等初始权利冲突。不与前者冲突，是因为：动物在这里遭受伤害的理由并不是四位人类作为一个集体而被免除的伤害压倒了单个动物的损失。不与后者冲突，是因为：认可不受伤害的平等初始权利，要求我们不对不平等的伤害做出平等考虑。挽救那条狗，抛弃某位人类，这超过了狗的应得，是把狗遭受的更小伤害视为等同于或超过如果人类被抛弃将会遭受的伤害。对他们平等初始权利的尊重将不允许这一点发生。①其次，里根会坚决否认这个决定是出自物种主义的。他解释说，牺牲一只或一百万只狗的决定并非基于物种考虑，而是基于对每一个体所面临的损失的评估，并且是平等评估。这个方式完全符合对所有相关个体的平等固有价值以及他们不受伤害的平等初始权利的承认，也为这个承认所要求。②为了洗清自己在救生艇案例上的物种主义嫌疑，里根还特别设想了这样一种情况：救生艇上有一只狗、三个正常的成年人类、一个陷入不可逆永久昏迷的人类。基于以下分析：死亡没有给陷入不可逆永久昏迷的人带来什么损失，从而没有造成损害，而死亡对于任何一个其他人类还有狗来说都代表了大于零的损失/伤害，里根支持牺牲那个陷入不可逆永久昏迷的人类用以挽救一只狗和三个正常的成年人类。里根相信，他的"避免更糟"原则允许我们在很多情形中救狗而牺牲人类（比如，一个大脑受损的人，或丧失了通常的人类能力以致失去了记忆或者对一般对象的知觉的人）。③

---

① Tom Regan, *The Case for Animal Rights*, p. 324. 中译《动物权利研究》，第 273 页。

② Tom Regan, *The Case for Animal Rights*, p. 325. 中译《动物权利研究》，第 274 页。

③ Tom Regan, *The Case for Animal Rights*, p. xxxiii. 中译《动物权利研究》，第 22 页。

里根的辩护策略是指出,在救生艇案例中,他的考量是针对每一个个体,而不是针对物种。但是,在一个正常的人与一只正常的狗之间,里根倾向于认为,死亡带给人的伤害比狗大,理由是死亡所剥夺的可能给人类带来满足的资源远比死亡所剥夺的可能给狗带来满足的资源要更多、更丰富。①这个事实让范有理由认为,里根跟儒家一样,认定人类比动物高级,至少在个体层面,即便不说在整个物种层面。问题是,如果范想做进一步推论,认为里根可能会支持主张利用动物的儒家动物伦理,那他就想错了。

因为,里根明确反对对动物的使用。关于救生艇案例,他认为,那只是说我们在例外情况下该怎么做,而在科学研究中使用动物却不是例外情形。在例外情况下采取的行为无法普遍化到非例外的情形。更重要的是,实验室动物的权利已经被侵犯,已经在遭受不尊重对待,否则它们怎么会在那里?而救生艇上的幸存者不是因为他们的权利被侵犯而在那里的,他们不是因为未受尊重而待在那里的。而动物则不是碰巧发现自己待在实验室里,相反,它们是因为研究者的意图而落入如此境地。这里不仅仅有强迫的问题,更有权利受到侵犯的问题:当研究者决定把狗关进实验室,为了研究而把它们当作"工具"或"模型"时,研究者就已经侵犯了狗的权利。②

笔者自己的看法是,承认人类在某些方面比动物高级,在逻辑上并不必然推出人类使用动物就合理的结论。在人类与动物不能两全的情况下要牺牲动物,并不能因此就推出人类可以侵入动物领地杀戮动物的结论。范对是否存在动物领地这一点表示怀疑,他认为:只要人类继续存在、繁衍和发展,人类就不可能不进一步侵入动物的领地,问题不过是侵入的方式是什么而已。的确,问题在于侵入的方式是什么,是对动物赶尽杀绝,像人类在毛里求斯岛上对渡渡鸟所做的那样,还是加以保护,这是完全不同的做法。

跟范一样,笔者也不是素食主义者;不过,与范不同的是,对于动物权利论者所提出的那些尊重动物的理由,笔者并不认为可以简单地打发到一边。因此,笔者做不到范那样理直气壮,个人心境也许可以用"惭愧未能食素"来形容。

---

① Tom Regan, *The Case for Animal Rights*, p. xxix. 中译《动物权利研究》,第 19 页。
② Tom Regan, *The Case for Animal Rights*, xxx-xxxii. 中译《动物权利研究》,第 20—22 页。

孝行的非回报性的根据

陆　丁[*]

《儒道思想与现代社会》在第八讲和第九讲[①]讨论孝道或者孝行的道德根据问题。这个讨论从引用《论语》中"三年之孝"的例子开始,首先排除掉以道德本能作为根据这个选项,然后,从康德基于债务概念的对孝敬义务的质疑开始,经过英格利希基于"友谊"概念对这个义务的说明,最后停留在"感激的义务"或者"感恩的义务"这个选项上。实际上,整个讨论过程都可以看成是由回答康德所提出的质疑所推动的,直到在感激义务这里得到了一个可以接受的答案,才转而谈论感激义务本身作为孝行根据时会遇到的困难,也就是"问题父母"。

一　感激与作为前提的(无)债务状态

"问题父母"可以看成是当我们把感激作为孝行的根据时,这种对于孝敬义务的理解会遇到实质性的难题。也就是那些当我们把针对子女对父母的行为的要求看成是由感激来提供根据时,因为这些要求与("通常"理解下的)对孝顺的要求之间存在差别而造成的难题。这类实质性的考虑,除了"问题父母"这种产生于适用范围上的问题之外,也还有比如"强度"上的问题。事实上,按照西蒙·凯勒的分析,孝敬义务在对行为提出要求时,强度是非常高的(demanding),比如,如果你的父母生病了,即使需要花很多钱,需要花掉你所有的钱,甚至让你背负上沉重的债务,这种义务也要求你花这笔钱,相

---

* 陆丁,首都师范大学哲学系讲师。
① "'三年之丧'引出的孝道争议"与"'问题父母'带来的孝道难题"二讲,方旭东:《儒道思想与现代社会》,北京:中华书局,2022年,第126—186页。

反,感恩义务却达不到这种强度。①

不过,可能更为重要的是②,用感激来为对孝行的要求提供根据,是不是真的回答了康德对孝敬义务的质疑。感激义务是说,(在给予恰当限制的前提下③)如果 A 对 B 做了某件(对 B 来说的)好事,那么 B 就应该感激 A④。而康德的质疑是说,如果 A 之前本来就对 B 有所亏欠,那么即使 A 对 B 做了某件好事(如果 A 对 B 做的这件好事可以或者应该被看成是 A 对 B 的某种补偿),那么 B 并没有对 A 进行回报的义务。可以说,康德的质疑实际上是针对感激模式(以及,下面会进一步说明,一般意义上的回报模式)的**可适用性的前提**而提出的。也就是说,除非感激义务能够满足这样的条件,即作为一种回报义务,它可以无视 A 对 B 的亏欠而仍然成立,否则康德的质疑即使对于感激义务也是成立的。问题是,至少在对于感激的通常理解中,它恰恰是不能无视 A 对 B 之前的亏欠的。假设 A 同学某天帮痴迷游戏而无暇下床的 B 同学去食堂打饭,如果故事仅止于此,则 B 对 A 有一种感激义务。但是,如果 A 帮 B 打饭是因为两个人之前打赌 A 输了而赌注就是"输的人管对方一个礼拜饭"⑤,那么,A 这次的行为就并没有**要求**B 去感激的效力,因为这次的行为是赌注所要求的"正常"行为。更一般地说,感激义务要想是有效的,前提是 A 对 B 所做的事情不能被看成某种"应当应分"的行为,就像是奴隶主并不会感激奴隶,雇员也无需为雇主按时给他发工资而感激雇主

① Keller, Simon, "Four Theories of Filial Duty", *The Philosophical Quarterly*, v. 56, no. 223 (2006), pp. 260-261. Keller 的意思是,如果施益者认为受益人承担这种要求是应该的,那么施益者此时所给予的就不是与感激相匹配的善意。

② 之所以可能会更重要,是因为,实质性的差别依赖于对孝敬义务的具体"形态"——它应该包含哪些内容又不应该包含哪些内容,以及这种义务在对行动者提出要求时它的强度具体如何——的判断,而这类判断最终往往是基于直觉的。

③ 这种限制,既包括作者所考虑的动机或者目的上的限制(是不是主观为行动者自己而只是客观上对受益者有利),也可以更进一步地包括某些权利论证,比如是否侵犯了通常被认为应该受到保护或者尊重的某些权利,或者至少,这些侵犯是否在具体处境下获得了足够的辩护。实际上,在现代语境下,"孝道"之难,也与这些问题有关。不过这并不是本文想要讨论的重点,我们可以暂时只讨论那些应有的限制都得到满足的情况。

④ Keller 把这种义务理解为一种"表达的义务",即,B 在完成这个义务时其行为实质是在对 A 进行表达。我们这里并不采取这种理解。一方面是下面的论证并不依赖于这一点。另一方面,这种理解会把感激义务的实质绑定在 A 和 B 对相互关系的确认或者认定(recognition)上。

⑤ 这个例子当然首先依赖于"管饭"是什么意思。如果只是支付吃饭的费用(想吃什么我出钱),那当然是另一回事。

一样。

回到孝行义务上来说，这就意味着，感激义务要想能够"仅凭自己"就为孝行义务提供根据（也就是说，只要我们能够确立这样一个论断，即子女对父母的孝行，它的"应该"是来源于子女对于父母的感激的应该，那我们就能确立孝行的应该），其前提也在于能够确立这样一个论断：即使父母对子女有在先的亏欠①，子女对父母仍然应该感激。而这一点，并未在讨论中得到应有的关注。

事实上，仔细考察第九讲中举出的用来说明感激义务的那些例子（帮同学收衣服，帮失主找回钢笔）就会发现，对这些例子，仍然可以像在第八讲中那样去做那种给说明孝敬义务造成了麻烦的分析。比如，如果那位试图帮失主找回钢笔的热心同学采用的是在校广播台公开找人的方式，而恰好这位失主又非常腼腆，后者也可能会认为这种"社会性死亡"并不是仅仅犯下了微小失误的他所应该去承受的。这样一来，感激也就无从谈起。甚至连帮同学收衣服的那位，也可能收获来自"地盘意识"足够强烈（也足够别扭）的舍友的一句"难道你是我妈？"这里的问题恰恰在于，除非对事例的叙述（对可能性的约束）已经足以保障感激的生成，也就是说，足以保障感激义务的可适用性，否则我们仍然无法得到一个具有足够说明效果的例子。②

---

① 更严格来说，康德并不是认为父母对作为具体个体的子女有亏欠，而是对作为世界公民的子女有亏欠。也就是说，对"世界"有亏欠。父母在这里对子女意愿的违背，是对某种一般规则的违背，而并不是针对个人的——虽然关系到了（或者"落实在了"）某个具体的人。

② 这里的分析，严格说来，与我们在前面对康德的质疑的说明还有一些也许重要的不同。在第一节中，我们主要是强调 A 对 B 的行为 φ 是对*之前*——A 对 B 做 φ 之前——A 对 B 的某种亏欠的补偿，所以此时 B 并没有任何回报 A 的义务。而在这里，是 A 对 B 的行为 φ 本身——也就是说，与 A 对 B 做 φ（也与 A 对 B 发生助益）**同时**——造成了某种 A 对 B 的亏欠。这样一来，如果总的"算下来"并无助益（甚至有所亏欠），那么 B 仍然并无对 A 进行回报的必要。这种情况下，我们似乎可以认为，感激义务其实已经存在，只不过被 A 的补偿义务抵消了。但是，如果真的彻底而系统地贯彻这种"计算"模式，那么感激义务是发生在 B 的"账户"上的，而 A 的补偿义务却是发生在 A 的"账户"上的，于是除非 A 和 B 之间有某种比现在更紧密的关系，否则这种抵消是说不通的。更合理的说法显然是，A 在获取回报方面的**预期**（expectation），与 A 的补偿义务抵消了。这里的关键在于，A 获取回报的预期，除非能够在"净值"（net value）中体现出来，否则并不能转化为 B 给予 A 回报的义务。这里的情况，跟一般所说的"A 欠 B 一笔钱，B 又欠 A 一笔钱"的情况是不太一样的。而更像是 A 在借给 B 一笔钱的**同时**又从 B 那里借了一笔钱这种比较奇怪的情况。我们在下面谈"回报"模式时，其实主要还是第一节的那种亏欠发生在 A 对 B 做 φ 之前的情况。但是那里的分析应该可以通过少量的修改就适用于这里的这种亏欠与 φ 同时发生的情况。

二 同意的"地位",回报式的要求

事实上,整个讨论是以同意为关注的中心而进行的。它的主线任务是"找到一个没有经过同意,但最后依然要为此负责的**例子**"①。也就是说,要找到一个即使 A 对 B 所做的事情没有经过 B 的同意,但 B 仍然要为此而负责的例子。而感激义务下的各种例子则被认为是满足这个条件的。

确实,一般来说,同意与不同意是有区别的:当 A 对 B 做了某事时,如果未经 B 的同意,A 至少对此事的直接后果负有全部的责任,而如果经过了 B 的同意,则 B 会因此分担此事的某部分责任。比如,A 如果未经 B 的同意就把后者拉到火星上,这是劫持,但如果经过 B 的同意,这可以仅仅是"给了一个建议又帮他把事情办了"。

但是,明显也有一些情况,其中 B 无论是否同意,都不改变 A 要承担的责任。比如,作为一个贴心的同事,无论你是把他邀请到家里做客,还是在他酒醉的时候把他拉到家里醒酒,都不减免你作为主人应该要去做的事情。同样,作为客人,无论是你醉酒之后才被运到同事家里,还是清醒的时候受到了同事的邀请,都不能减免你作为客人应有的礼节。

这里的区别似乎是在于,道德判断所针对的对象不同,或者说义务的来源不同。事实上,把醉酒的同事搬到自己家里,如果这里没有某种默认的同意的话②(包括事后追认的同意),同事似乎仍然可以报警。也就是说,同意/不同意改变 A 对 B 的行为的性质,但并不是所有的义务判断都以此为基础:即使你的同事会报警,**主客之道本身**实际上是不受影响的。③ 换句话说,如果义务判断来源于 A 对 B 所做的事情的"性质",那么同意与否就是相关的。但如果义务判断来源于 A 和 B 之间的关系,同意与否实际上就不那么相关。

事实上,我们可以按照关系受到行为影响的程度,或者关系受到行为性

---

① 方旭东:《儒道思想与现代社会》,第 148 页,重点(粗体)是我加的。

② 确认存在这种默认的同意的标准中,可以允许事后追认:如果 A 对 B 所做的事情(按常理或者事实上)得到了 B 在事后的(满足某些标准的,比如不是"无奈的同意")同意,则可以认为 B 存在一种默认的同意。另外,当同意是重要的/相关的时候,"常理"会因为承担着所有规范性的来源而成为一个相当棘手的概念。

③ 注意,当然,如果他真的报警了,那他就不再是你的客人,主客之道的前提是保持主客关系。

质的影响程度来区分比较"强健"（robust，抗干扰性强）的关系和不那么"强健"的关系。按照这个标准，和亲子关系相比，主客关系其实仍然可以算作相当不强健的关系：一个人成为主人和客人的方式，更强烈地影响到对他应该怎样去做一个主人和客人的要求。但一个人成为父母或者子女的方式，与他应该怎样对待自己的子女或者父母的方式，其实是相对分离的。

而从这个角度，我们也可以对处理具体处境下"B 应该怎样对待 A"的问题的两种方式做出一个区分：如果这个处境本身所包含的关系属于不那么强健的关系，我们在"B 应该如何对待 A"上的要求，实际上就可以说是一种"回报式（reactive）的要求"或者"回应性（responsive）的要求"，也就是说，这些要求会更多地考虑之前 A 对 B 的所作所为，相反，如果处境所包含的关系很强健，那么提出要求的方式就可以说是"主动的（initiative，即'以自己为起点'，'从自己出发'）"。

事实上，感激义务所提出的行动要求，就是一种典型的回报式的行动要求。而问题在于，如果我们前面的分析能够成立的话，亲子关系恰恰是那种（相对）强健的关系，它所适用的是那种以自己为起点的要求提出方式。

三　回报模式，"社会关系"

回报模式其实是在说，B 之所以应该对 A 做某个 φ_2，是**因为** A 之前对 B 做了某个 φ_1。而康德的质疑所提醒我们的是，这个模式要想有效，也就是说，这个因果关系要想成立，前提在于不存在某个 φ_0 是 B 对 A 做的，而且它是 A 对 B 做出 φ_1 的原因。也就是说，如果 φ_1 本身就已经是 A 为了回报 B 之前对他所做的某些事情而对 B 做出的，B 此时并没有对 φ_1 再做回报的义务。

这其实是一个非常奇怪的对于"社会关系"（associative relation）的理解。假设世界上有兄弟义气这种东西。那么对于两个自认相互之间是兄弟的人来说，绝不会出现"既然这次你为我两肋插刀是因为我上次为你插了两刀，所以下次我就没必要再为你插两刀"这样的推理。事实上，所有的为兄弟插刀的行为，都仅仅依赖于"我们是兄弟"这样一个**一般**关系[①]，而并不会"下降"

[①]　这里的一般性是指，什么是兄弟关系的问题，独立于并且在先于具体具有这种关系的人。

到具体的、发生在之前的插刀行为上去——这种"斤斤计较"(这种对于"对等性"的要求)本身就是对这种一般关系的损害。确实,如果之前我为你插刀,而这次你并没有给出相应的举动,会损害到我们之间的"兄弟情谊",但这种损害所针对的仍然是"是兄弟"这个一般关系。

不仅如此,回报模式因为把应该的来源从社会关系本身"下放"到 A 与 B 之间的具体行为,以至于,一方面,我们实际上缺乏对此类行为的一种**统一**根据,也就是说,无法说明这些具体的回报为什么是某个具体的社会关系(比如亲子关系)下所应该给予的回报——在为具体行为提供根据的问题上,对等性原则取代了社会关系;另一方面,同时也就把不同的回报行为分隔为互不相关的区组。就此而言,社会关系,或者说,社会关系与社会关系之间的差别,此时变成某种不太重要的东西。比如,兄弟、父子、同事、朋友这些关系之间的差别,已经不能用来约束相应关系下所应做的事情。这样我们就无法解释,比如为什么我的父母可以骂我,而且如果不是特别离谱,我就需要忍着,而我的同事就只能指责我,而且我还可以"据理力争"。

另外,回报模式实际上是一种"等待对方首先行动"的模式:对 B 要对 A 去做 φ_2 的要求,要"等待" A 首先对 B 做了某种 φ_1 之后才能发生或者变成一种有效的要求。这样一来,首先,会有一个"谁先来","谁先对谁做好事"的问题——而到了考虑"谁**应该**先来"的问题时,这甚至会变成某种"困局"(aporia)。相反,如果我们从"关联性关系"的角度去考虑这个问题,那么,一方面,这个关系允许按照某种"梯次"而从无到有的建立起来,另一方面,更重要的是,对这个关系的确认,并不在于行为,或者并不仅仅也往往并不首先建立在关系双方**朝向彼此的行为**的基础上,比如敌我关系、亲子关系、同事关系。在某些关系中,关系的建立甚至会被说成是"必然的"或者至少是"可预测的"(比如敌我关系)。其次,具体到子女对父母的关系上,我们该如何解释包含在孝道之中的(特别是未成年子女)对父母的某种"服从性"的根据呢?

可以说,回报模式和一般对于社会关系的理解,在"正常化"(normalization,"规范化"即"获得规范效力")上是完全两个方向。对于回报模式来说,它的生效前提是需要回报的行为本身是非正常的,而在通常对于社会关系的理解中,只有完成了正常化——但需要是特定社会关系下的正常化,特定行为才能产生义务性要求。仍以帮同学打饭为例。虽然 A 是因为打赌输了要管 B 一个礼拜的饭，但如果 B 意识到 A 之所以帮自己打饭是因为理解自己对游戏的痴迷（"上分太重要了"），那么 A 此时的行为仍然能够是有效的，但这种有效性，依赖于它可以被归属于"是兄弟"这个判断下的一个具体情况（"兄弟懂我"），因此，是通过/经由对兄弟关系的加强而产生某种义务效力的（"是真兄弟"）。事实上，在这个特定模式下，我们甚至可以把"回报"和"对等"原则重新放入对这种义务效力的说明中：兄弟这么对我，我也不能差了。但是，前提是整个"推理"都必须经由一个处在一般层面上的社会关系概念，即"兄弟"来完成。

同样，亲子关系也是如此。虽然"天下无不是的父母"有点令人难以消化，但是仍然应该承认，父母关系是比兄弟关系在提供义务效力上具有更为稳固的中介/源头地位的关系。可以说，兄弟关系和亲子关系的差别，有一点就在于，前者至少*可以*时时被"重新确认"（如果不是*应该*的话），但亲子关系则无法而且当然也不应该经受这种考察。我们虽然可以"重新确认"某个父母是不是好父母，但并不能对他（们）是不是父母进行确认。而虽然子女对父母的行为的应该，会随着父母的"好坏"（或者"成问题"）程度而加以调整，但这种调整并不会影响到前者因为是父母而产生的那些义务要求。

附方旭东回应

看了陆丁的评论，笔者觉得有必要回过头来检查一下自己的论证。在讨论成年子女对年老的父母是否有尽孝的义务问题时，为了回应康德-英格利希（Kant-English）一派哲学家从同意论角度对孝道提出的质疑，拙著推荐感恩或感激理论。笔者将这一理论的要点概括为：如果某人出于无害你的动机对你做了一件客观上对你有利的事，那么，尽管没有取得你的同意，你的确有感恩或感激的义务。父母与子女之间就存在这样一种义务：父母出于无害你的动机对你做了一件客观上对你有利的事（给你生命以及由此而来的一系列好处）。笔者还把这种义务称为"回报的义务"。为了方便后面的讨论，这里结合原文将笔者的思路梳理如下。

> 别人为你做了一件事情；做这件事情之前，他没有征求你的同意；这件事在客观上对你是有利的；他的主观目的不是要加害于你。……我们举的这些例子，都符合一个条件：就是对方在做这件事时没有征得你的

同意。正是在这一点上,它与我们讲的父母跟子女之间的关系相似。……如果已经出现了让你"感激"的理由,你却没有做出感激的表示——无论是口头上的,实际行动上的,还是事后的补偿,诸如此类——那么,你会被认为在道德上是有亏欠的。这是一个基本的**道德常识**。一个人没有征得你的同意,去做了一件对你来说无论怎么看都不是坏的事,那么,你是否因此有义务要对他做出回报呢? 从"权利论"的角度看,并不。但从"感激的义务"角度看,这个**回报的义务**是存在的。所以,这就可以用来解释,父母把子女生下来,子女对父母就负担着一个"感激的义务"或"感恩的义务"。因为父母显然不是出于要不利于子女的动机而生养子女的……当然,我们这样说的时候,也应该考虑到更复杂的情况。……我们可不可以因为父母明知允许孩子在这种不利的情况下出生是对孩子的一种不负责任,而禁止他们生育? 与此相关的,这个孩子生下来之后,对父母亲还会不会产生感恩之心? 我们讨论这个问题,跟今天我们要进一步讨论的一个问题有关——儒家在关于**"不是的父母"的问题**上究竟是怎么看的? 因为,讲到孝道,有一个很重要的问题:如果父母是"有问题的"——这个所谓的"问题",有两种情况:一种是,父母是道德上的"坏人",比如他是个杀人犯;还有一种是,父母对子女未尽到应有的责任,比方说,一个父亲年轻的时候把老婆、孩子都抛弃了,后来当他老了,贫病交加,那么,他的子女有没有所谓的"尽孝"的义务? ……瞽瞍以及匡章这些案例,显示出,儒家,至少孟子,**对于如何向"有问题的父母"尽孝这个问题**,有比较复杂的考虑。其实,《论语》当中就有关于父母有过要如何劝谏的讨论。……从这一点出发,我们可以对儒家的"孝道"做出更准确的理解。因为以前,特别是"五四"以来,对儒家的"孝道"有一种误解,认为儒家就是强调儿女要无条件地服从父母亲,是所谓"愚孝","愚"是"愚昧"的"愚"。现在我们知道,实际上,孟子也好,朱熹也好,他们都非常重视"谏",也就是说,儿女对于父母不止是尊重,还有帮助父母、维护父母、纠正他们错误的义务。这种"孝"显然不是"愚"可以形容的。……如果有人认为,儒家的孝子会听凭自己父亲偷窃杀人,那只能说,这是对"孝道"的一种抹黑。(第 161—186 页,粗体是笔者后加,下同,不再一一说明)

可以看到，直到引出"问题父母"这个议题，拙著的讨论都贯穿了一个问题意识，那就是如何回应康德–英格利希一派哲学家从**同意论**角度对孝道义务提出的诘难。然而，说到儒家对于如何向"有问题的父母"尽孝这个问题**"有比较复杂的考虑"**之后，笔者并没有延续之前的问题意识，而是转向了另外一个问题，即按照儒家，对于"问题父母"，一个孝子是否应该服从？在宽泛的意义上，这依然属于"尽孝"问题，但显然，这个问题与同意论跟回报义务说争论的焦点已然不同。从论证的严密性来说，这是一个疏忽（carelessness）。

站在读者的角度检查笔者先前的表述，会发现其中的模棱两可（ambiguity）之处。具体说来，当笔者提出，孝子对"问题父母""不止是尊重，还有'帮助父母、维护父母、纠正他们错误的义务'"时，很容易让人以为，笔者的看法是：即便父母是有问题的，感激的义务或回报的义务**依然**存在。换言之，"问题父母"这种案例对于感激论并不构成挑战。可是，当笔者前面说儒家对于如何向"有问题的父母"尽孝这个问题"有比较复杂的考虑"，按通常的逻辑，这里所谓"复杂的考虑"，应当可以包括这样一种可能，即儒家**不认为**儿女对于"有问题的父母"依然存在感激或回报的义务。——这种可能性的存在，对感激论无疑构成一种**质疑**。当然，对于这种质疑，感激论也不是没有还手之力，比如，它可以辩护说：这对感激论**并不构成挑战**，因为"问题父母"不符合感激论设立的**条件**。那种明知孩子出生后会面临不利情况却还是把孩子生下来的"问题父母"，满足不了感激论的条件：做了一件对感激者来说"无论怎么看都不是坏的事"。

另一方面，拙著涉及的瞽叟与舜这对父子的例子，又很容易给人产生这样的印象：儒家似乎主张，即便是"问题父母"，子女**仍然**存在感激或回报的义务。因为，舜为了解救沦为杀人犯的瞽叟不惜放弃天下。

总之，由于存在这样的歧义，如果笔者的立场被读者认为是维护感激论的，不能说全无根据。事实上，陆丁对笔者的立场就采取了这样一种理解。他因此而针对性地指出：基于回报义务来解释孝行，这种做法存在一定的困难。该困难在于：一般所说的回报，其前提是不存在亏欠。陆丁写道：

> 更一般地说，感激义务要想是有效的，前提是 A 对 B 所做的事情不能被看成某种"应当应分"的行为。

而父母对于子女是有亏欠的，**至少，在康德看来就是如此**。康德说，父母未经子女同意把他们带到世上，对他们负有不可推卸的照顾义务。换句话说，父母对未成年子女的照顾，是他们欠子女的。这一点，陆丁在文中清楚地指出：

> 回报模式其实是在说，B 之所以应该对 A 做某个，是因为 A 之前对 B 做了某个。而康德的质疑所提醒我们的是，这个模式要想有效，也就是说，这个因果关系要想成立，前提在于不存在某个 φ_0 是 B 对 A 做的，而且它是 A 对 B 做出 φ_1 的原因。也就是说，如果 φ_1 本身就已经是 A 为了回报 B 之前对他所做的某些事情而对 B 做出的，B 此时并没有对 φ_1 再做回报的义务。

虽然陆丁指出了感激论的困难，但他其实无意否定成年子女对父母行孝的义务。他只是认为，指望感激论对这种义务进行说明，并不成功。他自己要另辟蹊径。他找到的新路径是：诉诸社会关系的义务效力。为此，他首先指出社会关系模式是通过一种不同于回报模式的方式获得其义务效力的，即回报模式的义务效力建立在先在的具体行为上，而包括亲子关系在内的一般所理解的社会关系的义务效力则建立在一种先在的社会关系属性上。以兄弟关系为例，这种社会关系所要求的对等性，并非基于具体的先行行为，而是基于关系本身：

> 所有的为兄弟插刀的行为，都仅仅依赖于"我们是兄弟"这样一个一般关系，而并不会"下降"到具体的、发生在之前的插刀行为上去——这种"斤斤计较"（这种对于"对等性"的要求）本身就是对这种一般关系的损害。

亲子关系同样如此，而且，亲子关系是比兄弟关系更"强健"（robust）的关系，从而它提供的义务效力比兄弟关系具有"更为稳固的中介/源头地位"。

要理解陆丁所说的"（相对）强健的关系"，就不能不涉及他所作的另一个区分。按照关系受到行为影响的程度或者关系受到行为性质的影响程度，陆丁将关系分为：比较"强健"（robust，抗干扰性强）的关系和不那么"强健"的关系。根据这个区分，他认为，和亲子关系相比，主客关系是相当不强健的关系：一个人成为主人和客人的方式，更强烈地影响到对他应该怎样去做一个主人和客人的要求。但一个人成为父母或者子女的方式，与他应该怎样对待自己的子女或者父母的方式，其实是相对分离的。

对于陆丁的以上论证，笔者感到，他似乎只是对问题做了一个转移，而没有给予真正的安置。我们要问：凭什么认为一个人成为父母或者子女的方式与他应该怎样对待自己的子女或者父母的方式是"相对分离"的？认为"相对分离"，实际上是预设"天下无不是的父母"①，也就是说：无论父母怎样对待子女，子女都不能以此作为他不履行孝道义务的理由。可是，问题恰恰就在于：凭什么要求子女不计父母所为而对其尽孝？毕竟，在"问题父母"或"失职父母"的例子中，子女是否应当尽孝，人们的意见并不统一。换言之，认为子女对父母存在一种不计父母所为而依然尽孝的义务，那样的观点并没有成为一种道德共识或道德直觉。

以拙著提到的那个例子来说，一个父亲，年轻的时候把老婆、孩子都抛弃了，后来他老了，贫病交加，他的子女有没有"尽孝"的义务？按照感激论或回报论，这样的义务不存在。当然，按照陆丁提出的这种社会关系自带义务效力论，这样的义务应该是存在的。但陆丁用来说明这种义务存在的理由，是仅仅诉诸社会关系本身。这就意味着，在他看来，只要存在某种社会关系，其义务效力就是不言自明的。然而，亲子关系一旦确立就无法否认，从这一点并不能就推出：亲子关系暗含了所谓"主动的（initiative，即'以自己为起点'，'从自己出发'）"义务要求。换句话说，父子关系固然不容否认，但父子关系的好坏却是取决于双方的行为和感受的。陆丁承认"我们可以'重新确认'某个父母是不是好父母"，却又根据我们"不能对他（们）是不是父母进行确认"这一点提出：

> 虽然子女对父母的行为的应该，会随着父母的"好坏"（或者"成问题"）程度而加以调整，但这种调整并不会影响到前者因为是父母而产生的那些义务要求。

诚然，我们不能对"是不是父母"进行确认，却并非不能对"自己对父母的行为"进行调整。既然陆丁也同意子女对父母的行为"会随着父母的'好坏'（或者'成问题'）程度而加以调整"，那么，他又凭什么断言"这种调整并

---

① 陆丁表示，虽然"天下无不是的父母"有点令人难以消化，但是仍然应该承认，父母关系是比兄弟关系在提供义务效力上具有更为稳固的中介/源头地位的关系。

不会影响到前者因为是父母而产生的那些义务要求"呢？所谓"因为是父母而产生的那些义务要求"，尽孝在不在其中呢？陆丁似乎认为，尽孝一定包含在"因为是父母而产生的那些义务要求"当中。然而，这一点恰恰是存在争议的。父子关系，归根结底，是生物及其衍生的伦理关系，而**关系**并不就等于**义务**。一个人固然不能否认他跟父母的亲子关系，但是，亲子关系有好坏，可以坏到子女不愿履行尽孝义务的地步。如果认为，不管父亲对儿女做了什么，儿女都应该尽孝。这实际上就是把尽孝作为儿女单方面的义务规定了下来。

从亲子关系自带义务效力这一点来解决尽孝义务来源问题，表面看，似乎犯了"同义反复"的毛病，因为它相当于在说："为什么儿女要对父母尽孝？因为儿女就应当对父母尽孝。"在更深层的意义上，它是试图从社会事实推出价值命题。休谟曾质疑从"是"中推不出"应该"，但一些学者认为，休谟法则只适用于自然界，却不适用于社会界。因为社会事实本身就具有价值。①

当陆丁认定亲子关系自带一种义务效力，他似乎没有意识到，他诉诸的是一个社会–文化事实——在儒家文化支配的社会里，流传着"天下无不是的父母"②那样的谚语。而在非儒家社会–文化（如康德所处的社会–文化）当中，并不存在这样的社会–文化事实。正如康德不认为父母并不亏欠儿女，从而感激义务或回报义务不适用于亲子关系，康德也不会认为亲子关系就自带了一种义务效力，这种义务效力使得儿女哪怕面对的是一个"问题父母"也需要行孝。陆丁一方面基于康德对亲子关系的理解而质疑笔者的感恩论或回报义务模式，另一方面，在提出自己的亲子关系自带义务效力论时，却没有考虑到来自康德可能提出的反对。换言之，陆丁另辟的新径同样需要面对康德理论的检查，它能否通过，还是一个疑问。

如何在不诉诸社会–文化事实的情况下，纯粹依靠论理驳倒康德，证成孝道义务，现在看来，仍是一项未完成的事业。

---

① 如程仲棠就有这样的观点，参见《从"是"推不出"应该"吗？（上）——休谟法则的哲学根据质疑》（《学术研究》2000 年第 10 期，第 19—25 页）。程文还提到，逻辑学家普莱尔对休谟法则曾经举过一个著名的反例：他是个大副，所以，他应该做大副该做的事情。

② 此说出自明代蒙学读物《增广贤文》第 162 条。

南乐山:《善一分殊:儒家论形而上学、道德、礼、制度与性别》

纽约:纽约州立大学出版社,2016 年

近年来,儒学与性别议题的关联,备受海内外关注;但是,更多的则是女性主义面向儒家的单向度输出,正如李晨阳在《比较的时代:中西视野中的儒家哲学前沿问题》一书中所讲,"近几十年来在有关儒学的国际学术会议上,女性主义学者常常质疑儒家学说对于女性的看法和态度","可是儒家学者在有关女性主义哲学这样一个重要的方面的探讨却少之又少",李晨阳更将导致儒家在这一前沿研究中几近"沉默不语"的原因称为:"当代儒家的'女性问题障碍'"[①];而建构一种儒家女性主义哲学的重要性又是显而易见的,罗莎莉(Rosenlee Li-Hsiang Lisa)指出,"儒家女权主义的诞生将是命悬一线之儒学的第三次扩张浪潮"[②]。就此而观,《善一分殊:儒家论形而上学、道德、礼、制度与性别》(凡十五章)可谓是迎难而上之作。作者南乐山(Robert Cummings Neville),身为基督徒,又是美国实用主义者、柏拉图主义者、比较哲学家,研究涵盖哲学、神学、宗教、伦理等不同领域,学术成果斐然。不过,他备受中文学界关注的则是这一身份认同:波士顿儒家。作为"波士顿儒学"这一学派名称的提出者,他与杜维明、白诗朗(John Berthrong)共为波士顿儒家的代表人物。

不同于当前学界的女性主义哲学建构多从西方哲学出发,如自由主义的个人权利论、康德哲学的自主个体论等,研究中国哲学的学者则试图从儒家哲学出发来建构儒家女性主义哲学,主要代表为:罗莎莉、李晨阳与南乐山。罗莎莉的《儒学与女性》一著,随着中文译本的出版已引发热议,此著主要是

---

① 李晨阳:《比较的时代:中西视野中的儒家哲学前沿问题》,北京:中国社会科学出版社,2019年,第93页。

② 罗莎莉:《儒学与女性》,丁佳伟、曹秀娟译,南京:江苏人民出版社,2015年,第181页。

通过考察大量的历史现象来指出,通常被指责为厌女的、父权制的儒学也有着能够推动两性平等的理论,如情境中的仁爱观、阴阳互补性,但书中并未特别阐发儒学的形上维度。李晨阳的儒家女性主义则试图区隔先秦儒学与宋明儒学,然后从先秦儒学的"仁学"出发去对接西方的关爱伦理学,他并未特别关注从汉以后的儒学中汲取资源,他指出,"到了宋明,特别是二程那里,歧视妇女几乎成了儒家伦理学的重要特征","可是,如果我们把儒家哲学看作以孔孟思想为基础的哲学体系,汉代以后的儒家传统则不必然是儒家的哲学。从孔孟本人的思想出发,把儒家伦理学改造成不歧视妇女,甚至支持男女平等的伦理学是完全可能的"①,此书在 2021 年亦引发多位学者撰文讨论。

南乐山的儒家女性主义哲学则因缺少中译本,尚未得到应有的关注。② 不同于以往研究多将性别议题限于伦理学论域,南氏走了一条从诠释儒家"形而上学"到"道德哲学"再进至"性别议题"的悠长路径,此即本书副标题所给出的内容与讨论顺序:形而上学—道德—礼—制度—性别。他认为这是对性别议题可给出实质性讨论的必要准备,这正是此著的一个独特之处。在讨论形而上学、道德、礼这三大主题中,南氏展开了三大阐发与三大批判,他阐发儒学的真精神是:系统形而上学思维下的价值实在论,后果论儒学,与"个体自我"不相悖的礼;与之相对,他批判以下三种发展:科学还原论思维下的价值虚无论,德性论儒学,易限于社会性自我的儒家角色伦理学。在全书中,南氏虽多番表明此立场,"就女性主义者对儒学所给出的历史控诉、指责而言,我毫无异议"③;但他则重在指出,"类似指责也适用于大多数其他文明","公允地讲,对于这类观点,即'儒学在各个时代对女性的影响,比其他宗教或哲学文化更糟糕',我则是持怀疑态度的"④。最终,他给出了鲜明的观点,"在大多数情况下,儒家理应是激进的女性主义者(radical feminist)"⑤。

南氏将此著的使命明确为:"建构一种儒学对性别问题的回应,来解决所

---

① 李晨阳:《比较的时代:中西视野中的儒家哲学前沿问题》,第 91 页。
② 此书中译本拟于 2024 年由东方出版中心出版。
③ Robert Cummings Neville, *The Good Is One, Its Manifestations Many : Confucian Essays on Metaphysics, Morals, Rituals, Institutions and Genders*. Albany, NY: State University of New York Press, 2016, p. 201.
④ Robert Cummings Neville, *The Good Is One, Its Manifestations Many*, p. XII.
⑤ Robert Cummings Neville, *The Good Is One, Its Manifestations Many*, p. 184.

有文化中所存在的性别偏见。"①就他在处理哲学问题时的视域而观，他不限于任何一家文明的"自说自话"，而主张世界各种文明皆是解决世界哲学问题的资源；更重要的是，他通过展开文明间的互诠，旨在"为这个由现代科学所催生的世界文明去创造另一种世界哲学"，希望所有文明"能够提供给我们讨论世界哲学问题的语言的综合体，而非不同立场的示意图"②，他认为这也正是波士顿儒家的哲学愿景。这种世界哲学的视域，正是此书的另一独特之处。

一　儒家女性主义哲学的形上维度与道德维度

南氏批判视形而上学为无用的当代思潮，他强调形而上学其实是非常实际的，因为一个人思维中的形而上学假说，必然会影响到其所"行"；他亦批判将儒学理解为一种缺乏宇宙论、形而上学的伦理学的那类西方论点，相反，他将柏拉图与朱熹的形而上学放在同一层级上加以互诠。在这种诠释中，无论是先秦儒学的"普天之下"，还是宋明理学的"理一分殊"，都一方面显示了个体自身与终极性的"天""理"有着关联；另一方面，又强调着万物在"天""理"之下的共在性。总之，儒家的这种系统形而上学，既重视差异性，亦强调同一性（idcntity），其所传达出的道德哲学的教化理念则是：人之应然，须在识别差异性的基础上去实现与万物的连续性。

他认为儒学最重要的独特元素，就是儒学所假设的连续性（continuity）。这在与其他文明的对比中显得尤为突出。以《创世记》为文明底本的西方文明，主张"非人类的自然"与人类之间存在着断裂。因为在《创世记》中，上帝将"非人类的自然"造于人类之先，这一时间维度上的设置被诠释为：非人类的一切存在，只具有为人而存在的工具性价值。南亚文明虽因"轮回说"扩大了连续性的范围，但也仅限于包含动物的"有情众生"，并不包含树木、山脉、河流等自然物。需要注意到的是，西方与南亚文明的宇宙观，多由经典文本中的那种故事叙事思维而发，万物的身份定位被故事叙事文本所支配着。如在《创世记》文本中，由于夏娃是在亚当的肋骨的基础上被创造出来，它可能

---

① Robert Cummings Neville, *The Good Is One, Its Manifestations Many*, p. XII.

② Robert Cummings Neville, *The Good Is One, Its Manifestations Many*, pp. 86—87.

招致这种诠释,认为女性的独立性在其本源上便不够充分。南亚文明中的权力谱系则是由男性来传承,如大宝法王都由男性担任,在古代的吠檀多不二论那里,"你可能必须轮回很多世才能出生成为一个男性婆罗门,而这是获得觉悟和涅槃的必要条件"①。与之不同,东亚文明中的儒家,则将天下"万物"一起纳入哲学的形上视野中,肯定万物间的连续性,人的身份则是在万物的连续中得以定位。以王阳明为例,他讲"天地万物为一体",就不仅与鸟兽、草木为一体,甚至与瓦石之类亦为一体;而更关键的是,不同于道家,儒家对人能感知连续性的这种能力充满着信心,如甚至"见瓦石之毁坏,而必有顾惜之心焉"②。儒家善于感知万物,并由此出发构建文明制度,致力于更好地实现万物间的连续性。这一文明制度在儒学中,主要表现为礼制。建基于连续性认同上的礼思维,拒斥那种截然分割的原子式个体思维,在性别议题上,则拒斥西方哲学中那种一分为二的两性对立思维。

以上所论,易招致此类理解:阴女阳男的二元论、男主女从论就是用来分配、连接男女的社会角色的文明制度。但南氏显然意不在此,他对比儒家哲学与西方哲学,认为不同于西方以亚里士多德为主的实体思维,儒家宇宙论敏锐地意识到万物都是在"生成"(becoming)中,这种"生成论"要求以一种动态思维去观察宇宙。也就是说,一种平均的阴阳二分模型,只存在于理论想象中,并不符合宇宙万物之真实。实际上,若依阴、阳的性别定义来考察,"多阴少阳"的男性、"多阳少阴"的女性在真实宇宙中俯拾皆是,有相当多的先例可以把阴与女性区分开来,把阳与男性区分开来。他认为应该正视当代科学的这一合理发现:性别方面的"生物文化钟形曲线"(biocultural bell curves),如它充分展现了生物性别气质中所存在的多样性,"事物是在不断变化的,其许多组成部分正在女性化以及去女性化,男性化以及去男性化"③。最终,他试图提醒大家:认为阴阳二分模型是自然的且井然有序的,以为依此决定男女的社会分工,便可实现主体自身的和谐、主体间的和谐,这是一种假设宇宙处于"内稳态"(homeostasis)中的思维;这种假设的确充满诱惑力,但是,我们必须意识到这一假设是不真实的。因为这一模型思维,忽视了自然

---

① Robert Cummings Neville, *The Good Is One, Its Manifestations Many*, p. XII.
② Robert Cummings Neville, *The Good Is One, Its Manifestations Many*, p. 203.
③ Robert Cummings Neville, *The Good Is One, Its Manifestations Many*, p. 204.

的多样性以及自然中真实存在的物的潜移默化的"变"，而这种"变"正是由于自然万物间的交互所产生的。因而，完整的儒家宇宙论，真正要传达的是："变"才是根本准则。质言之，据一种刻板的阳、阴定义中的"性别气质"来规训男女，尤其是强调女性的温顺与服从，这是儒家性别制度最易被诟病的根源所在，南氏的贡献在于指出，当代儒家要解决性别偏见，就必须要将那种简化版的阴阳观置于儒家的动态生成宇宙论中予以重新考察。

基于这种强调连续性与万物的"变"的形而上学，在道德哲学维度，就表现为儒家强调每个个体都有着在认识论层面去私求诚的修身义务，这表现为儒学极为重视"进学""格物"，尊德性与道问学的统一，而这种义务旨在促进连续性通道向着真实敞开。以"诚"这一品格为例，南氏指出，西方的"真诚"（sincerity）品格强调的是"表达自己、不隐藏或抑制自己的感受"，这往往导致很多基于主观偏好所的自私言行。与之不同，儒学所认同的"诚"则包含着这一点："我"能够欣赏"他者性"，这是需要通过进学、求知才能获得的能力，修身是面向他者修身，清理妨碍"我"与"他者"间保持连续的障碍，以便我能对他者性做出恰当的回应。也就是说，变得"诚"需致力于修身，但关键在于，修身不是基于自己的"主观偏好"，而是"基于我们与之交互作用的其他事物的性质和价值"①。质言之，基于自己的主观偏好与限于仅以角色观他者而修身，易滋生出认识论层面的"私"，进一步招致道德思考与行动层面的"私"，导致偏离原有的修身承诺——与自身之外的充满万物的世界保持和谐。

二　儒家女性主义哲学的制度维度

事实上，以上形而上、道德维度的诠释的指向，是试图将导致性别偏见的问题引向现有制度的异化上，问题的解决则是"解铃还须系铃人"：重思礼制，回归礼之真义。

那么，何谓礼制？"礼是深层次的社会建构"②，这是儒家用来引导交互行为、构建高度文明的一套组织与制度；就其实质内容而言，礼制与权力、权

---

① Robert Cummings Neville, *The Good Is One, Its Manifestations Many*, p. 139.

② Robert Cummings Neville, *The Good Is One, Its Manifestations Many*, p. 207.

利的分配紧密相连。近代对礼制的批判,正是源于不满其所规范的个体繁荣
的范围,这是质疑其合理性,且最终导致质疑礼制在规范个体时的权力的合
法性,如从"吃人的礼教"到"打倒孔家店"等口号的出现就是例证。当礼制
面临这一根源困境时,我们需要反思这一曾经的高度文明制度何以患上了现
代不适应症。对此,需要回到根源上去追问:何为礼之真义?

由于人类早期只能追求适应性存在,这使得人类被迫服从于简单的二态
性性别角色:男性承担"攻击需要"这类社会分工,女性承担"生殖需要"这类
社会分工,并围绕这两种需要来分配男女的权力与权利。在这一过程中,由
于早期生存中对男性攻击野兽时体力上的需要及崇拜,衍生出了一种男对于
女的支配权力,同时以一种"男主外女主内"思维将男、女限制于外部、内部空
间的社会分工上。但是,文明进至计算机时代,"有一种势不可挡的压力,要
求改变经济、社会和情感各方面的礼,以适应这样一个事实,即女性可以利用
控制杆和电脑,通过教育以及公共经验来完成繁重的工作"[1];同时,"这些礼
也允许男性参与到育儿和家政服务中去,只要社会需求与这些男性的培养才
能是相符的即可"[2]。这意味着传统的礼,无论在过去曾产生多大的功绩,当
其阻碍了当代人对"个体繁荣"与"人类繁荣"的追求时,我们需要对此作出
调整。应该说,南氏的理论关怀指向的是,每一个由于性别偏见而被迫服从
于狭窄化的角色分配所遭受到压制的人,无论男女。

实际上,当南氏指出儒家在大多数情况下理应是激进的女性主义者
时,这源于他认为儒家"礼"的真义,是致力于如何更好地在真实的自然万
物的个体发展与实现充满多样性的高度文明间搭建桥梁。他追溯了儒学
衰败的病因,认为当儒学从重视"进学"(即学习有关他者的知识)与"感
通"(即获得感知他者的那种能力)逐渐沦落为"强调按照既定的礼仪化习
惯而行动",那么,"儒学的凋敝将是避无可避的"[3]。这可谓是一种真假礼
之辨,他提醒我们的是,"礼"在制度化过程中的异化现象,即"礼"违背了
其基于差异性而安置差异性的初衷,被一种追求形式上"整齐划一"的刻板
模式所诱惑,这种模式源于一种粗暴性的简陋思维,最终造成在具体的"制

---

① Robert Cummings Neville, *The Good Is One, Its Manifestations Many*, pp. 208-209.
② Robert Cummings Neville, *The Good Is One, Its Manifestations Many*, p. 209.
③ Robert Cummings Neville, *The Good Is One, Its Manifestations Many*, p. 14.

度"设定层面上无视主体的差异性。而避免礼的异化,则首先须意识到,"绝不允许一种复杂的社会礼制来'自行决定'什么应该被宽容,什么又不应该被宽容"①。

南氏因而极为强调"变礼"的持续性、必要性:"儒家可能会认为,任何儒家社会都有一套理想的礼仪体系。但是,即使是在不被特别注意到的情况下,这些文化和社会实际上也仍在不断变化以应对着新情况。一种礼,如果它能在所产生的新条件下促进和维持人类繁荣,那么,它就是好的礼;如果它压制了人类繁荣,那么,它就是不良的礼";"我们现在有社会适应性不良的礼,这可能并不意味着我们根本不需要礼,而是意味着我们需要更好的礼","礼的发展、部署以及最终消亡都是时间问题";"儒家强调或应该强调:我们要时刻保持警惕,时刻保持敏锐的洞察,我们的政治力量则应不断地进行机会主义式的创新,以使礼因时制宜、因地制宜的去满足人类的繁荣。"②他为此做了一个很形象的比喻,"组织一种文化或高度文明的礼,需要持续地重新平衡,这就像骑着一根圆木顺激流而下,则需要不断做调整那样"③。那么,摆在当代儒家面前的"伟大任务"则是:"首先,需观察我们的社会,都在哪些部分接受了'礼仪化';其次,分析这些礼是如何运作的,它们促成了什么,又阻碍了什么,以及它们的正义性如何;最后,在以上的考察后,发展新礼以替代旧礼。"④

的确,这种"变"思维下的角色分工,与儒家礼制中的性别角色的定义相去甚远。事实上,南氏是想指出,当我们一旦以这种非实体的"变"的思维去做考察时,就会意识到,"在人际关系的语境之外去使用性别标签,几乎没有什么好处"⑤。显然,南氏既试图维护儒家的礼思维,即通过礼思维来交互、实现不同社会角色间的连续,又意图消除在任何领域中都去贴刻板的性别标签所必然导致的:无视个体的性别气质的多样性,造成认识论层面的失真与个体发展层面的不公。

---

① Robert Cummings Neville, *The Good Is One, Its Manifestations Many*, p. 184.
② Robert Cummings Neville, *The Good Is One, Its Manifestations Many*, pp. 207–208.
③ Robert Cummings Neville, *The Good Is One, Its Manifestations Many*, p. 207.
④ Robert Cummings Neville, *The Good Is One, Its Manifestations Many*, p. 156.
⑤ Robert Cummings Neville, *The Good Is One, Its Manifestations Many*, p. 204.

三 风险与机遇:以交互行为诠释礼

在全书最后一节,就世界发展前景,他基于儒学给出了十二条建议,实际上,这也应被视为是对儒学在当代的自我更新所提出的建议,此处择取最后一条以观南氏之理论希冀:"儒学的真正资源是,它坚信自然是在不断变化的,稳定只是暂时的;它认为人类必须改造自然的某些部分,以促进人类的繁荣;它欣赏礼,认为礼是使人类生活成为可能的核心。我们需要创造新礼,来使女性、男性和性少数群体,都能够得以繁荣的性别关系及其周围条件成为可能。我们还需要创造新礼,来应对目前全球的敌对状态、不平衡的社会发展、经济竞争以及争夺文化霸权的斗争。但是,需要指出的是,处于进步的最前沿的是:创造与性别关系有关的新礼;进步儒学(Progressive Confucianism)理应把创造这种新礼作为一项核心任务,毋庸讳言,这必将是对世界文化的重大贡献。"①显然,创造新礼的这种路径,试图解决的已经不仅仅是性别议题了,而是涵盖许多人类议题,在这些议题上不同文明间存在着争议。

事实上,儒家礼制的当代争议,问题不仅在于是否应该要因时制宜,更重要的问题在于,"因时制宜"是否能够通过儒家理论本身而获得一种合理论证。此著虽然是在回应性别议题,实际上,就其理论核心来看,是在试图就这两个理论问题做出努力。将礼理解为一种交互行为,将礼的发展指向适应性。但是,适宜性的边界在哪里?实际上,用儒家的术语来提问,即在经权之辩中,经的意义何在?"权"的边界又如何设置?

对此问题,如果说南氏曾作出了回答的话,则应该是在该书第十三章讨论儒家的宽容美德时有所论及。他并未给出一个具体的边界,事实上,他不认为有这样一个边界存在,在儒家那里,"圣人做判断既不是因循规则,也不是按照预先设定的教化倾向而行事。相反,做出一个明智的判断,需要的是了解并适应不断变化的条件,最终是这些条件影响着对什么应该被宽容、什么不应该被宽容下判断"②,这亦正是他提出后果论儒学的

---

① Robert Cummings Neville, *The Good Is One, Its Manifestations Many*, p. 211.
② Robert Cummings Neville, *The Good Is One, Its Manifestations Many*, p. 184.

原因所在。质言之,万物的差异性是理论思考的起点,如何实现包含众多的个体的差异性的同一性则是理论建设的终点;但需要警惕的是,实现这一包含万物的同一性,不应是以无视个体自身的同一性为代价的。这也正是此著的正标题"善一分殊"的意涵:儒家"面对着'一理'的'分殊',致力于实现一种'有原则的功利主义'。儒家圣人是且应该会致力于实现最好的结果,而如果这将不可避免损伤到他们的个人德性,他们也会牺牲小我"①。

在这种诠释下,倘若就经权之辩来看的话,在南氏那里,"经"本身似乎也会被引向应"因时制宜",这无疑是一项巨大的理论挑战。事实上,理学大讲"礼即理也"②,其某种程度上,凸显着对"礼制"的"真理性"的绝对自信。这当然有其弊端的一面,不过,当将"礼"诠释为一种交互行为,并将解决问题的路径指向创造新礼时,儒家似乎会从中嗅出一丝危险的气息:因为就一种具有自家独特性的文明而言,其独特性往往是以"制"来得以确定的,如何使得创造新礼的同时不动摇儒家文明的制度自信,这将可能充满争议。

当然,这一诠释是把双刃剑。当前儒家女性主义研究,极为强调阴阳论中的"关联性"与"互补性",不过这常常要面对当代原子式个体思维这一诘难:关联性与互补性的合法性何在? 在诘难的背后,关键在于要回答:我们彼此之间究竟负有什么义务? 义务的合法性与合理性何在? 就此而言,当礼被诠释成是为促进万物交互行为而构建的文明组织与制度,礼指向的则是个体繁荣与人类繁荣的共在,礼的原则是依条件而"变",在这种诠释下,我们彼此之间负有着依礼而言、行的义务。如此,原子式个体思维的持有者,对"礼制"的抨击或可得到某种减缓。因为在这一诠释中,一方面,他们将注意到儒学中的"我即我们"(I am We)的这种自我观的可取之处,即"所有与我一起扮演礼仪角色的事物,在不同意义上,都是我与世界事物联系的个人连续体的组成部分"③;另一方面,他们可以发现某种纯粹的社群主义至上论不会在儒学中得到论证。当然,后者显然是另一个新议题了。有意义的是,南氏此著

---

① Robert Cummings Neville, *The Good Is One*, *Its Manifestations Many*, p. 14.
② 朱熹:《朱子全书》(第二十三册),上海:上海古籍出版社,合肥:安徽教育出版社,2010 年,第 2893 页。
③ Robert Cummings Neville, *The Good Is One*, *Its Manifestations Many*, p. 138.

让我们意识到性别议题的严肃性,即对性别议题的讨论,真可谓"牵一发而动全身",其涉及一种文明的诸多理论枝节,这或许也正印证了他最初的理论路径的考量所在:要对性别议题做出实质性的讨论,是需要从讨论形而上学开始,再进一步讨论道德哲学、政治哲学的。

(杨小婷,华东师范大学哲学系博士研究生)

杨立华:《庄子哲学研究》

北京:北京大学出版社,2020 年

千年之下,《庄子》是纸上沉默的字句,却仍在新的心神之中鼓荡。思想构成的丰富性、语言上的独特性都使得《庄子》一书天然地向丰富的解释可能开放。《庄子》的诠释在历史上启发了许多极具创造性的哲学思考,时代变迁之中新的思想资源也总是在《庄子》中映照出新的可能。汪洋恣肆的庄子世界,对于思想者来说如同冥海之运。

杨立华教授《庄子哲学研究》一书以内七篇为核心,通过精密的文本分析,揭示其内在的整体性与连贯性,将内七篇展示为对于一个根本哲学问题的深入追问,充分彰显出《庄子》及《庄子》诠释可能达到怎样的哲学高度与深度。

一

《庄子》反复强调言知是不可通达至道的,但《庄子》文本自身恰恰属于一种言知,这似乎是《庄子》自身的背反。这一背反给《庄子》的研究带来更多的问题与可能性,也使学者不得不思考一个问题:在庄子思想世界中,庄子自身的言说有什么样的意义与地位? 今日学者应以什么样的态度面对《庄子》文本?

在历史上的《庄子》研究中,细至“《齐谐》”何所来、“瞿鹊子”为何人,学者都以对待严肃写作的方式进行考察,以极严谨精确的态度对待文本。另一方面,从郭象《庄子注》主张跳出文字的考辨而“要其会归而遗其所寄”[1],到当代学者梅勒和德安博认为《庄子》的故事与人物在进行一种游戏性的“真实假装”[2],许多学者不同程度上地认为理解庄子思想应超越文本表

---

[1]　郭庆藩撰:《庄子集释》,王孝鱼点校,北京:中华书局,2012 年,第 3 页。

[2]　Hans-George Moeller, Paul J. D'ambrosio, *Genuine Pretending: On the Philosophy of Zhuangzi*, Columibia University Press, 2017.

面上的语义。

而杨立华教授立足于《庄子》内七篇内证,试图内在地回应文本言知在庄子哲学中的定位问题。全书第一章通过人物形象分析,不局限于《庄子》内七篇中对"言知"的字面讨论,而是将言知问题还原到《庄子》塑造的世界中。以往的《庄子》研究中,除了孔子,《庄子》故事中其他人物基本没有被作为独立人物形象得到专门的研究,王骀、哀骀它等人物更多笼罩在"神人""圣人""至人"这几种抽象类型之下,而对于"神人""至人""圣人"的研究也大多在于确定这几种"人"作为范畴的含义。而杨立华教授则将内篇"四问四不知"等章中关于至道与言知的思考引入到对于人物的理解,通过对内篇故事中人物言行的细致分析,创造性地提出以对待言与知的不同来区分不同的人物定位。这样,对"神人""至人""圣人"问题的探讨从浅层的分类更进一步,深入到背后一贯的逻辑。这样的解读思路也使得"神人""至人""圣人"的境界序列更确切地成为一种自觉的思想表达。通过对比至人的无言,闻道者的言说(南郭子綦的抛出问题、颜回的描述与解说),杨立华教授为我们呈现出在庄子思想世界内部讨论言知问题的新的空间。同时,作者对于《庄子》中孔子老子的形象定位——孔子理解至德而老子并非至德——也为理解至德状态排除了一些陈见。将庄子理解为孤独的思想者,而不是在与惠施的论辩中推动其思想的展开,似乎也与后文对于独体的理解形成照应。

杨立华教授还将内七篇认定为庄子本人经过精心安排的写作,并将庄子视为运思精密的哲学型写作者,从这样的原则下,拒绝将内七篇任何部分看做闲笔。杨立华教授对文本的分析注重文本结构上的联系,细节的前后关联,寻求以文本内证作为解释的根本约束,而对包括前人成果在内的其他前见均保持批判性的参考,坚持直接面对文本本身。同时,在《庄子》的语言表达方面,尽管《庄子》文字飘逸洒脱,故事荒诞不经,描写小天马行空,杨立华教授却不将这些表达轻易放过。

杨立华教授对于文本分析极细,而这种分析首先是哲学性的分析而不是思想史的考辨,虽然借助前人诠释,但并不拘泥于学术史上形成的一般关注点,或是其中建立的某些定式。书中第三章在谈及前人对小大之变的诠释时说:"某种意义上,对哲学经典的解读其实就是尝试与哲学家相遇的过程,没有足够的思的深度和强度，哪怕字字都求得其原意，也终不免交臂而失之。"①而全书则让人感到这是作者对自身写作方式的自道。作者不将《庄子》文本视为间隔疏离的、思想与语言都于今天根本不同的历史遗迹，而是当作如在面前的、必须直面的活的思想。在作者眼中，庄子仿佛不仅仅是被阐释的或通过推测还原的历史对象，而是如在面前的、需要被理解和回答的对话者。所谓"如在面前"的意思是其思想与追问的力度甚至对今天的学者构成一种回应的压力，必须真正以最大的"思的深度和强度"面对这一对话。

古人没有我们今日学术写作中有意识的概念化与系统性论证的要求，经典中的思想性内容很大一部分是通过带有类比意味的描述来表达的。而这种描绘性的表达实际上是建立概念的基础，对于研究者来说，却并不像概念一样容易把握。关键概念往往被反复论述，学者很容易注意到其重要性，同时其意涵也在不同语境中相对一致，可以通过对这些论述的分析探求其内涵。而描绘性内容的出现则相对随意，有时因其相对模糊的、诗意的甚至天马行空的特点而被当作无实义的文学修辞，或者仅仅传递一种模糊的感性印象。而杨立华教授对于文本中描绘性内容也能妙析奇致，以极高的敏感度把握到其中关键性的差异，以对待概念的思考深度发掘背后的思想性意涵，能够精准到用字地把握到某个描述性表达的思想指向。比如庄子"乘云气，御飞龙"这样的表述久为人熟知，但很多时候学者只取一种笼统的感性意象而不进一步探求其深意，而杨立华教授则能聚焦"乘""御""游"等词，通过具体辨析核心词汇的倾向性，发掘出其中主宰的意味。

同时，先秦思想文献往往被认为经过后世的反复编订，而传世形态常常不被视为原作者有意识的编排。而经过杨立华教授的论证，《庄子》内七篇作为一个整体便有了深入讨论具体段落的前后语境、跨越段落与篇章建立完整的论证逻辑的可能。杨立华教授通过细致而深入的分析展现出，这样的研究不仅是可能的而且是很有必要的。进而，杨教授在内七篇之中抽绎出统一而精密的思想展开路径，展示出庄子思想的完整性与深度。

---

① 杨立华：《庄子哲学研究》，北京：北京大学出版社，2020 年，第 64 页

二

《庄子哲学研究》全书共十一章,其中三到十章大致因顺内七篇顺序,但并不拘于内七篇的原有分隔,而是以递进展开的各个重要概念与问题为关节,将内七篇视为连续的整体,探寻一贯的思想脉络。最后一章为全书的汇通总结,而第一章对《庄子》内篇人物形象与内篇文本经典性的论述则为三至十章的解释思路建立框架性的与解释原则上的基础,第二章"心与形"则是建立问题意识上的基础。

第三章到第十章按照内七篇的顺序展开(其中四五两章都以《齐物论》为基础,其余各章基本各对应一篇),而第二章将主要根据于《齐物论》的讨论单独放在前面,可见这一章所探讨的问题在作者对于《庄子》内七篇的解读中的基础地位。"吾丧我"一章历来为注家所重,许多注家都从心灵境界如何能够超脱于事物的是非对待来解释,认为"丧我"是一种心灵高度自由、不受成见束缚的状态,而众窍之声的描写则体现了自然的鼓动是无是非、无价值分判的。而杨立华教授则从文本的贯通出发,指出"我""怒者其谁""自取"实际都涉及变化活动背后的主使或根源问题,进而引入"主动与被动关系的复杂性"。对于经验世界的变化活动,一种常识性的看法是认为变化活动,尤其是涉及人类的变化活动都必有一个根据,或一个"主体"(agency)来充当活动的发动者,但"丧我"的体验与自然的万窍怒号却正给出相反的答案。杨立华教授指出,"当'丧我'之时,也有某种非惰性的东西存在",也就是说,取消了构成"我"的"主动"的鼓动发动、有意而为之后,原初的没有"我"的状态并不是一片静寂,并不是不引起、导向更多的活动的,因此说这样的状态是"非惰性的"(而这实际上指向变化活动是自然生生不穷的)。"丧我"揭示出变化活动看似属我,看似构成了"我"的个体性,但是"我"并不是其根本的主使与源头。这些关于"我"的经验并非"我然",而是"天然耳,非为也"。作者将这样的"自然"称为"既是主动的,又在根本上是被动的",也就是说,一方面这的确是关于"主动"、关于发动变化活动的经验,另一方面这种经验却并不意味着由这些主动性经验构成的"我"是这其中发动性、主使性的根本源头。

　　"主动性"与"被动性"两个词汇与对西方思想的翻译相关,对于熟悉汉译西方哲学著作的读者来说,"主动性"一词或许往往使人联系到作为其基础的"主体"概念,联想到一种作为抽象概念的、本身不变的发动者。而在杨立华教授书中,问题意识是全然属于中国哲学自有传统的,这里没有不变的抽象的发动者,讨论的是变化活动之"活动性"或变化之"发动"的归属问题——这里"发动"也并不是指抽象不动的某种概念来作为活动的根源,而是一个环节新生下一个环节的"生生"意义上的发动——也就是说,变化活动之活动性应该归属于在这些变化之中被指认出来的主体之"我",还是某种超越于这样的"我"的限界的更根本的作用(比如"自然"或"命")。或许可以说,杨立华教授所讨论的"主动"与"被动"问题,其实是基于古代思想传统中由"我然"与"自然","性"与"命"建立起来的问题,在经过了西学洗礼的当代语境中进行再讨论。在这个意义上,经过杨立华教授思考而建立起来的"主动"与"被动"问题或许可以说是经过了对于西方的反向格义而产生的。

　　杨立华教授在"心与形"一章中试图在当代语境中揭示庄子哲学中"主体性"或者说"自身"问题的复杂性。不管是作为同一身份的"我",还是"主动性"背后的发动者,还是相对于客体的被限定而言,任何一种简单的答案都不能完整地刻画作为思想活动的原点的那个根本的自身性。南郭子綦可以"丧我",种种看似"咸其自取"的活动背后又似有更为根本的鼓动者,而与物用、与"客体"的关系更是极为复杂,自身之"此"看似在与"彼"的对待中呈现,但"彼"与"此"却并不能在所指上进行严格的分割。而这一章对于问题复杂性的呈现"使得我们对庄子哲学的阐发有了一个明确的立足点"①,作者进而将读者带入对于内七篇的系统解读中。

　　或许可以说,全书第三到第五章是在对第二章提出的"主体性"或"此"的复杂性问题进行更具体的探索,进而通过探索这一问题揭示出"主体性"与绝对客体的同一(这里的"绝对客体"一词也有一些反向格义的意味,杨立华教授笔下的主体与绝对客体的问题并不是 subject 与 object 的二分对立,而更像是沿着传统语境下"性"与"命"问题在现代汉语中的细化与深化讨论)。而第六到第十章则基于这一关于主体与绝对者的理解,展现其具体内涵。

　　第三章对《逍遥游》的阐发揭示出,达致对于主体(与绝对客体)在根本

---

① 杨立华:《庄子哲学研究》,第59页。

结构上的理解,需要通过消解种种日常经验中对其构成遮蔽的东西,唯有通过"逍遥的否定性阶段"去除这些"世用的束缚"①与遮蔽,才能显露真正的主体。而第四、第五章对于物用、可不可、言知等问题的探讨的根本旨归也并不在于价值问题或认识论问题,而是从作为外化的表象的物用与言知等出发,一步步揭开作为其基础的、根本的、最为抽象的"主体"或"此"在根本上的结构。在剥离了种种遮蔽性的言、知、用、成心等等之后根本性的"不知"之中,"此"与"彼",主体与绝对客体是直接地同时并起的,其确定性是相互证明的。

而在第六至第十章中,杨立华教授由"无知之知"所呈现的彼此相对而起的根本结构,揭示出这种结构所引向的关于生死、天人、性命等终极问题的理解。"无知之知"即是不去进行自觉的知的活动而自然具有的知,也就是对于自身作为"此"而与"彼"对待的基本觉知。"无知之知"的成立也就意味着"知"的出现并不是真正由自身掌控和肇始的,从而也就确证了那个根本被动性之下绝对客体的存在。而这个从根本之"此"中映照出来的被动性之中,又蕴藏着"不可奈何的偶然、以隶相遵的秩序与不得已的道德命令"。②

自魏晋以下,认为庄子与儒家有契合处的论说层出不穷,在第五章结尾杨立华教授对孟子"尽性知命"一段进行了极为精彩的解读与论证重构,揭示出孟子与庄子两者在最根本的哲学洞见上的契合处,将庄子与儒家的比较提升到了更精深的哲学思辨深度。他指出,孟子"知性"即解答构成"自身性"或"主体性"的根本倾向性是什么,而这一觉知正是在"尽心"所标志的能动性活动中呈现的。当进行"尽心"活动时,那个进行着"尽心"活动的能动者便觉知到自身,并意识到构成它自身的最为根本的倾向性就是"尽心"之中这种能动、主动的倾向,从而达到"知性"。在这里,"知性"与"尽心"的活动同时确证了自身的根本规定性与绝对客体的普遍性。而这一精彩的分析除了指出庄子在论证方式上与孟子的共鸣外,或许还有更普遍的意义。杨立华教授重构庄子内篇论述的起点近似于"主体性"问题,并且使用"普遍怀疑"一词③,或许

① 杨立华:《庄子哲学研究》,第139页。
② 杨立华:《庄子哲学研究》,第207页。
③ 杨立华:《庄子哲学研究》,第166页。"庄子哲学质疑的深度决定了其在起点上对世界的普遍怀疑,由这样的怀疑出发,他不可能在未经哲学思考的情况下将客观世界的真实存在作为一个前提接受下来。客体的发现和证明在其文本的展开中是不断出现的主题。"

会让一些读者联想到一些西方哲学史上的经典著作，但第五章末对于孟子与庄子的分析与比较则展示出，"从最切近的'此'或'是'出发"是中国固有思想传统中思辨达到一定深度的必然，并且这里的"此"是由中国固有传统所界定的（在根本的意涵上也是独特的），而不是某种比附。

杨立华教授在《庄子》内七篇中展现的真知之路始于将"吾"还原到其最抽象最纯粹而根本的形态，进而从这一无可还原无可削减的起点考虑其根本性的结构，展现出"此"或抽象主体背面的绝对客体与统体，又进一步地展现这一根本的并起结构如何展开在人世的活动之中，展开在全性尽命的活动中。真知之路所展露出的是关于命行事变的根本结构，真知自身即是结构的一部分，而非一种具体的认识。在第十章的最后，当杨立华教授通过浑沌之死的诠释诘问具体之知的僭越，这里似乎又巧妙地与开头关于言知有限性的讨论形成互文。

三

杨立华教授对于《庄子》内七篇的哲学阐释一方面对文本进行了深入而细致的分析，另一方面，在阐释核心义理时又进行大段的论证，以现代的哲学概念重构《庄子》中的论述。在这个过程中，书中使用的许多词汇，比如"非惰性的""根本的被动性"等，既不属于某个既有体系中的哲学概念，也并不是现代汉语的日常用法。而书中如"主动性""主体""客体"等一些既成的哲学概念的使用，也具有切近《庄子》语境的特殊意涵。但是仔细跟随作者对《庄子》文本的分析，理解其问题意识，又会感到这些用词的简洁精准。杨立华教授不仅在考察材料方面注重《庄子》用词的细微倾向差异，在自身写作上，亦在用词方面具有一种哲学的态度。

近年来中国哲学合法性的讨论已经转向汉语哲学应当如何展开的讨论，但我们仍然不得不承认当下学术规范中的哲学与中国古代经典中的固有思想传统之间并不具备天然的统一。今日用于哲学讨论的现代汉语很大程度上是在对西方思想的翻译中成长起来的，现代汉语所习用的哲学词汇也大都在对西方哲学的翻译中建立起来。因而，现代汉语中的哲学词汇总是不可避免地引入与其密切关联的西方哲学中的论题，直接使用"主体""客体""自我""确定性"等词有时不仅不能直接清晰地表明中国古代经典的哲学内涵,反而会将近似但不同的概念与问题引入进来增添混淆。而直接使用古代汉语同样遭遇困难,"主客""性命"等词汇本身承载着中国固有的思想传统与问题意识,但由于时代变化,作为理解概念的基础的整体语言环境与思想文化环境已经改变,"性""命""神""心""知"等旧有词汇不再具有足以解释其他概念的意义的明晰性,甚至与后起的含义联系在一起,同样可能引起混淆。这是汉语哲学面对的基本困境。

而杨立华教授在《庄子哲学研究》中的写作方式则鲜明地表达出一种以现代汉语为根基的哲学表达态度,展现出一种对于汉语哲学表达方式的探索。书中尽可能不用二阶的解释来将解释性的词汇变得更加烦琐,乃至导致更多误会,而是在现有的词汇之中选择最为恰当精确的,并通过在经典解释中使用而建立的语境的整体来表达意义,在以现代汉语进行的哲学分析之中,使得现代汉语与古代文本中的一脉相承再次呈现出来,为作者的哲学用词赋予意义。这样既能够将古代经典义理在当代语境中更充分地阐发,同时又能够保证行文上仍然书写的是流畅简洁的现代汉语。尽管以现代汉语进行哲学讨论无法完全绕开主体、客体这些并不存在于中国固有传统中的概念,但经过作者的使用,在解释《庄子》这样探索最根本哲学问题的文本的过程中,它们也在汉语语境、在语言背后的古代思想传统语境下经历一种反向格义,变成了不同于最初被翻译的概念的中国哲学概念。

在这个意义上,杨立华教授的《庄子》解释中以现代汉语进行的论证重构不仅是对于《庄子》的哲学诠释,同时也是对于以现代汉语为根基的哲学表达的典范性探索,在经典解释的过程中创造性地拓展了汉语哲学表达的边界。

(张云起,北京大学哲学系博士研究生)

世界主义真谛之论辩与破除西方话语体系
——评史蒂芬·韦德纳《西方的彼岸:世界主义新思考》

《西方的彼岸:世界主义新思考》(以下简称《西方的彼岸》)①是德国卡尔汉斯出版社于 2018 年出版的一本学术专著。该著的作者是德国著名伊斯兰学学者、哲学家、翻译家史蒂芬·韦德纳(Stefan Weidner)。史蒂芬·韦德纳写作类型广泛,文本风格兼具文学性、学术性、可读性与思想性,成果丰富且高产。在学术成就方面,史蒂芬·韦德纳的《1001 本书:东方文学》(1001 Buch: Die Literaturen des Orients)被誉为"穿越东方文学几个世纪的宝库",被伊斯兰学者史蒂芬·怀尔德(Stefan Wild)称之为"一本贯穿了 7 世纪至今的阿拉伯、波斯和奥斯曼土耳其文学的长篇巨著",除此之外,史蒂芬·韦德纳还著有《卓越的东方:伊斯兰世界指南》(Erlesener Orient. Ein Führer durch die Literaturen der islamischen Welt)、《阿多尼斯诗歌中的诗学与宗教》(Poesie und Religion im Werk von Adonis)等诸多学术专著。与此同时,作为《南德意志报》(Süddeutsche Zeitung)、《法兰克福汇报》(Frankfurter Allgemeine Zeitung)、《时代周报》(Die Zeit)等德国主流纸媒的专栏撰稿人,史蒂芬·韦德纳还发表了大量东方学相关的大众性文章,评述不乏犀利。作为史蒂芬·韦德纳的第一部中文译著,《西方的彼岸》将在"歌德学院翻译全额资助项目"的支持下由社科文献出版社出版。作为译者,本书评作者有幸参与其中,率先一睹原作者思想之深邃、论述之博泛、思辨之精妙,特撰写书评一篇,与诸位中文读者分享。

世界主义(英语 Cosmopolitism,德语 Kosmopolitismus 或者 Weltbürgertum)一词起源于希腊语 κόσμος kósmos(Weltordnung,Ordnung,Welt,世界秩序,秩序,世界)以及 πολίτης polítes(Bürger,公民),是一种推崇人类一体、贯穿古典至现代的世界观。随着时代的发展以及政治哲学需求的变化,世界主义不断被赋予了全新的含义,其应有之义和包含之维度在各个时代的社会学、文

---

① Stefan Weidner, *Jenseits des Westens: Für ein neues kosmopolitisches Denken*, Carl Hanser Verlag, 2018.

化学、政治学、哲学、人类学等学术领域之中都引起了规模庞大的辩论乃至争论。进入 21 世纪以来,人类社会进入了一个发展方向空前一致、话语体系空前繁荣多样的新时代,世界主义便再次以全新的面貌赢得了世人尤其学者们的注意。史蒂芬·韦德纳所著的《西方的彼岸》一书所探讨的正是对世界主义的全新思考。

在本书之中,史蒂芬·韦德纳通过对"世界主义"概念的历时性爬梳,从世界主义概念的肇始(第一章)谈到西方的意识形态(第二章),又在加入了对多种叙事的讨论(第三章)后对世界主义概念进行了历时性梳理(第四章),最后结合东方学中对世界主义的讨论提出了"抵达西方之彼岸"(第五章)的观点。通过时间上的历时和逻辑上的递进两种论述方式结合的方法,史蒂芬·韦德纳旁征博引,旨在证明"破除西方叙事体系一家独大""构建包括东方哲学内涵在内的多文化世界主义维度"之重要性,接下来,我将通过对本书每一章节内容的细致梳理和内涵宗旨的详细挖掘,以期为中文读者准确解读本著作之思辨逻辑提供一定的助益。

一 Entfremdung 之本真性讨论:"熟悉"即"陌生"

与论述"世界主义"的部分专著不同,史蒂芬·韦德纳此著并未在开篇就给出世界主义的任何定义,也未遵循"给出定义—论述—批判"的一般路径,而是以作者个人学习语言的经历和感受为始,讲述了收音机从刚开始的"让人兴趣盎然"到"令人索然无味"的变化过程,从而引出了对"失去吸引力"这个现象的深度讨论。在对"失去吸引力"这个现象的解读中,作者巧妙地运用了一个语言游戏,从一个特别而又通俗的构词法角度对这个问题的答案进行了剖析。作者提出,从 Entfremdung 这个单词的构成中,我们就能够得出这样一个道理:"某个事物变得'陌生',正是因为它对我们而言'不再陌生''没有距离''没有隔阂。换句话说:'疏离'就发生在'从陌生状态中脱离'的过程之中。在此期间,陌生感消失了,一切变得索然无味,我们与世界之间反而变得'疏离'起来。"根据该德语单词的构词法,我们能够得知,"疏离"(Entfremdung)由两部分组成,即前缀"Ent"和词根"Fremdung",前缀"Ent"表示"从……状态中脱离",后缀"Fremdung"是形容词"陌生"(fremd)的名词形式,也表示"陌生",从构词法上讲，"Entfremdung"的意义应为"从陌生状态中脱离"，似乎应当是"熟悉"的意思，但事实上，这个单词却是"疏离"的意思。

巧妙地解释了"靠近即疏远"的含义之后，史蒂芬·韦德纳提出了"人总是在熟悉和陌生之间来回摇摆"的观念，并以启蒙运动带来的影响对这一观点进行了佐证，告诉我们启蒙运动"一方面，启蒙运动通过摆脱迷信、揭秘自然让人类对自己的地球家园更加熟悉。另一方面，启蒙运动又使人类远离了自然，人与人之间也更加疏离"。不过，作者对这种在陌生与熟悉之间来回摇摆的事实并非持有着批判态度，而是将其认为是一种客观存在的现象，并进一步以他的那些"阿拉伯诗人朋友们身在西方、思想上却难以融入"的事实来予以佐证并提请读者注意西方之叙事到底并非普适的、能解决所有问题的。

在本章的最后，史蒂芬·韦德纳通过这种散文式的论述方式，逐步将西方读者从"西方叙事为优、一切叙事都应向西方叙事靠拢"的固定化思维旋涡中导引出来，让那些潜意识中以西方叙事为尊的人不得不承认"西方彼岸的行动举止和政治政策是如何行之有效且富有成果的。显然，在西方的彼岸，还有许多未知的东西等待着我们去发现"。

在如今全球化进一步加深的大背景之下，全人类的普遍利益进一步趋同与文化叙事多样化成为了公认的客观存在。然而，"以西方叙事为标准"之风却仍旧在西方主流社会中常刮不衰。在例如全球新冠疫情爆发的危急时刻，部分欧美媒体仍旧不顾普遍科学真理，发动大规模涉华舆论攻势，以维护其"西方化叙事"的"合法地位"。[①] 然而，欧美在围绕同一个核心议题（即舆论围剿他国叙事）的同时，却选择了完全不同的叙事框架，欧盟叙事在对华关系舆论动员之中表现出了"重视多元化叙事、反对将疫苗政治化和民族主义化"的原则，而美国则将疫情下中国疫情防控策略以及中国"人类命运共同体"之宏大叙事在全世界范围内的普遍认同抨击为"中国危机"，并以停止向世界卫生组织资助来抗议其"偏袒中国"的行为。这一将疫情下中国叙事在全球范围内影响力的扩大政治化、妖魔化、民族主义化的行为受到了欧盟各国的强烈谴责，其诬罪"世卫组织以中国为中心"而大幅削减世卫组织经费的行为被德国外交部长比喻为"飞到一半却把飞行员扔下了飞机（throwing the

---

① 汪圣钧、王义桅：《从疫情下欧美涉华舆论动员的异同看"西方化叙事"的危机》，《德国研究》2020年第 3 期。

pilot out of the plane mid-flight）"①

　　由此看来,在人类面临多样化挑战以及多边主义和多种叙事共存得到普遍认同的冷战结束时代,"西方叙事为中心"的论断早已失去人心,"将目光投向'西方之彼岸'寻找答案"才是西方世界的唯一选择。

二　和而不同：西方的"胜利"并非"历史的终结"

　　上一章节中,读者已被告知"以西方叙事为尊的思想绝不可取"。然而,以西方叙事为中心到底源出何方?

　　冷战结束后,美国政治学家弗朗西斯·福山即刻提出,东方集团的分崩离析标志着自由民主的意识形态在全球范围内的统一和廓清,等同于"西方及西方观念的胜利",意味着"人类意识形态进化的终点",代表着"西方的自由民主必然成为人类社会最后一种统治形式"。然而,时至今日,我们并没有看到这所谓的"历史之终结",各种叙事、各种整体、各种意识形态仍旧并存着,"西方式的自由和民主"也并未如福山之预言那样完成了对其他叙事和意识形态的压倒性统一。

　　尽管在意识形态上表现出了如此高度的自信,但在事实上,"西方国家缺乏甚至是懒于传播自己的世界观和身份认同","认为西方意识形态就是人类意识形态发展的终点"似乎已经成为了"一个相对安全的赌注",这似乎意味着,西方只需按照其原有的历史发展路线和叙事规范顺应前行,而其他的国家只需加入,即可抵达历史的终点——这种将西方历史发展的目标粗暴等同于全世界民族历史发展终点的假设无疑是自大且盲目的(尽管这种颇具西方色彩的思想在西方世界中的确获得了不小的认同感)。

　　为了佐证"历史之终结"理论的正确性,福山宣称其理论的源头取自柏拉图与黑格尔。然而,通过将福山理论同柏拉图、黑格尔思想的差异性进行论证,史蒂芬·韦德纳成功拆解了福山理论的底层逻辑,从而引导读者认识到福山理论的本质性谬误。在指出了福山理论的谬误之后,史蒂芬·韦德纳又进一步解构了所谓的"西方"这一概念,提出西方之存在应建立在东/南/北方

---

① https://apnews.com/article/canada-united-nations-virus-outbreak-donald-trump-germany-9ceee082301f
　990568afb7050e711eb2, April 17, 2020.（上网日期为 2023 年 9 月 1 日）

之存在的基础之上，如果否认了后者，那么前者也将不复存在，证明了"西方"这一说法不过是取了其隐喻意义，当下意义上的"'西方'是否存在则须打上一个大大的问号"。而一旦"西方"之概念不复存在，所谓的"与其他叙事的对立和划分界限"亦将没有任何意义了。

本章节中，史蒂芬·韦德纳"以子之矛，攻子之盾"，以釜底抽薪之手法抽丝剥茧地对"西方叙事的源头"予以了颠覆，并结合一系列的历史史实，证明了西方的"胜利"并非"历史的终结"，由此可见，伴随着霸权主义叙事在全世界范围内的全面失败，传统的世界主义（即以西方叙事为尊，所有叙事都应向西方叙事靠拢）在今天早已声名狼藉。如今，"以西方叙事为主导"所导致的冲突和争端比以往任何时代都更为严重。与福山在冷战结束后的预言相反，西方霸权主义并未带来"历史的终结"，更未能解决意识形态的冲突。在如今全球化、意识形态多样化、文化差异化的背景下，"接受文化和意识形态的差异、不要将其他文化和其他意识形态视为洪水猛兽和竞争对手"，"承认'和而不同'的重要意义"将成为西方必须接受和习得的普遍规律。

三　百花齐放：多种叙事并存的时代

西方叙事已成明日黄花，什么样的叙事又将统领世界舞台？

在意识到西方叙事无法保有其效用之后，以哲学家保罗·费耶阿本德（Paul Feyerabend）为代表的后现代主义者宣告宏大叙事的终结，提出了"怎么都行"（anythinggoes）的原理和极端多元主义方法论。这种具备任意性的乌托邦式理论并未提出任何秩序，也不规定任何规范，观点过于模糊抽象，因而不具备较好的实践性和影响力。尽管如此，宏大叙事的终结所引出的"不可能存在绝对真理"这一推论却使得西方摆脱了沦为一个后现代社会的命运（即意识形态上的封闭无能），其"随意自由"的思想亦得到了西方民众的普遍认同。由此，"固有真理"变成了"相对真理"，"某种特定叙事是否使用"也因此被赋予了"可以在不同历史阶段被再次讨论"的可能性。

按照这样的逻辑，在一个西方标榜的、真正的"自由社会"中，是绝不可能形成统一的叙事和意识形态的。而事实上，现在部分西方国家在国际事务中推行的却是一种以"开放自由"为噱头的封闭排他化叙事。这种导向一方面在西方世界内部造成了割裂,另一方面造成了其他叙事与西方叙事的隔绝乃至对立,成为各种地域争端和反西方霸权主义运动的导火索。

尽管形势已严峻至此,西方似乎仍旧未能从自我麻痹之中清醒,他们从未怀疑过将西方叙事凌驾于其他叙事之上的合理性。部分西方国家仍旧将西方意识形态的阶段性"胜利"视为永久的应然予以全盘地继承,而这种态度则必然导致彻底地衰败。而要打破这样一个僵局,构建一个全新的世界主义叙事迫在眉睫。

四 与时俱进:世界主义的起源与真谛

要构建一个全新的世界主义叙事,我们还必须了解,历史中的世界主义面貌如何?

早在歌德时代,就出现了世界主义相关的第一个关键概念——"世界文学"。这位伟大的文学家和诗人从德国文学思考到欧洲文学,再到中国文学,最后是世界文学,完成了他对文学的想象和憧憬。① 在与艾克曼的谈话中,歌德首次揭示了这一概念的内涵:"我愈来愈深信,诗是人类的共同财产,它无处不在、无时不在……每个人都必须告诉自己,拥有作诗的天赋并没有那么难……不过,倘若我们德国人不跳开周围环境的小圈子朝外面看一看,就很容易陷入到上面所说的那种'学究气的混沌茫然'之中了。因此,我在环视周围的外国民族情况之后,也强烈建议他们每一个人都这样做。民族文学现如今已经不那么值得推崇备至了,世界文学的时代已经快要来临。而现在,我们每个人都必须多多出力,促使它早日来临。"然而,歌德的世界文学概念既非世界上所有文学的总和,也并非世界上最优秀文学的代表,而是带着浓厚西方意识形态的色彩,其出发点仍旧是"德国文学是否受到了其他文学融入的威胁",仍旧将西方文学的来源——古希腊和古罗马 视为世界文学的"先锋"和未来文学发展的应达方向。

歌德的这一套以欧洲文学为中心的世界文学概念构成了西方对于"世界主义"的最初理解。这就表明了,自从世界主义这个概念在欧洲诞生伊始,就被烙上了"民族主义"的烙印。更为糟糕的是,西方世界并未意识到,歌德时

---

① 曾艳兵:《歌德的"世界文学":来自"中国才女"的灵感》,《中国图书评论》2021 年第 8 期。

代的"世界主义"早已不适用于 21 世纪全球化大背景下一系列问题的解决，仍旧"以西方叙事对'异化之人/事'进行同化"来应对问题，在处理难民问题时尤为捉襟见肘。

事实证明，将外来之人/物予以全然隔离或全然同化往往是错误的、甚至是适得其反的。现代背景下，差异不会消失，也不可能消失，多种叙事的共同存在将会是一个长久存在的客观现实，我们唯一能做的就是与时俱进，不断地赋予世界主义以全新的理论内涵，用以指导实践。

"与时俱进"就是世界主义论辩之真谛。

五　抵达西方之彼岸：世界主义论辩永不过时

近现代历史中，不少东方国家的确借鉴了西方意识形态以求得本国发展。然而，史蒂芬·韦德纳指出，如果我们仔细地对这些所谓的"借鉴自西方的叙事"进行深入地分析和研判（比如甘地的思想），就能够清晰地看到其本民族叙事、哲学和文化的烙印。这些实践上的尝试实际上就是对新形势下世界主义真谛的深入探讨。

对世界主义真谛之论辩永不过时。正如作者韦德纳在 2018 年 3 月 18 日接受德意志广播电视台文化频道（Deutschlandfunk Kultur）采访时所言："世界主义应该被丢入故纸堆吗？答案是否定的。"何为现代意义上的世界主义？它不应是霸权主义，不应是法西斯主义，不应某种话语体系为尊，更不应是领土扩张、人多势众、价值同一。而世界主义之真谛究竟为何？我们又如何抵达西方之彼岸，构建一个超越任何单一叙事的"人类共同命运叙事"？则是新时代背景下须要深入思考的问题。

（余荃，西安外国语大学外国语言文学研究院）

经学立场与天人之际
——读杨儒宾《原儒:从帝尧到孔子》

寻绎儒家的源头及其演进,是古今学者共同措意的话题。2020 年末,杨儒宾教授出版了关于原儒问题的力作——《原儒:从帝尧到孔子》。杨教授学识博雅、视野宏阔,对儒道两家皆有精深研究,他的不少观点极富想象力,颇能予人启迪,加之其学风别具一格,因此素受大陆同仁看重。众所周知,不论是胡适的《说儒》,还是章太炎与熊十力的《原儒》,都是在中国近代思想史上留下浓墨重彩的作品,因此杨著甫一问世,即引起读者的无限遐想。该书共计 10 章,近 500 页,在众多有关原儒问题的研究论著中,应当是篇幅最长的,因此单从篇幅上面,就不难感受此书的厚重。笔者在认真拜读以后,确实觉得此书构思精巧,诸多论点令人耳目一新,但同时也引出一些问题,似有再加辨析的必要。

一　经学立场

杨教授在序言里开宗明义:"本书基本上是从儒家传统,也可说是从经学内部的视角,探讨儒家之道在孔子之前的阶段之开展。"①在另外一处他也写道:"本书很明显地是站在经学的立场着眼的,经学的视野是本书的'前见'(prejudice)。"②以上两处足以见出杨教授写作此书的立场,即"经学立场"。综观全书,杨教授自始至终都在不断强调这点,可见他对经学立场的坚持。不过,所谓经学立场并非是不言自明的,因为大家对于经学的理解并不一致,因此持守的经学立场便自然不同。试以皮锡瑞为例,皮氏坚信"必以经为

---

① 杨儒宾:《原儒:从帝尧到孔子》序,新竹:台湾清华大学出版社,2020 年,第 2 页。
② 杨儒宾:《原儒:从帝尧到孔子》,第 81 页。

孔子所作，始可以言经学"①，在孔子删定六经之前，《易》为卜筮之书，《春秋》仅是记言之书，经过孔子手定以后，《易》方不止于卜筮，《春秋》方能为后世立法，《易》与《春秋》作为经学的意义才得以彰显。其他四经亦然。在此意义上，皮氏主张："孔子之前，不得有经。"②

在某种程度上，杨教授对六经的认识与皮锡瑞相反。杨教授以孔子为界，将儒学史划分为"经学时代"与"子学时代"，"经学时代"指孔子之前六经代表的时代，"子学时代"则指孔子之后由广义的诸子百家代表的时代。③ 不难看出，"经学时代"的成立，是以肯定孔子之前存在六经为前提的，这与皮锡瑞"孔子之前，不得有经"的观点大相径庭，但也正是因为杨教授肯定六经存在于孔子之前，因此探讨"孔子之前的儒家"才成为可能。但问题在于，皮锡瑞虽然认为"孔子之前，不得有经"，但"不得"二字显示这一结论其实是一种价值判断，换言之，皮锡瑞并未否定"六经"在孔了之前已经存在文本基础，只是经过孔子删定以后，"六经"才成其为经，借用杨著中"经的时刻"这一表达来讲，皮锡瑞恰是认为经的时刻出现在孔子。然而，杨教授并不认为经的时刻出现在孔子，而是认为经的时刻出现在周初，周公则是这一时刻出现的象征。④ 立足这一经学立场来看，既然周初才有经的时刻出现，那么原儒便应当是将儒家之起源追溯至周公。相应地，定位"经学时代"与"子学时代"的坐标也不应是孔了，而应是周公。

杨教授与皮锡瑞的对反之处还不止于此。如所周知，皮锡瑞是典型的今文经学家，今文经与古文经的对立又是由来已久的，那杨教授所说的"经学立场"是不是古文经的立场呢？ 一般认为，今文经尊孔子，以六经为孔子所作，尤其崇奉《春秋公羊传》，所以偏重微言大义；古文经则尊周公，以孔子为史家，以六经为孔子整理古代史料之书，尤其崇奉《尚书》，所以偏重名物训诂。⑤ 杨著围绕《尚书》展开，可以说，《尚书》是此书的基底，作者之所以认为中华文明的源头起自帝尧，主要依据即是"《尚书》把文明的起源归到帝尧的

---

① 皮锡瑞：《经学历史》，北京：中华书局，1959 年，第 27 页。
② 皮锡瑞：《经学历史》，第 19 页。
③ 杨儒宾：《原儒：从帝尧到孔子》，第 4 页。
④ 杨儒宾：《原儒：从帝尧到孔子》，第 4 页。
⑤ 周予同：《序言》，载皮锡瑞：《经学历史》，第 3 页。

统治"①。此外，作者又以为周公象征着经之时刻的来临。因此，若就重《尚书》而尊周公而言，我认为杨教授对原儒的论述确实偏向古文经学，但杨教授自己并不认为其立场是古文经学。杨教授说："如果要用汉、宋经学的分类来分，本书显然更接近宋学的立场。"②那么他所说的"宋学立场"指什么呢？

杨著曾言及对"经"的认识："本书对于经的定位与理学家的定位较为接近，理学家对经的尊崇是有名的，理学的兴起与经学的重新建构是同一桩学术工程的不同构件。"③可以大概推知，杨教授所说的"宋学"应当指程朱理学。在杨教授看来，理学家之所以值得推崇，不仅在于其"尊经"，还在于其"贵疑"，"张载、朱子皆为了不起之教育家，他们看待经典，即是在信疑的辩证活动中，信导向了更深刻的疑，疑启发了更坚实的信，由此扩大了人格的基础，也完成了更好的诠释活动"④。杨教授言其经学立场接近宋学，指的便是宋学既"尊经"又"贵疑"的诠释立场。尊经与贵疑虽本为一体之两面，但近代却是以贵疑废尊经，杨教授说他不满于民国以来以"经学为史料"或者"六经皆史"说的诠释途径，原因也是贵疑压倒了尊经，导致人们对经学失去基本的敬意。因之，杨教授的经学立场与理学立场是否一致的关键实则在于二者所言之"尊经"是否相同。那么理学家是如何看待经的？又是如何尊经的？

程伊川说："圣人作经，本欲明道。"⑤换言之，经所以载道。因为经典中潜藏着圣人之道，因此"读书者，当观圣人所以作经之意，与圣人所以用心，与圣人所以至圣人，而吾之所以未至者，所以未得者……则圣人之意见矣"⑥。可见，宋学或理学的经学立场，是把经视为圣人之心的载体，读经的目的便是求得圣人之意。这与汉学将经视为圣人之常法总集的观点大异其趣⑦，反映出汉学与宋学的巨大差别。周予同概括得很精当，宋学实际是"假借经学以

① 杨儒宾：《原儒：从帝尧到孔子》，第88页。
② 杨儒宾：《原儒：从帝尧到孔子》，第82页。
③ 杨儒宾：《原儒：从帝尧到孔子》，第42页。
④ 杨儒宾：《原儒：从帝尧到孔子》，第443—444页。
⑤ 《二程集》，王孝鱼点校，北京：中华书局，2004年，第13页。
⑥ 《二程集》，第322页。
⑦ 陈壁生：《朱熹的〈四书〉与〈五经〉》，《中山大学学报（社会科学版）》2014年第2期。

言理学"①，"言行一以孔圣为依归"②。杨教授承认"经学的解读不当脱离'经作为道的载体'此一基本定位……脱离此定位的解读或许仍有政治学、社会学等等的意义，但就不是经学的意义"③，但与此同时，杨教授对"道"的解释似乎又与理学家不同。在理学家看来，"道"即孔子之心意，因此求道即是体贴圣人之意；杨教授虽然也认同"经为常道"这一经学家的共识，并在此基础上强调对经书的体贴，不过杨教授所说的"常道"，在很大程度上却是指伊利亚德宗教学理论中的"原型"④。就此而言，杨教授说自己的立场"更接近宋学的立场"，"接近"二字用得十分准确，因为两者的立场确实既相似，又有不同。

综上所述，杨著虽然声称从经学立场原儒，但其立场既非今文经学，又非古文经学，而是"接近"宋学。

二 从神圣意识到经之意识

如果说近代以来的学术倾向是以经为史的话，那么杨教授原儒的基本做法则是变经为神话。杨著的副标题"从帝尧到孔子"显示作者原儒的基本脉络是厘清自帝尧至孔子的儒家思想演变史，对于这一脉络，作者有其他同义的表达："从神话到哲学"与"从神圣意识到道的意识（经的意识）"，或者"从原始宗教到儒家"。⑤ 这说明杨教授对原始儒家的基本定位是神话和宗教，将儒家还原为神话和宗教是近现代学者的通常做法，例如陈来认为夏以前的文化是"巫觋文化"⑥，李泽厚认为中国文化的根本是"巫史传统"⑦，乃至胡适认为原始儒家是殷商民族的教士⑧，等等。与他们不同的是，杨教授认为

---

① 皮锡瑞：《经学历史》，第 3 页。
② 江藩：《国朝宋学渊源记》，《汉学师承记（外二种）》，北京：生活·读书·新知三联书店，1998年，第 185 页。
③ 杨儒宾：《原儒：从帝尧到孔子》，第 56 页。
④ 杨儒宾：《原儒：从帝尧到孔子》，第 33 页。
⑤ 杨儒宾：《原儒：从帝尧到孔子》，第 17、74 页。
⑥ 陈来：《古代宗教与伦理：儒家思想的根源（增订本）》，北京：北京大学出版社，2017 年，第 13 页。
⑦ 李泽厚：《说"巫史传统"》，《历史本体论·己卯五说（增订本）》，北京：生活·读书·新知三联书店，2006 年，第 172 页。
⑧ 胡适：《说儒》，武汉：崇文书局，2019 年，第 60 页。

神话中蕴藏着一种神圣意识,在他对原儒的论述中,从创世神话的出现到新天命观的突破,包括孔子仁说的兴起,其动力来源都与神圣意识的转化有关。因此,对神圣意识的分析,是澄清杨教授真实立场的关键。

神圣意识寄身于神话叙述,六经中的史前叙述则是最为久远的神话叙述。传统儒者视六经或为孔子所作,或者体现圣人意志,六经绝无可能是虚无缥缈的神话。因此,如何定性六经,成为杨著首先要处理的问题。对此,杨著指出:"中国学界自从经历新史学的引进、古史辨的争论以及马克思主义的君临天下等过程之后,'古史即神话'基本上已取得相当的共识。"①杨教授虽然也说"文史学界的走出疑古之风"对自己影响巨大,但他此处接续的,却似乎仍是古史辨派的历史观,因为"古史即神话"就是伴随"古史辨"运动而产生的,其先声是古史辨派的领袖胡适提出的"东周以上无信史"的口号,颠覆的则是两千多年来"古史即信史"的传统。② 在此意义上,杨教授对待经学的立场仍是古史辨派奠定的现代史学立场。

在接受"神话即古史"以后,六经所载之古史便理所当然地成为神话,因此,对之进行神话解读也便成为了可能。基于此,杨教授提出了经书的史前叙述或者神话叙述的"重层构造",即"它的显层构造指向了神话时刻的叙述,它的底层结构则指向了经之意识的时刻"③,不过,神话时刻(神圣意识)与经之意识的关系乃是历时性的,按照杨教授的说法,在经的时刻来临之际,"经学叙述转化了神话叙述的内涵",因此两者虽然以经之时刻的出现为界相断裂,但同时"断裂后立刻产生新的连结"。④ 质言之,经之意识的前身即神圣意识。"神圣意识"源自何方?杨教授很坦率地告诉我们,他接受奥托(Rudolf Otto)《论神圣》一书对"神圣"(numinous)概念的解释,并认为经的意识、道的意识都与 numinous 同出而分流,异派而同源。⑤ numinous 是奥托特地采用拉丁词"numen"杜撰而成的新词,奥托之所以这样做,是因为他觉得"holy"一词只能代表"神圣"中的道德因素,而这种伦理含义完全是派生的,"神圣"的原初含义必须在伦理含义之外进行寻找,所以奥托创造 numin-

---

① 杨儒宾:《原儒:从帝尧到孔子》,第67页。
② 柴克东:《"神话即古史"——以"刑天""夏耕"为中心的夏史求证》,《贵州社会科学》2020年第6期。
③ 杨儒宾:《原儒:从帝尧到孔子》,第17页。
④ 杨儒宾:《原儒:从帝尧到孔子》,第81页。
⑤ 杨儒宾:《原儒:从帝尧到孔子》,第74、77页。

ous 来指称"神圣"中超出善的含义之外的那层额外的含义。① 奥托虽然认为所有宗教的核心处都存在 numinous，但其基本特征显然是非伦理性的，杨教授将之带入原始儒家之中，势必引起一系列的排异反应。因为原始儒家是否为宗教很难说，但即便所有文明的源头都是宗教，原始儒家人文化、理性化的时间也是极早的。与杨教授认为殷商是巫教社会不同，陈来指出："在殷商祭祀文化中，多神信仰中的神的数目已经减少，已经有了一位至上神，祭祀礼仪衍生出一套行为的规范，使条理化成为可能"，因此"商殷已是典型的祭祀时代"，巫觋时代则存在于夏以前，同时，陈来进一步点明，"巫觋文化发展为祭祀文化既是宗教学上的进化表现，也是理性化的表现"②。换言之，三代时期的中国虽然仍有宗教时代留下的痕迹，但总体上已是祭祀与礼乐时代。因此，杨教授以源于宗教且拒斥道德的"神圣意识"去理解孔子之前的儒家，是否恰当，恐有讨论余地。

总而言之，杨教授接续了古史辨派"古史即神话"的预设，又在神话学理论的加持之下，以奥托的"神圣意识"去对接经之意识，最终得出了上古思想演变即从神圣意识到经之意识（或从神话到哲学、从宗教到儒家）的结论。③ 这是杨教授原儒的底色。杨著的主要着力点，即对"从神圣意识到经之意识"的演绎，这种演绎可以概括为三次天人之际。

三 三次天人之际

杨教授所言"天人之际"指天与人关系的调整，他认为"从神话到哲学"的议题可以简化为"从天到人"或者"天人之际"的关系之内涵④，并且，"'天

---

① 鲁道夫·奥托：《论神圣——对神圣观念中的非理性因素及其与理性关系的研究》，成穷等译，王作虹校，成都：四川人民出版社，1995年，第6—8页。
② 陈来：《儒家宗教与伦理：儒家思想的根源（增订本）》，第13—14页。
③ 杨教授说："三十年来，笔者对孔子之前儒家传统的理解即深深受益于两股相关思潮，一是文史学界提出的走出疑古之风……一股大不同于古史思辨思潮的学风已蔚为上古研究的主流。另一股思潮是较年轻一辈的萧兵、叶舒宪等人结合人类学、考古学与文献学的神话研究团体提的，他们在'文学人类学'的旗帜下，回应中国政经局势的开放以及中国考古学的重大突破，提出了不少尝试性的假设。"（杨儒宾：《原儒：从帝尧到孔子》，第195页）根据本文的分析，在基本立场上，杨教授其实仍旧承续了古史辨派"古史即神话"的预设，但与此同时，他亦吸纳了文学人类学的神话学理论。
④ 杨儒宾：《原儒：从帝尧到孔子》，第90页。

人之际'的整编可视为中国文化进程中的主线索,或许自有'历史'的意义以来,中国思想的演变即沿着这条线索展开"①。在天人之际的演变轴上,杨教授认为有三次划时代事件:颛顼"绝地天通"、周公"制礼作乐"和孔子"精神拓展"②。其中,尤以绝地天通为重。绝地天通最早见诸《山海经·大荒西经》《尚书·吕刑》和《国语·楚语》。通过对上述文本的解读,杨教授指出绝地天通作为一种具有固定结构的原型神话普遍地存在于经典的上古叙述中。以此观照《尚书》,便是《尚书》的第一篇《尧典》必然蕴含绝地天通叙事。但问题在于,《尚书》中的绝地天通明确出现在《吕刑》,《吕刑》中绝地天通的主角又是黄帝而非帝尧,因此,如何摆放帝尧的位置就成了问题。

　　杨教授给出的回答是:"《尚书·吕刑》版的'绝地天通'内涵胜过《国语·楚语》版,只可惜内容仍嫌简短,它有待其他篇章加以补充,甚或取代。"③在他看来,《楚语》中的绝地天通只关涉自然秩序的形成,但《吕刑》中的绝地天通不但包含自然秩序的形成,还包含人文秩序,而完整的绝地天通叙事恰恰该备两种秩序。只是《吕刑》因为篇幅短小,论述不够充分,因此杨教授提议以"其他篇章"(《尧典》)取代之。内容简短诚然较易引起理解和诠释上的困难,但因之改易原典,恐有商榷余地。此外,以《尧典》代替《吕刑》仍要面对更严厉的质疑:《尧典》中并没有绝地天通的情节。对此疑问,杨教授给出的解释是:《尧典》的作者为了将"绝地天通"由神话事件转述为人文事件,因此故意将其删除了,这种删除是"创造性"的破坏。④ 但是,学者可能会质疑,如果《尧典》的作者因其是神话事件而将其删除,那么《吕刑》的作者何以又保存这一事件? 上文已述,杨教授坚持认为《尧典》中必然存在绝地天通,是因为在神话学理论中,经典叙述的第一章一定是天地开辟神话。归根究底,他的判断依据并非《尧典》的文本本身,而是伊利亚德(Mircea Eliade)对始源神话的解释。伊利亚德认为,宇宙起源是所有创造物的原型(archetype),由宇宙起源所产生的宇宙时间也就成了所有其他时间的样

① 杨儒宾:《原儒:从帝尧到孔子》,第 342 页。
② "精神拓展"一词是本文对杨教授笔下的孔子之贡献的概括。杨教授说:"就精神的拓展而言,孔子确实可以成为鲁国人民与周姬子孙的教父,他是周公最重要的继承者。"(杨儒宾:《原儒:从帝尧到孔子》,第 428 页。)因此,"精神拓展"一词很好地体现了"仁与族群政治"的章节主题。
③ 杨儒宾:《原儒:从帝尧到孔子》,第 116 页。
④ 杨儒宾:《原儒:从帝尧到孔子》,第 116 页。

式。① 伊利亚德所说的"原型"具有哲学上的"本体"地位，因此他将神话视为"上古的存有论"，而天地开辟神话则是一切意义的总源头。故而，在天地开辟之前，时间没有开始，历史无从说起，一切都是无意义的，初民就如同动物一样生活在"乐园"之中。杨教授对绝地天通的理解即源于这种神话学解释，在其看来，"绝地天通"是儒家精神发展的开端和文明的奠基工程，在此之前，"人人活在巫教文明的氛围下"，"没有罪恶，所以也就没有道德；没有过错，所以也就没有律法；没有失序，所以也就没有秩序"，总之"历史未开展，个体未开展"。② 很明显，杨教授对绝地天通的分析是伊利亚德神话叙述的翻版。

然而，伊利亚德之所以视神话为"原型"，是因为他认为天地未分之前的"乐园"是人类最为完满的存在状态，所以历史的发展及其意义表现为"永恒回归的神话"。同时，历史本身的展开是因为神的显灵，而神之所以显灵，则是因为人的过错对上帝的触怒。伊利亚德对历史的这种理解来自先知对以色列人不虔诚的惩罚，要之，他是从宗教意义上看待历史的。③ 透过伊利亚德的历史哲学论述，很易感受其浓厚的原罪色彩，因为有原罪，因此堕落的人类才会"怀念失落的动物性之乐园"，并"试图回归到清白无罪的状态"。④ 杨教授虽然认为"'绝地天通'神话无疑地很符合伊利亚德的开天辟地神话'原型'的地位"，但他显然意识到，中国的初民并不像希伯来人那样背负着原罪，因此也没有必要追求回归"乐园"，这种意识反映在他对绝地天通神话的论述中："这是个乐园，却不是为天壤间特殊种属的'人'可以居住的园地。"⑤是故，杨教授一方面接受了伊利亚德对天地开辟神话的叙述，但另一方面，他的接受又是不完全的，因为没有原罪背景的中国初民不会追求永恒地复归神的乐园，而是与之相反，他们向往的是人的世界。如此，思想史的演变就表现为人对神的批判和挣脱，以是，"天人关系的调整"亦是"神人关系的调整"。杨教授对周公和孔子的论述，即是基于这种神人关系的调整。

---

① 伊利亚德：《神圣与世俗》，王建光译，北京：华夏出版社，2002年，第37页。
② 杨儒宾：《原儒：从帝尧到孔子》，第124页。
③ Mircea Eliade：《宇宙与历史：永恒回归的神话》，杨儒宾译，台北：联经出版事业公司，2000年，第94—95页。
④ Mircea Eliade：《宇宙与历史：永恒回归的神话》，第78页。
⑤ 杨儒宾：《原儒：从帝尧到孔子》，第128、124页。

周公制礼作乐是天人关系的第二次调整。对于周公制礼作乐的历史意义,杨教授表现出两种稍显矛盾的态度:一方面,他力主孔子的"周因于殷礼";另一方面,他又认为不能只注重殷周礼乐观的连续性,否则周公在儒学史上承先启后的地位即无从体现。① 这种矛盾态度集中呈现于他对王国维《殷周制度论》的评价上:一方面,他赞同王国维对制度的论述,即制度不仅关涉政治,亦关涉道德;另一方面,他认为王国维的殷周变革说"论断未免过重",因为制度是殷商之旧法,而非姬周之新制。② 可见,如何看待"制度",关乎杨教授如何定位周公。在杨教授眼中,"制度"亦即"礼乐",周公的制作不可能凭空产生,而一定要基于殷商旧制。殷商又是巫文化主导的时代,所以周公制礼作乐的结果是"殷商巫文化化为周的礼乐文化"③。就此而言,"殷周相因"就是成立的。但这种继承只是一种形式上的继承,在实质上,周公制礼作乐是以礼乐文化对殷商巫文化的批判,因此制礼作乐是"建立在继承上的突破"④。这种论述的独到之处在于,杨教授认为从巫文化到礼乐文化的转变并不是一般意义上的"人文化"过程,而是不同类型的天人关系的调整。⑤ 因为"人文化"或者"理性化"意味着巫文化被伦理或理性取代,但天人之际的调整之所以成立,正在于"天"或"神"的面向始终未曾消失。据此,他以"人伦精神"称呼王国维的制度论,而以"对越精神"概括自己"天人之际"的道德。"对越"一词意指"神祇与人维持一种超越性的差距,也就是不可逾越的差距。但这一差距并不构成阴阳的隔阂,人对天地鬼神可透过敬的意识与礼仪行为与之沟通"⑥。可见,"对越"的主体是人,"对越"的对象为神祇,"对越"的关键在持敬与行礼,而"对越"之所以存在,则是因为人对神的精神性需求。如果说伊利亚德的历史哲学论述是让人永恒回归于神话的话,杨教授在天人之际的范式下对制礼作乐的论述则是允许人与神的沟通,其暗含的仍旧是人对神的向往。在这种天人之际的思考范式下,即使如孔子般伟大的人文学者⑦,也不能切断这种神人之间的联系。

---

① 杨儒宾:《原儒:从帝尧到孔子》,第350页。
② 杨儒宾:《原儒:从帝尧到孔子》,第339—340、346页。
③ 杨儒宾:《原儒:从帝尧到孔子》,第374页。
④ 杨儒宾:《原儒:从帝尧到孔子》,第370页。
⑤ 杨儒宾:《原儒:从帝尧到孔子》,第377页。
⑥ 杨儒宾:《原儒:从帝尧到孔子》,第377页。
⑦ 杨儒宾:《原儒:从帝尧到孔子》,第413页。

第三次天人关系的调整发生于孔子。借助伊利亚德的神话学理论，杨教授将晚年孔子口中的"泰山""梁木"解释为通天的"宇宙山"和"宇宙树"。"宇宙山"和"宇宙树"属于神话学中的"宇宙轴"，初民可借此重登天国、复归乐园，因此晚年孔子梦见泰山、梁木，说明其"回到了永恒的国度"，只是这一国度不是天国，而是与人相对的"天"。① 因此，孔子之于后世的意义就体现为揭示了通过"仁"可以抵达"天"这一坦途，"仁"成为通天的"宇宙轴"。因为"仁"并不能被君主垄断，甚至也不需复杂的巫教仪式，因此这种"安身立命的力量安置在每个人存在的根基处"②。天人关系历经第三度的调整，一种完全道德的个体性人格终于形成。

综上，杨教授对"天人之际"的解释始终深受伊利亚德的影响。在伊利亚德的历史哲学里，意义的赋予者是先知，杨教授把先知置换为天，因此先知与选民的关系问题，就变成了天人之际的问题。尽管杨教授在有意识地强调人的主体性不断建立的过程，但是因为伊利亚德神话范式的影响，"天"的这一维度始终不能取消，并且它实际上起到先知的作用，即确保位于其下的"人"的存在是有意义的。因此，不论如何突显人的主体性，天人关系的调整实际总是倾向于人对天的"永恒回归"。不同之处仅在于，绝地天通下的天人之际是人通过"余一人"的君主通达于天，制礼作乐后的天人之际是人通过持敬和行礼通达于天，而孔子之后的天人之际则是个体全凭内在的仁德即可通天，"君主""持敬和行礼"与"仁"说到底不过是"宇宙轴"的变形。这样看来，尽管杨教授说孔子之后"完整的道德人格自觉地呈现于世"③，然而，作为人性之根基的"仁"本身却仍需"天"的保证，因之，这种"道德人格"仍旧并不完整和彻底。

结　语

杨著《原儒》接续的虽然是古史辨派奠定的现代史学立场，但并不执着于贯彻古史辨派的疑古态度，而是在相反的方向上着意突显经学作为一种非历

---

① 杨儒宾：《原儒：从帝尧到孔子》，第431—433页。
② 杨儒宾：《原儒：从帝尧到孔子》，第435页。
③ 杨儒宾：《原儒：从帝尧到孔子》，第424页。

史性的真实而存在的价值,进而肯定对经学的敬信是必要且有意义的。正如上文所述,杨教授对待经学表现出一种类似宋学那种"贵疑"与"尊经"并不偏废的态度,这种态度对治的,既有古史辨派以来的极端疑经风潮,又有传统经学家对经学的盲信。杨教授指出,当代中国的学术氛围基本上已处于"由信古走向疑古,再由疑古走向释古的年代",而只有坚持"敬信"与"贵疑",真正的释古才得以可能,经学的价值也才能得以彰显。质言之,杨教授的目的其实是在现代学术机制下,通过尽可能地借鉴宋学的"贵疑"与"尊经",将经学的正当性建立在更为稳固的基础上,从而推动经学的现代转型,建立符合当今时代的新经学。① 可以说,这种工作既是对古史辨派以来疑经风潮的补偏救弊,又是一种经由对中国哲学史的深刻反思而提示的重新树立经学神圣性的宝贵尝试,是对骛新与守旧两种趋向的平衡与超越。

　　"原儒"有两条途径,一是追溯儒家起源最早的时间点,二是探寻儒家之本质或精神形成过程中最为关键的人物或事件。前者为从史学立场原儒的通行做法,后者则是从经学立场原儒的一贯法门。以史学原儒可以使儒家的历史无限往前延伸,但它可能永远无法确定最先出现的那个点的坐标。相比之下,以经学原儒更适用于对儒家精神内涵的把握,也更能确定乃至深化儒之所以为儒、经之所以成经的根本原因。以神话解经与以史学原儒一样,亦有其局限性。因为神话学的运用应当有范围和限度,毕竟对经书进行神话学解读,是自现代史学建立以后才有的现象,这提示我们思考,是否站在现代史学的立场上,才允许以神话解经? 因为从经学立场看,经学本身是有预设的,例如今文经中孔子对六经的删定,或者宋学中经书凝聚有孔子之心意,皆是经之为经得以成立的前提,而非一般意义上的知识性内容。如果神话学的运用必然导致这类预设的瓦解,那么以神话解经就应慎之又慎。以是,在以神话解经之前,尤其应当对这种解释方式,以及神话本身进行反思。

　　总之,杨著一方面强调以宋学既"尊经"又"贵疑"的态度对待经学,一方面又接续了古史辨派奠定的"古史即神话"这一现代史学立场,导致杨著中宣称的"经学立场"与其实际论述之间存在某种程度的错位。同时,杨教授引入神话学理论,尤其是奥托和伊利亚德的宗教学思想,对经籍与出土文物进行了别出心裁的诠释。因此,在定位杨著时,我们与其视之为一种"经学立场的

① 杨儒宾:《原儒:从帝尧到孔子》,第29页。

研究"，不如将其视为一种"接近于经学的研究"，即以经学为参照对象的研究，而非立足经学立场的研究。杨教授的"经学研究"与通常意义上的经学史研究相比，带有浓厚的价值情怀，但与传统意义上的"经学立场研究"相比，又越出今古文的藩篱。在"经学研究"的定位之下，更有助于我们恰切地把握杨著的价值，进而吸收和转化杨著中的精彩内容，以推动当代原儒研究走向纵深。

（庞令强，中山大学哲学系博士研究生）

哲学门（总第四十五辑）

北京大学出版社，2022 年

成中英：《中国古典政治哲学发微》

北京：商务印书馆，2021 年

　　《中国古典政治哲学发微》一书是成中英重新阐发中国古典政治哲学的新作。在本书中，成中英明确回应了牟宗三的"中国有治道而无政道"的判断，主张"德化论"是贯穿中国政道与治道的核心主题，并从德、政、治、法四个维度对中国古典政治哲学展开新的阐释，重新认识了中国政道与治道的原初概念与实现路径。与此同时，成中英对德化论和契约论进行了比较研究，主张二者应当互相采纳、相互补充，以更好地实现天人和谐的政道目标。

一　中国有治道亦有政道：对牟宗三观点的明确回应

　　在书中，成中英首先提出"中国有治道亦有政道"的观点[①]。这一观点是在回应牟宗三关于"中国有治道而无政道"的判断[②]，也是贯穿本书的核心线索。牟宗三认为，在中国的传统政治形态中，无论是封建贵族政治，还是君主专制政治，政权的取得方式是通过暴力革命而更迭的，政权的延续方式则是通过世袭来传承的。这种暴力更迭与世袭传承的方式，既没能实现对政权的合理安排，也没有实现政权为全体人民所共有的目的，所以，在中国传统政治形态中不存在真正的政道。对此，成中英从两个方面进行了回应，具体如下：

　　第一，任何治道的背后必然蕴含着特定的价值目标。在中国古典政治哲学中，这种统一性代表了"知行合一"，甚至"天人合一"。[③] 那种"中国有治道

[①]　成中英：《中国古典政治哲学发微》，北京：商务印书馆，2021 年，第 9 页。

[②]　牟宗三：《政道与治道》，长春：吉林出版集团有限责任公司，2015 年，第 3 页。

[③]　成中英：《中国古典政治哲学发微》，第 338 页。

而无政道"的说法,是无法对中国古代政治理论与政治实践给出一个圆满解释的。首先,从字源字义来看,《说文解字》以"正"释"政",意为"使之正",《论语·颜渊》载"政者,正也。子帅以正,孰敢不正?"在成中英看来,所谓"使之正",即以天道为依据,顺应天时,利用地利,以尽人事,使得不正的状态回归到正的状态,实现中国古典政治哲学的天人和谐的价值目标,故而"使之正"不仅具备明显的规范意义,而且蕴含着一种公共的价值理想。其次,从内在逻辑来看,政道的价值目标的实现必然要求治道的现实路径。所谓"治",最初的意义与水有关,后来那种使玉石的内在纹理显现的"理"的意义也被赋予了"治",于是"治"也有了治理、管理、统治之意,即围绕天人和谐这一价值理想,通过对社会秩序进行从内到外的治理,使得社会秩序变得和谐有序。最后,从终极来源来看,"天道生人"而"人能弘道"。政道的根据在于天道的价值,治道来源于"人能弘道"的方法,政道与治道是相互统一的,这种统一性是由"知行合一""天人合一"的理念所决定。因此,所谓"政治",即在于如何以政道指导治道,如何以治道实现政道。

第二,中国的政道所蕴含的理想的价值目标,可以追溯到《尚书》所蕴含的"以民为本"的德政思想①。在成中英看来,牟宗三着重考察了封建贵族政治与君主专制政治,但是没有认真考察夏商周三代之政治以及更早的禅让政治,也没有认真反思古代禅让政治所蕴含的"选贤与能""以民为贵"等价值观念。为此,成中英运用"三重证据法"法,即出土资料、古籍记载和本体诠释②,从整体性的理论视野出发,通过对《周易》《尚书》《诗经》《论语》和《孟子》等典籍进行系统诠释,阐发出中国古代的德化的政治理想与仁政的政治制度。《尚书·尧典》载"昔在帝尧,聪明文思,光宅天下。将逊于位,让于虞舜",这是一种典型的禅让政治,尧不传子而传舜,乃是因为尧之子丹朱私心太重,故而舜继承尧的事业,而禹又继承舜的事业,这构成古代中国的圣贤之德治。这种禅让政治顺应天道,也强调民意,它通过选贤任能而非世袭方式,实现政权的和平传承。不管是尧还是舜,他们在自律与用人、施政与立制各个方面,均能发挥至公无私和"选贤与能"的德行。另外,政治领袖不仅需要具备足够的德行,而且也要经过人民的推选与人民的考验,故而禅让政治

---

① 成中英:《中国古典政治哲学发微》,第339页。
② 成中英:《中国古典政治哲学发微》,第72页。

可以被视为一种原始的民主政治,它可以实现政权为全体人民所共有之目的。在成中英看来,这种禅让政治集民意、公意、天意于一体,也蕴含着"天人合一""知行合一"的发挥人性与发挥天性的政治理想。人们不应当以西方的"自由""民主"作为唯一的政道标准,并据此否定中国的政道传统,因为"在禅让制下,政治领袖能选贤继之,从而实现以民为本,顺乎天心民心的政治,这就是中国'政道'之传统"①。

二 德化论:对中国古典政治哲学的新阐发

在成中英看来,中国传统政道的根据在于"以民为本""天人合一"的价值理念,其目标在于实现天人和谐。随着传统封建专制政治的终结,中国传统的政道理想不仅可以恢复自身的独立性,而且通过吸收契约论的积极因素,从中可以阐发出一种以"德化论"为核心的政治哲学。② 实际上,牟宗三为了论述中国治道的特征,不仅提出"德化"的概念,而且对儒家的"德化的治道"、道家的"道化的治道"与法家的"物化的治道"进行了相应阐述。③ 在此基础上,成中英将"德化"从中国治道的一个特征提升为中国政道的核心特征。成中英认为,德化论本乎天道,内在于人心,包括内在之"有德"与外在之"德化":有德之人以天道为行动的终极依据,通过修养德性而成仁,其内在仁德通过自身行为的外化,可以形成人民遵从的规范与制度,从而使人民的内在德性不断趋向完善。④ 德化论的核心概念在于"德":"德"之目标,即"政道"的标准;"德"之实践,即如何将"德"实际践履出来,此为"治道"的方略。因此,德化论是贯穿中国政道与治道的核心主题。

首先,在本体层面,德化论以"天道生生"为其价值本源⑤,有德之人通过尽心知性,可以得天地之道。《序卦传》曰:"有天地,然后有万物;有万物,然后有男女。"正是这种"天道生生"的宇宙创化,产生阴阳、动静、刚柔、显隐之道,形成万物各有其位的动态宇宙秩序,此即"天地定位"。由于天道化生万

① 成中英:《中国古典政治哲学发微》,第351页。
② 成中英:《中国古典政治哲学发微》,第73页。
③ 牟宗三:《政道与治道》,第25—42页。
④ 成中英:《中国古典政治哲学发微》,第75页。
⑤ 成中英:《中国古典政治哲学发微》,第330页。

物,故而人具有基于天地而产生的价值,在"天地定位"下,人能了解天地,并发挥天地之道。一方面,"天道生人",人生而有德,故而德是内在于人的,这构成了人性之不同于他物之性的根本。另一方面,"人能弘道",有德之人秉持至公无私之态度,发挥自强不息、厚德载物之德性,可以得天地之道,最终实现"天人合一"。

其次,在政道层面,德化论强调"以民为本"的价值诉求,这要求有德之人"为民做主",实现"以民为贵"的目标。在成中英看来,"天道生生"的自然创化之所以能转化为"以民为本"的政道诉求,乃是因为天意与民心本自合二为一,正如《尚书·泰誓》所载"天矜于民,民之所欲,天必从之""天视自我民视,天听自我民听"①。然而,在现实生活中,并非每个人都能自觉实现其内在德性,故而产生了贤能者安民惠民的需要,此即《尚书·多方》所主张的"天惟时求民主"。由于天意与民心具有内在一致性,有德之人秉性于天,并顺应民心所向,他们既能自强不息地修养德性,也能孜孜不倦地治理万物,故其理应"为民做主"。具体而言,这要求有德之人充分发挥仁者之心,深入体察民情民意,真正了解人民的需要,并将其作为政治决策的重要依据,在不断满足人民的需要的同时,实现"以民为贵"的价值目标。

最后,在治道层面,德化论主张通过符合政道要求的良好的制度设计,从天下人中"选贤与能",让"有其德必得其位",充分发挥有德者治理和教化人民的职能②。在成中英看来,有德之人应当发挥其内在仁德来融合和影响其他人,即仁者之心应当从自身扩展到家庭,进而发展到社群,以至于扩展到国家天下。在这一过程中,孝悌者,仁之本也,仁者之心扩展的起点是亲亲之情,或者说,自然的血缘亲情是伦理关系的基础。然而,有德之人不应当局限于血缘亲情,而是应当通过推己及人的方式,把亲亲之情不断推扩出去,在"亲亲"的基础上实现"尊贤"。对于如何超越血缘关系的局限以避免用人唯亲的问题,成中英认为,一方面,这有赖于圣王的内在德性,在"亲亲"与"尊贤"两难之时,通过选贤而弃亲,使天下人心悦诚服③;另一方面,这有赖于那些符合政道要求的制度设计,在政道理想的引领下,通过制定良好的法律制

---

① 成中英:《中国古典政治哲学发微》,第335页。
② 成中英:《中国古典政治哲学发微》,第85页。
③ 成中英:《中国古典政治哲学发微》,第84页。

度,诸如考试制度、选举制度与文官制度,从天下人之中发现有德性的贤能之人,让其从选拔竞争中脱颖而出,并将其任命为管理者,从而充分发挥有德者治理和教化人民的职能。因此,在成中英看来,德化论是"德、政、治、法"合一的政治哲学理论。

三 德化论与契约论的互补:
中西政治哲学比较研究的新见解

成中英认为,德化论是贯穿中国的政道与治道的核心主题,也是中国古典政治哲学的起点与过程、目标与理想。① 在此基础上,成中英通过中西政治哲学的比较研究,主张德化论与契约论应当相互沟通、互相采纳②,尤其强调中国政治哲学应当在德化论的基础上,充分吸收契约论的理性因素和法制因素,从而更好地实现中国古典政治哲学"各正性命,保合太和"的政道目标③。

为了阐明德化论与契约论的互补性,成中英从两个方面进行了论述:第一,德化论本身蕴含着丰富的契约因素。一般认为,德化论强调内在的道德自律,而契约论强调外在的法制约束。然而,成中英认为,中国的政道传统强调内在的道德自律的同时,也没有忽视外在的法制约束,中国传统政治的"刑""律"等强制性的法律规范就是契约因素的重要表现④,这在《尚书》《周礼》《礼记》等经典以及在近年出土的铭文、竹简之中均有相关记载,甚至在夏商周三代的政治中就已体现了这种隐性的契约因素,它们可以被视为"契约论的一种新的表现形式"⑤。为了进一步阐发这种契约因素,成中英着重论述了《论语》的两个模型,一是"道之以政,齐之以刑,民免而无耻"的政刑模式;二是"道之以德,齐之以礼,有耻且格"的德礼模式。⑥ 在成中英看来,政刑模式可以被视为一种契约因素,而德礼模式可以被视为一种德化因素,但两者并不是非此即彼的对立关系,而是相互配合的发展关系⑦。具体而

① 成中英:《中国古典政治哲学发微》,第29页。
② 成中英:《中国古典政治哲学发微》,第86页。
③ 成中英:《中国古典政治哲学发微》,第189—190页。
④ 成中英:《中国古典政治哲学发微》,第70页。
⑤ 成中英:《中国古典政治哲学发微》,第53页。
⑥ 成中英:《中国古典政治哲学发微》,第86—93、146—157页。
⑦ 成中英:《中国古典政治哲学发微》,第89页。

言,有德之人依据"以民为本"的政道诉求进行法律制度的设计,通过建构有效的强制性的政法体系来约束违法行为,这可以让绝大多数民众免于刑戮之辱。然而,仅仅凭借外在强制规范难以实现良法善治,因为如果人民内心缺乏对于外在法律的认同与尊重,那么他们仍然可能去做一些法律尚未规定的无德之事,故而领导者需要充分运用"德""礼"对人民进行启发和教化,更好地促进人民守法尽职,不断引导人民内在德性趋向完善。

第二,契约论的形成深受德化论的启发与影响。在成中英看来,欧洲启蒙运动的重要任务是将人从基督教的神权政治中解放出来。为了论证人的自由与平等,启蒙思想家需要借鉴外来的思想资源,而恰逢此时,中国儒家思想通过天主教传教士的译介传播到了欧洲,诸如儒家的道德自主观念、"以民为本"观念,对西方的启蒙运动产生了重要的启发和推动作用。[1] 具体而言,德化论强调"人生而有德",并主张在人的道德自主性的基础上建立起政权的合法性,这很可能启发了洛克的天赋人权观念。另外,洛克所论述的反抗权的观念,即人民可以推翻那些没能保护人民权利的君主,也可以与孟子的"民贵君轻"观念相互印证。[2] 在成中英看来,德化论深深影响了洛克的契约论。[3] 成中英还认为,儒家思想的影响从莱布尼茨、沃尔夫一直延续到康德,莱布尼茨公开承认自身认同儒家的伦理观,而康德认同人的自主性和人性中的善良意志,成中英据此作出进一步的推论:"西方近代的契约论思想是来源于中国的儒家文化"[4],而"康德所主张的实践理性、公共责任、公共德性甚至自由权利,都是从中国的德化论中发展出来的"[5]。

从德化论与契约论的互补性出发,成中英在肯定西方民主政治的优势的同时,也反思了它的不足之处。首先,西方民主政治通过制定相对完善的选举制度来解决民主选举和民主参与等问题,但是仅仅依赖选举制度是很难保证领导者的内在德性和治理水平的。其次,西方民主政治在法律制度建设上较为完善,但在人民的道德教化方面不够重视,这不利于良法善治的实现,因为仅凭借法律来保障行为底线的做法,在某种程度上反而可能引起民众道德

---

① 成中英:《中国古典政治哲学发微》,第50页。
② 成中英:《中国古典政治哲学发微》,第52页。
③ 成中英:《中国古典政治哲学发微》,第50、340页。
④ 成中英:《中国古典政治哲学发微》,第74页。
⑤ 成中英:《中国古典政治哲学发微》,第95页。

水平的滑坡。因此,成中英认为,为政之道有三个要件:一个合乎人性的价值理想;一套符合政道要求的可行的法制体系;一位能兼顾"德""法"的贤明的领导者。第一条强调政治活动是具有价值目标的实践,国家的责任是不断引导人民达到德性完善的境界,第二条说明了符合政道要求的法律制度体系的重要性,第三条则强调贤能的领导者对政治良性发展的重要作用。这三者只有密切关联与相互依存才能更好地实现天人和谐的政道目标。需要说明的是,这种天人和谐并非是静态的结构,而是一种动态的过程,是一种万物能充分发展自身个性,又能维持一种整体平衡的过程。正是在这种"万物并育而不相害"的整体秩序下,每一个人乃至每一个族群,各守其位,各尊其道,使有德者在上位,最终才能实现"保合太和"的价值目标。

四　若干问题的商榷

此书的涉及面很广,所采用的研究视角比较宏大,它在内容方面也存在一些不足之处。具体如下:

第一,成中英对于"中国有治道亦有政道"的论述,并不能有效回应牟宗三的观点,因为双方关于政道的理解并不在同一层面上。成中英所言之政道,主要是指儒家"以民为本""选贤与能""内圣外王"等价值理想,它们蕴含在古代典籍、出土资料与本体观念中,并可以上溯到古代的禅让制度。然而,牟宗三认为,这种政治理想对于领导者内在德性的要求过于苛刻,现实的人性不是绝对完善的,领导者在拥有绝对权力后,更有可能难以节制个人欲望而走向腐化堕落。另外,它也过于依赖领导者的内在德性,考虑到德才兼备的圣王的出现不是必然的,而是充满不确定,这也容易产生人亡政息的问题。实际上,牟宗三所强调的政道内涵,乃是现实的政治安排需要真正实现政权为人民所共有之目的。然而,在中国传统政治实践中,儒家不但未能实现"内圣外王"的理想,甚至沦为维护封建专制统治的工具,中国传统政治秩序更是陷入世袭罔替与暴乱更迭的怪圈之中。简而言之,如果说牟宗三着重强调的是传统政治的现实性、实然性的一面,那么成中英重点阐发的则是传统政治的理想性、应然性的一面。所以,对于牟宗三"中国有治道而无政道"的判断,成中英的论述并不构成一种有针对性的回应。

第二，成中英认为，德化论蕴含平等、自由等现代政治价值。[1] 这种看法有待进一步商榷。德化论以"天道生生"为价值本源，由于"天道生人"，故而人生而有德，所有人具有基于天地而产生的平等价值。在成中英看来，正是从这种平等的道德自主性出发，所有人才拥有"修身、齐家、治国、平天下"的政治资格。[2] 然而，从德化论的内在逻辑出发，这种源自"天道生生"的道德平等性，并不必然指向平等的政治身份。实际上，契约论是以平等主体为论证起点，通过所有个体的一致同意来制定法律并建立政治秩序，以保障所有立约者的安全、自由、财产等个体权利。因此，在契约论中，没有个体可以凭借自身优越的内在德性，理所当然地拥有治理他人的政治权力。然而，德化论在人性层面承认"人皆可以为尧舜"，但在政治层面却要求"有德者在上位"[3]，并主张这一要求源自"天道生生"的价值。在"天地定位"的整体秩序下，"乾""坤"二卦所体现的，正是领导者与跟从者的关系，故而"文明以健，中正而应，君子正也"，因为相较于那些不能自觉实现其内在德性的庶民，君子自强不息而努力修养德性，他们能自觉地实现天地之道，故其理应成为在上位的治理者。确切地说，在"天地定位"下，万物各依其德，各守其分，唯有使有德之君子居于上位，才能达到"和合无间"的目标。因此，在德化论中，这种平等的道德自主性不会必然延伸到平等的政治参与领域，它甚至可能导向政治身份的不平等。

第三，成中英对德化论与契约论互补性的论证也是有待商榷的。成中英认为，德化论蕴含丰富的契约因素。然而，所谓契约因素，实际是指中国政治传统中的"刑""法"等强制性的规范，它们并不能简单等同于契约论中的"民约法"等强制性的规范。在契约论中，民约法是通过所有平等个体的一致同意而制定的，其目的在于建立政治秩序并保障个体权利，故而民约法的立法主体是所有平等的立约者。与此不同，德化论主张"有德者在上位"，法律规范的依据不是所有人的一致同意，而是君子的内在德性，即通过君子内在德性的外化形成众人都遵循的规范，以促进人们内在德性的完善。由此看来，成中英忽视中西政治哲学语境的巨大差别，仅依据强制性这一共同点，将

---

① 成中英：《中国古典政治哲学发微》，第296页。

② 成中英：《中国古典政治哲学发微》，第294页。

③ 成中英：《中国古典政治哲学发微》，第282页。

德化论中的"刑""法"等规范与契约论中的"民约法"等规范,进行了不恰当地类比。实际上,为了更好地教化万民,德化论强调"道之以德,齐之以礼"的道德教化的同时,也运用"道之以政,齐之以刑"的强制规范,其实质是教化和强制的互补,而非"德化论与契约论的互补"。另外,成中英依据儒学思想在欧洲启蒙运动时期的传播,进一步推论出契约论源自德化论的观点,这其中可能存在过度推论的问题。因为仅凭儒家思想在欧洲启蒙运动时期的有限传播,以及某些思想观念的表面相似性,并不能推导出契约论源于德化论的结论,而仅能说明契约论的形成可能受到儒家思想某种程度的影响。在西方政治思想传统中,契约论的思想来源恐怕与希伯来的契约观念、古希腊的理性观念等更为相关。从深层价值取向看,这种契约论源自德化论的看法可能蕴含着中华文化优越论的潜在倾向。

由于成书的篇幅所限,中国古典政治哲学的诸多层次未能得到详尽地展开与论述,但这也未尝不是给后来学者提供更多的空间,并启发有志于中西哲学比较研究的学者开展进一步的研究,从而为探索中西方优秀政治思想资源相互结合的新路径提供更多的可能性。

(李青,中南大学马克思主义学院讲师)

哲学门（总第四十五辑）
北京大学出版社，2022 年

研究型翻译的典范

——韩林合译康德《纯粹理性批判》

北京：商务印书馆，2022 年

　　康德的《纯粹理性批判》是一部举世公认的哲学经典。在它问世以来的 200 多年时间里，不仅每一名哲学专业的学生和学者都无法完全绕过它，而且许多对哲学感兴趣的人也会怀着极大的热情来阅读这本书，希望从中获得真知与灵感。然而这本书不仅篇幅巨大，初版即长达 800 余页，而且内容艰深，许多论证都难于索解，更兼所使用的语言乃是一种颇为古奥的、拉丁语风格的德语，佶屈聱牙的表达和层层嵌套的长句遍布全书，即使对以德语为母语的人来说亦难以卒读。因此，以准确而流畅的方式将这部名著完整地呈现给汉语世界的读者，就无疑是一件颇具挑战性的工作。自 20 世纪 30 年代以来，一代又一代的译者们花费了大量心血，先后推出了八个《纯粹理性批判》的中译本，其中以邓晓芒与杨祖陶合作翻译的版本和李秋零的译本在当下最为流行。这两个译本均根据德文原文译出，并在译者的艰苦努力下，以流畅的现代汉语忠实再现了原著中的全部内容，从而受到读者们的广泛好评。在这种情况下，再推出一个新的《纯粹理性批判》中译本就多少需要一些特别的理由了。

　　作为《纯粹理性批判》的第八个也是最新的中译本，韩林合的译本（以下简称"新译本"）在面世之际便要面临读者的如下关切：与之前的译本相比，这个译本主要有哪些不同？它最大的特点是什么？人们在阅读时有什么需要特别注意的地方？尽管译者本人并未对这些问题给出专门的回答，但熟悉康德著作的人在阅读后却不难发现，该译本可以称得上是**研究型翻译的典范**。当然，这绝不意味着先前的译者没有对康德哲学进行必要的研究；恰恰相反，上面提到的几位译者在康德研究领域都是卓有建树的专家，而他们出色的研究工作显然与在翻译过程中建立起的对康德文本的熟稔密不可分。不过,单就译本本身而言,新译本的确可以说以一种在汉语学界几乎前所未有的方式将深入细致的研究融入到了译文和注释当中。下面笔者将试图从四个方面来更加具体地概述该译本的主要特点:

(一)**原汁原味的底本**。《纯粹理性批判》首版于 1781 年。在各种批评意见的刺激下,康德又对该书进行了大幅的修订和改写,并于 1787 年推出了第二版。尽管在康德生前又出了三个版本(1790、1794、1799),但这些后续版本与第二版相比只有一些细枝末节上的改动,且没有证据表明康德本人参与了它们的修订和出版工作。因此,学界一般认为只有最初两个版本(即通常所谓 A、B 两版)才应当被视作康德本人认可(或一度认可)的权威版本。这种认可的重要性在叔本华那里被强调到了无以复加的地步。在一封致出版商的信中叔本华写道:"朋友,您可以修剪杜卡特和金路易〔二者均为当时流行的金币〕,不过请您不要(按照当下的时尚)修剪我的句子。我正如我本人那样写作,而不是像其他人那样写作:即使您没有感受到它们,也没有认识到它们,每一个词也都有它的价值和必要性。"在临死前撰写的一份文稿中他甚至宣称:"对于那些在将来排印我的著作时有意擅加修改的人,不论修改的是一个嵌套复合句,或者哪怕只是一个词,一个音节,一个字母,一个标点符号,我都要施以诅咒。"其他哲学家虽然未必表达过如此极端的观点,但现在人们一般都认为,有必要对作者本人最终认可的版本予以特别的重视,尤其是在编订某部著作的历史考订版时,更应该力求恢复文本的原始样貌,而将考订校勘的部分与正文分开,以其他形式呈现出来。普鲁士皇家科学院在 1894 年着手编辑《康德全集》时并未将这一原则贯彻到底,因此在 100 多年以后,当代的康德学者们认为有必要依据新的编纂原则和研究水平来重新编辑康德著作的历史考订版,并启动了庞大的编辑出版计划。在即将出版的新《全集》中,正文部分将全部回归康德著作早期版本的本来面貌。一个明显的例子是三大"批判"的书名都要从现在通用的拼法(Kritik)改为康德出版时采用的拼法(Critik,这一拼法可以从新译本卷首所附的《纯粹理性批判》最初两版封页影印图中看到)。当然,在中译本中,标点、正字法和用词规范等方面的"原貌"很难被充分体现出来。不过在其他更为实质的方面,新译本也尽量严格按照《纯粹理性批判》的两个原始版本来进行翻译,这是其不同于既有的中译本的重要特点之一。

（二）**择善而从的校勘**。尊重康德著作的原始版本绝不意味着无需对其进行必要的校勘。事实上，《纯粹理性批判》原始版本中明显的印刷错误便有不少，其他可能的错讹就更多了。因此，从康德在世之日起，便有不少研究者陆续提出了各自的校勘意见。这些意见大都被吸纳进了由埃德曼（B. Erdmann）编辑的"科学院版"《纯粹理性批判》（1911）和由施密特（R. Schmidt）编辑的"哲学文库版"（Philosophische Bibliothek）《纯粹理性批判》（1926）当中。前者自出版后便被学界公认为最权威的版本，而后者则在吸收前者成果的基础上，凭借简洁明快的排印方式和相对低廉的售价获得了众多读者的青睐，成为了20世纪最为通行的《纯粹理性批判》德文版本。后来的众多译本——包括斯密（N. K. Smith）的经典英译本（1929）以及邓晓芒/杨祖陶的中译本等——都是根据"哲学文库版"翻译的，而李秋零的中译本采用的底本则是"科学院版"。韩林合的新译本虽然没有采用这两个版本中的任何一个作为底本，但却充分吸收了其中标示出的校勘意见，并根据择善而从的原则将它们体现在译文当中。"择善而从"这四个字说来轻松，但要在翻译实践中真正做到这一点，却需要译者具有一丝不苟的态度和独立而成熟的判断力。如康德在A 181/B 224处写道："Wir werden［…］uns in dem Grundsatze selbst zwar der Kategorie bedienen, in der Ausführung aber（der Anwendung auf Erscheinungen）das Schema derselben, als den Schlüssel ihres Gebrauchs, an *dessen* Stelle, oder jener vielmehr, als restringirende Bedingung, unter dem Namen einer Formel *des ersteren*, zur Seite setzen."（斜体为引者所加）如果完全按照字面来翻译，这句话可译为："我们尽管在原理本身中要使用范畴，但在具体实施时（在应用于诸显象之上时）则用它的图式（作为它的使用的钥匙）来替代它；或者毋宁说将其当作限制条件，在**前者**的公式的名义下，置于它的旁边。"毫无疑问，译文中的诸多指代词让这句话读起来很不流畅，一份合格的译文理应将它们的含义尽可能清晰地标示出来。根据上下文，将这些指代词都理解为"范畴"大概是最自然的，但从德文语法的角度出发，引文中用斜体（译文中用粗体）标出的那两处却不能这样理解。于是研究者们便提出了各自的解读或校改方案，其中《纯粹理性批判》的早期英译者缪勒（M. Müller）坚持认为这两处指代的的确都是"范畴"，而康德的文本则需要相应地调整为"*deren … der ersteren*"。韩林合接受了缪勒的意见,在新译本第 273 页的译文正文中将这些指代词全部落实为"范畴",与此同时在该页下方的注 2 中指出了原文中的问题,并罗列出包尔生(F. Paulsen)、缪勒、诺瓦雷(L. Noiré)、阿迪克斯(E. Adickes)和埃德曼等诸家的见解,以表明此处存在其他值得注意的解读方案。这种做法既丝毫没有掩盖文本中固有的疑点和模糊之处,又充分体现了译者深思熟虑后的判断和主见,笔者以为是最好的折中之道。

(三)**详尽无遗的注释**。由于《纯粹理性批判》成书于 200 多年以前,不仅内容艰深,抑且征引广博,而康德又常常以自己文笔不佳为借口,甚少在可读性上下功夫,因此读者在阅读过程中难免会遭遇各种各样的困难。为了便利读者,晚近的译本大都在注释中提供了必要的背景知识,但新译本在注释的全面性和丰富性上都远远超过了先前的中译本。据笔者粗略的统计,除了上面提到的(1)文本校勘以外,注释的内容还包括(2)对书中提到的人名和其他专名及引用文句的解说,(3)对某些概念的含义及其对应德文原文的说明,(4)对一些疑难语句的疏解和提示以及(5)对特定哲学概念的辨析等。毋庸讳言,在当今这个信息检索无比方便的年代,有些注释(主要是第 2 类)中的内容可以很轻易地从互联网上找到,但将它们汇集起来亦有便利读者之功,且这类注释在新译本中只占一小部分,其他类型的注释则有不少都是专门研究后的结果。举例来说,康德在《纯粹理性批判》中多次使用了"指数"(Exponent)这一概念,如他将"经验的类比"解说为"在某些指数之下所有显象的关联中的自然统一性,这些指数表达的无非就是时间……与统觉的统一性的关系"(A 216/B 263,亦参见 A 159/B 198,A 331/B 387)。笔者先前虽然反复阅读过相关段落的德文原文和各种中、英文译本,但却始终对"指数"概念在其中的含义不甚了了,直到在新译本的几个注释中(第 250 页注 2、第 306 页注 1、第 416 页注 2)才找到了这一概念的明确含义和历史渊源:原来在康德时代的数学实践中,指数指的是一组等比关系中的比值,而康德则在此基础上对其含义加以扩展,将其理解为一般意义上的关系谓词。这样一番解说即使没有让康德文本的意义立刻变得显豁,至少也会解开许多读者内心中的疑惑,帮助他们找到理解康德文本的正确方向。需要说明的是,译者在注释中明确承认,对"指数"概念的这一解释是由瑞士学者舒尔特斯(P.

Schulthess）在其1981年出版的博士学位论文中首先提出的。尽管如此，如果没有译者在研究过程中的用心发掘，那么汉语世界的广大读者恐怕在今后一段时间之内也难以了解到这一概念的确切含义。

（四）**细致入微的辨析**。作为一名创造和运用概念的大师，康德率先提出或特意发扬的若干概念在批判哲学问世以来的200多年中逐渐成为了不同宗派、不同倾向的哲学家们共同接受的一套公共的哲学话语的一部分，因此对这些概念的准确理解就具有十分重要的哲学意义。上面提到的新译本中大量注释的最后一类，即对特定哲学概念的辨析，处理的就是这方面的问题。与其他类型的注释相比，这些注释无疑更能体现译者的独到见解。当然，在新译本出版之前，学界早已对康德哲学中的一些关键概念进行过细致的辨析，一个典型的例子是关于"transzendental"（通常译作"先验的"或"超越论的"）的确切含义和恰当中译，不同学者都各抒己见，并展开了持续数轮的争辩。不过，对于这些人们熟知的有争议的概念，韩林合在新译本中并未予以过多讨论，而是基本遵循惯例尤其是翻译康德著作时的惯例来给出译名。相反，对于一些人们之前很少留意的概念，新译本中却提出了不少值得注意的解说。如康德关于"量"的学说涉及多个意思接近但在特定语境中却必须加以区分的表达，包括德语词Quantität和Größe以及借自拉丁语的quantum和quantitas等。这些表达之间的细微差别和相互联系很难在中译文中得到恰切的表达，在之前的中译本中也没有得到充分的澄清。然而在韩林合译本第236页注1中，译者不仅说明了康德使用的这些表达在语言层面上的关联，而且还揭示了它们在康德贯穿全书的讨论中所具有的理论意义，从而为读者理解康德关于"量"的学说提供了实实在在的帮助。又如康德在谈论一个概念的"意义"时，常使用"Sinn und Bedeutung"这样的表达。人们在阅读时一般将其当作一种习惯性的固定表达而未加留意，但译者大约是在对弗雷格哲学的长期研究中养成了对这一表达非同寻常的敏感，因此对康德的相关文本展开了缜密的分析。通过细致的分析和比对，译者在第154页注2中指出，康德确实已经在一定程度上预示了弗雷格在"Sinn"（意义）和"Bedeutung"（意指）之间做出的著名区分，但他对这一区分的理解却与弗雷格有所不同，且康德本人对这组概念的使用也不完全一致。笔者尽管对康德和弗雷格哲学都比较熟悉，但在读到这条注释时仍然感到颇受启发。

通过以上这些个例,相信读者们对于韩林合译本的特点会有更加具体的了解,对于笔者将其称作"研究型翻译的典范"的做法也会有更多的认同。不过这世上并不存在十全十美的译本,越是值得人们严肃对待的经典,往往也就越需要经受严格的批评。笔者接下来将从形式和内容两方面对新译本提出自己的一些意见。①

从形式上来说,该译本或可在这些方面做得更好:(1)在编辑哲学经典原著时,不管是供研究使用的原文版本,还是诸如韩林合译本这样的研究型翻译,一般来说人们都会在正文后面附上术语对照表以及人名和术语索引,以方便读者查考。新译本中这两项均付阙如,似乎显得不够完整。(2)对哲学概念的阐释和辨析关涉的往往不只是特定的一两段话,而是要贯穿全书的不同部分。这些内容如果要用脚注的形式加以呈现,那么就既难以展开论述,又不免会造成重复。而如果把它们都集中在一起,专门写成一篇对重要译名的讨论附于正文之后,则既能让译者充分阐述自己的观点,又能引发读者的格外关注,还能避免注释中不必要的重复,可谓一举三得。其实许多西方哲学名著的经典汉译中都包含这样的译名讨论,它们往往能够帮助读者快速而准确地领略原著的基本思想。(3)在文本校勘类的注释中,新译本只提到了校勘意见者的名字,却没有说明这些意见的具体出处。这样做虽然也并无大碍(斯密的英译本和邓晓芒/杨祖陶译本也都是这么做的),但用一两页的篇幅将校勘意见的来源明确传达给读者却是一件既有意义又毫不费力的事,因为"哲学文库版"和"科学院版"都早已将这些出处清楚地罗列出来了。事实上,由于忽略了对出处的考辨,新译本的注释中还出现了一处疏漏:在上文第二点所举的例子中(第273页注2),译者宣称缪勒在包尔生意见的基础上做了进一步的建议,但缪勒的译本出版在前(1881),包尔生的意见提出在后(1898),因此译者的说法是不准确的。

从内容上来说,笔者认为新译本或有两方面的问题:(1)一些译名或许有更好的选择。在此我们同样不去讨论诸如"transzendental"那样已聚讼纷纷的案例,而是着重考察译者有意偏离前人翻译康德的惯例的那些做法。其中

---

① 在本文完成后,笔者曾就下面提出的一些问题与韩林合教授进行了探讨,他欣然接受了笔者的部分意见,并在2023年4月印刷的最新版本中作了相应改动。因此以下部分内容仅适用于2022年首次印刷的版本。

最重要的一项是译者坚持认为"Sinn"这个德语中的常见词(大致等同于英语中的"sense")在与"感觉"相关的意义上只能译作"感觉"或"感觉能力",而不能译作"感官"或"官能",因为在康德那里,"der innere Sinn"(内感能力)是人的感觉能力的一个重要方面,而内感觉是没有相应器官的(见第19页注2,该注释中"内感能力"和"外感能力"分别对应的德文词被标反了)。笔者以为这条意见虽然不无道理,但还不足以促使人们放弃过去习用的译名。我们至少可以找出三条理由来论证"感官"这个译名的合理性:其一,"内感"的观念起源于洛克,后来先是在英国的道德哲学和美学传统中扮演了重要角色,而后才被康德赋予认识论上的功能。洛克在引入这一概念时明确指出,反省"尽管不是感觉(sense),因为它与外在对象毫无关系,但却和感觉很像,因而可以被足够恰当地称作内在感觉"(《人类理智论》,II. i. 4)。由此可见,洛克完全是在与外感相**类比**的意义上谈论内感的,如果前者可以称作"外感官",那么经过一种意义迁移,后者自然也可以称作"内感官"。举个更加通俗的例子:火车是可以坐人的,玩具火车不能坐人,但仍然可以被称作"火车",正因为它是通过和前者的类比而得名的;同理,内感官即使没有特定的器官,但通过和外感官之间的类比,也不妨被称作"感官"。其二,我们甚至没有必要坚持认为内感没有相应的官能。在《实用人类学》中康德写道:"只有一个内感,因为人并不是通过多个不同的官能来感受到自己的,可以说灵魂就是内感的官能(das Organ des inneren Sinnes)。"(7:161)如果我们愿意接受康德这里的说法,那么内感就的确拥有相应的官能,只不过与外感的器官不同,这一官能是不可见的。其三,在汉语中,我们也没有必要把"官"限制在可见的身体器官上。《孟子》中有句名言:"耳目之官不思……心之官则思。"这里所说的"心之官",似乎就大致对应于洛克的"内感官"(但和康德的理解有明显不同)。总之,以上这几条理由并不是用来论证"内感官"一定是比"内感觉"或"内感能力"更好的译名,而只是想表明,既然人们早已习惯于"内感官""感官印象"等说法,我们就没有必要去更换它们。

除此以外,译者还采用了一些与前人不同的译名,如将"Qualität"和"Quantität"不是译成"质"和"量",而是译成"质量"和"数量",以及将"Kanon"译作"范则"等。笔者相信,译者这样做自然有他的理由,如将"Quantität"译作"数量",很可能就是为了与"Größe"区分开来(见上文第四点）。但这种在大量语境中都已固定下来的译名，改动起来难免有牵一发而动全身的风险，实在应该更慎重些。至于"范则"，虽然从字面上大体可以猜到它的意思，但笔者经过查阅，发现汉语中似乎并没有这个现成的词汇。由于"Kanon"并不是康德生造出的哲学术语，而是一个在各个领域中被广泛使用的词语，因此以汉语中固有的语词来翻译它似乎更加合适。笔者以为"典则"（出自《尚书·五子之歌》："有典有则，贻厥子孙"）就是一个不错的译名。

（2）新译本中的注释虽然提供了大量非常有用的信息，但有个别论断或许值得商榷。如译者将"Gegenstand"和"Objekt"这两个词都译作"对象"（在其他中译本中，后者一般被译作"客体"），并且在第 7 页注 1 中宣称它们"在康德文本中的意义没有任何实质差别"，就容易引发争议。的确，包括笔者在内的大多数读者都说不清这两个概念之间究竟有何区别，在多数情况下也倾向于将它们等同起来；但应当注意到也有一些学者（如阿利森［H. E. Allison］、凯吉尔［H. Caygill］、庞思奋［S. Palmquist］等）认为（或一度认为）二者之间存在极为重要的、系统性的区分，并对这一观点给出了细致的文本分析和严密的哲学论证。[①] 在对这些论证进行严肃回应之前，径直否认二者之间差别的做法似乎就有些武断了。当然，这并不意味着我们要支持庞思奋等人的观点。其实作为译者，在这种富有争议的问题上持过分鲜明的立场或许并不是最明智的；保留"对象"和"客体"之间字面上的区分，提示出它们之间的密切联系，而将最终的判断留给读者自己，大概才是更加稳妥的做法。

又如译者在第 29 页注 2 中讨论了"Wissen"和"Erkenntnis"这两个词之间的区别：前者"指较窄意义上的知识，即理论或科学知识"，而后者则"指宽泛意义上的知识——既包括理论或科学知识，也包括实践知识"。或许正是出于这个理由，这两个词在译文中并未严格加以区分，常常都被译为"知识"。然而译者这一观点似乎并不能得到文本的有力支持。康德关于"Erkenntnis"（暂译为"认识"）的讨论几乎贯穿《纯粹理性批判》全书，而关于"Wissen"（暂译为"知识"）的讨论则仅仅局限于全书接近结尾处的一小节（A 820/B 848-A 831/B 859）。在康德那里，知识是和认为、相信并列的一种"持以为真"的方

[①] 参见 S. R. Palmquist *et al.*, How Does Transcendental Idealism Overcome the Scandal of Philosophy? Perspectives on Kant's *Objekt/Gegenstand* Distinction, in *Kant on Intuition*: *Western and Asian Perspectives on Transcendental Idealism*, ed. S. R. Palmquist, Routledge, 2019, pp. 3-22。

式,因而是与一个特定的认知主体关联在一起的(我知道某件事,而他可能只是相信同一件事),而认识则指的是某种客观的、非个人的东西。用当代哲学的术语来说,知识代表着一种特定的命题态度,而认识指的则是具有某种特定结构的内容(对康德而言,认识一定是由直观和概念组合而成的)。因此,二者完全是不同层次的概念,它们之间绝不是基本等同或整体和部分的关系。①

显而易见,以上这些细节方面的问题即便真的存在,也丝毫无损于韩林合译本的学术价值和典范意义。为了更好地从整体上评价新译本的优劣得失,我们不妨再将它与盖耶(P. Guyer)和伍德(A. W. Wood)合作编译的"剑桥版"《纯粹理性批判》英译本作一番比较——后者乃是英语世界中"研究型翻译"的代表作,自1998年问世以来便成为国际康德学界广泛使用的标准版本。这 译本总计长达785页,其中康德原文的英译占624页,余下的部分则包括80页的长篇导论、大量的注释、英德词汇对照表及索引等。在呈现形式上,出于上面提到的理由,笔者以为英译本的确做得更好,但在内容方面则不能遽下判断。下面我们就来分别考察一下两个译本在译文和补充材料两方面的异同。

在译文方面,英译本的两位译者在"导论"中宣称,该译本的一大目标就在于尽可能忠实地再现康德原作的风貌,因此他们在底本选择上采取了与韩林合译本相同的原则,将《纯粹理性批判》最初两个版本的原文当作最重要的基础。与此同时,他们还不惜以牺牲部分可读性为代价,从用词的一致性到句法结构等各方面都力图与康德的原文保持一致。尽管人们对这一目标本身的合理性不无微辞,但无可否认的是该译本很好地实现了这一目标。对于那些通晓两种语言的人来说,阅读盖耶/伍德的英译文时的体验与阅读德文原文几无二致。英译之所以能做到这一点,当然有赖于英文和德文之间的高度相似性。但严格说来,英译文还是遗漏了德文原文中的一些重要信息。这是因为德文中的关系代词和指示代词有"性"的区分,而英文中则无法反映这一点,因此在有些情况下,康德的指代在德文原文中是相对清晰的,在英译文

---

① 德国学者维拉谢克(M. Willaschek)和美国学者沃特金斯(E. Watkins)在一篇新近发表的论文中详细论述了"Wissen"和"Erkenntnis"之间的区别,见 M. Willaschek and E. Watkins, Kant on Cognition and Knowledge, *Synthese* 197 (2020), pp. 3195–3213。不过这一区别实际上是相当明显的,笔者在多年前研读《纯粹理性批判》时就已经注意到它了。

中则变得模糊了。

由于语言本身的缘故,《纯粹理性批判》的任何中译本都无法做到像盖耶/伍德的英译本那样亦步亦趋地与康德原文保持一致。但这并不意味着中译文在传达康德的思想方面注定要逊色三分。事实上,由于汉语和德语之间的巨大差别,译者往往需要花更大的功夫去领会文本的确切含义,才能将其转化为流畅可读的中文;而一旦经过了这种转换,文本的意义——或者更准确地说,文本的各种可能的意义——就会比英译文乃至德文原文更加清晰。读者如若不信,不妨再回顾一下上文第二点中举的那个例子。单看德文原文,那句话可以说是疑点重重,令人费解;由于英文中关系代词没有“性”的区别,盖耶和伍德的英译就在无意间完全掩盖了原文中的问题,同时使这句话的意思变得更加模糊;而韩林合译本中的处理方式则既让读者意识到这里存在问题,又给出了相对合理的解决办法,可以说为读者理解这句话的意义提供了最大的帮助。总之,就忠实于康德原著而言,韩林合的中译本丝毫不逊色于盖耶/伍德的英译本,并且还没有像后者那样,以牺牲可读性为代价。这也提醒我们,译文的准确性和可读性之间其实未必有什么张力,二者往往是相辅相成的。一种译文如果过分追求在一切方面都亦步亦趋地紧跟原文,以至于让译文本身变得无法卒读,那么它实际上就丧失了作为一段文本所应具备的最起码的功能,从而也就根本谈不上是否准确了。

在译文之外,盖耶/伍德译本还包含大量补充材料。尽管两位译者并未明言,但通读过后却不难发现,这些材料其实指向一个共同的目标,那就是把《纯粹理性批判》中讨论的各个主题放在康德一生的哲学发展中加以审视。为此两位译者一方面在“导论”中花费40余页篇幅详细介绍了《纯粹理性批判》出版之前康德的思想发展,另一方面在所附的大量注释中也时常提醒读者,康德在不同时期的哪些著作和文稿中探讨过《纯粹理性批判》中相关段落涉及的主题。这种发展史研究的意义固不待言,然而在一部对经典原著的翻译——即使是研究型的翻译——中,过多地处理这些对于理解文本本身来说并非必要的材料,恐怕难免有喧宾夺主之嫌。与之相比,韩林合译本虽然也添加了大量注释,但它们始终是围绕着《纯粹理性批判》的文本本身展开的,也始终是为更好地理解这一文本服务的。因此,虽然韩林合译本中译者补充的材料未见得有盖耶/伍德译本那么丰富,但在选材的精当和实用性上却似乎更胜一筹。

在文章的最后，笔者还想再"借题发挥"，谈一谈研究型翻译的意义。尽管像《纯粹理性批判》新译本这样的研究型翻译在当下的汉语学界还很罕见，但在70多年前，前辈学者陈康就已经完成了一项类似的工作：他翻译柏拉图的《巴曼尼得斯篇》（一般译作《巴门尼德篇》），共计约20万字，其中注释的篇幅大约是译文的9倍！在该书的译序中，陈康略陈了自己的学术理想和翻译理念，其中谈到这种研究型翻译的最高理想在于"使欧美的专门学者以不通中文为恨"，鼓舞了我国一代又一代的西方哲学研究者。70多年过去了，这一理想似乎并未实现，且看起来今后也很难有实现的可能。这倒不是因为中国人的西方哲学研究水平一直没有长进，而是因为随着国际化水平的提高，华人学者要想与西方学者展开学术争辩，大可以用他们看得懂的语言来进行，陈康本人后来也正是这样做的。因此，与陈康的看法不同，笔者以为研究型翻译的主要目的不在于与西人较短长，而在于切实有效地帮助那些以汉语为母语的读者更加准确地理解和消化西方哲学。

长期以来，由于西方哲学著作的中译本质量良莠不齐，而即便本身很优秀的译本，往往也缺乏足够的注解和说明，因此那些希望真正读懂这些著作的人往往要求助于外文原著或至少是权威英译本才会对自己的理解感到有把握。对于专业研究者而言，直接阅读外文原著当然是很有必要的；但倘若一种研究型的翻译能够让汉语世界中最认真的读者也不必过分倚赖外文原著，能够让汉语世界的专门学者单从中译本出发便可以准确而深入地谈论原著中种种精微奥妙之处，那才可以说实现了一部译作的最高价值。笔者并非古希腊哲学方面的专家，对陈康译作的优劣得失不敢妄加置喙，不过单就译文的可读性而言，该译本中的一些段落简直到了离开注释就完全无法理解的地步，可以说在帮助读者之前定会先吓退一大批读者。相反，从上文的论述中当可看出，韩林合翻译的《纯粹理性批判》是一部真正能让初学者读得懂、同时又让专家用得上的优秀译作。期待有更多的人一同来阅读这部译作，也期待汉语学界在不久的将来能涌现出更多的研究型翻译，使我们对西方哲学的理解更加准确、更加深入。

（南星，北京大学外国哲学研究所助理教授）

编辑部联系方式：

电子信箱：pkuphilosophy@outlook.com

通信地址：100871　北京大学哲学系《哲学门》编辑部

传真：010-62757598

《哲学门》稿约

　　为了不断提高我国哲学研究的水准、完善我国的哲学学科建设、促进海内外哲学同行的交流，北京大学哲学系创办立足全国、面向世界的哲学学术刊物《哲学门》，每年出版一卷二册，即 6 月和 12 月各一册，版权页日期或有不同。收稿截止日期：鉴于集刊的收稿、审稿和编辑流程，4 月 30 日以后投稿者一般列入当年第二册，10 月 31 日以后投稿者一般列入下一年第一册。（每册约 30 万字）。自 2000 年以来，本刊深受国内外哲学界瞩目，颇受读者好评。

　　《哲学门》的宗旨，是倡导对哲学问题的原创性研究，注重对当代中国哲学的"批评性"评论。发表范围包括哲学的各个门类，马克思主义哲学、中国哲学、西方哲学、东方哲学、宗教哲学、美学、伦理学、科学哲学、逻辑学等领域，追求学科之间的交叉整合，还原论文写作务求创见的本意。目前，《哲学门》下设三个主要栏目：论文，字数不限，通常为 1—2 万字；评论，主要就某一思潮、哲学问题或观点、某类著作展开深入的批评与探讨，允许有较长的篇幅；书评，主要是介绍某部重要的哲学著作，并有相当分量的扼要评价（决不允许有过度的溢美之词）。

　　为保证学术水平，《哲学门》实行国际通行的双盲审稿制度。在您惠赐大作之时，务必了解以下有关技术规定：

1. 本刊原则上只接受电子投稿，投稿者请通过电子信箱发来稿件的电子版。个别无法电子化的汉字、符号、图表，请同时投寄纸本。

2. 电子版请采用 Word 格式，正文 5 号字，注释引文一律脚注。如有特殊字符，请另附 PDF 文档以供参考。

3. 正文之前务请附上文章的英文标题、关键词、摘要、英文摘要和作者简介。

4. 通过电邮的投稿，收到后即回电邮确认，3个月内通报初审情况。其他形式的投稿，3个月内未接回信者可自行处理。

在您的大作发表以后，我们即付稿酬；同时，版权归属北京大学出版社所有。我们欢迎其他出版物转载，但是必须得到我们的书面授权，否则视为侵权。

《哲学门》参考文献的格式规范

第1条 正文中引用参考文献，一律用页脚注。对正文的注释性文字说明，也一律用页脚注，但请尽量简短，过长的注文会给排版带来麻烦。为了查考的需要，外文文献不要译成中文。

第2条 参考文献的书写格式分**完全格式**和**简略格式**两种。

第3条 **完全格式**的构成，举例如下（方括号[ ]中的项为可替换项）：

著作：作者、著作名、出版地、出版者及出版年、页码

吴国盛：《科学的历程》，长沙：湖南科学技术出版社，1995年，第100页[第1—10页]。

R. Poidevin, *The Philosophy of Time*, Oxford University Press, 1985, p. 100[pp. 1-10].

译作：作者、著作名、译者、出版地、出版者及出版年、页码

柯林武德：《自然的观念》，吴国盛等译，北京：华夏出版社，1990年，第100页。

Martin Heidegger, *Being and Time*, trans. John Macquarrie & Edward Robinson, Harper & Row, 1962, p. 100[pp. 1-10].

载于期刊的论文（译文参照译作格式在译文题目后加译者）：

吴国盛：《希腊人的空间概念》，《哲学研究》1992年第11期。

A. H. Maslow, The Fusion of Facts and Value, *American Journal of Psychoanalysis*, 23(1963).

载于书籍的论文（译文参照译作格式在译文题目后加译者）：

吴国盛：《自然哲学的复兴》，载《自然哲学》（第 1 辑），吴国盛主编，北京：中国社会科学出版社，1994 年。

T. Kuhn, The History of Science, in *International Encyclopedia of the Social Sciences*, ed. D. L. Sills, Macmillan, 1968.

说明与注意事项：

1. 无论中外文注释，结尾必须有句号。中文是圆圈，西文是圆点。

2. 外文页码标符用小写 p.，页码起止用小写 pp.。

3. 外文的句点有两种用途：一种用作句号，一种用做单词或人名等的简写（如 tr. 和 ed.），在后一种用途时，句点后可以接任何其他必需的标点符号。

4. 书名和期刊名，中文用书名号，外文则用斜体（手写时用加底线表示）；论文名，中文用书名号，外文无需标点。

5. 引文出自著（译）作的必须标页码，出自论（译）文的则不标页码。

6. 中文文献作者名后用冒号（：），外文文献作者名后用逗号（，）。

7. 中文文献的版本或期号的写法从中文习惯，与外文略有不同。

第 4 条　简略格式：

只写作者、书（文）名、页码（文章无此项），这几项的写法同完全格式，如：

吴国盛：《科学的历程》，第 100 页。

Martin Heidegger, *Being and Time*, p. 100.

吴国盛：《自然哲学的复兴》。

T. Kuhn, The History of Science.

说明与注意事项：

参考文献在文章中第一次出现时必须用完全格式。

北京大学哲学系
北京大学出版社